Pour une Afrique émergente

Jules Assoumou, Gabriel Mba,
Julia Ndibnu Messina (éd.)

Pour une Afrique émergente

Une culture tournée vers l'avenir

Hommage au professeur Maurice Tadadjeu

Préface de Samuel Efoua Mbozo'o

L'Harmattan

5-7, rue de l'École-Polytechnique, 75005 Paris
www.harmattan.com
diffusion.harmattan@wanadoo.fr
ISBN : 978-2-343-09214-0
EAN : 9782343092140

Remerciements

Une seule main ne ficèle pas le mets.

Cet ouvrage est l'œuvre de plusieurs mains, un mets soigneusement ficelé par plusieurs doigts.

Que tous ceux qui, de près ou de loin, ont contribué à sa réalisation trouvent ici l'expression de notre profonde gratitude.

Les auteurs

Si l'alphabétisation et l'éducation n'ont pas pu déclencher le processus d'un véritable développement, c'est parce que les valeurs, les aptitudes et les attitudes qu'on y enseignait, bref tout leur système d'organisation, n'ont pas toujours correspondu aux besoins réels, aux réalités et aux valeurs propres africaines

Maurice Tadadjeu

Sommaire

Préface

Les langues, les arts et les cultures peuvent-ils s'instituer en vecteurs du développement socio-économique en Afrique ? En d'autres termes, les différents domaines évoqués sont-ils à même de produire des richesses qui puissent se mesurer à leur impact sur la qualité de la vie des citoyens africains? Cette question est d'autant plus importante qu'elle en appelle deux autres qui se posent certes à des degrés divers, mais avec acuité à l'Afrique : la promotion des politiques culturelles et linguistiques et l'acceptation de la dimension immatérielle de la notion de développement, au contraire de la conception consacrée en terres africaines qui ne voit avant toute chose dans le développement que du concret, du mesurable et du matériel.

En effet, parce qu'elle est confrontée à des urgences économiques et à une problématique de survie, on pourrait comprendre que l'Afrique noire ait tendance à penser secondaire le développement des traditions, des langues locales et de la littérature. Si pour la littérature, l'ignorance s'explique différemment (elle est confinée au ludique et non à l'utilitarisme), pour les traditions et les langues africaines, les stéréotypes négatifs associés sont : conservatisme, statisme et stagnation. Ainsi déclinées, elles sont le contraire du développement, du progrès, de l'essor, de la croissance. Plusieurs études attestent que, dans l'imaginaire linguistique des Africains francophones, nos langues locales sont inaptes à permettre une intégration socioprofessionnelle et sont par conséquent impropres au développement. Le rejet est identique lorsqu'on envisage l'apport des traditions au développement socioéconomique. Les cultures, les langues, les littératures seraient d'ailleurs dangereuses, car la gestion de la diversité est une source potentielle d'instabilité sociale. L'ancrage d'une théorie de l'émulsion de nos objets culturels, traditionnels, dans le contexte moderne, s'observe tant dans les macrostructures sociales que dans des microstructures telles les structures familiales.

Il est néanmoins indéniable qu'aucun exemple de développement avec une tabula rasa culturelle n'existe. Pour s'épanouir, toute communauté a besoin de reposer sur des valeurs définitoires de son identité. Ces valeurs peuvent être éthiques, historiques, culturelles... Césaire voyait ainsi à raison dans la culture, « la civilisation en tant qu'elle est propre à un peuple, à une nation, partagée par nulle autre et qu'elle porte, indélébile, la marque de ce peuple et de cette nation[1] ». De ce point de vue, elles constituent le socle de développement de toute entité.

[1] Aimé Césaire, « Culture et colonisation » (19-22 sept. 1956), *in Présence africaine*, Juin-novembre 1956, n°8-9-10, p. 191.

Alors, quel avenir pour les cultures « authentiques » en Afrique ? Avant d'envisager l'opportunité de la contribution des traditions, des langues et de la littérature au développement socio-économique de ce continent, il convient d'abord de réfléchir au développement spécifique de ces domaines culturels. Cela signifie, la mise en place d'une véritable et efficiente politique culturelle et linguistique qui passe incontestablement par l'accroissement des structures de leur promotion, de leur production et de leur diffusion.

Pr. Samuel Efoua Mbozo'o
Doyen, Faculté des Lettres et Sciences Humaines
Université de Douala

Introduction

Des langues et des cultures au service du développement de l'Afrique

L'université de Douala au Cameroun a, du 1er au 3 octobre 2014, été le siège de réflexions croisées sur la culture africaine comme facteur de développement durable. Les *Deuxièmes journées des sciences du langage* prolongeaient et renforçaient les premières, organisées du 7 au 9 novembre 2008. Cette fois-ci, les organisateurs ont choisi de rendre hommage au Professeur Maurice Tadadjeu, un panafricaniste convaincu, un scientifique de haute facture aujourd'hui disparu. Il a laissé à la postérité un modèle panafricain d'éducation multilingue, le *trilinguisme extensif*, érigé sur la base des langues maternelles, à partir d'une expérimentation heureuse et réussie en contexte camerounais. Ce modèle a été exporté dans d'autres pays d'Afrique (Éthiopie, Gabon…). La théorie présentée par Tadadjeu a largement été revisitée et analysée. On y décèle d'ailleurs, les fondements d'une linguistique socio-économique (Mba, G.).

Le présent ouvrage reprend, dans différents domaines connexes, les lignes directrices de la pensée et des travaux de Maurice Tadadjeu en matière de politique linguistique africaine (1977, 1985, 1996, 1999), d'enseignement multilingue et multivectoriel (1985, 1988 ,1990, 2004), d'intégration des cultures africaines dans le système éducatif et de la construction des identités africaines viables, de linguistique au service de la société et du développement durable (1985), du communautarisme africain comme modèle de pensée et d'expression des formes d'organisation et de vie sociales (1989), de littérature africaine comme projection du vécu social et des aspirations des peuples (2000). Au total, l'ouvrage est bâti autour de vingt-trois (23) chapitres dont sept (7) sont consacrés à la problématique de la « culture et de l'identité », dix (10) aux langues et développement et six (6) à la littérature et société.

Culture et identité

Cette section a comme fil conducteur la culture africaine face à l'adversité que constituent la modernité et l'insécurité linguistique et sociale. Les différentes contributions suggèrent le recours aux coutumes et traditions comme voie de salut (Jiotsa, A., et Che, C.), en cherchant à comprendre l'anthroponymie (Abissi, R. A. et Wogaing, J.), en explorant les croyances et les rites (Bingono Bingono, F. et Edongo, P. F.), en interrogeant les associations culturelles endogènes qui sont à la base du développement durable des communautés africaines (Hotou, G., Mpacké, P. et Mbeng, H.). Des questions pertinentes se posent à la face du monde. Comment comprendre que l'Afrique avec tant de valeurs, de coutumes et de traditions persévère à vouloir se développer à travers des modèles, des langues, des principes et des cultures qui viennent d'ailleurs ? Comment les littératures africaines d'expression étrangère et dépeignant des cultures étrangères, peuvent-elles participer à la construction du développement de l'Afrique ? À ces questions, les esquisses de réponse se dégagent des contributions proposées par les différents exposés. Les pratiques culturelles impactent le développement endogène. Pour qu'elles le fassent efficacement, elles doivent être comprises afin d'être utilisées à dessein, de sorte qu'elles puissent constituer de véritables industries culturelles dont les biens sont partagés au sein et en dehors de l'Afrique. Les pratiques anthroponymiques africaines par exemple ont été longtemps bousculées en raison d'autres pratiques conseillées par les religions importées (Islam, Christianisme), au point où les patronymes africains tendent peu à peu à disparaître lorsqu'ils sont attribués sans la conscience du rituel qui sied. Le génie culturel africain doit être un bouclier contre l'insécurité et la menace asymétrique qui planent à l'horizon. Ainsi, une nouvelle approche consistant à valoriser les attributs culturels (la symbolisation de la terre, les religions traditionnelles, la nature, le sens de la famille, les divinités africaines, etc.), à favoriser une réappropriation de la civilisation originelle, à féconder et à porter l'humanité, doit être adoptée. Pour ce faire, toutes les composantes de la société doivent être considérées, surtout celles qui, à la base, sont porteuses du génie culturel et linguistique africain.

Langues et développement

Les langues africaines et les langues en Afrique sont au centre des problèmes de développement du continent. Les usages et les politiques de langues en Afrique font et feront encore des dégâts si elles continuent à être mal gérées dans les secteurs clés de la vie des populations et surtout des populations jeunes. Non seulement la violation de la diversité linguistique entraîne et entraînera des privations (Tabe, F. et Sol, M. D.), des frustrations et exclusions de tous genres (Messina, J.), mais elle atrophie aussi la pensée humaine. Mieux gérées, les langues et les politiques de langues en Afrique formeront le fondement d'une intégration certaine (Mba, G., Assoumou, J., Messina, J., Habiba et De Momha II, M., NforKfuvou, B. et Kouesso, J. R.), d'une ouverture non seulement maîtrisée, mais aussi créatrice des propositions viables de visibilité et de régénération culturelle et identitaire (Djoum Nkwescheu, A., Majeu Defo, F., Njoya, I., Wung Zeh, J.).

La diversité linguistique constitue un enjeu politique et, de plus en plus, un enjeu économique depuis l'émergence du paradigme des industries culturelles et linguistiques. La langue est un indispensable outil d'identification, de solidarité et de communication inter et intra-groupe. Elle est pouvoir et son usage peut façonner, nourrir ou préserver positivement ou négativement la gouvernance sociale. De manière générale, ce sont les hommes qui incarnent le pouvoir, le déterminent, le contrôlent au grand dam des femmes, surtout dans les espaces publics (assemblées locales, évènements festifs, organisations tribales ou ethniques, etc.). Le manque de parité entre les genres joue contre l'expression et l'usage de la langue par les femmes là où le pouvoir se conjugue avec la mise en mots de la pensée. Cette privation de pouvoir et d'expression est, très souvent, à la base de l'oubli de la force féminine comme levier important de développement. Une politique saine de promotion des langues dans le système éducatif formel et informel peut et doit faire de ces dernières, des actrices de développement endogène, durable et holistique.

L'enseignement des langues et cultures africaines ne doit pas cependant se vivre comme une option pour plaire aux exigences de la gouvernance mondiale en matière d'éducation, mais comme volonté propre et réfléchie des États. Toutes les zones (rurales et urbaines, monolingues et plurilingues), tous les niveaux du système éducatif (maternel, primaire, secondaire et universitaire) doivent être intégrés dans la politique globale et des modèles retenus pour satisfaire les deux dimensions de la communication sociale (verticale et horizontale). Les langues africaines ont certes, pour la plupart, une écriture qui est vestige de notre « mariage culturel colonial » avec les langues étrangères. D'autres ont connu des efforts de production des systèmes d'écriture propres, tributaires de l'alphabet phonétique international (API) et/ou de l'alphabet phonétique africain (IAI). D'autres encore, ont *ingénierisé* un système d'écriture spécifique qui a servi, en son temps, à la transcription et à la conservation de la langue. C'est le cas de la langue bamun au Cameroun pour laquelle le roi Njoya a inventé une écriture syllabique de 80 signes. Ce système d'écriture mérite encore une revisitation pour une exploitation à la hauteur du génie de son inventeur.

Si l'école reste le lieu par excellence de la promotion des langues et cultures, les radios communautaires, elles aussi, demeurent encore et toujours un créneau majeur d'exposition du dynamisme de chaque langue, surtout en ce moment où la transmission intergénérationnelle est en pleine décroissance et où les familles tournent le dos à l'usage des langues maternelles qui, pourtant, sont le reflet de leur identité propre. La communication de masse dont la publicité à grande échelle et les messages téléphoniques (SMS) sont aujourd'hui les puissants relais, doivent également servir à la vulgarisation des langues africaines. Aussi les signes linguistiques et sémiologiques africains dans la publicité méritent-ils d'être insérés et revitalisés dans la publicité.

Littératures et sociétés

La littérature est le miroir de la vie sociale, des aspirations et des constructions, des attitudes et des représentations des peuples. La parole humaine, parole pensée et mise à l'écrit, trahit les singuliers destins et la symbolisation sociétale qui habitent les personnages des œuvres des différents auteurs africains (Mokwe, E., Fingoué, C.) Les construits en devenir de leurs communautés, de leur environnement ou de leurs nouveaux espaces de vie sont tributaires des différences vécues à travers les chocs culturels (Mamadou Abdou, Ako Nyenty, J.) et les mythes (Tsoualla, B., Fombele, E). L'afrocentrisme, théorie et mouvement de considération des phénomènes africains dans la confection et la promotion des projets culturels a été magnifié. La parole, l'art et l'artisanat doivent être valorisés et promus au quotidien, comme des faits prépondérants de civilisation, des sources de devises et de visibilité identitaire à proposer sur le marché des échanges commerciaux et des accords de partenariat à nouer sur le plan mondial.

Les écritures romanesques, telles que celles de Werewere Liking, dépeignent les mythes négatifs et négocient les relations plausibles et nouvelles de genre, de femme à homme et vice-versa en Afrique. Les destins des enfants de rue en République Sud-africaine post-apartheid face à leurs attitudes et expositions aux crimes de tous genres sont prédits et décriés. Le Cameroun, pays multilingue qui expérimente le vivre-ensemble à travers le projet de construction nationale, constitue un vaste chantier. Ses écrivains à l'instar de Kuitche Fonkou, par leurs productions, en dessinent les contours. Voilà comment les littératures africaines tout en propulsant les sociétés au-devant de la scène servent de moteurs de développement.

Au total, traditions, langues et littératures font partie du patrimoine de l'homme et participent à lui ouvrir les portes du développement. Leur gestion intelligente influe sur la qualité de la vie des sociétés, quelles qu'elles soient. Ainsi, on peut objectivement dire que le devenir des peuples réside dans la prise en compte de la richesse que constitue leurs langues, leurs traditions et leurs littératures, véritables réceptacles au travers desquels transparaissent des arts d'être, de vivre et de faire, qui contribuent à l'implémentation d'un développement durable et viable. Comment imaginer une Afrique émergente sans sa *racine-pivot*, la culture, sous-bassement de toute forme d'industrie ? Telle est la problématique centrale qui sous-tend les contributions à ce volume enfanté par les deuxièmes journées des sciences du langage (DJSL), tenues du 1er au 03 octobre 2014 à l'Université de Douala au Cameroun.

Gabriel MBA

Références bibliographiques

Tadadjeu, M. 1977. *A model for functional trilingual education planning in Africa*, unpublished Ph. D dissertation, University of South Carolina.

Tadadjeu, M. Sadembouo, E. 1979. *Alphabet Général des Langues Camerounaises*, Collection PROPELCA N° 1, Edition bilingue 1984, Université de Yaoundé, DLAL.

Tadadjeu, M. 1985. ‘‘Une appréciation de l’écriture bamun (Shüpamém): hommage au premier linguiste Camerounais’’, in *Actes du colloque du Centenaire du Palais de Foumban*, 68-81.

Tadadjeu, M. 1985. ‘‘ Pour une politique d’intégration linguistique camerounaise : le trilinguisme extensif’’, in MINFOC [Ministère de l’Information et de la Culture], *L’identité culturelle camerounaise*, Yaoundé, MINFOC,187-202.

Tadadjeu, M. et al. 1988. *Manuel de formation pour l’enseignement des langues nationales dans les écoles primaires*, Yaoundé, Université de Yaoundé, Collection PROPELCA n°32.

Tadadjeu, M. 1989. *Voie Africaine : Esquisse du communautarisme africain*, Club OUA, Yaoundé, Cameroun.

Tadadjeu, M. 1990 (dir). *Le défi de Babel au Cameroun*, collection PROPECA n° 53, Université de Yaoundé.

Tadadjeu, M. 1996. ‘‘A model for Functional Trilingual Education in Africa revisited (20 years later)”, Paper presented at the International seminar on Language in education in Africa, 15-19 July 1996.

Tadadjeu, M. 1999. ‘‘La linguistique africaine face à l’histoire’’, Communication à la 1ère Conférence de Linguistique Africaine au Cameroun, 9 au 10 avril 1999, Université de Yaoundé I.

Tadadjeu, M. et G, MBA. 2000. “Notes on oral L1 Instruction”, in *African Journal of Applied Linguistics*, n° 001, Yaoundé, ANACLAC, 146-150.

Tadadjeu, M. et al. 2004. *Pédagogie des langues maternelles africaines*, Editions du CLA, Collection PROPELCA, n° 144-01, Yaoundé.

Première partie

Culture et identité

CHAPITRE I

L'endogénéisation des us et coutumes originels des peuples d'Afrique noire. Le cas du *littoral ouest-africain*

Albert Jiotsa

Introduction

La question de l'identité de l'Autre, jadis soulevée dans le monde antique par Aristote, puis reprise par Montesquieu (1721 : 444) dans son ouvrage *Les Lettres persannes,* constitue encore de nos jours une préoccupation aussi bien scientifique que sociale. Dans la conception antique, l'Autre - c'est-à-dire le non - européen - est un être naturel, barbare, caractérisé par son instinct et différent de l'être cultivé. À l'opposé, l'être cultivé renvoie à tout être qui a connu une transformation de ses caractères innés, bref qui a accumulé un ensemble de valeurs matérielles et spirituelles au cours de l'histoire. En postulant que toute société a une manière de vivre qui lui est originairement propre, l'on se demande alors pourquoi certains peuples qualifieraient d'autres d'incultes.

Selon l'UNESCO, la culture, dans son sens le plus large est considérée comme « l'ensemble des traits distinctifs, spirituels et matériels, intellectuels et affectifs, qui caractérisent une société ou un groupe social. Elle englobe, outre les arts et les lettres, les modes de vie, les droits fondamentaux de l'être humain, les systèmes de valeurs, les traditions et les croyances.»[1]

L'identification et l'appropriation des modalités concrètes définissant la culture d'Afrique noire, au regard de son histoire singulière et de son environnement local, demeure un des défis majeurs des chercheurs africains des XXe et XXIe siècles. L'histoire se révèle ainsi comme étant un excellent miroir qui nous permet de ressasser les expériences du passé afin d'aboutir à un meilleur éclairage des attributs culturels de notre société actuelle. Ceci est d'autant plus pertinent que la colonisation européenne a entraîné une imbrication des cultures africaines avec celles de l'Occident.

Dans ce travail, notre objectif est de retracer quelques traits essentiels de civilisation des peuples d'Afrique noire en général et du Littoral ouest-africain en particulier. Dès lors, cette étude s'appuie sur une méthode à la fois synchronique et diachronique de ces aspects de la culture des peuples noirs que nous voulons mettre en exergue.

[1] Déclaration de Mexico sur les politiques culturelles. Conférence mondiale sur les politiques culturelles, Mexico City, 26 juillet - 6 août 1982.

L'endogénéisation des us et coutumes dont il est question dans le présent travail vise à la fois la valorisation et l'appropriation des traits de civilisation des peuples d'Afrique noire. Il ne s'agit pas de retracer sans examen les traits de civilisation du passé ancestral de ces peuples. Bien plus, nous proposons quelques stratégies susceptibles de promouvoir certaines valeurs identitaires des peuples d'Afrique noire qui fécondent l'humanité.

Le choix de notre région d'étude se justifie par des réalités évidentes. En effet, le Littoral ouest-africain se situe à la croisée de plusieurs peuples cosmopolites. C'est une région également marquée par l'existence des peuples particulièrement dynamiques. De la Cross River à la Volta, les divers peuples qui habitent cette région côtière ont une importance considérable du fait de leur brillante civilisation qui a survécu pendant plusieurs siècles. Par ailleurs, cette région sur laquelle nous avons jeté notre dévolu se singularise par une similarité apparente en matière d'expression culturelle ou de traits de civilisation.

1. Localisation de la région du Littoral ouest-africain

La région du Littoral ouest-africain couvre une aire géographique difficile à circonscrire compte tenu de l'imprécision de la limite territoriale de son habitat d'antan par rapport à l'habitat actuel. En effet, il n'est pas du tout aisé de définir, de manière singulière, l'Afrique noire étant donné la pluralité de critères qui s'imposent. Si nous prenons l'exemple de la pigmentation de la peau, il faut dire qu'il ne s'agit pas forcément des races dont la peau est spécifiquement noire. Du point de vue linguistique, il s'agit de peuples polyglottes dans la mesure où l'on relève l'existence d'une diversité de langues.

Tout compte fait, l'Afrique noire, dont nous parlerons dans ce travail, désigne cette partie du continent localisée au sud du Sahara, peuplée par des nègres et divers groupes humains tels que les Baka, les Mbuti, les Bakola, les San, les Hottentots et les Sémites. Ces divers groupes humains présentent avec les Noirs des traits de civilisation communs. De manière concrète, la limite septentrionale des peuples d'Afrique noire se situe au nord du Sénégal et de la haute boucle du Niger ; en suivant le 18e parallèle, elle remonte vers le nord, en direction des Teda des oasis du Kaouar et du Tibesti. Ensuite, elle se rabat vers l'est en passant par Bondouma et Kanembou près du Tchad. Entre le Tchad et le Nil, elle englobe de nombreux peuples parmi lesquels les Bedayat au Darfour, les Boulala et Kengha à Yao et Ati et les Moortcha, Kreda et Mara dans l'Ouadaï. Enfin, cette limite englobe d'autres peuples tels que les Nubiens du Soudan nilotique, les Abyssins, Amahara, Danakill, Afar, Somali (D.T. Niane, 1987 : 369-380).

Ce schéma général de la localisation de l'Afrique noire permet de réaliser combien il s'agit d'une diversité de peuples marqués par un cosmopolitisme complexe. C'est d'ailleurs la raison pour laquelle nous focaliserons prioritairement notre attention sur le cas du Littoral ouest-africain dont la carte est présentée ci-dessous :

Carte : localisation du Littoral ouest-africain

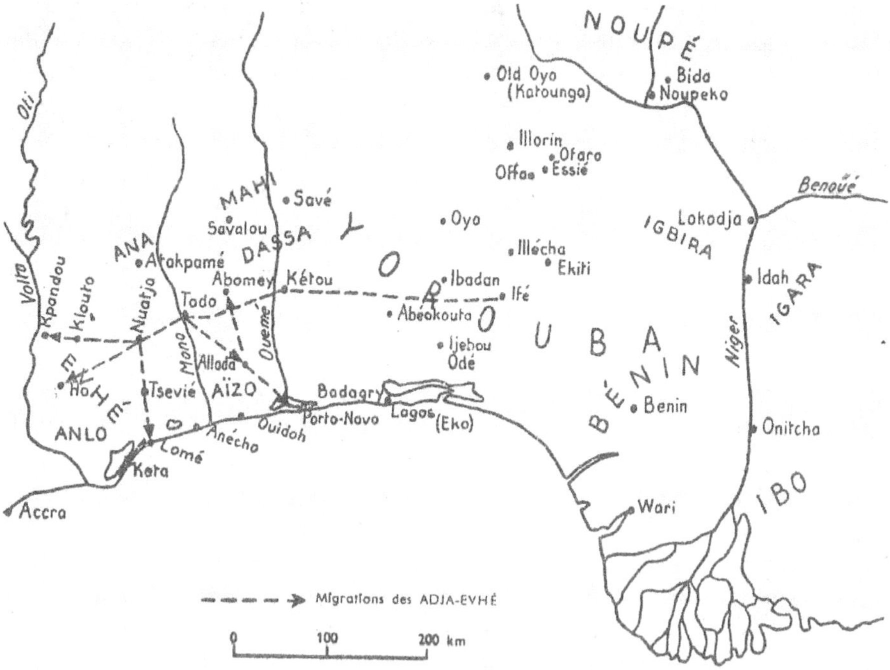

Source : synthèse personnelle à partir des sources consultées.

1.1. Aux origines endogènes de l'histoire socioculturelle des peuples d'Afrique noire

La question de l'identité socioculturelle des peuples d'Afrique noire suppose une détermination préalable de leurs origines et de leur évolution spatio-temporelle. Pour ce faire, nous mettrons en exergue l'importance de la préhistoire, de l'archéologie, des traditions africaines, de l'anthropologie, de la linguistique et d'autres sources extérieures (Mauny : 1955, Ibn Abd el Hakam : 803-870, Al Khwarizmi : avant 833, Yakoubi : 872, etc.).

2.1.1 Entre la préhistoire et la protohistoire : vers une nécessité de l'élaboration d'une synthèse historique

Pendant la préhistoire africaine, l'inventivité scientifique s'est surtout manifestée à travers certains aspects originaux tels que les gravures et les peintures rupestres. Même si ces œuvres d'art sont difficiles à dater, il faut cependant relever qu'elles sont extrêmement précieuses, dans la mesure où elles permettent de retracer la vie socioculturelle des peuples d'Afrique noire. En réalité, ces représentations montrent clairement que les hommes du passé ont utilisé des outils de pierre ou de fer pour dessiner, peindre ou graver sur les parois des grottes, les divers éléments constitutifs de la nature et de leur environnement local d'antan. Vers 1956-1957, Henri Lhote (1937 : 143) a estimé à cet effet que le Sahara serait « le centre d'art préhistorique le plus riche du monde ».

Nombreux sont les chercheurs pour qui la protohistoire est définie comme la « période antérieure aux documents écrits et vaguement éclairée par ceux-ci ». Une telle définition ne rime pas avec les réalités de l'histoire des peuples d'Afrique noire en ce sens que l'histoire ne se fait pas exclusivement avec les écrits. En effet, la tradition orale africaine a toujours été considérée surtout par les Africains eux-mêmes comme étant une des sources tangibles de l'Histoire. Cette tradition orale étant caractérisée par une grande diversité de genres tels que le conte, la fable, le mythe, l'épopée, les proverbes, les devinettes et les énigmes. C'est d'ailleurs ce qui justifie notre option pour l'élaboration d'une synthèse historique entre la préhistoire et la protohistoire. Cette synthèse historique est :

> *Comparable à un tissu dont les fils de chaîne seraient les lignes d'évolution culturelle liées entre elles par la trame des événements et des dates... Lorsqu'au-delà des temps historiques la trame vient à manquer, les lignes d'évolution culturelle restent comme des fils parallèles tendus sur le métier et l'on voit assez nettement chaque région passer de la cueillette des végétaux sauvages à l'agriculture, du silex à la métallurgie, mais les synchronismes n'apparaissent plus par les moyens ordinaires* (Leroi-Gourhan, 1956 : 4).

2.2 L'archéologie : une des voies d'accès au passé

En tant que science, l'archéologie est « la connaissance des monuments figurés de l'antiquité et du moyen âge[2] ». Cette voie par où l'on accède à la connaissance du passé s'occupe des objets et des formes matérielles. En dehors de la papyrologie, l'épigraphie a permis de développer et de diversifier la partie artistique de l'archéologie. C'est ainsi que

> *Les Noirs ont créé des arts appliqués d'une infinie variété. Le bois, l'écorce, la fibre, la coquille, la plume, l'os, les terres diversement colorées, la pierre et le caillou, la*

[2] Cette définition s'est dégagée en Europe au cours des XVII^{e,} XVIIIe et XIVe siècle, en référence aux antiquités égyptiennes et gréco-latines.

griffe, la peau, tout, dans leurs mains subtiles s'est ajusté, combiné, enfilé, cousu, teint et assoupli pour devenir ornement ou ustensile, mais toujours objet de beauté (Lavachery, 1966 : 39).

2.3 La place de l'anthropologie et de la linguistique

Selon Leroi-Gourhan (1943 : 7-8), l'Histoire se fait sous deux prismes essentiels : d'une part, nous avons la description géographique et chronologique des aventures de l'espèce humaine et, d'autre part la description, hors du temps et de l'espace, de l'homme. Par un scénario tout à fait naturel, la seconde forme de l'Histoire reproduit de manière assez fidèle les lignes générales de la première. Un tel syncrétisme se fait grâce à l'expertise des anthropologues et des linguistes. Pour s'en convaincre, il importe de revisiter ces mots de Leroi Gourhan:

> *Il y a deux sortes de mouvements qui, par l'absence normale de syncrétisme, brouillent le tableau de l'histoire. Les premiers sont les déplacements d'hommes qui, sauf exception, sont extrêmement lents et mal connus, les seconds sont les déplacements culturels dont la rapidité et la fantaisie apparente ne peuvent être exagérées. À ces deux mouvements il faut en ajouter un troisième, non moins important, le mouvement d'évolution propre à chaque peuple, mouvement très variable d'intensité et de direction qui fait tourner en spirale un groupe pendant que les autres progressent en ligne droite, puis le lancent brusquement en avant. Au mouvement des hommes se rattachent les problèmes des races, au mouvement général des produits le problème des civilisations, au mouvement interne le problème des cultures. L'histoire cherche à voir dans les trois l'unité du développement humain et suivant l'esprit des chercheurs, confond parfois la race, la civilisation et la culture* (Leroi-Gourhan, 1943 : 11).

2.4 L'importance des traditions africaines

Les traditions africaines sont subdivisées par les documents écrits et la tradition orale. Pour ce qui est des documents écrits, nous pouvons citer par exemple les documents d'archives, les écritures imagées par certaines grandes figures de l'histoire sociale africaine telles que Mende de la Sierra Leone, l'*écriture nsibidi* des Efik du Nigeria, l'*écriture bamoun* du sultan Njoya au Cameroun. Il importe de souligner que les peuples d'Afrique noire doivent consentir davantage d'efforts en matière de conservation et de préservation des documents écrits existants. Un grand nombre de ces documents a malheureusement disparu. Beaucoup ont été transportés en Europe tels que les manuscrits éthiopiens qui sont à Londres et à Oxford (Cornevin, 1962 : 51). D'autres sont chez des particuliers, non répertoriés, sans étiquette et risquent d'être perdus pour la science à cause de l'ignorance et de la négligence des héritiers des collectionneurs. D'autres encore sont dans des mosquées ou chez des chefs, dans des villages de brousse où ils risquent de disparaître dans un incendie ou dévorés par les termites. Nous n'oublions pas, dans cette liste, de nombreux et riches patrimoines de l'UNESCO qui sont souvent vandalisés dans certains pays d'Afrique noire tels que le Mali et le Niger.

En ce qui concerne la tradition orale, c'est le lieu de dire qu'elle constitue la plus grande source de l'Histoire des peuples d'Afrique noire. La valorisation de la tradition orale africaine se justifie par l'intérêt particulier que les peuples africains eux-mêmes ont pour leur civilisation et pour leur Histoire. Dans un article de *Présence africaine*, Joseph KiZerbo situe la place de l'histoire dans la société africaine en ces termes :

> *La place de l'histoire, c'est-à-dire de la notion de temps, de ce qui est antérieur, bref du passé, est une des constantes de la mentalité traditionnelle chez les nègres, constante qui donne son originalité à leur vie économique, sociale, politique et artistique. [...] Le sens de l'histoire pour les nègres est donc une dynamique où l'homme a sa place ; mais il s'agit de l'homme total avec sa dimension sociale, c'est pourquoi ce sens de l'histoire est le fondement d'un patriotisme particulièrement profond* (KiZerbo, 1957 : 53-69).

Au rang des principaux instruments de la tradition orale que les Africains doivent revaloriser en vue du triomphe et de l'authenticité de leur histoire socioculturelle, nous citons : l'épopée vivante, les griots et les chroniques vivantes.

3 Aux sources exogènes de l'histoire socioculturelle des peuples d'Afrique noire

Nous présentons dans ce registre les documents arabes et certains documents écrits provenant de l'Europe, de l'Asie et de l'Amérique.

Parmi les documents arabes, il y a de nombreux récits de pèlerins, de commerçants ou de guerriers. Ces récits, très nombreux au moyen âge, sont surtout l'œuvre des géographes et voyageurs. Mauny (1955 : 67). Dès le VIII^e^siècle, des auteurs tels que Ibn Abd el Hakam (803-870), Al Khwarizmi (avant 833), Yakoubi (872), produisent d'abondants travaux qui renseignent suffisamment sur le riche passé des peuples d'Afrique noire.

Aussi paradoxal que cela puisse paraître, les documents européens constituent la grande masse de la documentation relative à l'histoire des peuples d'Afrique noire. Ces sources écrites correspondent d'ailleurs à l'époque des grandes explorations européennes en Afrique. Les documents européens du XVe au XIXe siècle revêtent une importance considérable en matière de reconstitution du passé des peuples d'Afrique noire. Les principaux dépositaires de ces documents sont :

- les commerçants et voyageurs au Soudan nigérien à l'exemple de Charles de la Roncière ;

- les navigateurs européens à travers leurs nombreux récits ; nous pouvons ainsi citer la chronique de Guinée de Zurara vers 1453 ;

- les chefs de comptoirs d'esclaves à travers leurs nombreux récits. Nous citons dans ce registre les récits de Peyssonnel, Labat, Smith, Sidney Smith sur l'état des comptoirs de la côte des esclaves ;

- les explorateurs scientifiques à travers un certain nombre d'articles et de communications publiés dans les revues scientifiques. Nous avons par exemple les travaux de Durand sur le Sénégal, du médecin écossais Mungo Park sur le haut Niger, de Nachtigal au Soudan tchadien et de Dominik au Cameroun.

L'histoire est cette science-là qui retrace le passé d'un peuple (Serge Carfanatan, 2002 : 16). Pour ce faire, les sources majeures de cette histoire méritaient ainsi d'être interrogées avant l'analyse des stratégies propres à l'endogénéisation des us et coutumes des peuples du Littoral ouest-africain.

4 Au-delà du mimétisme : la nécessité de l'endogénéisation des us et coutumes des peuples d'Afrique noire.

Le compartimentage de l'Afrique issu de la colonisation européenne n'a pas réussi à annihiler totalement la brillante civilisation des peuples d'Afrique noire d'antan. Cette réalité se justifie par le fait que certains traits de civilisation des peuples noirs que nous venons de présenter ci-haut ont pu résister aux avatars du fait colonial. En proposant dans ce travail comme thème de réflexion « l'endogénéisation des us et coutumes des peuples d'Afrique noire », il ne s'agit pas pour nous de mettre seulement en exergue le riche patrimoine du pouvoir culturel originel. Nous allons plus loin dans le but de proposer des stratégies visant la promotion des valeurs les plus humanisantes de la culture authentiquement africaine.

L'endogénéisation peut s'entendre ici comme étant un processus dont l'aboutissement conduit à cette réelle appropriation de la culture originelle et originale de l'Afrique noire. Ce processus, pour s'accomplir, passe par une connaissance plus fine des éléments fertilisants du pouvoir culturel. Parmi ces précieux éléments, nous insisterons sur la symbolique de la terre, les religions traditionnelles et le sens de la famille africaine.

4.1- La symbolique de la terre

De tout temps, l'histoire du peuplement s'est toujours faite à la suite de vastes mouvements de pérégrinations, lesquels mouvements aboutissent généralement à la quête et à l'occupation des terres. Ainsi, la terre a toujours été au centre de tous les jeux et enjeux tant géostratégiques, géopolitiques que géoéconomiques des peuples.

En Afrique traditionnelle, un rapprochement est vite fait entre la terre et la divinité. En précisant que la terre ici est entendue, non pas dans le sens du cosmos tout entier, mais exclusivement dans le sens du sol qui est le lieu de prédilection de nos paysans et cultivateurs africains. Fidèle à cette logique, toute portion foncière était administrée soit par le chef traditionnel dans les sociétés étatiques, soit par le plus ancien patriarche du village ou du clan dans les sociétés non étatiques. Il ne suffisait pas nécessairement de brandir la meilleure offre en termes de pouvoir financier pour devenir un dépositaire et/ou un propriétaire terrien. En effet, la règle naturelle selon laquelle la terre appartient à celui ou à celle qui la met en valeur était respectée avec beaucoup de réserve et de prudence.

4.2- Les religions traditionnelles

L'introduction de l'islam et des religions chrétiennes a profondément entamé la pureté d'expression des traditions religieuses africaines. Il existe de nos jours un écart de mœurs remarquable et criard entre les communautés restées païennes et celles religieusement métissées. À propos de l'existence de la religiosité des Africains, il importe de souligner que la notion d'un Dieu suprême a toujours existé chez la quasi-totalité des peuples africains. Son rôle, sa position, son entourage, ses auxiliaires, ses exigences, ses prérogatives sont autant de questions envisagées de diverses façons d'une communauté à l'autre.

C'est ainsi que la théonymie établit des ressemblances entre les différents noms attribués au Dieu suprême par ces diverses communautés (Cornevin (1962 : 189). Pour le cas d'espèce, il est appelé Nyamé chez les Baoulé et les Achanti ; Nzamé chez les Fang du Gabon ; Zambe chez les Beti du Cameroun; Nyambè chez les Bassa du Cameroun ; Kakoua, Logo, Ngala au Congo belge ; Nzambi chez les Kikongo ; Kouésé, Loula, Louloua, Loumbou, Lounda en Angola, au Congo en Rhodésie. On pourrait considérer que cette forte ressemblance traduit une certaine unicité de l'expression de la religiosité traditionnelle africaine.

Ce Dieu est situé diversement suivant les races. Selon les Bassa, c'est le créateur de la terre. Chez certaines tribus, il habite sous terre, chez les morts. Pour la plupart, il est en haut dans le ciel et c'est lui qui a créé le monde. Sa toute-puissance ne permet pas qu'on lui rende toujours un culte régulier et ce sont ses intermédiaires, les divinités principales et secondaires qu'on vénère à sa place (Cornevin, 1962 : 190). C'est ainsi que dans le Littoral ouest-africain (entre la Gold Coast et la côte du Bénin), il y a eu, comme divinités principales : *Heviéso* au Bénin[3] et Shango chez les Yoruba. Les divinités secondaires sont surtout représentées parmi les ancêtres et les héros qui ont positivement marqué l'histoire des peuples. C'est le cas des Obossom chez les Achanti, les Tron chez les Evhé. Toutes ces divinités jouent un rôle majeur dans la protection du village.

[3] renvoie au tonnerre et symbolise l'ensemble des phénomènes atmosphériques perceptibles par l'homme.

Pour ce qui était de l'organisation et de l'administration des religions traditionnelles africaines, nous pouvons nous référer au schéma actantiel suivant :

i. Souverain ou roi : chef de la terre et gardien de la tradition ;

ii. Chef de la famille étendue : prêtre pour sa famille ;

iii. Autres dignitaires religieux approuvés par le souverain et le peuple : sorciers ou marabouts encore appelés « féticheurs ».

4.3- Le sens de la famille africaine

Le modèle occidental de la famille, c'est-à-dire celui basé sur la famille nucléaire (Le Play et Todd, 1983), était totalement inexistant chez les peuples du Littoral ouest-africain. En effet, la notion de famille africaine ne se percevait que dans un sens beaucoup plus large, outrepassant ainsi tout cloisonnement clanique, ethnique, tribal, bref géographique. On peut ainsi parler de groupe familial ou de famille étendue au sens large du terme, c'est-à-dire une communauté comprenant l'ensemble des descendants groupés autour des mêmes symboles mystiques ancestraux et soumis à une même autorité traditionnelle. La parenté était patrilinéaire, mais davantage matrilinéaire. Dans ces sociétés traditionnelles africaines, le matriarcat était exceptionnel et totalement proscrit au sein de l'unité domestique.

Il urge de souligner qu'en Afrique traditionnelle, la notion de famille nucléaire africaine se schématise autour du triptyque père-mère(s)-enfant(s). Les droits d'aînesse étaient scrupuleusement respectés sous peine de malédiction ou de mauvais sort, et chacun avait son rôle à jouer pour l'édification de la société.

L'environnement familial coutumier comportait non seulement les parents et les enfants, mais aussi l'ensemble du grand groupe que constitue la famille africaine.

> *Parler de la famille africaine n'a qu'un sens vague de généralité tant elle peut se montrer diverse dans sa composition, dans ses structures, son fonctionnement, et tant est immense et différencié l'espace géographique dans lequel on veut la situer... la famille africaine ne se réduit pas à un lignage, elle est beaucoup plus vaste, puisqu'elle peut englober pour un même individu son ascendance maternelle et paternelle, les ancêtres et les animaux mythiquement associés à la vie des lignages*[4].

Une telle perception de la famille africaine apparaît commune à l'ensemble de l'Afrique noire. C'est ainsi qu'au Cameroun, elle est définie comme s'étendant « à toutes les personnes issues d'un ancêtre commun, pouvant

[4] I. Quiquerez-Finkel, « La séparation dans la famille africaine », Journées d'études organisées par l'Ecole Nationale de la Magistrature de Paris, les 26, 27 et 28 juin 1990, document édité et publié par l'ENM de Paris.

remonter jusqu'à la sixième génération dont naîtra le clan et composée des lignages matrilinéaires et patrilinéaires suivant les tribus[5] ». Au sens de l'imaginaire populaire, elle peut encore « comprendre tous ceux qui se réunissent souvent, se donnent des conseils, s'opposent aux choses tordues, félicitent les bonnes conduites et fêtent les belles choses[6] ».

Conclusion

Cette étude nous a permis d'analyser les stratégies pouvant concourir à un retour aux sources en matière des us et coutumes les plus humanisantes des peuples d'Afrique noire. Il ressort que la logique de l'extraversion culturelle telle qu'entretenue pendant la période coloniale semble toujours perdurer à la faveur du mimétisme de certaines valeurs culturelles importées, cela au détriment des valeurs culturelles d'Afrique noire. Parvenu ainsi au terme de cette étude, quelques mesures notoires sus-présentées sont susceptibles de contribuer à une introversion progressive et prudente des attributs culturels propres originellement à la postérité actuelle et future du Littoral ouest-africain. Pour que ces mesures prennent véritablement corps, nous pensons que la pratique éducative, telle qu'elle s'opère dans notre pays, devrait être réorientée de manière opérante. À cet effet, il serait nécessaire par exemple d'actualiser les contenus de certains programmes et manuels scolaires qui demeurent extravertis. En définitive, il y a lieu de souligner que la pratique éducative susceptible d'enclencher un véritable progrès social devrait viser la préservation de la culture authentique du pays, sa protection et sa transmission aux nouvelles générations.

Références bibliographiques

Cornevin, R. 1962. *Histoire des peuples de l'Afrique noire*, Paris, Berger-Levrault.

Delafosse, M. 1925. *Les Civilisations négro-africaines,* Paris, Librairie Stock.

KiZerbo, J. 1957. "Histoire et conscience nègre", *Présence africaine*, octobre-novembre.

Lavachery, H. *L'art des noirs d'Afrique et son destin*, Présence africaine, n°10/11.

Leroi-Gourhan, A. 1943. *L'homme et la matière : évolution et techniques*, Paris, Albin Michel.

[5] Recherche sur la famille camerounaise, Ministère des Affaires Sociales, mars 1988, vol. IV, p.3.
[6] Ibid.

Leroi-Gourhan, A. 1956. « La préhistoire », in *Histoire universelle*, Encyclopédie de la pléiade, tome I.

Lhote, H. 1937. *Le Sahara, désert mystérieux*, Paris, Persée.

Mauny. 1955. "Sources écrites et traditions orales de la savane", *in History and archeology in Africa.*

Ministère des Affaires Sociales (MINAS). 1988. Recherche sur la famille camerounaise, Ministère des Affaires Sociales.

Montesquieu, 1721. *Les lettres persanes,* Paris, Primento.

Niane, D.T. 1987. *Histoire générale de l'Afrique : l'Afrique du XIIe au XVIe siècle*, Tome IV, Paris, Unesco.

Quiquerez-Finkel, I. 1990. « La séparation dans la famille africaine », Journées d'études organisées par l'École Nationale de la Magistrature de Paris, les 26, 27 et 28 juin 1990, ENM de Paris.

CHAPITRE II

Étude anthropologique de l'interrelation des mondes visible et invisible, *emo minlan* et *bekon*, des peuples *Ekaň*

François Bingono Bingono

Introduction

La présente réflexion s'inscrit dans le champ de la crytpo-communication. En effet, la communication comporte au plan scientifique, deux grands volets : La phéno-communication et la crypto-communication. La phéno-communication renvoie à la communication visible, concrète, palpable et matérielle. La crypto-communication quant à elle a pour champ d'expression, le monde immatériel, le monde invisible, l'au-delà. Cette communication spécifique, bien que marginale en Occident, y présente de plus en plus d'intérêt et fait l'objet d'enquêtes et d'analyses scientifiques dans de nombreux laboratoires de recherches et universités. Or, en Afrique, là où l'on clame haut et fort que ***les morts ne sont pas morts***, selon cette formule rendue célèbre par le poète sénégalais Birago Diop, il est embarrassant de constater que le sujet relatif à la communication avec les entités élémentales (les ancêtres, les esprits, les génies), bien que quotidien dans tous les milieux socioprofessionnels, ne fasse que très peu l'objet d'investigations sérieuses par l'élite intellectuelle. Pourtant, le recours aux initiés traditionnels et tradi-thérapeutes, aux devins, mages, thaumaturges et patriarches aux fins d'intercession auprès des membres de famille décédés pour une guérison, une protection, la prospérité ou la paix dans les foyers, le faste de certaines cérémonies d'inhumations et funérailles, sont autant de preuves que l'Africain attend de l'au-delà, notamment de ses *morts*, l'amélioration de ses conditions de vie. Une étude approfondie de la religion africaine dont de nombreux cultes restent actuels, justifie et affirme qu'entre *morts* et vivants, il y a ***des relations d'aide et d'entraide,*** pour emprunter à Mbonji Edjenguele (2006). Sur la base d'un schéma personnel, inspiré et déduit d'expériences toutes aussi personnelles, nous allons tenter de justifier pourquoi la ferme croyance de l'Africain en une vie dans l'au-delà, et les raisons qui peuvent pousser à en attendre des actions bénéfiques.

1- Définition des concepts opératoires

***Emo minlaň* et *bekôn* :** ce paradigme nominal renvoie à des lexèmes de la langue *ékaň*. Leur usage se justifie par l'importance que nous accordons à l'ethnolinguistique comme science attestant que les mots ne désignent que des réalités socioculturelles connues par les locuteurs de la langue. Par conséquent, les *Ekaň* baignent dans la réalité des mondes visible et invisible qu'ils pratiquent de manière régulière.

Ekaň : c'est le concept le plus actuellement en usage dans les milieux académiques pour désigner les Beti-Bulu-Fang. Ce peuple de la forêt règle ainsi une querelle non scientifique, mais politique sur le terme *beti,* d'usage récent, et qui pourtant est suffisamment fédérateur de cette grande communauté aux langues inter-compréhensibles et avec en partage la même culture. Les *Ekaň* peuplent l'Angola, le Cameroun, le Congo, le Gabon, la Guinée équatoriale et Sao Tomé et Principe.

Bouti, melan : on ne parle pas de religion africaine au pluriel, dans la mesure où toutes les pratiques religieuses d'Afrique noire reposent sur les mêmes fondements : Dieu est unique, on s'adresse à lui par l'intercession des saints, les ancêtres. On peut de son vivant, expérimenter l'au-delà. Le *bouti,* plus populaire au Gabon, et le *melan* des Ekaň sont tous deux monothéistes. La manducation des bois sacrés *Iboga* et *melan*, selon un rituel strict, donne accès à l'au-delà, au monde invisible.

Ancêtre : en Afrique, l'ancêtre est une consécration. Il s'agit de ceux qui sont morts au moins à l'âge adulte, qui ne se sont pas suicidés, qui ne sont pas morts de mort honteuse et (surtout) qui ont mené une vie de juste (reconnue par toute la communauté). Ce sont eux les saints, avec pour fonction entre autres, d'intercéder auprès de Dieu, pour le compte des vivants. Tout mort n'est pas un ancêtre.

Mort : nous l'utilisons dans un graphisme en italique pour signifier qu'il y a un problème lexico-sémantique. En effet, le verbe mourir existe bel et bien chez les Africains. Mais celui qui est mort ne s'appelle pas un mort, et encore moins un défunt, défunt de par son étymologie signifiant qui n'a pas de fonction. La mort en négro-civilisation est un passage d'une vie physique à une existence différente. On ne respire plus, on ne se reproduit plus, mais on reste autrement actif et performant : ce sont les *existants dotés d'intelligence, mais sans vie biologique* (Fame Ndongo, 2007).

2- Emo Minlaň : le monde matériel. Sa perception en négroculture

Le monde visible, concret, palpable, matériel est considéré chez les Bantu, et notamment les *Beti-Bulu-Fang,* comme un rebut de monde, un monde brouillon du véritable monde à venir après la mort. Les lexèmes, vocables, paradigmes et métaphores par lesquels on désigne ce monde sont assez révélateurs. Nous en récapitulons dans le tableau ci-après :

Tableau de désignation du monde physique par quelques socio - cultures

Ethnie	Vocable	Traduction
Bafia (Centre)	*Zí è zé*	Monde de vanité
Bakossi (Sud-ouest)	*Nkoŋsé*	Monde éphémère
Bakoko (Littoral- Sud)	*Sí minsōn*	Monde périssable
Bakwéri (Sud -ouest)	*Monyé* *Erzeu*	Monde artificiel Monde éphémère
Bamiléké (Ouest)	*Dom tcha'a*	Monde éphémère
Bafut (Ouest)	*Ndzôn nchíé*	Monde de choses éphémères
Bamoun (Ouest)	*Njú mansie*	Monde poussière
Bassa (Centre, Littoral)	*Mbóg hel*	Monde désemparé
	Nsayá	Monde inutile
	Ndí jam	Monde pour rien, illusoire
Ekañ (Centre-Est - Sud)	*Emo minláŋ* *Sí ndon* *Sí metĕk*	Monde des plaisanteries Monde de l'artifice Monde qui s'effrite en poussière
Dschang / Ouest	*Ngwoûoŋ sitya'a*	Monde artificiel
Maka /Mboanz (Est)	*Shi ngwuas*	Monde de la nulité
Massa (Extrême-Nord)	*Ngata vi sumuna* *Oéma baïgasita* *Wana baï musta*	Monde de l'artifice Monde léger Monde de rien
Ngumba (Sud)	*Síminshun*	Monde périssable Monde éphémère
Nzebi (Gabon)	*Mámbe má tòtò*	Monde inutile, vain
Ngemba (Ouest)	*Atuó chi*	Monde artificiel
Sanaga	*Tsi kampi* *Esoto kampi*	Monde de nullités Monde de vanités
Widikum (Nord -Ouest)	*Isé y asik*	Monde fugace
Wimbum (Nord- Ouest)	*Bu'u njip ngong*	Monde des nullités
Yambassa Assala (Centre)	*Ibúbù*	Monde sans importance Monde poussière
Yabassi (Littoral)	*Nkong sí*	Monde éphémère

Émo minlañ signifie littéralement le monde des causeries plaisantes, drôles, divertissantes, hilarantes. Quant au paradigme *sí ndôn*, la charge sémantique n'en est pas plus reluisante ; en dénotation, *si ndōn* signifie : monde des artifices, éphémère, évanescent, sans épaisseur, fugace. C'est dire que le Négro-africain considère ce monde comme une passerelle. On y est de passage pour que, à partir des reflets de son existence, on prépare mieux celui qui nous attend après la mort physique. *Émo minlaŋ* est traduit par une formule tambourinée conclusive de la vie terrestre dans les textes du *nkúl* dominical, celui qui appelle les fidèles à rejoindre la case chapelle pour le culte. Cette formule est la suivante :

Wo kusa ke wo bo fianga	- tu as beau te pavaner
Si zeze	- la terre n'est que nullité
Si ne tabe tabe tabe	- malgré ta longévité
Enyin éne wo bekon	- tu finiras dans la tombe

L'aède de mvet qui déclame une épopée dit, à propos des activités du monde physique *: si bivôlvôla bi mam*, la terre du clinquant, du brouillon, de la camelote, de l'éphémère et de l'artifice. La formule transitoire qui conduit aux récits des hauts faits des héros immortels *Ekañ* est la suivante *:*

Bia kôlô si bivôlôvôla bimam - nous quittons le monde des reflets
Bia ke be nya be mame - pour le vrai, l'idéal

En effet, le joueur de mvet est un démiurge. Et les épopées qu'il narre ne sont pas des créations littéraires et fictives, mais le reportage de choses de l'au-delà, qu'il vit grâce à l'intercession ancestrale. Par l'initiation, il a reçu d'entrer en connexion directe avec le monde cosmique, une autre vie reconnue par tous les cercles de spiritualité, mystiques ou initiatiques. Le voyage initiatique auquel permettent d'accéder les religions traditionnelles et rites sacrés que sont le *Bwiti*, le *Melan*, le *Ngué,* le *Bejongo*, le *Ndi'i,* l'*Ubasinjon…*, s'ouvre par une lumière de haute intensité, et la découverte de la splendeur des couleurs.

Tous les privilégiés ayant effectué des voyages initiatiques en témoignent. On comprend alors que le peu de beauté de la nature auquel le vivant a accès n'est effectivement qu'une pâle copie de la réalité vraie, qui est domiciliée dans l'au-delà. Il est de nombreux rites, cultes et religions ancestrales qui donnent au sujet voyageant l'indicible privilège de communiquer avec les ancêtres, les leurs ou d'autres, venus les encourager à accéder à la connaissance. Il se passe dans *émo minlaŋ*, le monde réel et visible, ce qui se passe également dans l'au-delà, mais en grandeur réelle et en vérité.

Emo minlañ c'est le monde où fluctuent les règnes animal, végétal et minéral, à la différence que ces éléments font leur apprentissage du monde invisible qui est le *bekôn*. Nous en établirons mieux la différence dans la suite de ce travail. Nous y montrerons que tout ce qui y vit est capable de parler, car, représentant parfois des esprits humains en pleine mutation cathartique et purificatrice, communément appelée métempsychose.

Même sans y déceler parfois tous les symboles, *émo minlaŋ,* le monde éphémère où se meuvent les vivants comprend : le village et toutes les activités qui s'y produisent, la forêt, le cours d'eau, les astres dont le soleil et la lune sont les centres en tant qu'éléments vivificateurs et revivifiants de l'univers. Chaque élément d'*émo minlaŋ* a un côté visible et un côté invisible. Le côté visible, accessible à tous n'est guère la réelle définition de l'élément. Tous sont dotés d'une valeur symbolique qui est telle que, si on ne la comprend pas, on n'a qu'une connaissance limitée du monde et du cosmos.

3- Bekôn : l'au-delà

Nous voulons proposer un survol de ces trois concepts que sont la *mort*, le *mort* et les *enfers*, compris comme étant le séjour des *morts*. Il s'agit de notions pour lesquelles les peuples de la forêt ont une véritable vénération. Si la mort, cessation de la vie, fait peur, elle est néanmoins affrontée comme étant une ennemie tapie dans l'ombre et prête à frapper pour semer désolation et angoisse parmi les vivants. Pour que *mort* ne vienne pas trop souvent frapper, il est chassé à l'aide de sagaies dont se munissent les danseurs de la danse rituelle, tant de triomphe que funéraire *esani* ou *esana*.

Quant au *mort*, le cadavre, le corps, il bénéficie d'un traitement vénérable, en fonction de la dimension de sacralité dont on entoure tout corps, même d'un indigent, un forcené ou un banni de la société.

Au cours d'un entretien avec Ella Jean-Bosco, géographe et enseignant à l'École Normale Supérieure de Yaoundé, qui commente et enrichit notre recherche, cet homme de science nous donne un témoignage effrayant, mais édifiant sur les *morts*, les cadavres. En effet, pendant qu'il poursuit ses études en France, il travaille dans une morgue d'un hôpital à Bordeaux, pour arrondir les bouts. Ella nous dit donc que la première recommandation qu'il reçoit de son chef, le responsable de la morgue, et notamment de la toilette mortuaire, c'est de ne jamais entrer où reposent les corps sans frapper trois coups à la porte. Car, explique-t-il, les cadavres s'occupent et ne sont pas du tout inertes. Il faut donc éviter de les surprendre dans des postures qui pourraient provoquer un choc chez ceux qui croient que les cadavres sont inactifs. Le rituel consiste à frapper trois coups à la porte. Il convient de préciser que ce patron est bel et bien un Français, donc un Blanc, de la civilisation rationnelle. Notre interlocuteur nous affirme que, toutes les fois où, dans la précipitation du travail, il a oublié de frapper à la porte, celle-ci a toujours résisté sous une pression qu'il ne s'est jamais expliquée. Cela a toujours été comme si une contre pression venant de l'intérieur, en défendait l'accès. Et il complète son exposé par cette anecdote, digne de la littérature d'épouvante :

> *Une fois, je devais rapidement m'introduire dans la salle des macchabées. Or, le corps d'une dame, morte des suites de brûlures, avait été mal disposé dans son cercueil, et en travers de la porte. Son œil gauche était entièrement éteint, calciné, ainsi que ce côté de son visage. J'ai entrepris de chevaucher ce corps parce que j'étais pris par le temps. C'est alors que, ô, horreur ! La dame a froncé le visage, et a ouvert plus grand que nature, l'autre œil qui n'était pas brûlé. J'ai poussé le plus grand cri de frayeur de ma vie, et j'en perdis presque la parole. Quand le chef me demande ce qui ne va pas, je ne pouvais que faire un geste vers le cadavre grimaçant. Il dut me rappeler toutes les lois qu'il m'avait données en commençant ce travail funèbre.*

À ce récit, nous pouvons ajouter maints autres, qui tendent à affirmer que des morts peuvent parfois être aussi actifs que des vivants : se mouvoir dans leur posture mortuaire, et même, effectuer des déplacements. Il est cette histoire ayant défrayé la chronique en 2010 à la morgue de l'hôpital de la Caisse Nationale de Prévoyance Sociale à Essos. Il est rapporté que le cadavre d'une femme s'est lancé à la poursuite d'une inconnue, jeune femme venue acheter la dent d'un mort. Le choix du mort de ce soir-là s'avérera néfaste, car la morte en question ne se laissera pas faire. En effet, une fois la transaction passée entre le *morguier- expression camerounaise pour désigner ceux qui traitent les corps à la morgue-* et la cliente, la *morte* s'est levée et a entrepris une chasse-poursuite à la ravisseuse de sa dent. Épouvantée, celle-ci l'a aussitôt remise au *morguier* marchand, qui devint illico la cible des assauts de la morte. Elle le pourchassera jusqu'au but. Une fois la dent récupérée, la morte alla retrouver la table où elle était disposée avant cette course-poursuite, bien logée auprès des autres cadavres. Le *morguier* mourut par la suite. Cette histoire a été confirmée par un responsable de l'hôpital. Il a requis l'anonymat pour des raisons évidentes.

À peu près dans la même lancée, en 2008 à Ebolowa, un *morguier* qui pratiquait la nécrophilie sur une défunte s'est trouvé coincé entre les cuisses de sa macabre amante. Il a fallu attendre le lever du jour pour qu'à force de charcuterie humaine, on déloge le malheureux qui lui aussi, mourut quelque temps après.

Nous reproduisons dans la suite, le travail d'un ethno-théologien, Joël Ella Ngbwa Ndomann, qui retrace toutes les étapes funéraires qui se succèdent, du dernier souffle d'un individu à la période post-inhumation. Ladite recherche est contenue dans l'essai *Thanatologie : approches religieuses de la gestion des dépouilles mortelles de huit religions* (inédit).

Pour en parler, voici d'abord des étapes telles qu'elles se succèdent dans toutes les religions bantu, et le rite sacramentaire de l'inhumation. Ces étapes sont les suivantes :

- le bain rituel
- les soins et les délais de conservation
- les choix sépulcraux (avec ou sans sépulture)
- la veillée funèbre
- la tombe
- les cérémonies de rattrapage post-inhumation
- la case à reliques

Le *mort* de notre réflexion n'est guère celui qui sort de son cercueil pour se livrer à des courses-poursuites. Il n'est pas non plus celui qui sort de la tombe pour hanter la maison qu'il a abandonnée, qui se rend au bar du coin pour s'abreuver de vin et courtiser les belles-de-nuit… Il s'agit de celui-là qui est en plein processus de la transmigration de son âme. Il ne revient plus en chair, en os dans le monde matériel. Il vit dans un espace-temps sans temps ni espace, où le passé, le présent et le futur du monde d'ici-bas sont une fusion. Nous voulons schématiser l'univers, les deux mondes, par un croquis de notre conception, mais dont la base, somme toute empirique, se déduit d'expériences vécues personnellement, lors de nombreuses investigations et expérimentations des sorties initiatiques, grâce à la religion *Bouti* et la religion *Melan* :

4- Le Cycle de l'âme après la mort

Nous schématisons ceci :

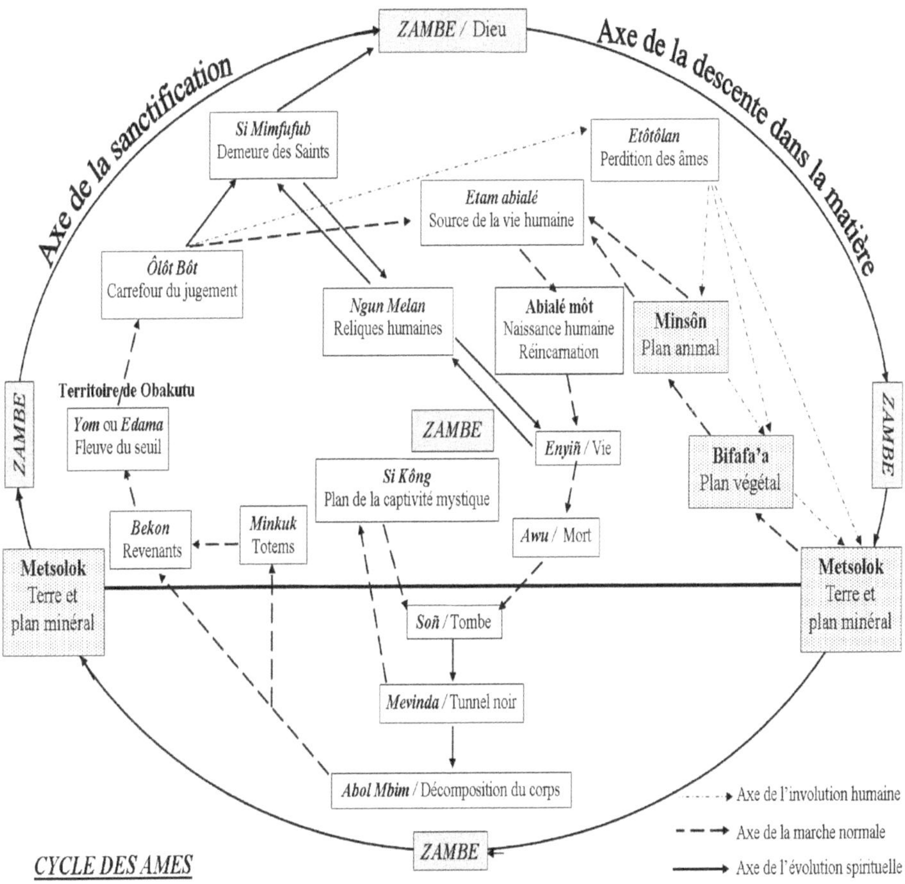

Figure 14 : Cycle des âmes (notre conception)

Nous proposons une lecture visant à décrypter le présent schéma :

L'univers est circulaire selon la cosmogonie du Bantu. Fame Ndongo (1996 : 12) l'a démontré dans de nombreux ouvrages et interventions publiques. Qu'il s'agisse du monde visible ou invisible. Et comme le montre le présent schéma,

Dieu entoure tout. Il est partout : *yôp, si, nké, akôé, fong, mekaé (nsak - maň).* Ces repères se résument en quatre : *Yôp/si ; nké/akôé (le haut et le bas, l'amont et l'ava)l.* Ce sont les quatre dimensions de l'existence chez les Beti.

Zambe ane yôp (*Dieu est au ciel*), que l'on peut entendre clamer les croyants comme un juron religieux, est un apport des missionnaires, et non la perception négro–africaine. Le monde physique c'est le village, le sous–terre, le ciel et l'ensemble des éléments visibles qui le peuplent.

Du côté gauche de notre schéma du cycle des âmes ci-haut, nous avons l'axe de la descente dans la matière, partant de Dieu. Cet axe involue jusqu'au plan le plus bas de la déchéance des âmes, le plan minéral. Ensuite, il y a une remontée vers la droite, qui représente l'axe de la sanctification, le retour vers le Créateur.

La vie humaine prend naissance à *Etam Abialé*. Les âmes y descendent de deux manières, soit par la voie de la réincarnation, soit en première apparition. Après, c'est la vie qui commence. Elle a pour aboutissement normal, la mort.

Mais, la vie qui prépare à la mort, entretient le voyage de la transmigration des âmes par la pratique de la spiritualité. Le *Ngun Melan,* sanctuaire reliquaire, est le lieu de manifestations et de pratiques religieuses. Les initiés adressent leurs demandes : souhaits, vœux, sollicitations à Dieu en passant par les ancêtres représentés par leurs reliques. Le *Ngun Melan* est en connexion directe avec le *Si Mimfub*, la demeure des Saints, lieu idéal des âmes bienheureuses ayant emprunté après purification, l'axe de la sanctification. Il y a inter-relation entre *Ngun Melan* et *Si Mimfufub*.

Après la vie, vient la mort. Elle est un aboutissement normal, dans le processus de toute âme. La normalité peut intervenir après l'étape suivante qui est la tombe. La Tombe, *Soň Si*, est le lieu de divergences de natures diverses :

- *Si Kôň* : est le plan de la captivité mystique. Les âmes mystiquement vendues y sont expédiées pour pratiquer des travaux de forçats. C'est le lieu où les zombis mènent leur triste existence d'esprits captifs.

- *Mevinda* : c'est le tunnel noir. L'âme y accède après l'inhumation. Mais au lieu de continuer le processus de descente vers les enfers, le séjour des morts, quelques âmes peuvent y être toujours aspirées pour se retrouver au *Si Kôň,* plan des âmes captives mystiques.

- *Abol mbim* : C'est le plan de la décomposition des corps, le lieu d'où certaines âmes aspirées sont forcées à devenir des totems. Le totem peut être un humain ou un animal, vivant ou mort, mais à qui un vivant peut transférer ses valeurs de l'ombre pour télé-agir à travers lui. Le totem *nkuk* prête son corps à qui l'a capturé. À la différence du zombi, il y a interaction et même communion entre le *nkuk*, totem, et son maître. Si on agresse physiquement ou même, si on abat le *nkuk*, le maître est atteint ou est abattu. Le *nkuk* est un esprit qui se réincarne pour des actes commandés en esprit, par celui qui a l'expertise de la manipulation des esprits.

Bekôn : c'est le séjour des morts. C'est l'étape chez l'âme qui a suivi de manière classique, son processus de retour à Dieu. De cette étape, l'âme ira au jugement tel que nous le verrons bientôt.

Yom ou *Endama* : Il s'agit du territoire d'oba *Kutu* ou *Oba Kuda* qui représente le fleuve du passage des âmes quittant définitivement les plans terrestres. Ce passage se fait inéluctablement par l'eau. *Yom* est le fleuve du seuil. C'est le territoire où règne le grand nocher Oba Kutu ou Oba Kuda. La généalogie y joue un rôle fondamental. En effet, à l'arrivée de chaque nouveau défunt, celui-ci, pour être admis dans la barque d'Oba Kutu, récite d'abord sa généalogie. Ceci permet son identification, en même temps que son accueil par les siens, tel que nous l'avons vu lors du *nkúl bewú*. Ce tambour des morts demande en effet aux morts de venir accueillir l'un des leurs. C'est alors qu'ils viennent à sa rencontre au bord de l'*Endama* ou *Yom*. Les âmes capturées qui séjournent à *Si Kôň* ou encore à *Minkuk*, suivent le même cheminement une fois leur servitude achevée. Elles ne retournent pas dans la tombe, mais sont orientées vers *Yom* ou *Endama*, le fleuve du seuil.

Awu traduit la mort qui survient. L'âme des décédés commence un voyage dans *ndoň bivô*, la vallée des silences. Les ancêtres du lignage l'escortent jusqu'à un grand fleuve *Endama* ou *Yom*, où l'accueille le nocher *Oba Kutu* chez les Bulu, *Oba Kuda* chez les Eton. Ils demandent au nouveau venu de se présenter. Celui-ci décline sa généalogie, alors, il est admis à bord du navire de la traversée.

Ôlôt Bôt : carrefour du jugement, est le lieu où *Oba Kutu* conduit les âmes. On y subit le jugement. *Ôlôt Bôt* est le plan décisif où se jouent les sorts des âmes. Il y a ici, trois destinations : *Si Mimfufub*, la Demeure des Saints ; *Etam Abialé*, Source de la vie humaine ; *Etôtôlan,* perte ou perdition des âmes.

Si Mimfufub, c'est la destination des âmes pures, des bons, des saints ayant vécu une vie de pureté, de piété. C'est à eux que les religions ancestrales africaines adressent leurs prières, car ils sont au seuil de Dieu. Ils inspirent les prêtres des religions et cultes divins. Ils ne sont pas récurrents dans les rêves, songes ou visions. Les *morts* qui interviennent activement à travers ces supports : songes et rêves ou apparitions, séjournent entre *Soñ Si,* la tombe, et *Ôlôt Bôt*, à l'exception de *Si Mimfufub.*

Etam Abialé : après le jugement, quelques âmes repêchées sont admises à retourner sur terre, afin de renaître pour tâcher de se racheter, à l'issue d'une autre existence.

Etôtôlan : c'est le début de l'involution. Le jugement n'a pas été bon. Alors, on régresse pour plus bas que le plan humain. On involue pour les plans animal, végétal, minéral. Mais de ces sous–plans, on remonte progressivement pour revenir au stade humain. On renaît homme, et on reprend le même cycle, autant de fois que cela sera nécessaire dans l'espoir qu'à l'issue d'une énième réincarnation, on se rachète de ses péchés.

De la tombe : *Soň Si* à *Ôlôt Bôt*, le Carrefour du jugement, cet espace s'appelle du nom générique d' *Emvem*. C'est le monde intermédiaire où on subit le procès de sa vie. L'on est transformé en l'animal qui incarne le péché dans lequel on a excellé. Les âmes à apparence animale que rencontrent donc ceux qui pratiquent leur voyage initiatique, sont les individus qui subissent leur purgation avant de retourner à *Ôlôt Bôt*. Le temps du séjour peut s'évaluer à des siècles, voir des millénaires. La preuve que nous proposons d'appliquer en guise de vérification est que des *bemvamba* remontant à la 6ème, 7ème, 8ème, et même plus, soient *n* générations qui s'y trouvent et viennent répondre aux questions de leur descendance.

Si on ne prend qu'une faible moyenne de 60 ans par génération, parvenu à 7 générations, nous sommes bel et bien au-delà de 300 ans de séjour dans le monde intermédiaire. Après quoi, si l'épreuve cathartique est concluante, on retourne au jugement. La purification ne s'achève pas là, elle se poursuit. Le but étant d'accéder au cercle des saints. Ce sont les âmes des décédés du monde intermédiaire qui peuvent parfois revenir prendre une nouvelle naissance pour parachever la purification ou pour accomplir une mission. Les esprits dont les tradi-thérapeutes et devins s'attachent les services appartiennent au monde intermédiaire. Les esprits divins par contre sont au-delà de *bekon*.

À la fin de ce bref commentaire de notre schéma, nous voulons nous arrêter quelques instants sur l'importante analyse de l'Abbé Jean–Marie BODO de l'élément S*oň si,* la tombe, où l'on creuse la terre pour enterrer les corps. Le prêtre catholique et anthropologue explique lors d'un entretien en 2012 :

> *La terre est purificatrice. Au propre comme au figuré. Elle purifie les eaux souillées dont nous nous servons pour enlever la crasse et la salissure du corps, des aliments, des objets : vaisselle, vêtements, accessoires divers... Les eaux sales et encrassées que nous utilisons au quotidien et que nous déversons partout sont purifiées par la terre, et nous reviennent, potables et propres à tout usage. Ça, c'est au propre. Maintenant, au figuré, c'est-à-dire sur un plan symbolique et métaphysique, et même spirituel, l'enterrement des corps sous terre est le symbole de la purification non plus du corps du cadavre, mais de son âme. Aussi l'Africain présente- t-il la mort comme purgative ; elle est un renouvellement de l'âme dont le corps est purifié par la terre. La chair étant le siège du péché, elle, dont la représentation des autres corps subtils est l'âme, subit la même transformation que l'eau, afin de poursuivre le processus de la vie sous une autre forme. Celle à laquelle aspirent tous les croyants : le salut. Et l'incinération n'échappe pas à cette action purificatrice ; les cendres ne sont-elles pas jetées dans les eaux ou enterrées...*

Conclusion

À l'issue de ce survol, un certain nombre de faits modifient l'anthropogonie, la cosmogonie, la cosmologie, la théogonie et la perception de l'au-delà. Toutes choses qui remettent en question certaines valeurs spirituelles acquises. Nous pouvons en conclusion affirmer avec les nôtres, nos aïeux, dépositaires du pouvoir patrimonial, que :

- Il y a bel et bien de la vie après la mort physique de l'homme ;
- Les actions de grâce en direction de nos morts améliorent leurs conditions d'existence ;
- Tel nous vivons vis-à-vis de nos proches, telle sera notre existence dans l'au-delà ;
- L'enfer n'est pas connu de l'Africain ;
- Le châtiment après la mort ouvre une voie vers le salut ;
- Toutes les âmes retourneront à Dieu malgré le temps que cela prendra ;
- Satan est une importation ;
- Entre vivants et morts, il y a des relations d'aide et d'entraide ;
- Le culte des morts est d'une importance capitale pour les vivants ;
- Les songes, présages et visions sont autant de signes que nous font nos morts ;
- Il est urgent de retrouver la clé qui nous ouvre à nos morts ; notre progrès en dépend ;
- Les pouvoirs administratif et religieux doivent encourager le retour aux cultes ancestraux, afin de réconcilier l'Africain avec Dieu. Il est Unique, mais les chemins qui mènent à lui sont culturels.

Références bibliographiques

Abega, S.C. 1987. *L'Essana chez les Beti*, Yaoundé, CLE

Aubame Ndong, J.M. 2002. *Béti du Gabon et d'ailleurs*, Paris, L'Harmattan

Bailey, G. et Peoples, J. 2008. *Humanity: an introduction to cultural anthropology*, New York, Wadsworth publishing company

De Rosny, E. 1981. *Les Yeux de ma chèvre,* Paris, Plon.

Ella Ngbwa, J. 2010. Thanatologie : approche religieuse des dépouilles mortelles de huit religions, inédit.

Evans Pitchard. 1972. *Sorcellerie, oracles et magie chez les Azandé*, Paris, Gallimard

Fame Ndongo, J. 1991. *La Communication par les signaux en milieu rural*, Yaoundé, SOPECAM

-------------------1988. *Le Prince et le scribe. Lecture esthétique et politique du roman négro-africain post colonial*, Paris, Berger-Lavrot

--------------------1996. *Un regard africain sur la communication. À la découverte de la géométrie circulaire*, Yaoundé, St Paul

-------------------2007. *Le Merveilleux champ des phonons et des photons. Essai sur les fondements scientifiques de la communication africaine.* Yaoundé, SOPECAM

Hebga, M. 1998. *La Rationalité d'un discours africain sur les phénomènes paranormaux*, Paris, L'Harmattan

Jahn (Jahnheinz). 1961. *Muntu : l'homme africain et la culture néo-africaine*, Paris, Le Seuil.

Laburthe –Tolra, P. 1991 *Fangs*, Paris, Musée Dapper

----------------------1985. *Initiation et sociétés secrètes au Cameroun. Essai sur les religions béti*, Paris, Karthala

----------------------1981. *Les Seigneurs de la forêt*, Paris, Publication de la Sorbonne

Mballa Owono, R. 1990 *Education traditionnelle et développement endogène en Afrique Centrale*, Yaoundé, CEPER

Mbonji Edjenguele. 2001. *Les Cultures-vérité. Le soi et l'autre. Ethnologie d'une relation d'exclusion*, Yaoundé, Etoiles

--------------------2006. *Morts et vivants en négro–culture. Culte ou entraide ?* Yaoundé, PUY

--------------------2009. *Santé, maladies et médecine africaine. Plaidoyer pour l'autre tradipratique.* Les Presses Universitaires de Yaoundé

Ndong Ndoutoume. 1970. *Le Mvet*, Paris, Présence africaine

Ombolo, J.P. 1984. *Eléments de base pour une approche ethnologique des Fang-Beti-Bulu (Groupe dit Pahouin)*, Yaoundé (inédit)

Raponda-Walker, A. et Sillans, R. 1962 & 1983. *Rites et croyances des peuples du Gabon*, Paris, Présence Africaine et ACCT

CHAPITRE III

African (Bafut) Customs, Traditions and Cultures: Main Contributory Factors to African Development

Che Churchhill Che

Introduction

The old Arab invasions of Africa (more than five thousand years ago) and the European ideas of exploration, slavery, colonialism, neo-colonialism and the relatively new phenomenon of highly organized globalization have now been with us (Africans) for about three hundred years. Yet the realities of these phenomena are still to be deeply felt, consumed, digested and implemented by Africans to achieve 'development'. These ideas have been difficult or almost impossible to implement in Africa because, in different places and at diverse epochal interactions of people's lives, select principles of "development" in many spheres of life especially economically, educationally, culturally and otherwise have always been globalized by the selected few who think their own ways are more superior than those of others and are the best. In the new ideas of current developmental factors which span throughout the world, some realities come to live in some regions of the world especially the West. In the case of Bafut (Africa), especially the expansive processes of development that have become dominant from the appearing of the Europeans on the African continent till date, ushered in new and unprecedented forms of development that were driven without exception by Europe's political, economic educational and cultural interests and intentions. With this encounter with the West, African cultures, epistemologies, world views and indigenous learning systems were either destroyed or reduced to the status of non-viability as echoed by Monga (1996) and NgugiwaThiongo (1986).

With these eschewed encounters mentioned above, "the colonial and postcolonial forms of 'social development' (if one could characterize them that way) were so fundamentally de-cultured, they were just creating more underdevelopment and institutional weaknesses." (Ali A. Abdi, 2010: 2). With all these put in place and with the basic philosophies and operationalizations of African development mainly based on the continuous colonizing platforms, the political and economical collapse of the Eastern Bloc in the late 1980s instigated a new form of development for Africa which the Europeans termed Globalization. These Europeans sat in their offices and homes in Europe. Overnight, they sanctioned established nominal democracies that the African public never understood nor had the chance to examine and appreciate, either on their merits or on their demerits. At this point in history, the Europeans imposed

Western liberalism as a system of government on the Africans. As an important component of development and as Francis Fukuyama (1993: 4-5) terms it, a testimony to the absolute triumph of ideas of the West vis-à-vis the rest-on countries that have had different histories, different life management systems and, above all, different cultures of governance, had a negative impact and outcome. From the above quotation, one can discern that the "good governance", which is a prerequisite for genuine development, is culturally bound and is supposed to occur at a particular or given time in history according to the evolution of the society in question. Looking closely at the situation of Africa today, one will discover that after almost twenty-five years of "African democracy" dating back from the days of the famous "wind of change" that blew across the Eastern Bloc through Africa in the late 1980s and early 1990s, most African countries are worse off than they were when they became "democratic."

It is in response to these expansive induced de-culturing and underdevelopment process of the overall African life that this article tries to examine the ongoing problematic of the situation complemented by a selective analysis of the initially disturbing European conceptualizations and practically deforming concepts of development. This European concept of totalizing or globalizing development has created and seems to sustain a discernable de-linking of Africa in both developmental and psycho-social terms from the rest of the world. In this respect, this paper will try to suggest ways of overcoming these issues, including the re-culturing of African systems of life which, according to Ali A. Abdi (2010:3), is essential for any people's capacity to relate and to constructively respond to the exigencies of the social and physical phenomena that surrounds them. At this level, one will try to look at what development is actually all about and what it means to the African (Bafut) people.

In the past two centuries, the index measuring world development has been based on the triad concept of politics, sociology and economics. Hence, various terminologies have arisen to delineate levels of development like "developed," "undeveloped," "less developed," "developing," "first world," "third world," to name but these few. These so called developing or third world countries- with Africa carrying the bulk- have tasted several passing phases in the European socio-economic and political experimentations with them. This idea has led to changing perceptions and attitudes. Martin Khor (2001: i) expatiates that:

> *The reason for the changing perception of an attitude towards globalization are many. Among the important factors are the lack of tangible benefits to developing countries from opening their economies, despite the well publicized claims of export and income gains; the economic losses and social dislocation that are being caused to many developing countries by rapid financial trade liberalization; the growing inequalities of wealth and opportunities arising from globalization; and the*

perception that environmental, social and cultural problems have been made worse by the working of the global free market.

This apparent "lack of any tangible benefits" from the passing phases of European experimentation with developing countries (African countries being the topmost) dominates the minds of genuine African thinkers and Afrocentric circles especially as globalization is the latest stage of imperialism. Since this phenomenon (globalization) and its apparent realities of "real development" have come to stay with the Bafut-African people, one will try to look at the rightful or best alternative to the African situation if Africa wants to develop. What then should guide African choices for gainful development? Should Africa continue to trail behind the European value base on societal evolution and development?

This paper also aims at redressing the above concerns with the view to contribute to the knowledge within this domain. Africa's development should not be based on boycott (of Eurocentric ideas) but should be socially inclusive and practically located points of divergence and convergence where the design as well as implementation of Africa's educational, economic, linguistic and political projects are looked into with expansive attention to the continent's historical, geographical, cultural and actual needs which should try to streamline the communally interdependent ways of life that are still very rife in Africa. This leads us to issues of identity if we really want culture and development to be genuine to a particular group of people. In this write up, we have used the sociological approach. The qualitative approach has been used to analyze the data which was mostly gotten from individual observations and written sources.

1- An Analysis of the Changing Perceptions of Development

Development has many facets and for us to properly appreciate the term, we have to look at some ideas or definitions postulated by some scholars. J.C.A Agbakoba (2005: 2) regards development as a process by which humans seek to maximize the realization of themselves. This idea is echoed by Akin L. Mabugonje (1980:45) when he conceptualizes that "Development is essentially a human issue, a concern with the capacity of individuals to realize their inherent potentials and effectively cope with the changing circumstances of their lives." To clarify this notion of self realization, we can term development to be universal and particular. Agbakoba adds that: "The universal dimension of self realization consists of those values, orientations, attitudes, ideas, practices and objects which are necessary (either as preconditions or as enhancing conditions) for the realization of people across the globe." (p.2). We can add that the particular aspects of development are those that concern specific communities and individuals. Further, every society, based on its historical, cultural and geographical antecedents and conditions, formulates its communal values and aesthetic sense in respect to secondary needs. These ideas raised above tie with the notion of development as echoed in Chinua Achebe's *Things Fall Apart* (1958:7) when we are told that even though Onuka lived a lazy life and died when "he had taken no title at all and he was heavily in debt," his own son Okonkwo took up the realities of his time and lived as a very successful man having received all the titles of his village and owned a lot of yams, wives and children which reflected riches and development in his Umuofia, (Ibo) culture.

When Europeans came to Africa, they brought in a new culture and the whole concept of development changed. From the colonial period, development (in Africa) was conceived in one triad. This was measured in terms of the level of industrialization, technological prowess and Gross National Productivity. Because of the Europeanization of development in Africa, E.M Rogers (1969:8-9) wrongfully defines development as "a type of social change in which new ideas are introduced to produce higher per capita income and levels of living, through more modern production methods and improved social organization." We should note that this "improved social organization" was suitable for Western societies for it was based on Western cultural practices. When the "third world" - especially Africa - tried to replicate this development strategy, she was doomed to fail for it was out of the fabric and foundation of African cultures to produce the desired results of social cohesion and gainful development. As Chidozie Chukwokolo puts it while commenting on Rogers' concept of development: "This wrongful concept of development was responsible for the state of Africa since development was construed as a transfer of European economic and technological prowess into Africa." (p.32). This point of importing wrong ideas from Europe is buttressed by Ali Mazrui (in Kiltguard, 1994: 80) when he tells us that:

> *Africa as a whole borrowed the wrong things from the West, even the wrong components of capitalism. We borrowed the profit motive but not the entrepreneurial spirit. We borrowed the acquisition appetites of capitalism but not the creative risk-taking. We are at home with Western gadgets but are bewildered by western workshops. We wear the wristwatches but refuse to watch it for the culture of punctuality. We have learnt to parade in display, but not to drill in discipline. The West's consumption patterns have arrived, but not necessarily the west's techniques of production.*

Africans, in borrowing these concepts, forgot that our historical, geographical, social and cultural environmental conditions could not permit us live like the Europeans, thus making it difficult or impossible for Africans to digest these universalistic conceptions of development to foster development in their own societies though these practices were very successful in Europe. The need for a broader base for development became imperative for Africa. Samir Amin (2001: 11) agrees with this point when he opines that development is principally about reaching modernity encapsulated by a secular worldview. This includes freedom of individuals in making their own histories both as individuals and as a community within the purview of democracy. This means the conferment on individuals the ability to challenge and break with tradition.

This idea of development lays emphasis on an exploration of the future as a perspective in time and as it relates to the problem of African development. Lausana Keita (2004) captures this position and comes up with a holistic idea for African development. He opines that Africa is conventionally believed to be a special case study for development plans as it has never attempted to develop. Instead European policies have instead de-developed Africa. This point of de-developing Africa is corroborated by NgugiwaThiongo in *Decolonizing the Mind* (1986) when he argues that Europeans by de-linguisizing the African people (i.e, taking their language out of their education and imposing a foreign language) and by extension de-culturing them, colonialism has expansively colonized the minds of Africans and de-developed them. Keita on his part takes a standpoint that is a recast of antique history of Africa and the cradle of civilization. He tries to set for an evaluation of what the development contour for Africa should look like economically and politically. He opines that it is only when the discourse is predominantly African with the context of theories in African universities and research centers that maximal and concerted progress can be attained. He argues that:

> *Critical analysis of the idea of development reveals that development entails not just economic ministrations about alleviating poverty but also psycho-socio-logical analysis in the form of the examination of mental structures, beliefs and attitudes conditioned by the colonial experience, sociological analysis in the form of examining the role that religion plays in facilitating or retarding development, and historical analysis in the form of evaluating the historical contingency of economic, political and sociological ideas of Western provenance that are now viewed as universal and necessary for development. (p.46)*

NgugiwaThiongo (1986) adds to this view by advising that to achieve viable livelihoods and development, a mental decolonization is of paramount importance to Africans. Earlier on, Frants Fanon (1967) has postulated that for Africa to attain the development that is suitable for the continent, Africans have to do so much to construct some of the psychosomatic possibilities that have been lost because he has come a long way to understand that Africans have been subjugated both psychologically and physically and have been objectified.

So far, we have tried to show that the European concept of development is difficult to realize in Africa. This affirms to the fact that any attempt to define development in the non holistic sense of it will obviously result in a one sided aspect of development as seen in those that have tried to reduce it in terms of economies. Development is thus a holistic evolution of all aspects of the society be they political, social, geographical, psychological, religious, intellectual, scientific, technological and cultural for the society as a whole and as satisfaction of the individual.

2- Development for Africa and its Construes

Africa's encounter with the East, (Arab Jihadists) and the West bequeath her with two unforgettable experiences: the denial of the African identity and the forceful imposition of eastern and western thoughts, cultural realities and perspectives on the Africans. MolefiKete Asante (1987: 182) presents Africa's situation before and after the arrival of the Arabs when he tells us that:

> *Human civilization began in the Nile Valley with the gifts of Nubia. The temples of Kamark and Luxor held secrets of the mysteries, which have been explored by Schwaller de Lubics, Ben-Jochannan, Budge, Diop and others in great detail. The mysteries contained in the books of the great priests of the holy lodges held the key to African transcendence nearly five thousand years before the Arab Jihadistsswept out of Arabia and conquered Northern Africa, stamping out, for the most part, the indigenous Egyptian language and establishing Islam as religion and Arabic as language. The subsequent dispersal of the secret societies to various other places on the African continent made it possible for the re-emergence of these secrets in the Yoruba Ifa, the Shona of Mbira, and the Asante Okyeame system among other traditions.These oral traditions have demonstrated the integration of African medicine, theology and agriculture.*

After these Arabs came and went, then came the Europeans. T. U Nwala (1993) throws more light on the damaging consequence of the appearance of the Europeans on the continent when he stresses that African achievements of the Ancient Nubian culture were appropriated as European. He (Nwala: 1) notes:

> *African achievements in science and philosophy were appropriated as European achievements. Thus we read about such African philosophers like St. Augustine, Origen, Philo Plotinus, Porphyry etc as part of Western intellectual tradition and achievement. The great Egyptian achievements were largely appropriated as European achievements. This is a phenomenon which G.G.M James called Stolen Legacy.*

We can add the damaging result of slavery and slave trade during which period the continent was robbed of the strong and the intelligent who were taken over to Europe and the Americas and they worked, built and developed their societies leaving behind the weak, the lazy and the less intelligent. No doubt that during colonialism, this class that was left behind easily gave in to the whims and caprices of the West and its intelligentsia, reason why the continent continues to lag behind when it comes to modern "development." But the Africans should not only sit back and look at these historical occurrences with anger and nostalgia.

With these ideas in mind, many critics have tried to draw a balance between the European and African cultures in the wake of debates as to which path Africa should follow if it really wants to develop. In this light, Olumide Abimbola (2014: 3) holds that:

> *In resolving this crisis, Homi Bhaba has proposed the idea of the hybrid. This is the idea that cultural contacts do not lead to the annihilation of one and the victory of the other, but to a state that belongs to neither of the two, a third space, which is the*

> *product of the interaction between the two. In this view, the African culture of today is not a degenerate westernization, but a space of its own - a third space that is neither western nor African and is not a corruption.*

This view is also upheld by another school of thought who calls themselves Afrocentrists. This is a group of critics who want to assert Africanism as opposed to downgrading of Africans by the Eurocentrists who have asserted that Europe is at the center of the world and their ideas are the best universally. These Afrocentrists see Eurocentrism as a complete dislocation, self-alienation, disorientation and misinformation of Africa.

Like many critics who have tried to propose a genuine development path for Africa, Onyewueyi (1993: 39-40) asserts that:

> *Afrocentrism which is African centred-ness, does not violently confront any person or people, but is a resolute attempt to put the records right. It is about placing African people within their own historical framework. It is a demand that contributions of Africans in all areas of civilization be reflected in world history.*

If African people are really placed "within their own historical framework," as quoted above, then African cultures, traditions and customs will be brought to the limelight and these will be of immense help in designing development projects in Africa for the actual realization and benefit of the African people. This point is bolstered by Chidozie Chukwokolo (2009: 33) when he stresses that "... Afrocentrism perceives authentic development as that, which should be grown and bred in Africa. It seems to advise Africans to boycott all the 'boycottables' of Eurocentrism.". Lausana Keita on his part feels that real development in Africa could only be ensured when discourse itself is predominantly that of African theorists within the context of African cultures and ideologies.

As has been brought out or discussed above, Africans should use African minds, history, geography, psychology, philosophy and more especially societal and cultural realities to map out development projects in Africa. If this is done, development and prosperity will be realities in Africa and for Africans. Eurocentrists think that development is propaganda and not a way of life which is psychologically, ideologically, community, society and culturally oriented. Any good and meaningful development is society and culture oriented and not vice-versa.

3- Which Path for African Development?

Much has been said about development in Africa, many prescriptions have been made, much has been tried, but with very little or no positive results for the Africans. Countries and regions of the world have come from behind the African continent, experimented for a short time and have over taken the African continent when it comes to development. The African has gained (begged) from almost all the continents of the world even though it can be termed "the richest" continent when it comes to endowment with natural resources. Researchers as MolefiKete Asante (1987) have tried a lot and failed to carve successful development agendas for this continent. The main question now is what the panacea for Africa's development is.

Africa and Africans now stand in vantage point to learn from the rest of the world, how other countries and regions have taken giant steps and have carved policies that have made them to forge ahead, stand tall when it comes to development. Africans should look at development as a holistic enterprise where an evaluation process of the epistemic, normative, psychological, sociological and cultural stance of a group of people is very important. Yes, when the Europeans came to Africa, they described the African cultures as heathen, her technology as black magic and the African personality as "bestial," lazy. When all these happened, most Africans denied the African identity and now tried to follow the Whiteman's "superior" and "sophisticated" ways and immediately these same Europeans turned around and labeled the Africans as ruthless imitators. We think that now is the time for Africans to sit down and take stock of not only their encounter and experience with the west, but the rest of the world and pave the way for gainful development.

Technologically, Africa needs to strongly overhaul her technological prowess which can make for a stronger hold on technological indices that are seen in modern times as hallmarks in development. Many examples of African cultural life which can be considered as technology which can be researched into and developed and advanced abound. But a few will be proposed.

3.1- African (Bafut) Cuisine

Africa has a lot of agricultural products which are massively exported to Europe, Asia and the Americas in their natural form like cocoa, coffee, cotton, timber, medicinal plants among others. When these products leave Africa, they are very cheap. Out there, they are processed in industries, artificialized and transformed, causing them to lose their naturalness. By the time these products return to Africa as 'finished products,' they become so expensive for the average African. Good examples of such products are coffee which is transformed and called 'Nescafe,' tea which is transformed and termed 'Lipton,' timber which is used to produce furniture, among others. Africans can return to the traditional production methods of these food items, but producing them in more hygienic conditions since we have learnt from the West. Africans can follow the traditional way of brewing coffee on the spot and consuming it as done by Ethiopians as we are told that: "An Ethiopian woman preparing Ethiopian coffee at a traditional ceremony. She roasts, crushes and brews the coffee on the spot," for immediate consumption (wikipedia). Among the Bafut people of the North West Region of Cameroon, the production and consumption of "achu," (a local meal common among these people) can be improved upon.

This food is produced from start to finish and consumed "naturally" or traditionally with no Western embellishments and no western utensils. Since many critics like Chidozie Chukwokolo (2009) have recommended a multicultural approach to development for Africa, the production of rice and other imported foodstuffs can be encouraged. Rice, though an imported foodstuff, is consumed by almost every household now in Bafut (Cameroon or Africa) and is also produced locally. Instead of the Cameroon (African) government(s) and individuals spending billions of dollars importing it and selling at very high prices, making life more difficult for Africans, local production can be encouraged in regions where this product is grown like in lower Bafut, Ndop and other parts of Cameroon and Africa. This will obviously create a lot of gainful employment and reduce the price of this important commodity, leading to economic prosperity which will improve on the lives of these people.

3.2- African (Bafut) Technology

African technology spans across a wide spectrum like in the fields of blacksmith, smelting, 'magic' among others. Because of lack of research to understanding how African technology works, the West termed it as primitive and black magic. If the West could term "Thunder" (a means of punishing the guilty, a practice which is common in the North West region of Cameroon) as black magic, then Africans could also term the atomic bomb as "white magic." These are all elements which kill or punish instantly. But the difference is that the case of thunder is very selective and acts only on justice. It is strongly believed that if one directs thunder to harm or injure someone who is innocent, it will do the person no harm, but will safely return to its "sender". But if you are guilty, the thunder will hurt you as instructed by its sender whether to kill, injure a particular part of the body, only throw you down- show any sign as a warning. It is difficult or impossible to hear that thunder has missed its target or hurt an innocent person. This is opposed to the western bomb that when launched or detonated, it causes havoc to the entire environment, the guilty, the innocent and even when the culprit is not around. A "case in history" is an experience witnessed by an old man on a public transport bus on his way from Bamenda to Wum, all parts of the North West region of Cameroon.

> *The old man told a story of how he left Bamenda heading for Wum in a 19 sitter bus. When they reached around the Menchum Falls, thunder hit the bus and shook it violently. The driver stopped, prayed and continued the journey. This action was repeated twice and the driver still prayed and continued. When they arrived around Befang, the same action occurred the fourth time. Another old man who was experienced in the way thunder acts advised the driver to stop for all the passengers to alight from the bus because there was someone in the bus that thunder was 'looking' for. Immediately all the passengers stepped out of the bus, there was a flash of lightening and thunder struck one of the passengers a young man who fell dead instantly even without a wound.*

Comparing this act with an atomic bomb that was aimed at one man on the bus, it would have killed every other person on the bus (even those who are innocent) and even destroyed the bus as is the case with suicide bombers nowadays. Africans can research into this technology even with the help of Europeans who have gained much experience already and develop this cultural aspect of the Africans just as the Europeans (Greeks) when they discovered some skills in Africans some centuries ago. This idea is echoed by Giordiano Bruno (1987: 152) who accepts this intellectual debt to Africa. He writes: "We Greeks owe Egypt the grand monarchy of letters and nobility to be parents of our fables, metaphors and doctrines.''. Africa should also be proud to owe the west "the grand monarchy of technological debt" if it really wants to develop.

Another aspect of Bafut (African) technology which can be researched into and the production developed and encouraged is the North West traditional regalia which is very common among the Bafut people and called in the Bafut language as "tughe." This production of this dress can be encouraged and the clothing industry improved upon. This will give gainful employment to these people, reduce unemployment, boost economic prosperity leading to sustainable development, cultural identification and promotions and even tourism.

3.3- The African (Bafut) style democracy

Another aspect of African culture which can foster development is the traditional African style democracy. Democracy is defined as "government of the people for the people, by the people." With western democracy, it is the type of democracy whereby democratic decisions are taken by a majority vote. This practice has the advantage of being transparent, fast and efficient. But the bad side is that it ignores minority positions. With traditional African democracy, decisions are taken by consensus mostly by a council of elders. This has the advantage that minority positions are always taken into account. Westerners think that just because a group does not take its decisions by voting means that they have no understanding of the essence of democracy.

African countries are manned by dictators who use western style democracy to rule. These rulers are part of the western legacy whereby the Europeans put their cohorts in powerful positions in government, protect them and use them to exploit and rob the Africans for their own interests. These rulers become dictators and no matter how much the masses cry foul, nothing can be done since their powers come from Europe. These European leaders take policies in their own personal interests and the interests of their communities and lull the African "elected" leaders to implement them in the various African countries. The African-style democracy can be tried out which is imbued in African cultures. Many Africans have tried to exhume this positive leadership style in their works though nothing has ever been done to that effect maybe because it is difficult to implement or the lack of will to do it. One of those writers is Bole

Butake (1999) in *And Palm Wine Will Flow.* In the play, Butake presents a situation where a dictatorial Fon is overthrown because he sits in his palace, takes decisions to favour himself and his friends at the detriment of the masses. When this Fon is overthrown, the population gathers at the market place, puts in place a council of elders headed by Shey Ngong, the chief priest of Nyombom. They (the population) decide that the day Shey Ngong takes the wrong decision, he will be replaced immediately as the head of the council of elders. In like manner, in *Things Fall Apart,* Chinua Achebe presents a society led by a chief. But this chief is also aided by elders one of whom is Okonkwo. That is why when Okonkwo is exiled (to his mother's village for committing an abomination) another person immediately replaces him (as an elder) and we are told that in that society, one's place does not wait for him.

Commenting on traditional African democracy, George Ayittey (2010:2) states; "At Africa's traditional village level, a chief is chosen by the Queen Mother of the royal family to Rule for life." This is the same practice among the Bafut people. But the difference is that the chief is always appointed by the late chief when he is still alive among his children. His appointment must be ratified by a Council of elders which consists of heads of extended families in the village. In governance, the chief must consult with the council on all important matters. Without this council, the chief is powerless. If the chief and the council cannot reach a unanimous decision on important issues, a village meeting is called and the issue put before the people either at the palace esplanade or the market place. Here, the people will debate it until they reach a consensus. If the chief is "bad," he can be recalled by the Queen Mother or council of elders, removed by the council of elders to remain as a normal citizen or in extreme cases exiled. Traditionally, the role of the African king or chief is not political but spiritual or supernatural in that he mediates between the cosmological forces: the sky, the earth and the world each of which is represented by a god.

From this premise, as a remedy for Africa's leadership problems, one can propose that each region, province or state in the various African countries can choose their leaders and place them in a National Council. From here, the president can be chosen (among the members of the council) to avoid the huge expenses the nations go into during election campaigns and the elections proper. The president and his council can take decisions by consensus. In case of a deadlock, delegates should still be chosen among the people to decide. This type of decision making or democracy is in line with our own African heritage.

From these examples, one could remark as J.E Casely Hayford (1969: 146) that: "Before even the British came into relations with our people, we were a developed people, having our own institutions and our own ideas of government." Thus democracy was rooted in the natives, their customs, cultures and religion. In the West, the basic economic and social unit is the individual. In Africa and more especially in Bafut, it is the extended family or the collective.

The Westerner says; "I am because I am." In Bafut, the chief or king is king because of his people. Reason why among the Bafut people of the North West Region of Cameroon, we have a saying that; "I am here because we are here." The "we" denotes the community.The chief or king acknowledged and held his position as first among equals and not a master or demi-god as is the case with the new African leaders in the face of western democracy with all the guards and armoury around him. We Africans remain undeveloped because we are too far from our leaders. This leader in the African model of democracy cannot be dictatorial or autocratic because the people through their traditional councils and oral constitution have checks and balances. With all these practices in place, developmental projects are envisaged for the benefit of all in the society and not for a privileged few who have to lord it over the masses.

3.4- African (Bafut) Orature

Orature is shallowly defined as the ensemble of native myths, fairy tales, riddles and jokes of a people. But looking critically at this idea from the African perspective, it is more than the fusion of all art forms. It is the conception and reality of a total view of life. It is the capsule of feeding, thinking, imagination, taste and hearing. It is an embellishment of African thought, education, history and cosmology.

African orature which has influenced written literature among Africans has played a great role to bring African cultural values to the limelight and can play a great in the development of the continent. This orature which lives in the people in the forms of folk tales, folk songs, myths, legends, incantations, divinations and ritualistic performance should be encouraged and preserved for they play a great role to valorize and unite the community. These help people live in harmony and mend a lot of crisis within the society, especially among individuals and groups, making the people to think alike and build sustainable development in their communities. Through this orature, we have sacred places like forests, streams, lakes, waterfalls where nobody dares to go, not to talk of throwing rubbish into them. All these fight against pollution. We also have trees which lived for centuries without being cut down. All these act as good aspects of environmental protection.

Some Afrocentrists even argue that now that we know where our problems come from and who the common enemy is, we can use the education, the learning which we have gotten from the Europeans and fight back for what we have lost, so that we can really boast of a philosophy, identity, a culture. We can use this to impose ourselves in the world scene especially with this new idea of globalization because we risk standing aside to see Europeans go into Europeanization in the name of globalization.

From this premise, we have come to the realization that since there is hardly any idea as Chukwolok (2009:4) puts it: "one can call unadulterated African given our historical background; and since Africans can hardly imbibe unadulterated Eurocentric ideas, there should be a multiculturalism approach" for African development. In defining multiculturalism, the *New Webster's Dictionary of English Language* says it is "The emphasis in education on encouraging and understanding of and appreciation for the contribution and cultural identities of various groups in a society." Thus, Africans should place themselves in the middle of the intellectual and development experience and make an attempt not to replace all things either European or African.

As already mentioned, Africa, which is "at the threshold of development", stands in a better position to come out with the best of development policies and models. After identifying where we have gone wrong or made mistakes as brought out in the writings of some prominent crusaders of African developmental policies, Abdi (2010:4) tells us that:

> *... I subscribe to the conclusion about the effects of colonialism on Africans and their subsequent realities of underdevelopment that have been extensively discussed in the writings of such brilliant historians and cultural sociologists of colonialism as Frantz Fanon (1967, 1968), ... NgugiwaThiongo (1986, 1993). Fanon, in "Black Skin, White Masks" (1967) extensively and quite effectively talks about how the biggest outcomes of the colonial relationships have been not necessarily the direct politicaland economic exploitations, although these were very important, but the cultural domination of Europeans over the rest. Fanon's points are corroborated by NgugiwaThiongo who in Decolonizing the Mind (1986) clearly dissected how, by de-linguicing people (i.e. taking their language out of their education and imposing a foreign language) and by extension de-culturing them, colonialism has expansively colonized the minds of Africans, and to achieve viable livelihoods and development, mental development, mental decolonization is of paramount importance.*

From the points raised above by these two critics, what is of paramount importance to Africans is to de-colonize and de-culture this complex situation in Africa. This is important in the sense that culture is the way a community lives in a given tempo-spatial contexts and with respect to its stable or changing social and physical environments. Thus, to refocus the debate on development, Africa needs to keep aside political and economic development and lay more emphasis on cultural development, for culture is the foundation on which any meaningful political or economic development can be based. Africa has to accept its multicultural realities. This entails that there is no problem borrowing anything that is good in the multicultural Africa, Europe, even Asia at this point in history.

Africans have written much in literature, sociology, anthropology and other fields. The African orature, which is very rich, all portrays African cultures and their ways of life. We are advocating that Africans can use all these and even use the good and useful aspects of European and Asian life and culture as their bargaining power so as to drive for equal bargaining at the development table what the Chinese call a win-win situation. As it is now, European culture is dominating when it comes to development. Not that Africans should go solo, but we should go insular and insulate ourselves with the secondary ideology and new pedagogy of development to include hard work, take austerity measures, be rational and universally objective and internationalize these ideas and enshrine in our cultures as the way forward for the great continent, Africa.

Conclusion

The search for an authentic and genuine model for African development is by no means an easy task. This is because European thought and culture has relegated African ways to the background and with the presence of the Asians (Chinese and Japanese due to their recent economic emergence), Africa's development continues to be threatened. This paper has tried to take a diachronic view of development as the indices of development have evolved since the inception of civilization. At this point, the view that Africa is undevelopable is a fallacy. This is because history is repleted with epochs when Africa called the shorts in civilization (the story of Egypt and the regions along the river Nile). We all accept that Africa has been adulterated at almost all levels including history, psychology, language, culture among others. It is after weighing this adulterated African society that Chukwokolo (2009:36) tells us that:

> *Where there is "syncretism" of ideologies that we opted for the development of virile secondary ideologies that should be internalized before going to bargain and exchange ideas with the West. No sane person will run away from anything that will benefit him, all he has to do is position himself in such a way that he could exchange ideas by barter.*
>
> *... all I mean is that in the process of developing, internalizing and disseminating his sacred values, she should guide against further erosion of her values for the forces of civilization can never allow anybody as it is today to be his own. It is only intellectual rascality that can let one go insular when one could get external ideas that could soar up development capacities.*

At this point, Africans have to be reminded that Africa has been a cultural bastion for centuries and Africans need to rekindle these cultures with confidence, borrow meaningful and useful ideas from the rest of the world and foster meaningful and gainful development for Africa. As Alumide Abimbola (2004:2) posits, we have to join our voices "to that of Mbembe for the call for studies of Africa that do not pitch her against the West and do not use Western paradigms; studies that consider the realities of Africans, their experiences and interactions with globalization and 'westernization', studies that do not take Africa as a single culture but look at the nuances in the identity of Africans and their constant negotiation of a people for themselves". If Africans can look at development from this standpoint and implement this approach to development, then we can insinuate that Africa can acquire a developmental status or position that is capable of placing this great continent on an equal round table with other developed continents of the world come 2020, 2025 or 2035 which is the time most African countries have earmarked to become emerging economies.

References

Abdi Ali, A. 2010. "Globalization, Culture and Development: Perspectives of Africa.", in *Journal of Alternative Perspectives in the Social Sciences*, Vol.2, Special Issue No. 1, 1-26.

Agbakoba, J.C.A. 2005. "A critical examination of the concept of development and Philosophy in Relation to Africa.", unpublished.

Abimbola Olumide. 2014. "Development and the African Culture.", www.academia.edu.

Amin Samir. 2001. *Maldevelopment: Anatomy and Global Failure,* Washington, Amazon Books.

Asante MolefiKete. 1987. *The Afrocentric Idea.* Philadelphia: Temple University Press.

Ayittey, George. 2010. Http://edition.cnn.com/2012/OPINION/08/20/ayittey. democracy.africa/.

Bole Butake.1999. *Lake God and other Plays,*Yaounde, Edition Clé.

Bruno Giordani. 1987. Cited in Martin Barnal, *Black Athena: The Afro-Asiatic Roots of Classical Civilization.Vol.1,* London Free Association Books.

Chinua Achebe. 1958. *Things Fall Apart.* Ibadan: Heinneman.

Chukwokolo, J. Chidozie. 2009. "Afrocentrism or Eurocentrism: The Dilemma of African Development."www.ojal.info/index.php/og/article.

Fanon, Frantz. 1968. (Trans. Charles Markmann) *Black Skin, White Masks.* New York, Grove Press.

Fukuyama, Francis. 1993. *The End of History and the Last Man.* Wikipedia.org/wiki/perennial.

Hayford Caseley, J. E. 1969. *Ethiopian Unbound: Studies in Race Emancipation,* 2nd Edition, London, Cass.

Htt://en.mwikipedia.org/wiki/culture_of_Ethiopia.

Keita Lausana. 2004. "Introduction to Philosophy and Development", in *African Development,* Vol. XXIX.

Khor, M. 2001. *Globalization and the South, Some Critical Issues,* Ibadan, Spectrum Books Ltd.

Mabogunge Akin, L. 1980. *The Development Process: A Spatial Perspective.* London, Hudtchinson and Co Ltd.

Mazrui Ali. 1967. "Towards a Pax Africana", Weidenfeld $ Nicolson, Chicago, University of Chicago Press."

Nwala, T. U. 1992. *Critical Review of the Great Debate on African Philosophy* (1970-1990), Nsukka, William Amo Center for African Philosophy UNN.

Onyewueni, I. C. 1993. *The Origin of Greek Philosophy, an Exercise in Afrocentrism,* Nsukka, University of Nigeria Press Ltd.

Rogers, E. M. 1969. *Modernization among peasants,* New York, Holt Rinehart and Winston Inc.

WaThiongo Ngugi. 1968. *Decolonizing the Mind: The Politics of African Literature,* London, Heinemann.

CHAPITRE IV

Evaa ngun[1], rite funéraire de balayage comme forme de thérapie collective chez les Eton du Cameroun

Pierre François Edongo Ntédé

Introduction

Toutes les cultures au monde disposent de moyens-solutions pour accompagner une personne décédée dans sa dernière demeure. La ritualité funéraire a toujours marqué le monde par sa diversité. Il s'agit en d'autres termes de cérémonies funéraires dont la prise en charge se fait sous l'apanage de chaque socioculture et dont l'ossature fonctionnelle varie d'un milieu à un autre. À l'aide des rites, toutes les sociétés humaines tentent de donner une réponse ou à s'opposer à la mort en la domestiquant, ou encore en se libérant de la pression subie (Martine Segalan, 2001: 63). En Afrique, les cérémonies funéraires sont le moyen au cours duquel les membres du groupe ou de la famille affectés vont observer une période de rupture d'avec le mode de vie habituel. Ainsi chez les Eton, la période qui succède immédiatement l'enterrement est une phase capitale à la refondation de l'ordre social déstabilisé, et la conformité à l'ordre cosmique, elle-même source de vitalité et donc de bien-être et de bien-vivre. Pour Jean-Claude Métraux (2004 : 208), «Toute tradition mortuaire permet en effet de perpétuer ou restaurer l'identité narrative d'une communauté écorchée par la mort de ses membres ».

Le *Dictionnaire de l'ethnologie et de l'anthropologie* (2007) fait de la mort « un fait social par excellence » dans les sociétés humaines et même animalières. Elle peut être conçue comme un panorama ethnographique de l'ensemble d'éléments qui touche autant les rites funéraires que les croyances qui s'y greffent. Dans le même ordre d'idée, Mbonji Edjenguèlè (2006 : 117) dira qu'il est possible de concevoir : « la mort [...] comme un voyage, une étape décisive vers d'autres expériences pour ne pas dire un autre monde [...] » ; il s'agit du « terme final de la vie ».Vue sous cette perspective, les peuples africains dans le grand ensemble et les Beti en particulier considèrent celle-ci comme une transition ou une étape transitaire entre la vie cosmogonique et celle dite mésocosmonique. C'est pourquoi ceux-ci vont consacrer autour de cette réalité un ensemble de pratiques et de rites visant non seulement à accompagner la personne décédée, mais aussi et surtout à s'assurer de la stabilité et de la santé sociale de ceux qui restent en vie. Les Eton du Cameroun, qui nous intéressent dans la présente étude, sont un groupe socioculturel

[1] Traduction littérale : enlèvement des ordures

partageant un ensemble d'items culturels. Cependant, de nombreuses variantes sont perceptibles dans la matérialisation de certains us, coutumes et rites tels que le rite de nettoyage de la concession familiale après un deuil.

Sans procéder à une revue de la littérature thanatologique exhaustive, rappelons que dans son ouvrage *La mort*, Louis-Vincent Thomas (1988) propose un plan original en trois champs : le mourir (l'agonie, l'accompagnement et la préparation à la mort), la mort (le moment ultime, le passage ou le saut) et l'après-mort (ce que l'on ressent, pense, fait, communique et croit à partir du constat de la mort). Notre recherche se focalise sur ce que l'on fait après la mort. Les relations du mourant avec les survivants. En effet, Dans *L'homme et la mort*, Edgar Morin (1970 :17) rappelle que :

> *[...] l'espèce humaine est la seule pour qui la mort est présente au cours de la vie, la seule qui accompagne la mort d'un rituel funéraire, la seule qui croit en la survie ou la renaissance des morts.*

Il faut préciser que cet auteur met en exergue la création de sens et surtout la recréation sociale de la mort. Et Anati (1999 :14) de souligner la contribution des rites funéraires à la constitution et à la reproduction du groupe social en tenant compte d'un système de places et de rôles :

> *Dans les rites d'initiation ou dans les rites funèbres, dans les rites préparatoires à la chasse ou dans l'évocation des exploits des ancêtres, chaque membre du clan a son rôle, qui dépend du sexe, de l'âge, du rang ou de tout autre facteur d'identification [...] À travers le rite, chacun réaffirme son rôle dans la société et confirme son identité propre. Ce facteur structurel est présent chez les peuples tribaux des cinq continents.*

Le décès d'un proche entraîne la mise en place de certains rites permettant la mise en place de nouveaux rapports sociaux. Quand il y a deuil chez les Eton, les membres du groupe endeuillé déclenchent des actions symboliques mettant en scène les rites de mort afin de combler le vide laissé par le défunt. C'est une sorte de communication sociale, des rapports sociaux à répétition entre les humains, mais aussi entre les vivants et les morts. Le présent article est ainsi consacré à l'exploration d'un des rituels funéraires, imprégné dans les obsèques chez les Eton. Il s'agit de l'*evaa ngun*, une articulation post-funéraire réalisée juste après l'enterrement et consistant à effectuer le nettoyage de la concession dans laquelle les obsèques se sont déroulés. Le particularisme qui retient notre attention est son exécution par les femmes. En effet, il existe une organisation sociale du travail qui attribue des rôles et des tâches suivant le sexe et l'âge dans toutes les sociétés humaines. Chez les Eton, la gestion des ordures ménagères incombe à la femme, au même titre que les autres tâches de l'espace domestique (Ngah Eloundou, 2013).

Notre propos s'articulera de la manière suivante: nous situerons l'*evaa ngun* dans l'espace avec en prélude une brève description de l'ethnie éton. Nous effectuerons ensuite l'ethnographie de cette pratique. Enfin nous allons effectuer une lecture analytique et *endo-sémique* de cette pratique.

1. Méthodologie de recherche et dispositif d'enquête

L'approche adoptée dans cette recherche est centrée sur les discours des informateurs. Il s'agit ici de comprendre la place des rites funéraires dans les pratiques culturelles et de sociabilité des Eton, dans leur imbrication avec leur milieu de vie. Comme dans toute recherche fondée sur du déclaratif, le recours à une enquête qualitative par entretiens a été nécessaire. Le questionnement de la recherche est fondé sur une conception du rite comme espace de socialisation et de communication s'inscrivant lui-même dans un espace géographique rural déterminé.

La méthodologie de recherche a donc consisté à un triptyque faisant appel à une observation participante, aux entretiens et à la constitution d'une base de données. S'agissant de l'observation participante, nous avons pris part à 20 séquences rituelles allant de l'inhumation à la célébration des funérailles. 50 entretiens semi-dirigés et approfondis avec des personnes des familles endeuillées et des matriarches chargées du déroulement des rituels ont été conduits. La constitution d'une base de données de 50 programmes de deuils issus du Département de la Lékié était nécessaire, car l'objectif était d'assister au déroulement des rituels. Bref, nous avons observé et noté les avis des témoins privilégiés afin d'analyser ce qui se passe dans le cadre rituel. La délimitation orientant la symbolique ou le sens de nos données est un conglomérat d'une démarche ethno-perspectiviste[2] et d'un cadre théorique puisé des mécanismes principiels de l'épistémologie africaine. L'affrontement des forces du «dedans» et celles du «dehors» n'est pas en reste dans la compréhension des différentes mutations que connaît ce rite dans cet univers culturel. Car,

> *toutes les sociétés vivent sur leurs dynamismes propres qui déterminent la manière dont elles gèrent les crises, que toutes les sociétés subissent les assauts des forces de changement, à la fois internes et externes. Mbonji Edjenguèlè (2010 :33)*

De ce fait, nous soulignerons avec Balandier (1988 : 34) que la lecture des réalités socioculturelles nécessite de «saisir la dynamique des cultures tout autant que le système formel des relations qui les constituent.» Ainsi, Balandier (1971 :7) confirme la voix royale d'une scène heuristique des corps culturels qu'ils soient négro-africains ou d'ailleurs en signifiant que :

---

[2] Mbonji Edjenguèlè (2005) développe cette démarche et l'articule autour d'un triptyque insistant sur : la contextualité (domiciliation des institutions à analyser dans la socioculture qui les génère) ; l'holisticité (définition ethnographique de la culture comme totalité comprenant des institutions sociales interdépendantes) ; l'endosémie culturelle (propriété pour une structure de posséder un sens à l'intérieur de sa construction).

Les sociétés [ou les items culturels, ajouterions-nous] ne sont jamais ce qu'elles paraissent être ou ce qu'elles prétendent être. Elles s'expriment à deux niveaux au moins ; l'un superficiel, présente les structures «officielles», si l'on peut dire ; l'autre ; profond, assure l'accès aux rapports réels les plus fondamentaux...

La cible de cette recherche est le groupe Beti dans son rapport à l'au-delà et la gestion des déchets issus des festivités, ou de l'organisation événementielle de la mort et de l'après-enterrement des restes du mort. L'élucidation de ce qui fait l'objet de l'obstruction à la compréhension s'est faite dans une inscription à la perspective de l'ethno-anthropologie. La méthode utilisée est qualitative et est celle de la recherche de l'information à travers des entretiens individuels approfondis et des observations sur l'objet relatif à la recherche. Cette méthode, nous le pensons, permet par son usage une meilleure saisie et une mise en relief de la pratique, de la perception et des représentations du rite de nettoyage de « l'espace-deuil » dans cette socioculture. L'appartenance à cette aire culturelle, nous offre en atout, l'usage de la langue et la véritable saisie des sous-entendus dans une perspective de convivialité et de confidentialité des dialogues interpersonnels. Les descriptions ethnographiques faites dans cet article sont issues de notre observation directe et participative de la réalité. Nos différents entretiens approfondis ont été réalisés avec des informatrices triées sur le volet privilégiant le caractère mature de nos interlocutrices.

D'autres entretiens *in situ* avec les anciens et les patriarches de cette socioculture et certaines des personnes des familles endeuillées, étaient semi-directifs, se structurant autour d'un questionnement semi-ouvert et ouvert. Le but étant l'obtention d'une exhaustivité de réponses surtout au lendemain d'une épreuve aussi difficile et sensible que celle de la mort et des rites funéraires. Notre prétention tout au long de cet exercice a été de ne pas être influencé par des connaissances ou pré-réponses susceptibles d'obstruer la lecture du fait, de nous aveugler. La primauté de l'établissement d'un climat de confiance d'avec les interlocuteurs tenait de la maîtrise du langage comme nous l'avons signifié, mais aussi à la liberté d'expression qui leur était offerte. L'objectif a été la lecture intrinsèque et profonde des propos et déclarations sur la description comportementale décrite ou présentée. Sur la base des objectifs qui étaient les nôtres, l'analyse des données s'est fondée sur le questionnement et l'objectivité poursuivie selon et suivant la technique d'analyse de contenu.

2. La problématique de l'étude

L'angle d'approche de notre problématique établit un lien entre le rite funéraire de balayage et l'impact thérapeutique ou la transformation du cadre social. Le présent objet de recherche se pose en termes d'interrogations. Qu'est-ce que le rite de nettoyage de l'espace-deuil? Quelle est sa forme et comment se réalise-t-il? Qui y participe et pourquoi seules les femmes y sont conviées? Quelle y est la place du mort et celle des vivants? Quel regard les Eton portent-ils sur ce phénomène de nettoyage des déchets du lieu du deuil ? Quelle est son incidence s'il n'est pas fait ou mal réalisé? Voilà autant de questions structurant notre problématique. La principale hypothèse de recherche est que le rite *évaa ngun* assure l'apaisement et la bénédiction du cadre de vie de la famille endeuillée ; d'où son impact thérapeutique. Le travail qui est bâti autour des réponses à ces interrogations s'organise autour des orientations suivantes : la monographie de la ritualisation du nettoyage de l'espace-deuil ; la temporalité et matérialisation du rite ; les femmes, les rites et la socioculture beti ; les symboliques autour du nettoyage de l'espace-deuil chez les Beti ; l'incidence de la non-efficience de ce rite dans la société beti. Avant toute présentation interprétative de nos données de terrain, nous présenterons brièvement le peuple éton et ferons une monographie concise du rite. Celle-ci pourra dans la suite permettre une compréhension de son organisation et de sa matérialité dans cette ossature sociétale traditionnelle.

3. Les Eton du Cameroun

Les Eton sont une ethnie localisée dans le département de la Lékié, région du centre du Cameroun, qui partagent une parenté culturelle avec le grand groupe ethnique Beti-Bulu-Fang, plus communément qualifié de Pahouin. Le territoire occupé par les Eton varie entre 2520 Km^2 et 3000 Km^2. Il est délimité entre 3°47' et 4°30' de latitude Nord et 11°5' et 11°43' de longitude Est (Dugast, 1949 ; Delpech, 1978 et Ombolo, 1986). En outre, le Département de la Lékié est administrativement délimité au Nord par le département du Mbam-et-Kim, au nord-ouest par le département du Mbam-et-Inoubou, à l'ouest par le département du Nyong-et-Kélé, au sud par le département de la Mefou-et-Akono, à l'est par le département de la Haute-Sanaga, au sud-est par le département de la Mefou-et-Afamba.

Le département de la Lékié compte neuf arrondissements notamment Batsenga, Ebebda, Elig-Mfomo, Evodoula, Lobo, Monatele, Obala, Okola et Sa'a. Il convient toutefois de noter qu'en plus des Eton qui sont majoritaires[3], il y a les Manguissa et les Batsenga. Toutes ces communautés ont un rituel funéraire assez convergent. Seules existent quelques variantes.

Les Eton ont une socioculture qui, depuis fort longtemps et de par sa position, a retenu l'attention de bon nombre de chercheurs. Se situant principalement dans le sud forestier camerounais, les Eton appartiennent au grand groupe Beti. Ce grand groupe est une mosaïque de peuples partageant une culture commune, riche de particularités dues au contact d'avec d'autres peuples et sociétés. Au nombre des Beti, J. P. Ombolo (1990 : 31) cite : les *Bati, Ngoro, Kombo, Badjou, Bavek, Yangafuk, Tsinga, Mvele, Manguissa, Eton, Ewondo, Etudi, Etenga, Yanda, Evuzok, Bëne, Fong, Mbida-mbani, Mvog-*

[3] 90% de la population, soit environ 195.000 âmes pour une densité moyenne de la population de 72 habitant au Km^2 (Ombolo : 1986). En 1982, la densité de la population s'estimait à 72 hab. /Km^2 représentant ainsi la partie la plus peuplée du Centre-Sud (Delpech : 1982).

Nyengue que l'on retrouve dans la région du Centre, du Sud et une partie de l'Est, constituant une entité sociétale. Ce groupe se caractérise par une communauté d'origine, d'histoire et de culture. Autrement dit, ces derniers se réclament tous d'un ancêtre lointain commun, se partagent pratiquement le même vécu depuis plusieurs années et ont en commun la langue, les mêmes croyances, l'organisation politique, le système économique, etc. Tel que le signifie A. Ndjalla (2012 : 4) : «les groupes constitutifs de l'ethnie beti se partagent qualitativement et quantitativement les éléments de leurs cultures d'appartenance ». Le rite *évaa ngun* chez les Eton, dénommé *évaa mbuan* chez les Ewondo et *évaas mbuan* chez les Manguissa, est une pratique qui comporte un signifiant et un signifié. En d'autres termes, cette activité traduit d'une part un sens manifeste et d'autre part un sens latent. Avant d'en illustrer la signification, il convient au préalable que nous élaborions une ethnographie de ce rite au confluent d'une description et d'une analyse en filigrane.

4. Ethnographie de la ritualisation du nettoyage de l'espace-deuil chez les Eton

La mort est connue chez les Eton sous le patronyme « awu » ; « awu » qui vient du verbe « wu » *mourir.* Cette notion est abordée ici comme un événement inéluctable dans la vie sociale, la cessation du souffle vital et surtout comme la perte d'un membre de la famille biologique et sociétale qui interpelle les rites, les coutumes et les accompagnements funéraires divers qu'elle apporte. L'enterrement n'est qu'une suite logique de la fin du processus. C'est l'action de mettre en terre. En d'autres termes, il s'agit d'enterrer un mort en lui donnant une sépulture, mais ce n'est pas la mise aux oubliettes du corps, des restes d'un défunt. Ce n'est pas une *finitude.* La matérialisation de cet acte passe par un ensemble de rites, de proscriptions à respecter tout au long du deuil et après celui-ci. Les rites post-mortem semblent être des manifestations humaines pour conjurer le sort, des thérapies contre la mort. L'une des restrictions relatives au deuil chez les Eton est « de ne point sous aucun prétexte faire le nettoyage durant toute la tenue du deuil » comme nous le signifie une de nos informatrices, A. Melingui, 51 ans, du village Ezezang qui ajoute :

> La propreté, le nettoyage ne se fait qu'avant la venue de la dépouille mortuaire. Une fois celle-ci présente, tous les déchets et autres saletés sont laissés sur place pour être nettoyés uniquement le lendemain de l'enterrement du corps.

Autrement dit, l'*évaa ngun* est une activité rituelle qui consiste à effectuer la propreté de la concession ayant été le siège des obsèques. Placé sous la supervision du chef de famille, l'*évaa ngun* est réalisé par des femmes du village. Ces dernières se rendent au petit matin du lendemain de l'enterrement dans la cour de la famille endeuillée. Chacune est munie d'un balai. Elles effectuent un nettoyage de tous les déchets issus des activités de la veille. Autrement dit, le lendemain de l'enterrement, les femmes de la grande famille, du village, notamment les sœurs, les « épouses » des fils du village du défunt se mobilisent et « à la bonne heure, se retrouvent dans la concession familiale du décédé et ayant abrité le deuil pour y effectuer un nettoyage général » déclare M. Mendomo, 62 ans : « Il s'agira de nettoyer la pièce centrale (salon) ayant abrité la dépouille ». Les déchets (suivant nos observations) sont pris de l'intérieur vers l'extérieur de la maison du deuil. Puis, « il s'agira de balayer les extérieurs de la case du deuil partant de l'arrière vers l'avant. Les différents déchets collectés sont entassés puis transportés à l'aide de paniers et autres instruments usuels à cet effet et servant à l'évacuation des déchets » ajoute le patriarche F. Ebode, 56 ans, notable à Elig Douma. Selon nos observations de terrain, les déchets et différents détritus sont ensuite acheminés vers l'arrière de la « case-cuisine » où se trouve le dépôt d'ordures. L'opération est faite en convivialité. D'où des causeries ponctuées de chants et de blagues sur le défunt, marquant la rupture avec la tristesse observée la veille. C'est un moment de grand partage et de cohésion sociale entre les membres de la famille, du village ou du groupe affecté par la disparition d'un des leurs. Pour *mama Songo*, septuagénaire du village polo par Sa'a,

> [...] nous balayons nos cœurs, nous voulons réconcilier tous les membres de la famille... Vous n'êtes plus comme nous, nos parents nous bénissaient parce qu'on vivait auprès d'eux ! Regardez-les ! Je ne les connais même pas ! Ils vivent à Yaoundé comme les gens de Yaoundé. Ils ne connaissent rien ! Ils ont honte de la tradition ! Moi, je ne viens pas quémander du vin, je fais ce que mes parents faisaient, je viens balayer les impuretés de la maison et du cœur ! Je vous laisse la richesse.

En effet, il est formellement interdit de jeter les détritus dans la brousse environnante. Ce ne sont que des personnes désignées à cet effet qui le feront le jour suivant les obsèques. Ainsi dans leurs mouvements coordonnés et synchronisés de balayage, les femmes évacuent les « ordures » disséminées de part et d'autre de la concession. L'exercice du balayage s'effectue sans ordonnancement préalable, ni même sans organisation recommandée par un tiers, voire une coordination préalablement élaborée. Chacune y va, exécutant la tâche en chantant ou en évoquant le défunt, avec pour but de débarrasser l'ensemble de la cour de la totalité des déchets. Elles entassent les déchets par lots puis les ramassent et les jettent vers la brousse. Elles effectuent ainsi cette activité dans la convivialité discursive, mais également sont nourries de la pensée positive relative à l'accumulation future de richesses pour les survivants.

Notons que les restes de repas du deuil sont partagés et consommés sur place. Cette étape du partage va être suivie par le nettoyage des ustensiles de cuisine, de l'ensemble de la vaisselle dont les origines à l'instar des femmes s'activant au nettoyage sont diverses. Ensuite, cette vaisselle sera redistribuée, retournée aux différentes détentrices. Car, relevons-le ici, la plupart des ustensiles usuels lors des occasions festives ou funéraires viennent de tous les domiciles sans exclusive. Chaque femme apporte de l'aide à la famille éprouvée, car comme le signifie R. Nga, 48 ans : « il pleut sur tous les toits. Aujourd'hui c'est telle famille, demain ce sera peut-être la nôtre ». Le devoir de solidarité est une expression dont personne ne souhaiterait déroger à la règle. Précisons que le rituel est fait sous la houlette d'une matriarche, la femme la plus âgée des femmes de la communauté. Après le repas constitué des restes de nourriture réchauffés de la veille, un bref discours est prononcé. Il est relatif à l'activité exercée ainsi que ses bienfaits spirituels. Une somme symbolique d'argent est remise pour l'achat du « savon » devant servir à « *se laver les mains* ». De nos jours, on observe qu'avec l'influence du christianisme, une prière est faite à la fin de la cérémonie.

Ainsi, le rite de nettoyage de l'espace ou de la maison du deuil et ses environs a lieu le lendemain de l'enterrement. Il se caractérise par la féminisation et s'organise sur une périodicité temporelle séquentielle conséquente de la perception socioculturelle du découpage journalier. Sur la base d'une orientation, les déchets sont regroupés et dirigés vers des espaces symboliques. La fin du cérémonial est ponctuée par une communion des participantes autour d'un repas partagé en toute convivialité. Le déroulement de ce rite, sa particularité et sa symbolique est ce qui, tout au long de cet argumentaire, sera développé pour une meilleure saisie et une compréhension de son originalité. Tout ceci sous le prisme d'une orientation méthodologique tributaire de l'anthropologie de la ritualité funéraire.

5. Analyse et interprétation de l'activité

Ce paragraphe consacré à l'analyse de l'*évaa ngun* va s'effectuer à partir d'un plan d'analyse constitué en cinq articulations : le cadre spatio-temporel, les acteurs, les éléments de la parole et les éléments de la culture matérielle.

5.1. Le cadre spatio-temporel

Le cadre spatio-temporel dans lequel baigne l'*évaa ngun* tel que pratiqué chez les Eton est constitué d'une part, des éléments constitutifs de l'espace et de l'autre du temps.

5.1.1. L'espace

Les éléments relatifs à l'espace qui ont été relevés dans le corpus sont *la cour du deuil, l'arrière-cour et la brousse environnante.*

- ***La cour*** est le lieu dans lequel les diverses articulations des obsèques ont été effectuées la veille et les jours d'avant (veillées). Ici ont été installées l'ensemble des personnes venues de près ou de loin accompagner le mort vers sa dernière demeure. On y a pratiqué diverses activités relatives aux obsèques telles que le *nsiliawu* [questions relatives à la nature du décès], l'*ésani* [la danse funèbre], l'*évaa som* [la collation] et bien d'autres activités à partir desquelles de nombreux déchets ont été cumulés.
- ***L'arrière-cour*** reflète le reste de l'espace autre que la cour ayant également accueilli certaines activités du deuil. Il s'agit surtout de

l'arrière-cour et des espaces intermédiaires affectés à la cuisine. Précisons que la configuration des habitations dans cette partie du pays exige que la maison du chef de famille ou *aba'a* soit distincte de celle de son épouse qu'on désigne *kasin.*

- ***La brousse environnante*** est le dépotoir des ordures (*akun*), le milieu vers lequel les acteurs de l'*évaa ngun* déversent les déchets prélevés dans toute la concession.

Dans l'Univers culturel Bëti en général et Eton en particulier, la brousse environnante ou la forêt désigne un espace antisocial contrairement au village. C'est dans ce milieu que l'on déverse toutes sortes d'immondices ou d'impuretés résultant des activités sociétales et des tensions sociales. C'est également de ce milieu qui vient l'*évú*, un être tantôt inopérant, tant social, tantôt antisocial selon la nature de ses pouvoirs (Mallart-Guimera : 1975).

5.1.2. Le temps

Il désigne le moment de l'exécution de l'*évaa ngun.* C'est le jour d'après, le lendemain matin du jour de l'enterrement.

- ***Le lendemain*** subsume le passage d'un jour à un autre. Ce passage est observé en adéquation avec les activités du jour de l'enterrement obligeant de fait les convives à rentrer chez eux presque à la tombée de la nuit. Or, dans cette socioculture, plusieurs interdits sont afférents à ce moment. Il est par exemple interdit de battre un enfant la nuit ou encore de jeter des ordures en dehors de la maison. Chez les Eton, la nuit qui « tombe » amène avec elle des menaces tapies dans l'ombre. La nuit est liée à la peur, c'est un espace social spécifique, qui a ses propres logiques, et qui veut remettre en cause le fait que l'espèce humaine est essentiellement diurne. C'est l'interprétation héritée de la culture éton. C'est la nuit des songes et des mythes, des fantasmes et des fantômes, des sorciers ou des mystiques. C'est le moment socialement restreint qui connaît d'autres enjeux et des représentations culturelles.
- ***Le matin*** est la première partie de la journée, opposée à la nuit. En effet, l'univers culturel éton attribue au jour le signe du triomphe sur la nuit ; la nuit étant le moment réservé au combat. De plus, l'activité du balayage, même si l'on l'effectuait de nuit, n'irait pas plus loin que le simple *balayage-entassement*, car, comme l'affirme mama Minbanga Ndzana, une matriarche Eton de 81 ans, « jette donc les ordures dans la nuit et ta richesse et celle de la famille ira en brousse ».

Ainsi, le jet des ordures dans la brousse effectué de nuit subsume la perte des richesses et l'attirance de la disette au sein de la famille ; tandis que cette même activité, effectuée le jour constitue plutôt le signe de richesses qui convergeront vers la famille.

5.2. Les acteurs

Les acteurs qui sont au centre de l'activité de balayage chez les Eton sont : les femmes du village, la femme la plus âgée et le chef de famille.

5.2.1. Les femmes du village

Elles ont la charge de réaliser le balayage et sont toutes originaires d'un ailleurs. En effet, arrivées au village en contexte marital, elles sont considérées en socioculture éton comme des « étrangères ». La société éton est exogamique et pratique la *virilocalité*, les femmes sont parties de leur terroir familial proche ou plus ou moins éloigné, afin d'élire domicile dans le groupe de leur mari. Or, le bonheur d'une femme est celui de sa progéniture. Pour cette raison, elle se livre à l'exercice du balayage rituel afin d'attirer les richesses dans leur propre maison et par ricochet celle de leurs enfants.

5.2.2. La femme la plus âgée

Il s'agit généralement d'une femme du troisième âge : « nya miningaa » ou femme accomplie. À cet effet, elle arbore dès lors les attributs masculins, car elle est culturellement considérée comme un homme. Son statut indique de l'ascendance dans les relations de pouvoir d'avec l'ensemble du groupe des balayeuses. Elle est le chef qui doit coordonner de manière effective l'activité. De plus, elle joue circonstanciellement le rôle de médiateur auprès du chef de famille en parlant au nom de toutes les autres.

5.2.3. Le chef de famille

Le chef de famille généralement dénommé « ntól ndá bot » ou aîné de la famille, est considéré comme étant un « nya modo » c'est-à-dire un homme mûr. Il est le responsable de la famille et donc garant du bien-être de chacun de ses membres. Il est donc chargé de s'occuper du coût matériel et financier de l'activité de l'*évaa ngun.*

5.3. Les éléments du langage

La parole est un élément qui intervient régulièrement dans le processus de communication. Elle peut s'objectiver de plusieurs façons et se déployer sous plusieurs modalités, car dans chaque discours, on adresse deux sortes de messages : un par la voix, caractérisé par le principe d'empathie, et l'autre par des attitudes et des mouvements expressifs pouvant être calqués par le public cible. On peut ainsi dans l'*évaa ngun* distinguer au moins deux types de langages à savoir : le langage verbal et le langage non verbal. D'où, la communication par le canal verbal et le canal kinésique.

5.3.1. Le langage verbal

Il est surtout vécu dans deux situations révélées par le corpus à savoir la discussion pendant l'exécution de l'*évaa ngun* et le discours prononcé par le chef de famille. Analysant ces deux aspects langagiers, il ressort que :

- ***La discussion*** des balayeuses participe de la convivialité et donc constitue un élément d'engouement. La discussion s'oppose donc au silence qui lui, dans ce contexte particulier, témoignerait de la tristesse ambiante (rappelons que l'enterrement a eu lieu la veille) ou serait source de disharmonie, de désorganisation et par voie de conséquence d'improductivité par le truchement du laxisme et de l'inertie.

- ***Le discours prononcé par le chef de famille*** véhicule le message de remerciement et exprime ou affirme l'autorité à travers le simple mode d'expression du discoureur. À travers sa parole, le chef de famille rassure et résout d'éventuels différends émanant des activités de la veille ou de l'*évaa ngun.* Ses remerciements s'exprimeront matériellement lorsqu'il donnera en compensation de l'effort fourni par les balayeuses, de la nourriture et de la boisson, mais aussi une somme d'argent symbolique représentant les frais du savon à acheter, pour que ces dernières puissent *se laver les mains.*

5.3.2. Le langage non verbal

Dans le cadre du paralangage ou de la communication non verbale avec autrui, on constate dans les sociocultures africaines, qu'au-delà des mots, d'autres moyens existent pour échanger avec des proches, issus de la même communauté. D'où des gestes, attitudes, expressions du visage, tons de la voix et même des silences qui sont autant de messages non verbaux usités dans la communauté éton, et pouvant être déchiffrés dans le milieu. Chaque culture conventionne ses gestes quasi linguistiques équivalant aux paroles. Dans notre propos, deux formes de langage non verbal se dégagent. La première est exprimée à travers le geste du balayage et du jet des ordures vers la brousse et la seconde peut être désignée comme une *parole du cœur.*

- ***Les gestes*** réalisés par les femmes-balayeuses sont des non verbaux gestuels normalisés. Ce ne sont pas des artifices superflus, mais des pratiques interrelationnelles.Il s'agit de la kinésique telle que définie par Yves Winkin (1996/2001 : 77), comme «l'étude des aspects communicatifs des mouvements corporels appris et structurés ». Autrement dit, on parle à travers le geste avec visée de multicanalité et interactivité. C'est ce que Mayi Matip (1983) désigne comme forme de *parole vue.* Les femmes en balayant chassent les impuretés de la concession familiale. Ce sont des mouvements maîtrisés et signifiants. Elles le font de façon mimo-gestuelle, dans une mimique compassionnelle épousant le climat contextuel. C'est une gestualité illustrative qui mime l'action de purifier les lieux et surtout les occupants de la concession.

- ***La parole du cœur*** une parole individuelle (Ngoura, 1982). Elle s'apparente à ce que Vincent (1971) appelle « parole active », car elle demeure et siège dans le cœur et agit sur la vie de l'individu. La communication est marquée ici par le contact oculaire et parfois par des sourires complices ; surtout que *les femmes-balayeuses* sont pourvoyeuses de richesses dans leur environnement. Elles orientent pour cela leur *parole du cœur* vers des aspirations positives, car, elles disposent d'un pouvoir à la mesure de la parole articulée par la bouche. Ainsi, même sans parler, elles expriment leur intensité émotionnelle par des mines de circonstance qui varient de la compassion au sourire contagieux. Leur devoir étant de faire oublier aux apparentés, la perte d'un membre de la famille, la tâche de balayer devient alors un exutoire à la pression funéraire.

En définitive, si la parole peut être comprise par tous, la gestuelle diffère d'une culture à l'autre. Les gestes choisis par les balayeuses Eton par exemple, ont un sens qui dépend étroitement avec leur environnement culturel. Leur interprétation est, de même, fonction de leur culture. Lors de nos enquêtes, nous avons observé des gestes descriptifs pour montrer l'évacuation des déchets vers la brousse, des gestes évocateurs exprimant des émotions de manière symbolique et des gestes mobilisateurs indiquant au public la mue devant se produire au sein du groupe social après le rituel funéraire.

5.4. Les éléments de la culture matérielle

Les éléments de la culture matérielle révélés dans la pratique de l'*évaa ngun* sont entre autres : le balai et les accessoires de balayage, les ordures, la nourriture, la boisson et le savon.

5.4.1 Le balai

Cet instrument joue manifestement le rôle d'outil permettant de dégager les déchets de leur espace d'occupation post-cérémoniel vers la brousse qui en est le dépotoir définitif. Toutefois, une forte symbolique sous-tend cet outil de balayage principal. Celle-ci est enracinée dans le sens que les négro-africains en général et les Eton en particulier font correspondre au mode de vie communautaire de la société. En effet le balai dont il est question ici est fabriqué à partir de brindilles tirées du raphia. Ces dernières sont ensuite attachées à l'aide d'une ficelle solide et résistante. Ainsi, l'obtention du balai est la résultante de la collecte d'un grand nombre de brindilles qui sont par la suite enserrées. Le nombre important de brindilles représente la communauté ou la famille, du moins l'ensemble des membres de la société. De même, la ficelle qui relie ces brindilles représente quant à elle le lien indissociable et surtout, le caractère communautariste de la société. Ici, l'on ne vit pas pour soi-même. On vit avec les autres et on partage avec eux les joies, les peines et les moments les plus ou les moins marquants de leur existence. Du moins l'intérêt est moins centré sur l'individu que sur la communauté. Cela s'exprime d'ailleurs lorsque les femmes du village viennent chacune pour assister à leur manière la famille affectée. Or en réalité, elles ne partagent pas de parenté avec cette dernière, elles partagent simplement la même empathie et, pour ainsi dire, souffrent la même douleur.

5.4.2 Les ordures

C'est l'ensemble des résidus collectés dans la concession après la célébration des obsèques. Nous dirons en d'autres termes qu'il s'agit d'une *culture morte*, car elle ne joue plus de fonction effective dans la société. C'est donc une culture défunte au sens de Mbonji Edjenguèlè (2006). Ce dernier utilise ce paradigme pour réfuter le caractère caricatural que la doxa contemporaine greffe aux morts en Afrique, les qualifiant de faits de « de functus », c'est-à-dire sans fonction. Pourtant, dans ce contexte du legs de la civilisation égyptienne, les morts continuent d'agir et jouent un rôle central voire capital dans la vie sociétale.

5.4.3 La nourriture

Elle fait référence aux aliments consommés dans le cadre de l'activité du rituel *évaa ngun*. Ceux-ci sont généralement constitués de mets qui se démarquent de la vie de tous les jours. Il s'agit de repas concoctés avec du « sel » et du « piment » qui se particularisent par le fait que les mets phares (de la vie quotidienne) des Eton sont en réalité des repas assez « fades » : *kpem, omom, énem*... et la liste n'est pas exhaustive. Ce sont des nourritures de tous les jours qui ne se consomment pas lors de grand évènement en général et de l'*évaa ngun* en particulier. Or, les mets que l'on sert aux balayeuses à la fin de leur besogne peuvent comporter du poisson, du poulet, de la viande, etc. Cela marque le caractère majestueux du rite qui, vraisemblablement, constitue une des pierres angulaires de l'organisation générale des obsèques.

5.4.4 Le vin

Les boissons consommées à l'occasion de l'*évaa ngun* sont d'origine artisanale et industrielle. Ainsi distingue-t-on pour cela le vin de palm (*meyɔk melen*), le vin rouge (*wɔan)* et la bière (*biə*). Si le vin de palme est produit localement, la bière et le vin rouge proviennent des industries dites modernes. Ainsi, les Eton même s'ils se réclament de la vérité culturelle pour parler comme Mbonji Edjenguèlè (2000), ne sont pas une société fermée aux frontières culturelles, n'admettant de fait aucun autre élément venu de l'extérieur par réfutation de la *dynamique du dehors* (Balandier, 1970). Comme toutes les cultures, celle de ce groupe social change à la fois dans le temps et l'espace. Cela permet de comprendre l'occurrence de la dynamique que le rite a subie par emprunts et réinterprétations d'éléments culturels exogènes.

5.4.5 L'argent du savon

Le savon subsume les soubassements de la symbolique de pureté. Eu égard de l'usage empirique que les Eton font du savon, il ressort que l'activité de l'*évaa ngun* est par vocation activité de purification. En effet, les déchets du deuil sont considérés de prime à bord comme des éléments impurs ayant souillé la concession. Le balayage n'est donc pas un simple exercice mimétique de la vie quotidienne. C'est un acte qui met en contact, les balayeuses et les impuretés qui finissent par les souiller. Cette même approche contribuera à cerner les raisons du choix de la gent féminine venue d'ailleurs et surtout, pour la plupart, constituée de femmes accomplies. En effet comme l'a affirmé Jeanine Manga, une grand-mère Eton de 63 ans,

> *Les mamans sont choisies pour l'évaa ngunn parce qu'elles doivent porter les impuretés engendrées par les ordures du deuil. Elles ont le moyen de se purifier de cette saleté contrairement aux jeunes...*

Tout compte fait, la pureté courtisée n'émane pas de « l'argent », mais du « savon », servant généralement à effectuer des travaux ménagers et de fait à effectuer la propreté dans le ménage. C'est au chef de famille de contribuer à sa manière à payer collectivement le prix du rite de purification des femmes-étrangères qui cependant, acceptent de se souiller, puis de se laver plus tard, par amour pour leurs progénitures.

Ainsi, l'*évaa ngun* est un rite funéraire collectif à caractère codifié ayant une configuration spatio-temporelle spécifique et intégrant des éléments nouveaux comme le savon, le vin rouge... En effet, les rites vivent et connaissent une dynamique. Les rites semblent s'adapter au quotidien marqué par de multiples emprunts interculturels. Contrairement au rite *ékamba*, rite d'inversion chez les Beti, les discours meublant la cérémonie n'ont pas vocation à donner un nouveau statut au défunt, mais à protéger les survivants en re-créant un lien social et de multiples interactions dans la communauté. Le seul problème qui se pose alors est celui du choix que font certaines familles. Pour Nke, 56 ans, chef de village :

> La plupart des gens font leurs rites dans leurs familles internes ! Tout change ici ! Parfois, on n'est même pas au courant ! Qui va donc bénir les enfants ?

Sur le plan thérapeutique, on peut donc se poser des questions sur ce qu'on peut appeler « micro-rite », c'est-à-dire le rite pratiqué dans l'intimité. Quelle peut-être la valeur d'un rite pratiqué en dehors de la composante « communauté » ?

6. Endosémie de l'*évaa-ngoun*

Le terme endosémie émane des travaux de Mbonji Edjenguèlè (2005) réalisés en vertu de la considération épistémologique du sens produit à l'intérieur de la culture en étude. « Endo » (dedans) et « semi » (sens), donne le mot composé endo-sémie. Pour cet auteur, l'endosémie culturelle est :

> ...la propriété pour une structure de posséder un sens à l'intérieur de sa construction [...] toute culture est mode de vie et les hommes qui le vivent et en vivent ont inventé ce mode de vie impartissant de sens, de la signification de chaque item de l'ensemble de leur univers culturel. (Mbonji Edjenguèlè, 2005 : 95)

Mbonji Edjenguèlè insiste donc sur la définition littérale de *sens du dedans* conscient ou inconscient, un lieu où on aurait l'exacte signification des pratiques à étudier. Car, pour cet auteur, « l'endosémie est la reconnaissance de l'existence du sens à l'intérieur de toute culture et l'exigence du recours à ce sens intrinsèque... » Cette approche de l'intérieur de la culture appelle deux axes de compréhension. Le premier est la signification de l'*évaa ngun* comme rite de purification, car, il favorise la propreté de la concession, mais aussi celle de la famille tout entière. La propreté dont il est question dans ce rite est d'ordre matériel et cosmique. Lorsque les balayeuses effectuent l'évacuation des ordures, elles procèdent à un balayage matériel, mais en même temps un balayage sur le plan extra-sociétal.

Le second axe subsume que le balayage contribue au renforcement de la force vitale du groupe à partir d'une seule unité familiale. Cela se précise particulièrement par la solidarité de toutes les femmes venues en masse participer au rituel. Toutes ces participations individuelles génèrent une communion spirituelle renforçant la force vitale du groupe social. Cette force vitale se présente dans ce contexte culturel comme la « richesse », selon nos informateurs. Or, nous savons que la richesse dans cet univers culturel se rapporte à l'abondance de naissance, de production agricole, de réussite scolaire et en un mot, le bien-vivre. Aussi, le moyen par excellence de s'accaparer de cette force vitale passe forcément, comme toute prestation culturelle de cet acabit, par l'épuration des agrégats cumulés dans la machine sociale et par ricochet, qui bloquent la communication verticale entre le social et le cosmique.

Le sens *endo-culturel* de l'*évaa ngun* lègue la compréhension du phénomène en son entier. Dans ce sillage, il est irrévocablement cernable à la lumière d'approches heuristiques exo-sémiques découlant des considérations théoriques des sciences positives. Car, la force vitale n'est pas un phénomène saisissable par les sens corporels et leur prolongement. Seules ses manifestations sont perceptibles à la lumière des pratiques telles que l'*évaa ngun* qui participent cependant du bien-être et du bien-vivre de la communauté dans laquelle il est pratiqué. En fait, si le rituel de balayage funéraire et les symboles y afférents sont réussis, tous les participants au rite partageront les bienfaits d'un changement de cadre social. L'objectif du rite étant de mettre en communication les vivants participants au rite et le monde des défunts. Plusieurs informateurs attestent qu'au cas où le rite n'a pas lieu, les défunts viennent le rappeler dans les rêves. Nke N., 57 ans, Chef de village, souligne :

> Mon grand-frère est mort il y a deux ans à Bertoua des suites d'un accident de circulation. Ses restes ont été convoyés ici [Lendong]... La famille a enterré rapidement, car le corps était dans un piteux état ! Deux mois plus tard, pendant qu'on attendait que l'assurance réagisse pour qu'on fasse le deuil, il est venu par deux fois se révéler à moi pendant les rêves. Il pleurait ! Et parfois dans la journée, je sentais bizarrement sa présence à la maison... Je ne sais pas si c'était une impression, mais j'avais l'impression qu'il venait s'asseoir sur son fauteuil à la véranda. Après les cérémonies funéraires et les rites que la famille a décidé d'organiser, nous avons eu un répit.

Autrement dit, les récits révèlent que les morts sont présents parmi nous et dégagent des énergies auprès des leurs. On peut présumer que cette présence étant considérée comme une « errance », des rites doivent être organisés pour recréer l'ordre social et un nouvel équilibre sociétal. Ces rites sont d'abord des rassemblements communautaires ayant un sens et un rapport avec le milieu de vie.

Conclusion

Ce propos était consacré à l'exploration d'un rite funéraire chez les Eton du Cameroun. Nous avons fait le choix d'aborder notre sujet d'étude sous deux angles différents, mais complémentaires. La description du *rite funéraire de balayage* comme purification ou dérivatif à la pression funéraire et comme forme de thérapie collective. Une des difficultés principales de cet article a été pour nous de recourir à une grille théorique courante pour argumenter nos hypothèses, trouver les clés de compréhension des données de notre étude, afin de présenter une contribution originale. En effet, une simple analyse descriptive du phénomène, travail par ailleurs déjà effectué par d'autres chercheurs A. Van Gennep (1981), Thomas (1985), Rivière (1995), Lardellier (2003) ou encore Jeffrey (2003), ne nous semblait pas exhaustive pour cerner toutes les fonctions de la ritualité funéraire en pays Eton et surtout son impact sur l'enculturation des jeunes générations. Nous nous sommes donc inscrit dans une ethno-perspective avec Mbonji Edjenguèlè (2005).

Il s'agissait donc de scruter l'*evaa ngun*, une articulation post-funéraire consistant à effectuer le nettoyage de la concession dans laquelle les funérailles se sont déroulées. La méthodologie de recherche a consisté en une analyse qualitative. D'où, une observation participante de type égalitaire, la réalisation d'entretiens semi-dirigés et approfondis avec des personnes des familles endeuillées et des matriarches chargées du déroulement des rituels. Étant donné que nous faisons partie de la communauté dans laquelle les recherches ont été faites, nous avons chaque fois essayé de distinguer entre les points de vue *émic* et *étic* ou encore toute approche ethnocentriste de la part de nos assistants de recherche en observant de façon active et non flottante, l'ambiance générale du déroulement du rite et surtout la gestuelle et la prise de parole des acteurs. C'est l'ensemble des clichés récoltés sur le terrain que nous avons analysé. C'est ainsi que cette étude d'anthropologie de la ritualité funéraire a permis de découvrir des informations ethnographiques très utiles.

Si elle fait déjà l'hypothèse que le cadre culturel de tout groupe humain influe la façon de vivre les rites funéraires et en leur donnant du sens, elle souligne surtout l'importance des rites dans la compréhension des cultures. Les résultats de notre recherche montrent que dans les rites funéraires, il existe donc toujours en filigrane, un sens, des normes et des codes que les membres du groupe social doivent impérativement suivre. D'ailleurs on le sait déjà, chaque culture détermine le cadre social qu'elle juge acceptable. L'*évaa ngun*, objet de cet article possède une symbolique culturelle. Les symboles sont le balai, les ordures, le savon ou le vin. Ce rite marque la séparation et une nouvelle naissance. C'est un moment d'enculturation des jeunes générations. Les aînés transmettent l'héritage aux plus jeunes. L'*évaa ngun* s'inscrit dans la culture beti en général et éton en particulier. La concession nettoyée de ses impuretés peut accueillir celui qui est parti, mais qui reviendra avec un statut particulier. En effet, les morts ne sont jamais définitivement morts.

Références bibliographiques

Anati, E. 1999. *La religion des origines*, Paris, Bayard.

Balandier, G. 2007. *Sens et puissance. Les Dynamiques sociales*, Paris, PUF.

Bussières, L. 2007. « Rites funèbres et sciences humaines : synthèse et hypothèses », dans *Nouvelles perspectives en sciences sociales*, vol. 3, N° 1.

Cazeneuve, J. 1985. « Rite », dans *Encyclopedia Universalis,* Paris.

Des Aulniers, L. 1998. « Rites d'aujourd'hui et de toujours », dans *Frontières, Variations sur le rite*, vol. 10, N° 2.

Gruau, M. 1999. *L'homme rituel. Anthropologie du rituel catholique français*, Paris, Métailié.

Jeffrey, D. 2003. *Éloge des rituels*, Québec, Presses de l'Université Laval.

Joncheray, J. 2000. « Rites et construction de l'identité : des rites de passage aux rites d'interaction et aux grands rites collectifs séculiers », dans Bernard Kaempf (dir.), *Rites et ritualités*, Les Éditions du Cerf, Lumen Vitae et Novalis.

Lardellier, P. 2003. *Théorie du lien rituel. Anthropologie et Communication,* Paris, L'Harmattan.

Maisonneuve, J. 1999. *Les conduites rituelles*, Paris, PUF.

Mallart-Guimera, L. 1975. « Ni Dos ni ventre. Religion, magie et sorcellerie chez les Evuzok (Cameroun) », in *L'Homme*, Tome 15, n°2, 35-65.

Mayi Matip, T. 1983. *L'univers de la parole*, Yaoundé, Editions CLE.

Mbonji Edjenguèlè. 2005. *L'Ethno-Perspective ou La Méthode du Discours de l'Ethno-Anthropologie Culturelle*, Yaoundé, PUY.

Mbonji Edjenguèlè. 2006. *Morts et vivants en négro-culture : culte ou entraide?*, Yaoundé, PUY.

Métraux, J.-C. 2004. *Deuils collectifs et création sociale*, Paris, La dispute.

Morin, E. 1970 [1951]. *L'homme et la mort*, Paris, Le Seuil.

Ombolo, J.-P. 1986. *Essai sur l'histoire, les clans et les regroupements claniques des Eton du Cameroun*, Yaoundé.

Otte, M. 1993. *Préhistoire des religions*, Paris, Masson.

Rappaport, Roy A. 1999. *Ritual and Religion in the Making of Humanity*, Cambridge, Cambridge UniversityPress.

Régnier, R. et Line S.-P. 1995. *Surmonter l'épreuve du deuil*, Outremont, Les Éditions Québécor.

Rivière, C. *Les rites profanes*, Paris, PUF.

Segalan, M. 2001. *Ethnologie, Concepts et aires culturelles*, Paris, Armand Colin.

Thomas, L.-V. 1978. *Mort et pouvoir*, Paris, Payot.

Thomas, L.-V. 2003 [1998]. *La mort*, Paris, PUF.

Thomas, L.-V. 1985. *Rites de mort. Pour la paix des vivants*, Paris, Fayard.

Turner, V. 1990. *Le phénomène rituel. Structure et contre-structure*, Paris, PUF.

Vallet, O. 1999. *Une autre histoire des religions. Tome 1. L'héritage des religions premières*, Paris, Gallimard.

Van Gennep, A.1981 [1909]. *Les rites de passage*, Paris, Picard.

Vincent, J.-F. 1971. « Divination et possession chez les Mofu, montagnards du Nord-Cameroun », in *Journal de la Société des Africanistes*, tome 41 fascicule 1,71-132.

Winkin, Y. [1996] 2001. *Anthropologie de la communication : De la théorie au terrain,* Bruxelles, Editions De Boeck et Larcier S.A. (nouvelle édition : Éditions De Boeck et Larcier S.A. / Éditions du Seuil, 2001).

CHAPITRE V

Associations culturelles et développement endogène : Le cas de l'Association culturelle "Madjong hommes Balengou de Bangangté"

Grébert Hotou

Introduction

Il est difficile d'établir un lien direct entre le développement compris comme un état de progrès et la culture très souvent confinée aux us et coutumes des peuples. Les deux concepts semblent même s'opposer, se neutraliser dans la mesure où certaines pratiques culturelles peuvent entraver le développement. Sémantiquement aussi, il y une opposition théorique entre le dynamisme de l'un et le statisme de l'autre. Par ailleurs, la thématique culture et développement prend un relief particulier en Afrique où, à tort ou à raison, le sous-développement est imputé aux pratiques culturelles jugées incapables de susciter le progrès. Et pourtant, tous les analystes sont d'avis que non seulement le développement est orienté par la culture, mais qu'elle est le soubassement de celui-ci (Serageldin, 1992, 2006 ; David, 1993 ; Dongmo, 1998 ; Nana Sinkam, 1999; Hotou, 2012 ; UNESCO, 2013). C'est pour cette raison que nous avons voulu mettre à découvert, à travers l'étude du cas de "Madjong Hommes Balengou de Bangangté", la relation qui existerait entre les pratiques culturelles dans les associations dites culturelles et le développement, dans l'optique de suggérer une rationalisation desdites pratiques pour un développement durable.

Le présent article qui aborde, sous l'angle scientifique, cette thématique est structuré en quatre parties : la première analyse les fondements de l'étude, la deuxième présente le cadre théorique, la troisième expose les grandes lignes méthodologiques et la quatrième expose l'analyse et l'interprétation des résultats obtenus. L'article s'achève par les suggestions émises pour l'exploitation des associations culturelles pour le développement durable.

1- Fondements de l'étude

1.1 Contexte et position du problème

Au moment où les pays développés sont confrontés à une récession économique aigüe avec les conséquences multiformes sur les pays de la périphérie, les Africains ont mis sur pied des stratégies pour essayer d'enrayer, ou mieux, de minimiser les effets de cette récession sur leur développement. Dans ce contexte, l'axe privilégié est, entre autres, la mise sur pied des structures de développement durable, à partir des ressources naturelles et des ressources culturelles du continent. À ce sujet, le Réseau Africain des Promoteurs et Entrepreneurs Culturels (RAPEC, 2010) relève que

> *la culture n'est pas un produit comme les autres et au moment où la mondialisation s'affirme comme un trait caractéristique de notre temps, il est primordial de structurer le secteur culturel du fait de son incommensurable potentiel pour en faire un levier de développement humain et durable pour l'Afrique et les Africains. (....). La mission que nous nous assignons est de permettre l'avènement d'un nouveau paradigme de développement en Afrique; et ce autour de notre patrimoine culturel qui doit en être le fondement.*

Il n'y a donc aucun doute sur le fait que les pays africains misent, non seulement sur leur potentiel de matières premières pour relever le défi du développement, mais ils comptent aussi sur leurs potentiels culturels (OUA, 2005 ; UNESCO/RAPEC, 2008).

Au Cameroun, la thématique culture /développement est au centre des préoccupations. Dans ce pays reconnu pour sa diversité culturelle, la question n'est plus de savoir si la culture est un facteur de développement, mais de savoir comment exploiter efficacement les pratiques culturelles camerounaises pour promouvoir le développement durable. La mise sur pied et l'exploitation des industries culturelles constituent d'ailleurs un volet important de l'émergence du Cameroun, telle que l'atteste le document de travail publié par le Ministère de l'Economie, de la Planification et de l'Aménagement du Territoire (MINEPAT, 2009).

Pour exploiter lesdites pratiques, il va falloir les explorer afin d'en extraire des éléments susceptibles de contribuer au développement durable. C'est dans cette optique que la présente étude est menée. Il s'agit d'examiner l'apport de l'Association "Madjong Hommes Balengou de Bangangté" sur le développement endogène. La question principale qui sous-tend notre démarche est la suivante : quels sont les facteurs qui, dans le fonctionnement de l'Association "Madjong Hommes Balengou de Bangangté", impactent sur le développement endogène ?

Pour mener cette étude, nous avons formulé l'hypothèse générale selon laquelle le fonctionnement de cette association culturelle a un impact significatif sur le développement endogène. Les hypothèses spécifiques issues de l'éclatement de l'hypothèse générale ont permis de vérifier si :

- les sorties de cette association avec la danse traditionnelle rapportent des revenus considérables qui servent pour le développement;

- les cotisations pour le développement lors de la tenue des séances génèrent de sommes importantes qui sont utilisées à cet effet ;

- l'association favorise les activités d'entraide.

L'étude tire ses fondements dans les thèses culturalistes du développement et la théorie du développement participatif qui sont analysées dans le cadre théorique ci-dessous.

1.2. Cadre théorique de l'étude

Dans ce cadre théorique, nous nous proposons de définir de manière explicative les concepts clés de l'étude, puis d'analyser quelques écrits relatifs à la thématique du développement et de la Culture.

Définition des concepts

Culture

Concept polysémique, le terme culture a donné lieu à une abondante littérature et à des interprétations pluridirectionnelles selon qu'on est en philosophie, en sociologie ou en anthropologie. Cependant, la définition donnée par l'UNESCO à Mexico en 1982, nous semble plus complète et appropriée à l'esprit de ce travail. Selon cette organisation, la culture est

> *l'ensemble des traits distinctifs, spirituels, spirituels et matériels, intellectuels et affectifs, qui caractérisent une société ou un groupe social. Elle englobe, outre les arts et les lettres, les modes de vie, les droits fondamentaux de l'être humain, les systèmes de valeurs, les traditions et les croyances.*

Cette définition prend en compte les aspects les plus importants de la culture, de sa conception à ses manifestations.

Sur le plan psycho-philosophique, nous définissons la culture comme la perception ou la conception qu'un peuple a de son existence ou du monde. Dans ce sens, Kuma'a Ndoumbe III (1985) précise que la culture se dessine dans le choix que nous donnons à notre vie.

Njoh-Mouelle (1986 : 83) donne de la culture une définition pragmatique et instrumentale qui, tout en relativisant le concept, le rend plus simple et de compréhension facile. Selon lui, la culture «est l'ensemble des solutions qu'une communauté humaine adopte afin de résoudre les problèmes que l'univers lui pose. » On comprend par cette définition que chaque peuple pratique et vit sa culture en fonction de son environnement et de l'ampleur des défis existentiels qu'il doit relever.

Association culturelle

Les groupes qui se créent sous la bannière d'une communauté sont considérés comme des associations culturelles. Généralement, la dénomination, l'organisation et le fonctionnement desdits groupes s'inspirent des us et coutumes de la communauté dont ils se réclament. Les membres du groupe travaillent pour le rayonnement de la culture de leur communauté et sont prêts à la défendre. Dans les villages et villes africaines en général et camerounaises en particulier, les originaires des différentes aires culturelles se constituent en associations qui s'identifient à leur région d'origine ou d'adoption. Ces associations organisent à des occasions précises des manifestations culturelles. L'Association Madjong Hommes Balengou de Bangangté, site de cette étude, que nous présentons succinctement dans la partie méthodologique, est en tout point de vue l'exemple type des associations culturelles.

Développement et développement durable

Le concept de développement, tout comme celui de la culture, est difficile à cerner, du fait qu'il touche presque à tous les domaines de la vie de l'homme. Bref, toutes les réflexions menées autour de ce concept le présentent comme un état de mieux-être, consécutif à la transformation quantitative et qualitative de l'environnement. Dongmo (1998 : 179) donne à ce concept une définition qui va dans ce sens :

> *Le développement désigne tout simplement la modification positive intervenue dans les conditions matérielles de l'existence des populations, qui les a fait passer de la misère originelle à la prospérité relative, de sorte qu'elles vivent mieux qu'auparavant*

L'aspect qualitatif du développement a été abordé dans les années 1980 pour essayer d'humaniser et de tempérer l'approche quantitative qui avait pignon sur rue à l'époque. C'est à partir de cette époque, justement, que le concept de développement durable a vu le jour. Il s'agit du modèle de développement qui s'inscrit dans la durée et qui est profitable à la génération actuelle et future. Un tel développement prend nécessairement en compte la préservation et l'aménagement de l'environnement physique et culturel des peuples. À cet effet, Bruno (2004 : 13) dit du développement durable qu'il est « celui qui répond aux besoins du présent sans compromettre la capacité des générations futures à satisfaire les leurs. »

De manière globale, c'est la place de plus en plus importante accordée à la culture dans la conception et la mise en œuvre des projets de développement qui a donné lieu aux différentes théories culturalistes du développement.

Thèses culturalistes du développement et théorie du développement participatif

Thèses culturalistes du développement

La culture est de plus en plus intégrée dans les paradigmes du développement comme étant l'un des vecteurs essentiels. C'est l'ensemble des écrits produits autour de cette thématique qui constitue, à notre sens, les thèses culturalistes du développement. D'une manière générale, ces thèses reposent sur le postulat selon lequel toute action de développement est conçue, structurée en fonction de la perception qu'on a de l'existence et des contingences du milieu social à qui elle est destinée, et que tout développement a un arrière fond culturel (Henry et Kossou, 1985 ; Pisani, 1988 ; Etounga-Manguellé, 1992). De ce point de vue, David (1993 : 77) précise que

> *La tendance culturaliste fait des valeurs culturelles la clé du développement (...) il y a à l'évidence interaction entre culture et développement (...) Les facteurs culturels sont désormais pris en compte dans les processus de développement, parce que la culture en tant qu'affirmation et expression des identités et des différences est un élément dynamisant*

Dongmo (1998) présente un modèle de relation culture / développement qui explique comment la culture détermine le développement. Selon lui, toute action de l'homme dans la nature est dictée par la satisfaction de ses besoins. Pour y parvenir, il doit faire des choix à partir de trois éléments fondamentaux qui lui sont fournis par la culture :

- *la perception* qui permet de se rendre compte de la nécessité de choix et qui est filtrée par les valeurs personnelles et sociales ;

- *les catégories d'objectifs individuels* ou les désirs par lesquels l'homme opère des choix en fonction de ce qu'il désire.

- *les répertoires de conduites* qui mobilisent et organisent les conduites. Il s'agit d'un ensemble de faits et gestes que la société ou mieux la culture sécrète et qui déterminent les conduites. Après cette démonstration, il arrive à la conclusion selon laquelle la culture joue, par le biais de ces trois éléments, un grand rôle dans le développement endogène.

Dans le même ordre d'idées, Nga Ndongo (1998) reconnaît le rôle que joue la culture dans le développement en termes d'impulsion, de structuration et de détermination. Cependant, il relève que la synergie culture/développement ne va pas de soi. La culture peut impulser le développement si et seulement si les hommes, qui en ont la responsabilité et qui en sont les acteurs, sont animés d'un esprit, d'une mentalité de développement. Comme on peut le constater, la nuance que ce sociologue introduit dans le débat met en relief les efforts qu'il faut fournir pour que la culture soit le vecteur du développement.

Théorie du développement participatif

Depuis plusieurs décennies, le concept de développement participatif est devenu la thèse essentielle des spécialistes en développement et même des organisations internationales. Diallo (2008 : 34) définit le développement local et participatif comme

> *un processus consistant à mobiliser les énergies de tous les acteurs locaux en vue de la promotion économique, sociale et culturelle d'un territoire. (....) C'est un processus qui vise la participation de tous les acteurs avec pour finalité l'amélioration des conditions de vie des habitants d'une zone déterminée.*

La théorie du développement participatif repose sur le postulat selon lequel le bien-être d'un individu ou d'une communauté ne peut se réaliser qu'avec son implication effective. Le développement participatif est né du constat selon lequel les aides accordées aux pays en développement pour la réalisation des projets ne produisent pas toujours les résultats escomptés, à cause de l'indifférence des communautés concernées. Dans la plupart des cas, le manque de prise en compte des besoins réels des populations des pays en développement dans les projets est dû, selon Lebovics (2007), au mode d'attribution desdits projets basé sur l'approche "du haut vers le bas" *(top-down)*. Cette approche sans concertation avec les bénéficiaires finaux, dit-il, est inadaptée, voire sans effet significatif sur le niveau de vie des populations de ces pays.

Chauveau (1994 : 26) estime que le développement participatif est un moyen de lutte contre la pauvreté par la nécessaire implication des populations rurales, numériquement plus représentatives, mais habituellement les moins représentées dans les structures de développement de base. Il indique que l'approche participative s'oppose à celle qui « privilégie l'initiative des agences de développement et le recours au capital ». Selon lui, le modèle participatif du développement encourage les communautés à s'impliquer dans les projets et les éloigne de la passivité et de la paresse.

La participation de la communauté renferme des atouts, notamment sur l'efficacité et l'efficience dans la réalisation des projets. En effet, selon Lebovics (2007), les projets réalisés avec la participation des communautés ont une viabilité plus élevée due à leur appropriation par les bénéficiaires. De même, poursuit-il, ces types de projets sont pertinents parce que les besoins des populations sont mieux ciblés. Il conclut en relevant

> [qu'] *associer les communautés dans la gestion des projets et les faire disposer de pouvoirs de décision permettrait d'améliorer les capacités de gouvernance et le capital social de ces communautés. Ces projets participatifs poseraient donc la base d'un processus de développement endogène, en renforçant les compétences des populations locales, tout en obtenant de meilleures performances en termes d'amélioration des conditions de vie (*Lebovics 2007 : 46)

Le développement participatif tel qu'analysé ci-dessus pourrait être enrichi du concept d'entraide compris comme aide accordée à un individu par un groupe pour lui permettre de subvenir à ses besoins. Ce type d'aide qui caractérise la culture africaine constitue l'une des marques des associations culturelles en Afrique. Par conséquent ; il est indispensable de l'intégrer dans toute analyse des facteurs du développement endogène.

3- Méthodologie

3.1- Brève présentation de *Madjong Hommes Balengou* de Bangangté

Le Madjong Hommes Balengou de Bangangté est une association de l'aire culturelle Grassfield dans la région de l'Ouest-Cameroun, Département du Ndé. Créée en 1965, elle est placée sous la bannière du village Balengou. Un bureau constitué de sept (07) responsables, dont un président, gère l'association. La moyenne du nombre d'adhérents est estimée par an à 50 personnes. L'association siège tous les dimanches sauf cas exceptionnel où elle a organisé une sortie.

3.2- Type et population de l'étude

Pour mener cette étude, deux approches qualitatives ont été mises en œuvre :

- l'entretien auprès des responsables de l'association (entretien semi-directif) organisé autour des indicateurs que sont :

- la construction et l'équipement de bâtiments, des salles de classe ;
- l'aménagement des routes ;
- l'approvisionnement en eau ;
- l'appui à l'électrification ;
- l'entraide.

- l'exploitation des grilles documentaires à travers l'observation de quelques registres de l'association.

Compte tenu de l'approche méthodologique choisie, nous avons organisé les entretiens auprès de certains responsables de l'association à savoir: le Chef de famille, le Président, le Secrétaire, le trésorier; le commissaire aux comptes. Nous avons choisi d'interviewer les responsables parce qu'ils sont élus pour diriger l'association. De ce fait, ils sont mieux placés pour donner les informations fiables au sujet de son fonctionnement. Le Chef de famille est sollicité dans cette population parce qu'il est le représentant du Chef Balengou et, en cette qualité, il veille à la bonne marche de toutes les associations de son ressort de compétence.

Plusieurs descentes ont été effectuées sur le terrain durant la période allant du 12 mai au 29 août 2014. Tous les entretiens prévus ont été réalisés. Les registres de la réunion sollicités ont été mis à notre disposition.

3.3-Traitement et analyse des données

Les données recueillies ont été dépouillées et codifiées manuellement. En ce qui concerne l'analyse des données, nous avons opté pour l'analyse thématique des contenus des entretiens. La synthèse des résultats obtenus est présentée et analysée dans les lignes ci-dessous.

4- Présentation et analyse des résultats

La première hypothèse selon laquelle la danse traditionnelle lors des sorties génère les sommes importantes qui sont utilisées pour le développement a été confirmée. Le Commissaire aux Comptes de l'association reconnaît par exemple que

> *Les sommes d'argent qui entrent dans "la caisse danse" lors des sorties sont importantes, notamment lorsqu'il s'agit des funérailles d'un non membre. Il arrive que des sommes soient prélevées dans ces entrées pour soutenir l'action de développement.*

Les documents que nous avons consultés confirment effectivement cette affirmation. Durant les cinq dernières années, plus précisément de janvier 2009 à septembre 2014, la "caisse sortie danse traditionnelle" a généré une somme de huit cent mille francs (800 000 Frs), avec des pics d'entrée pendant les saisons sèches, probablement lors des sorties pour les funérailles. Ces sommes, considérées comme importantes, sont souvent utilisées pour les actions de développement au village, notamment l'aménagement des points d'eau, la construction des salles de classe, la participation à la construction de la case communautaire, etc.

En dehors de l'appui à la réalisation de grandes infrastructures au village Balengou, cette caisse a contribué à la construction et à l'équipement du siège de la réunion. Le président de cette association reconnaît que *« grâce aux multiples sorties avec la danse traditionnelle, l'association s'est procuré les chaises, les instruments de musique, les bâches... »*. L'achat des équipements constitue une activité de développement non négligeable.

La deuxième hypothèse de travail a été aussi confirmée à savoir que les cotisations pour le développement lors de la tenue des séances génèrent de sommes d'argent qui sont effectivement orientées vers le développement. Le chef de famille affirme que

> *Les contributions pour la caisse développement sont annuelles pour chaque membre. C'est d'ailleurs l'une des conditions pour être candidat à un poste électif au sein de l'association. L'argent qui entre dans cette caisse est réservé uniquement pour le développement. Lorsqu'une action de développement est décidée, nous transférons les fonds au Comité de Développement contre un reçu de versement.*

Il est à noter que l'apport dans le développement ne se limite pas à l'aspect financier uniquement. De temps en temps, les appuis matériels non comptabilisés sont offerts par les membres. Il s'agit d'appui en tôles, en ciment, en planches lors des différentes constructions. En consultant les registres y afférents, nous avons relevé que non seulement cette caisse est régulièrement contrôlée par le chef de la communauté, mais qu'elle est logée dans un compte à part. Comme le reconnaît le commissaire aux comptes, la "caisse développement" n'est sollicitée que sur demande expresse du Comité de Développement et pour des actions précises. Nous avons observé que cette caisse a contribué à la réhabilitation de la chefferie Balengou, à la construction de la case communautaire, à l'approvisionnement du village en eau gravitaire, etc.

La troisième hypothèse relative aux activités d'entraide a été confirmée. Il ressort des entretiens qu'en plus du développement infrastructurel, l'association "Madjong Hommes Balengou de Bangangté" favorise l'entraide qui, de notre point de vue, est un autre aspect du développement. Il s'agit de la mutualisation des efforts. En effet, les statuts de cette association disposent qu'elle est créée pour l'entraide. En plus de cette déclaration de principe, nous avons observé que l'aide aux membres occupe une place importante dans le fonctionnement de cette association. Ici, l'entraide est physique et matérielle à l'occasion des évènements heureux ou malheureux. Le trésorier de l'association relève « [qu]'en ce qui concerne l'entraide, l'association dispose de plusieurs rubriques à cet effet : caisse scolaire, aide maladie, caisse épargne, tontine, caisse malheur, etc. » Il dit que toutes ces caisses permettent de venir en aide aux membres. En dehors de la tontine qui n'est gardée dans aucun compte, parce que chacun bénéficie à son tour, les fonds des autres caisses sont soigneusement gardés dans un compte en attendant leur utilisation.

L'entraide est perçue dans cette association comme le moteur et même le garant de sa pérennité. Nous avons observé que la plupart des conflits et des désertions survenues dans cette association sont dus au désaccord autour de l'entraide. Le président de l'association relève par exemple que « les membres qui ont déserté la réunion l'ont fait parce qu'ils ont estimé qu'ils n'ont pas été aidés lorsqu'ils étaient dans le malheur».

En définitive, le cas de l'association « Madjong Hommes Balengou de Bangangté » illustre la théorie du développement participatif enrichie de l'entraide dans la mesure où, ses membres s'impliquent volontiers dans la conception et la réalisation des projets de développement du village. Nous avons observé que les projets de développement, avant leur réalisation, sont d'abord débattus et adoptés en assemblée générale : ce qui reflète le principe *(down-top)* qui caractérise le développement participatif.

Néanmoins, il convient de relever que cette association, bien que contribuant au développement endogène, connaît des difficultés de gestion dues :

- à l'absence de fiches de suivi individuel. Ce qui fait qu'à chaque séance, les membres ne sont pas souvent d'accord sur leurs situations financières ;

- au mélange des rubriques financières qui ne permet pas la transparence dans la gestion des fonds.

Bref, l'association manque d'un plan comptable qui pourrait rendre plus rationnelle la gestion des différentes caisses et partant améliorer sa participation au développement.

Conclusion et suggestions

Cette étude avait pour objectif de sonder le fonctionnement de l'Association culturelle Majong Homme Balengou de Bangangté, dans l'optique de mettre en lumière son apport dans le développement local. À l'issue de l'étude, il est ressorti des résultats obtenus que ladite association joue un rôle important dans le développement endogène durable. Cependant nous relevons que ses actions ne sont pas toujours exploitées pour son implication maximale. De ce fait, nous suggérons, en droite ligne de la théorie du développement participatif enrichie de l'entraide, quelques axes d'exploitation des activités de cette association culturelle pour booster le développement endogène :

-Axe éducatif : dans cet axe, nous voudrons que l'esprit de solidarité et d'entraide qui est mobilisé dans cette association culturelle soit exploité pour l'éducation des jeunes. En fait, l'organisation des bains culturels à l'intention des jeunes dans ladite association pourrait leur permettre de vivre et d'apprécier l'apport, entre autres, de ces deux valeurs sur la vie associative et partant le développement endogène.

- Axe économique : cette association culturelle, dans son fonctionnement génère des revenus qui, bien exploités et rationalisés peuvent servir de levier pour un développement durable. Il s'agit notamment :

- du réinvestissement des sommes d'argent collectées lors des sorties et des prestations diverses ;
- de la création, autour des associations, des structures (petites unités) de service ;
- de la mise en réseaux de cette association culturelle avec les autres de même type, pour la mutualisation des efforts.

- Axe social et communautaire: dans cet axe, nous suggérons l'exploitation des activités de cette association culturelle par les collectivités décentralisées dans le cadre du développement participatif. On pourrait par exemple, lors de la tenue des sessions du conseil municipal, inviter quelques responsables des associations culturelles pour bénéficier de leurs expériences en matière de développement participatif.

Références bibliographiques

Bruno, R. 2004. *Clés pour une éducation au développement durable*, Paris, Edition Hachette.

David, D. 1993. « Culture et développement », in *Le Courrier* n° 139, 76-77.

Dongmo, J-L. 1998. « Les dynamismes endogènes et leur fondement culturel », in Simo, D. (dir.), *La politique de développement à la croisée des chemins : le facteur culturel*, Yaoundé, CLE, 178-192.

Etounga-Manguellé, D. 1992. « Culture et développement : les réponses africaines », in *Actes de la Conférence internationale, organisée au siège de la Banque Mondiale, à Washington* du 2 au 3 avril 1992.

Henry, P-M et Kossou, B. 1985. *La dimension culturelle du développement : une étude conjointe Communauté Economique Européenne/Unesco*, Lomé, Nouvelles Éditions Africaines.

Hotou, G. 2012. « Enseigner la culture nationale au Secondaire : un défi à relever. », in Fonkoua, P. (dir.), *Principes et modalités de l'enseignement des langues et cultures africaines*, Cahier de recherche en éducation, n°8, Paris, l'Harmattan, 95-111.

MINEPAT. (2009). *Cameroun vision 2035.*

Nana-Sikam, S. 1999. *Le Cameroun dans la globalisation, conditions et prémisses pour un développement durable et équitable*, Yaoundé, CLE.

Njoh-Mouelle, E. 1986. *Jalon III, problèmes culturels*, Yaoundé, CLE.

OUA, 2005 : *Charte de la renaissance culturelle Africaine et le Plan d'action sur les industries culturelles pour le développement de l'Afrique adopté par les ministres africains de la Culture* (Nairobi, 2005).

Pisani, E. 1988. *Pour l'Afrique*, Paris, O. Jacob.

RAPEC. 2010. « la culture levier de développement en Afrique » disponible sur http://rapec.afrikblog.com/archives/2009/11/30/15981660.html récupéré le 5/11/2014.

Serageldin, I. 1992. « La vision holistique et son enjeu : culture, moyen d'action et paradigme du développement», in *Culture et développement en Afrique, Actes de la Conférence internationale, organisée au siège de la Banque Mondiale, à Washington* du 2 au 3 avril 1992.

Serageldin, I. 2006. « Bibliothèque, lieu de transmission orale des savoirs », in *Actes du Colloque tenu à la Bibliotheca Alexandrina en Égypte* du 12 au 15 mars 2006.

UNESCO. 1982. *Déclaration de MONDIACULT, Conférence mondiale sur les politiques culturelles* tenue à Mexico

UNESCO. 2013. *Déclaration de Hangzhou : mettre la culture au cœur des politiques de développement durable.*

UNESCO/RAPEC. 2008. *Rapport général de la rencontre débat sur « La culture, levier du développement économique africain » tenu à Paris.*

CHAPITRE VI

Les associations traditionnelles au Cameroun : rôle et enjeux. Le cas du *Ngondo* et du *Mpo'o*

Paul Mpaké Nyeke
&
Hanse Gilbert Mbeng Dang

Introduction

La société regroupe des individus qui ont des comportements, des mentalités, des goûts et des ambitions qui ne sont pas toujours les mêmes. C'est un truisme de dire que les associations régionales regroupent naturellement des personnes diverses aux tempéraments variés. La coexistence de ces éléments divers dans la société, tout comme dans les associations traditionnelles, ne peut que produire des frictions génératrices de concurrence, voire de division. Au sud Cameroun, les associations traditionnelles furent d'abord créées chez les Duala[1], les Bamilékés et les Bassa. Deux de ces associations, le *Ngondo* et le *Mpo'o*, constituent des regroupements dont l'un des traits distinctifs est de revendiquer un double caractère tribal et traditionnel. L'intention est de marquer leur distance affirmée, à l'égard de l'avènement de la modernité en général et de la politique en particulier. Le *Ngondo* et le *Mpo'o* jouent-ils leur rôle ? Comment s'adaptent-ils aux différentes mutations? Quelle place occupent-ils face à la prolifération d'associations culturelles et religieuses?

Le *Ngondo* et le *Mpo'o* apparaissent comme des espaces d'inventivité à travers lesquels les acteurs indigènes tentent de convertir en capitaux politiques, les ressources socioculturelles de leurs terroirs respectifs. Ce n'est pas un hasard si les associations les plus actives (*Ngondo*, *Mpo'o*, *Kumze*, *Efoula Meyong*[2]....) naissent ou se réactivent entre 1948 et 1950 au Cameroun. En réalité, le phénomène associatif traditionnel indigène rend compte de l'extrême diversité des formes de domestication dont la modernité est l'objet. Cette domestication s'opère autant à *travers* les modes de structuration organisationnelle des associations concernées qu'à travers les stratégies et les luttes de pouvoir dont celles-ci sont à la fois le théâtre et l'enjeu. La promotion politicienne de la

[1] Les Duala ici sont une composante du groupe Sawa, c'est l'une des tribus de ce grand groupe ; il apparaît que c'est la tribu la plus imposante et dominante au sein des Sawa, car depuis la création du *Ngondo*, des origines jusqu'à nos jours, les dirigeants de son Assemblée traditionnelle sont toujours issus de cette tribu. En plus, la langue officielle adoptée au sein de cette assemblée est la langue duala, ce qui fait dire à certains auteurs que le *Ngondo* est une « affaire des Duala », rien d'autre.

[2] *Efoula Meyong* peut être traduit étymologiquement par le '' creuset de l'Unité''.

tradition depuis toujours participe sous ce rapport à une véritable instrumentalisation identitaire. Les expériences du *Ngondo* et du *Mpo'o* aideront à dévoiler le rôle et quelques-unes des formes que revêt ce mode spécifique d'indigénisation des technologies entrepreneuriales, ainsi que l'économie des profits différentiels que recèlent la promotion collective. Cela dit, du fait de la connotation nationale qu'ont les « associations traditionnelles » de nos jours, quel rôle ont-elles joué avant et pendant l'occupation européenne? Quels sont leurs rapports avec le christianisme ? Quel est leur apport sur la scène politique depuis l'époque postcoloniale ?

Les données exploitées dans cette étude ont été collectées à partir de plusieurs méthodes. Les entretiens semi-directifs interpersonnels et les observations directes ont permis le recueil des données qualitatives. L'observation participante a également été d'un grand apport dans le décryptage du paysage. Le recours aux techniques d'analyse de contenu directe, indirecte, quantitative et qualitative a facilité l'exploitation des données de terrain[3] éalisée sur la base de l'observation empirique, d'une documentation faite d'ouvrages, de revues scientifiques et d'articles de presse. Pour contourner d'éventuelles ambiguïtés, nous convenons d'employer le terme générique « associations traditionnelles», désignation choisie plus par commodité pour l'analyse que par rapport au présupposé de spécificité culturelle que ce concept recouvrirait au regard des usages dont il fait l'objet.

1- Rôle, activités avant et pendant l'occupation européenne

De prime abord, le *Ngondo*[4] et le *Mpo'o*[5] sont des associations apolitiques dont le but premier est l'exaltation de l'identité culturelle. Étymologiquement, selon la tradition orale, deux interprétations du terme *Ngondo* sont le plus couramment données : celle du «banc de sable» et celle du «cordon ombilical». Ces deux interprétations ont longtemps dominé l'espace public jusqu'à très récemment, avec la publication du livre de Mardoché Ekwè en 2010 sur *L'origine bassa du Ngondo*, qui soutient que *Ngondo,* étymologiquement, vient du mot *Ngondong* qui signifie « très solide » en langue bassa. Maurice *Doumbé*

[3] Plusieurs aspects inédits livrés ici sont des témoignages collectés auprès de certaines personnes ressources du patrimoine Sawa à Douala, Bassa et Bakoko à Edéa,... D'autres résultent de la lecture de monographies inédites et photos consultés sur les sites www.camerounlink.net/fr/, www.peuplesawa.com, www.bonasawa.blog4ever.com.

[4] Le Ngondo est l'assemblée traditionnelle qui réuni tous les peuples côtiers, Douala, Bassa, Bakoko, Batanga, Yabassi,... regroupés sous le nom générique de Peuple Sawa (Sawa veut dire "côtier"). Cette assemblée est l'occasion de réjouissances chaque année au début de la saison sèche.

[5] Il s'appelait de son vrai nom Nnanga, fils de Mbang, petit-fils de Ngue et arrière petit-fils de Nnanga, donc il s'appelait Nnanga Mbang Ngue Nnanga. L'appellation *Mpo'o* dévire de son surnom dont l'expression entière était « Lipoo Li Mingenda Mi Bet Ben », qui veut dire « l'eau de la chute qui ne remonte jamais à sa source». Le sens qu'il faut donner à ce surnom est qu'il était un homme qui avait une grande personnalité, qui était rigoureux, déterminé, secret.

Moulogo estime que le *Ngondo* est antérieur à l'arrivée du premier missionnaire (Merrick en 1843 à Douala) (Doumbé Moulongo, 1972 : 7). Iye kala Lobé situe la date probable du début du *Ngondo* en 1678 (Kala Lobé, 1977 : 99).

Quant au *Mpo'o*, ses origines remonte à environ 700 ans. Ainsi, l'ancêtre *Mbang Ngué Nnanga*, le père du *Mpo'o* rassemble toute sa descendance dans la grotte sacrée ''*ngog Lituba*'' selon la tradition orale. Mais, véritablement, la fête commémorative commence en 1948, réunion, au cours de laquelle l'amicale est remplacée par l'assemblée coutumière et traditionnelle des *Elog Mpo'o* (ACTEM) (Mboke, 2008 : 9).

De cette image, les *Duala* tirèrent l'idée de lien devant dorénavant les unir. Ainsi le *Ngondo* devint le symbole de leur unité, la concrétisation d'un front uni appelé à défendre l'honneur du peuple, aussi bien à l'intérieur qu'à l'extérieur.[6] Résultat, le Goliath *Malobé* est finalement vaincu par *Engomga*, un *Bakoko* de *Japoma*. C'est ainsi que les *Duala* retrouvèrent la paix. Autre version, « le *Ngondo* est d'abord le nom d'une rivière, aujourd'hui devenu le drain qui sépare le canton Bell de celui *d'Akwa* », explique Valère Epée, historien et dépositaire de la culture *duala*. Ce drain se situe plus précisément entre l'école Notre Dame et la montée de la compagnie aérienne Air Afrique à *Bonanjo*. À l'époque, cette rivière allait se jeter dans le fleuve *Besseke*, lieu de l'ancienne gare ferroviaire de Douala, où se tenaient les assises du *Ngondo*.

C'est donc le nom de cette rivière frontalière, *Tongo'a Ndando*, (Rivière de la discrimination), résultat de la division en deux cantons du royaume *Duala*, *Akwa* et Bell, qui retiendra l'attention de l'Assemblée traditionnelle du peuple *sawa*. Cette rivière devait ramener la paix entre les deux cantons. Ce qui peut expliquer la mission première de cette assemblée, la pacification (Ralph A. Austen, 1992 : 285-309). Et c'est pour implorer la paix entre les cantons que le peuple *sawa* organisait la messe de l'eau, le *Ngondo*, au bord du fleuve tous les ans. La messe de l'eau est la conséquence du divorce de *Mangalé*, fondateur de village *Djébalé*, une île sur le fleuve Wouri et de son épouse *Jengu*, une sirène, pour avoir insulté l'infirmité de celle-ci.[7] Elle retourna au fond de l'eau avec deux des quatre enfants du couple, sans aucune rancune. Et chaque année, *Mangalé*, avec une marmite de victuailles, allait à la rencontre de son épouse pour communiquer les nouvelles de la famille et requérir les siennes. De ces visites annuelles serait née la pratique de l'immersion du vase sacré dans les profondeurs du fleuve.

[6] ANY, 2AC 124 Assemblée Traditionnelle du peuple Douala, le "Ngondo" 1952 Statuts de l'assemblée "*Ngondo*" ; ANY, 1AC 107 Ngondo 1947 Réception du hausaire.
[7] V. Epé, entretien du 31-O5-11 à Douala.

Figure 1. Carte des ethnies Sawa du Cameroun.[8]

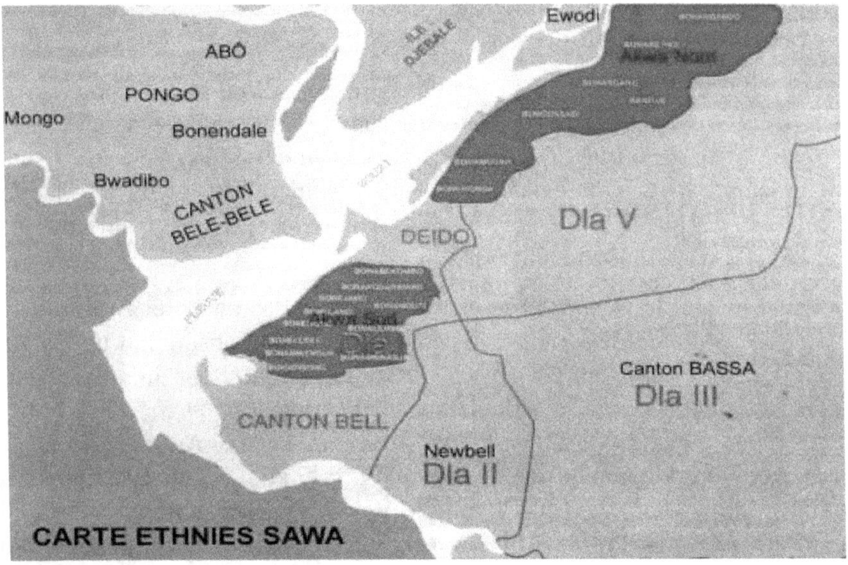

Source : Esoh Elamé, 2006.

Institution religieuse au départ, le *Ngondo* a autrefois mené des activités judiciaires. Cet organe jugeait surtout les affaires tribales, des chefs devaient réprimer les meurtres suivant la loi du Talion. Ainsi en fut-il en 1876, d'Eyum *Ebelè*, prince de Deido qui, sur une sentence du tribunal du peuple, fut décapité et mis en morceaux sur un banc de sable du Wouri. En 1883, *Ndumbè Lobè*, roi des Bell, fut condamné par son fils, Manga *Ndumbè*, juge suprême du *Ngondo* pour avoir séquestré la femme d'autrui. Le culte du *Ngondo* en tant qu'assemblée traditionnelle réunissant l'ensemble des peuples de la région côtière du Cameroun, depuis maintenant trois siècles, a toujours symbolisé comme priorité, le rapport des Sawa au cosmos, à Dieu (*Nyambé*). Il contribue à la réconciliation entre les peuples Sawa et les esprits tout en conservant aussi une fonction politique et administrative de gestion de l'espace géographique des

[8] Le terme Sawa regroupe tous les habitants de la région côtière du Cameroun (Figure 1). C'est un ensemble de peuples ayant des origines bantoues et partageant un même héritage historique radicalement marqué par certaines valeurs notamment le modèle et l'esprit familial, l'hospitalité, le partage, la solidarité, les pratiques langagières orales et gestuelles, etc. Les peuples Sawa ont donc une armature culturelle commune où s'enchevêtrent similarités linguistiques, rites, codes et pratiques religieuses semblables. Pour ce qui est de l'occupation spatiale, les Sawa se subdivisent en deux grandes composantes. Le premier groupe est constitué de ceux qu'on peut considérer comme les premières nations de la région côtière camerounaise. Il s'agit particulièrement des Bakoko, des Bassa des régions autour de Douala, Edéa et Yabassi et également d'autres groupes ethniques à savoir les Ndokpenda, Yabassi, Yingui, Mbang, Bandem, Yadimba, Yakalak, Njuki, Yansoki, Bonamateke, Yabea, Ndonga, Adie,Yasuki, Ndokbiakat, entre autres. Le deuxième groupe se compose d'un ensemble de peuples ayant un même ancêtre fondateur. Ce sont notamment les Douala, les Bombedi, les Bokumba, les Bakota et les Bose Minié.

peuples Sawa. Pris sous cet angle, le *Ngondo* est toujours apparu comme le cadre privilégié dans lequel sont abordés, discutés et solutionnés sur le fondement des traditions sawa, tous les problèmes que ses membres estiment essentiels pour leur épanouissement socioculturel, politique et économique.

Plus tard, le *Ngondo* déborda le cadre duala et devint l'Assemblée traditionnelle de tous les côtiers du Cameroun. Tout natif de la région du littoral camerounais en devint membre naturel et de droit. Et dès cet instant, son glissement vers la politique devint inévitable. Cette évolution prit corps à partir du moment où les Duala commencèrent à faire l'amère expérience des réalités coloniales. Il va donc jouer un rôle politique prépondérant avant et pendant l'occupation allemande. Sous la colonisation allemande, le *Ngondo* sera mis sous l'éteignoir à cause de ses activités judiciaires jugées contraires à la morale chrétienne. Depuis lors, plus aucune sentence de mort n'a été rendue par le tribunal du *Ngondo*. Avec la signature du traité germano-duala du 12 juillet 1884, le *Ngondo* sera dorénavant célébré ce jour (Pasteur Brutsch 1955 : 37).

Quant aux Elog-Mpoo, ils représentent un ensemble de 14 clans se réclamant d'un ancêtre éponyme commun Nnanga Mbang Ngue alias Mpoo Mingenda Milibet Ben (l'eau de la chute qui ne remonte jamais à sa source) et de ses collatéraux Njob Mbang, Nso'o Mbang, Peke Mbang.

> *Nous les Bakoko, sommes partis d'Éthiopie puis nous sommes passées en Égypte. De là notre grand Ancêtre est parti avec d'autres, il a débouché du côté de Yaoundé. En ce temps-là, les routes anciennes de Dieu étaient peu distantes. (...) Notre grand Ancêtre Nsoo a trouvé un immense rocher chez les Basso du Nord* (Kange Essiben, 1986 : 419).

Christine Buhan et Etienne Kange Essiben Chrstine dans *La mystique du corps - Les Yabyan et les Yapeke de Dibombari au Sud-Cameroun* n'ont pas transcrit la partie concernant l'Égypte et l'Éthiopie. On lit dans leurs ouvrages : « Après avoir longuement parlé de l'origine de ses ancêtres en Égypte puis en Éthiopie, le chef continue : « Lame suivit les flots et arriva à Ngog-Lituba» (Kange Essiben, 1986: 435). Or, Le Chef Pongo Too, né en 1890, fait des allégations similaires.

Les généalogistes Minyemeg Mi Sim et Ndoumbè Dibonguè, des Bisoo/Bakoko ont aussi mis en lumière l'existence de leur ancien empire fondé vers le IIIe siècle avant notre ère, aux environs du lac Tchad, appelé Ngée-Simba et sa confrérie militaire le Ngée (hommes-panthères). Dika Akwa fait le lien de cet empire avec l'*Agysimba* décrit par les routiers gréco-romains (Dika Akwa, 1982 : 61-62).

La langue originelle des Elog-Mpoo était le *Nso*. Cette langue est issue du royaume de la Haute Égypte appelée Nso. D'où le pharaon Nso, nom donné au roi du sud de l'Égypte qui avait pour capitale Thèbes. Nous faisons le parallèle ici avec la langue Duala qui vient du nom de leur ancêtre Douala Mbedi.

Le rameau *Nsoo* ou *Bisoo* des Elog-Mpoo perpétue la tradition ancestrale en portant ce nom d'origine égyptienne. Les Nso de Bamenda, population anglophone estimée à plus de 200.000 personnes appartiennent également à cet ensemble. Remarquons que la Haute Égypte et la Basse Égypte concrétisent leur réunification vers 3200 avant notre ère.

Plusieurs autres éléments tendent à confirmer nos allégations sur le rapport entre les Nso de l'Égypte pharaonique et ceux du Sud-Cameroun. Premièrement, la toponymie. Non loin de Thèbes, les Anciens Égyptiens avaient une montagne sacrée portant l'expression Tuba signifiant la pierre perforée. Et nous savons que Ngok-Lituba du Sud-Cameroun a une signification similaire.

Sur le plan de la parenté linguistique, les Elog-Mpoo forment les noms de la plupart de leurs villages à partir de l'adjectif d'appartenance «*Nyi*» (pour les Nsoo ou Bisoo) et «*Ya* » (pour les Bakoko). Plusieurs villes de la Haute Égypte, particulièrement Nekhen, obéissent à la même règle linguistique. Le Nso est, depuis l'Égypte pharaonique, la langue liturgique dans les temples, accessible seulement aux initiés. Pour les Bassa, cette langue est difficile à parler. Ces évidences, que nous soulignons, tendent à confirmer le choix du nsoo comme langue liturgique des Elog-Mpoo, Bassa, Beti, Yambassa, etc. Et précisons que les Nsoo sont les gardiens de la tradition des Elog-Mpoo.

Après la destruction de l'Égypte Ancienne par les envahisseurs successifs, les Nso créent l'empire Ngé- Simba (*Agy-Simba* des voyageurs Romains) vers le IIe siècle avant notre ère. C'est probablement ici que va naître la langue Ati soulignée par Dika Akwa dans son livre *Les problèmes de l'Anthropologie et de l'Histoire africaines*:

> *On se rend compte que le Bulu du Sud-Cameroun ou du Gabon parle certes ati comme les Beti ou les Fang, mais une histoire plus riche que celle plus connue de son XVIIIe siècle le renvoie à un même stock racial que les Ba-Sow (Bakoko, Badjob, Yalongo) et les Yadouma (Mangissa, Yebekolo...) du Cameroun, les Akoko du Nigeria, les Yakouma du Zaïre, les Laobé du Sénégal, tous descendants des Sao ou Sow légendaires bâtisseurs de l'empire du Ngé-simba (IIe s. avant notre ère et deuxième siècle), ou encore des Soninké fondateurs du célèbre empire du Ghana (Wagadou)* (Dika Akwa, 1982 : 61-62).

Tous les Elog-Mpoo ne parlent pas le Nsoo, encore appelé le Bakoko, dans la mesure où certains ont subi l'influence des peuples environnants. Ceci est toutefois faux pour les Badjob, Ndog Bessol et Yabii qui parlent le Bassa, langue qu'ils ont empruntée à leur environnement éco-culturel.

Dans une perspective fonctionnaliste, au sens où l'entend B. Malinowski (Bronislaw Malinowski : 1970) étudier la fonction du *Ngondo* et du *Mpo'o* au sein de ces sociétés reviendrait à dire que ces institutions répondraient à des besoins, ce qui se confirme. En revanche, cette théorie paraît relativement réductrice pour des institutions aussi complexes que le *Ngondo* et le *Mpo'o*. La continuité et les mutations qu'ils ont rencontrées montrent que les besoins ont également changé. L'existence d'une assemblée ne perdure pas à travers les siècles uniquement parce qu'elle répond à des besoins. Or, la perspective historique n'est pas incluse chez les fonctionnalistes. Ceux-ci prônaient une entité close et équilibrée. En fait, l'analyse des ruptures et des mutations, à travers l'espace et le temps, est essentielle pour une meilleure compréhension. On sait que dans l'analyse fonctionnelle, la synchronie l'emporte sur la diachronie alors que, dans le cadre de cette recherche, l'on estime que ces deux niveaux d'analyse sont complémentaires et que privilégier l'un plutôt que l'autre serait réducteur. Les relations d'interdépendance entre les faits ou les éléments sont elles aussi étudiées. Or, cette théorie ne met en avant que les aspects rationnels de la production d'un fait. L'opposition entre réel et idéal n'a plus par conséquent de raison d'être. Le symbolisme comme l'analyse des représentations ne sont pas non plus pris en compte. Dans les cas du *Ngondo* et du *Mpo'o*, on a vu dans la partie historique combien les représentations de l'interdit des assemblées, au cours de la colonisation et la période postcoloniale, sont encore aujourd'hui vives dans l'esprit des populations.

Le *Mpo'o* tout comme le *Ngondo*[9] sont sous la houlette d'une sorte de directoire regroupant les dignitaires Douala et Bakoko sur le pied passablement égalitaire (Onana, 2004: 190 -191). Ils contribuent assurément, sinon à ruiner, du moins à tempérer toute connotation de spécificité culturelle que l'on serait tenté d'attacher spontanément au déterminant « traditionnel ». À la vérité, la part des contraintes législatives n'est pas négligeable puisque la normalisation juridique (application de la loi de 1991) encadre rigoureusement le phénomène associatif dans un moule prescriptif comportant ses nomenclatures propres.

Signalons qu'une part importante de productions ordinaires des associations consiste en diverses activités culturelles. Aujourd'hui, elles présentent surtout un aspect festif. Or, à travers les manifestations culturelles, elles jouent également deux rôles fondamentaux : celui d'élément de régulation sociale et de maintien de la tradition. On peut ajouter que le *Ngondo* et le *Mpo'o* jouent aussi un rôle significatif dans la mouvance identitaire à tendance afrocentriste que certains tendent à développer depuis quelques années. Ces assemblées sont aussi des cadres de cérémoniaux de production d'images et de manipulation de symboles identitaires, dont des symboles du pouvoir (Koe Ntonga, 1967 : 2-8).

La régulation sociale ne s'opère avec valeur que dans la mesure où ceux qui sont investis par les différents groupes (chefs en particulier) bénéficient d'un effet de ré-investiture permanente au moyen de rituels divers (Onana, 2004 :

[9] Le *Ngondo*, mot bassa qui signifie « retour aux sources » se définit d'abord comme le rassemblement des peuples sawa. Chacun des trois grands groupes constituant l'entité sawa (les Bassa, les Bakoko et les Ewalé) se retrouvent et s'identifient dans ce grand rassemblement unitaire. Le Ngondo est ensuite une institution vieille de deux siècles et une festivité annuelle.

191). Le costume traditionnel, les multiples apparats qui le complètent et les divers autres instruments culturels (danses, palabres, ...) sont autant de symboles constitutifs de ces dramaturgies particulières par lesquelles, les groupes travaillent à entretenir et à partager leurs mémoires collectives, et donc à construire et à perpétuer leur singularité en tant que groupe.

Les rituels *Ngondo* et *Mpo'o* et bien d'autres se veulent à la fois une incursion mystique dans le passé de la communauté et une projection divinatoire dans l'avenir. À l'occasion de cette communion qui se tient une fois l'an chez les *Mpo'o* et les Sawa, les sages commettent un élu pour s'enquérir du destin collectif auprès des esprits de l'eau (Wouri, Sanaga). L'élu va en mission, qu'importe la durée dans les profondeurs de l'eau. Selon qu'il regagne la surface indemne sans la moindre goutte d'eau (Onana, 2004 : 191); le peuple Duala se réjouit des promesses des lendemains radieux.[10]

Parmi les institutions qui contribuent à prévenir les conflits, figurent en bonne place les sociétés secrètes. Leur nature et leur finalité sont reconnues de tous, et le champ ésotérique de leurs activités fait d'eux des organes dominants au sein de la société. Un exemple intéressant est celui du *Ngondo* chez les Douala du Littoral. Au sein de ce peuple, différents lignages jetèrent au début du XIXe siècle, les bases d'une union pour la gestion harmonieuse de leurs affaires communes. Progressivement, le *Ngondo* prit de l'envergure, s'appropria certaines activités rituelles, avec pour objectif de faire jouer les formes mystiques à des fins judiciaires, disciplinaires et d'arbitrage (Bureau, 1964 : 12). Le *Ngondo* était à même de dissuader, de prévenir des conflits, d'imposer la paix. Les émissaires qu'il envoyait à cet effet, effrayants dans leur accoutrement, étaient craints et respectés. Au seul cri de « moussango », ils rétablissaient la paix. Le sacrifice d'un cabri « *mbadi* » symbole de paix clôturait la cérémonie. Chez les Bassa du sud du Cameroun, la société secrète « *njèk* » constitue le principal facteur de prévention des conflits. C'est une institution qui a son emblème (*cactus*) et un corps de prêtres. Par le discours hermétique et les actes symboliques de ses officiants, cette institution inspire une terreur redoutable, et sa vengeance contre les délinquants sociaux est imparable.

Tout compte fait, avec l'avènement du christianisme, une dualité va s'établir entre les croyances locales et celles étrangères. Mais, le risque de rupture était fort, car le christianisme est contre les pratiques magico-mystiques et initiatiques. Les mêmes chrétiens sont membres de ses associations traditionnelles.

---

[10] La violence des faits confère à ce comportement des vertus plutôt éclairantes. Par exemple les cérémonies du *Ngondo* en 1994 laissèrent présager une année 1995 drapée de deuil. Le décès du Roi Dika Akwa Nya Bonambella en juillet 1995 corrobora ce triste présage

2- Les rapports entre associations traditionnelles et christianisme

Comme tous les peuples de l'Afrique subsaharienne, les peuples Sawa ont un sens profond de la cosmogonie. Cela se retrouve dans leurs pratiques spirituelles qui font référence à ce qu'on appelle habituellement Religions Traditionnelles Africaines (RTA), entre autres objets de plusieurs études (Mulago, 1980; Magesa, 1997). Mulago (1980) définit justement les Religions Traditionnelles Africaines comme un :

> *ensemble culturel des idées, sentiments et rites basé sur : la croyance à deux mondes, visible et invisible ; la croyance au caractère communautaire et hiérarchique de ces deux mondes; l'interaction entre les deux mondes ; la transcendance du monde invisible n'entravant pas son immanence; la croyance en un Etre Suprême, Créateur, Père de tout ce qui existe (Mulago, 1980).*

Chez les Sawa, la religiosité traditionnelle authentique se matérialise par le *Jengu* dans sa forme actualisée du *Ngondo.* Elle est un ensemble d'actions et d'attitudes, agissant sur le mode de vie et de pensée des Sawa, leur permettant de perpétuer les croyances et rituels ancestraux en tant que véritables expressions et symboles culturels. Le fait d'être riverain des cours d'eau a amené les peuples Sawa à développer des pratiques religieuses fortement liées aux forces naturelles aquatiques. Ils considèrent leur patrimoine aquatique comme un bien culturel et spirituel abritant leur divinité du nom de *Jengu.* Des sources orales, le *Jengu*, appelé aussi communément *«Mami Water» ou « esprit de l'eau »* par les non initiés, est la mère des eaux. Reconnu dans la tradition comme une divinité hybride, le Jengu est une représentation mystique de la toute puissance des esprits de l'eau faisant partie intégrante de la vie des peuples Sawa. C'est un être aquatique, difforme par rapport aux humains et indissociable de l'eau. Les codes culturels, la manière dont un Sawa initié appréhende le monde, part d'une observation de son environnement aquatique. Les aspects cosmogoniques des Sawa se manifestent donc par le *Jengu* donnant lieu à des expressions culturelles particulières les distinguant des autres ethnies camerounaises, qui ont, aussi leurs pratiques spirituelles traditionnelles.[11]

C'est un peuple qui croit en un dieu unique et trinitaire : *Nyambé* ; *Kwe,* son fils et incarnation ; et *Dibenga,* l'esprit de l'éternité. Les premiers hommes d'église arrivés au XIXe siècle étaient conditionnés par la publicité négative des chroniques de l'histoire, (navigateurs, Négriers...) et s'attendaient à rencontrer sur le terrain des peuples « païens », sauvages et ignorants.[12] En débarquant à Douala, ils découvrent les Bassa et les Duala à l'intérieur, l'un des peuples dont le premier de bienvenue reflète un hymne à la grandeur de Dieu et ce mot en

---

[11] V. Epé, entretien du 31-O5-11 à Douala (bali), 15h10.

[12] Ibid.

forme d'une énigme c'est : *Nje, tu se* ? *Nyambé* c'est-à-dire Dieu.[13] Pris sous cet angle, le *Ngondo* est toujours apparu comme le cadre privilégié dans lequel sont abordés, discutés et solutionnés sur le fondement des traditions Sawa, tous les problèmes que ses membres estiment essentiels pour leur épanouissement socioculturel, politique et économique. De nos jours, les festivités magico-religieuses et culturelles du *Ngondo* se déroulent le premier week-end de décembre et durent une semaine. Le choix du mois de décembre n'est pas occasionnel : période d'étiage, décembre incarne le début de la saison sèche et donc la période la plus propice à la navigation légère, favorable à la rencontre d'une part entre les peuples Sawa et d'autre part entre ces derniers et leurs divinités. C'est aussi le moment de l'année où la mer et les berges du Wouri, patrimoine fluvial des Douala, se remplissaient autrefois de crevettes servant de base à plusieurs menus typiques Sawa.

Valère Epée, dans *Le Paradis tabou. Autopsie d'une culture assassinée*, montre au troisième chapitre de son ouvrage (portant sur le *Ngondo*) comment une culture ancienne fondée sur des bases traditionnelles a perdu toute sa valeur du fait du choc culturel et de la volonté manifeste des colonisateurs d'en effacer les traces ou du moins de faire oublier les normes de cette culture au profit des leurs.

> *N'est-il pas vrai que le délabrement des structures et valeurs ancestrales est dû à la dislocation de l'harmonie traditionnelle profane-sacré du fait du complot calculé de l'Église (chrétienne) et de l'État (colonial) venus en rangs séparés parce que séparés au départ? Car même l'institution juridique que fut le Ngondo pour régler les différends n'a été détruite que pour que justice soit rendue à la manière de l'Occupant; c'est-à-dire celle de deux poids et deux mesures (l'Européenne et l'Indigène) (*Valère Epée : 1999*).*

Les premiers missionnaires venus au Cameroun venaient de Malabo. Il s'agissait des révérends Joseph Merrick (fils d'ancien esclave jamaïcain) et Alfred Saker (anglais). Dans les années 1840, J. Merrick et A. Saker, plus un petit groupe d'esclaves s'installaient au Cameroun. A. Saker acheta au roi Bakweri de Bimbia une grande propriété en bord de mer de 16 km sur 8 km. Le petit groupe bâtit une école, une église et des bâtiments pour la mission, mais ils durent aussi affronter des problèmes de santé, voire l'hostilité des populations. Ils ouvrirent des églises, des dispensaires et des centres de soins et formèrent un grand nombre de pasteurs camerounais, des tailleurs, des cordonniers, des maçons et aussi des charpentiers qui les aidèrent à construire l'église de Béthel en 1860 ; entre 1862 et 1872 Saker entreprit de traduire la Bible en langue Douala. Les missionnaires qui croyaient être chez les barbares trouvent un peuple aux salutations uniques au monde[14]. Les Européens allaient pousser plus

---

[13] Le culte du *Ngondo* dans sa posture d'assemblée traditionnelle réunissant l'ensemble des peuples de la région côtière du Cameroun, depuis maintenant trois siècles, a toujours symbolisé comme priorité depuis ses origines, le rapport des Sawa au cosmos, à Dieu (Nyambé).

[14] V. Epé, entretien du 31-O5-11 à Douala.

loin pour comprendre la pensée religieuse du peuple sawa et trouvèrent un monothéisme trinitaire alors qu'ils croyaient en être les seuls dépositaires. Toutefois, face à ces croyances existantes, ils décrétèrent « l'animisme». Dans la Bible traduite en duala, le mot « Dieu » a été traduit par *Loba*, or cela signifie "ciel", on a par conséquent traduit « ciel » par *moñ* qui signifie « en haut », le mot Dieu en duala se dit *Nyambé*, en Lingala *Nzambé* en Kikongo *Zambi*. Nyambé est une autre forme de *Njambè*, abréviation de *Nja nu bè ?* (« qui est ? »).

Le mot antillais *Zombi* est originaire d'Afrique centrale et il signifie étymologiquement « Dieu ». La langue française s'est empressée de le reprendre sous une toute autre signification : "mort-vivant", le Créole étant une variante du Français, il n'est donc pas étonnant que ce mot ait pris la même signification dans cette langue, remplacé par *Bondyé*.

Le Christianisme découle du Judaïsme, et celui-ci découle de la religion africaine monothéiste ; pour vous en convaincre, comparez les étymologies de *Njambe* et *Yahvé*. En duala 'être' se dit *bè*, et dans beaucoup de langues africaines on le dit ainsi, de même 'moi' se dit *mbá*, dans la majeure partie des langues africaines, le mot utilisé pour désigner le 'moi' débute par la lettre 'm' ; par exemple : *ma*, *me*, *mè*, *mi*, etc. D'après vous, d'où vient le "to be" anglais ? Et pourquoi dans les langues européennes le mot désignant la première personne commence par un 'm' ? Comment traduirais-tu donc l'expression duala *lob'a la mön* qui dans la conscience collective fait la différence avec les dieux (les idolâtries) et Dieu.

O ma pula tè bia, anda kalat'a sango Ebele Wei, ni belabè na : "le paradis tabou, autopsie d'une culture assassinée"; to so kalat'a sango Dika Akwa Nya Bonambela : " Bible de la sagesse bantoue".

Le mot *Loba* a pris la signification de "Dieu" dans la conscience collective, mais étymologiquement, il signifie "ciel", à l'origine Dieu se disait *Ñambé*, l'expression *Ñamb'eweka* signifie "le Dieu de la création", weka : créer ; ewekedi : la créature, *muwekedi* : le créateur, *eweka* : la création... Chez les Bassa'a on imposa *Djob :* en Bakoko, *Ololomé*.

La première marque du *Ngondo* et du *Mpo'o* est généalogique et la deuxième est religieuse. Cette dimension est culturelle, voire festive que l'on observe tous les ans sur les berges du Wouri et de la Sanaga et où les Sawa et Bassa'a Mpo'o viennent prier Dieu pour expier leurs péchés et l'interroger sur les augures de l'année qui arrivera (comment elle sera ?).

À la vérité, l'Afrique est le berceau de la religion monothéiste ; cela peut surprendre certains, mais c'est le cas. Les missionnaires à leur arrivée ont découvert en Afrique un monothéisme parfait, comme l'avoue d'ailleurs Jules Requin, ministre belge des Colonies en 1920, dans une lettre adressée aux missionnaires catholiques du Congo, grands partisans de l'esclavage, avec la caution du Vatican :

> *Le but essentiel de votre mission n'est point d'apprendre aux noirs à connaître Dieu, ils le connaissent déjà, ils parlent et se soumettent à un Nzambe ou à un Nvindi - Mukulu et que sais-je encore (...), désintéressez nos sauvages des richesses dont regorge leur sous-sol, dites-leur : " heureux les pauvres, car le royaume des cieux est à eux" pour qu'ils ne pensent pas à s'enrichir (...).*

Ainsi, tout a été fait pour détruire l'Afrique. L'Européen énonça l'idée de la croyance en toute chose et eut la réponse de l'assistance qui déclara :

> *Vous nous insultez pour rien inutilement, ce Dieu unique et trinitaire dont vous pensez être les dépositaires, nos ancêtres nous l'ont enseigné, vous ne nous apprenez rien. Vous autres vous avez assimilé cela à la sorcellerie* (Tchounda, 2001 : 3 -12).

L'attachement des Sawa aux cultes des ancêtres à travers le *Ngondo*, a des aspects positifs qu'il convient de souligner. L'intérêt des Sawa à considérer l'eau comme un patrimoine culturel correspond fort bien à d'autres expériences en Afrique notamment chez les peuples riverains de cours d'eau au Bénin, Togo, et Nigeria pour ne citer que ceux-là où il existe des pratiques magico-religieuses liées à l'eau. Dans la même direction, de nombreuses études montrent l'intérêt culturel que les noirs africains accordent à certains biens naturels tels les forêts, les montagnes, les animaux, etc. C'est particulièrement le cas des bois sacrés (Mogba:1999; Esoh : 2003 ; Kokou et Sokpon, 2006 : 15-23).

Chez les Mpo'o, le culte sacré de l'eau et de la forêt sont des éléments de grande importance. La signification que revêtent l'eau et la forêt pour la communauté Elog Mpo'o dénote une importance capitale. Il faut d´abord en référer à un des gardiens de la tradition. Le roi des Adiè est presque inaccessible, autant que les chefs traditionnels. Quant aux Mpèpè, ils sont aussi difficiles d´accès que mystérieux.[15] Pour comprendre l´importance de l´eau et de la forêt, il faudrait remonter très loin dans l'histoire des Elog Mpo´o. Les Elog Mpo´o se retrouvent près de l´eau de manière accidentelle, raconte le délégué à la culture de l´Actem. Il y a près de 700 ans, ils vivaient dans la savane, plus au Nord. Puis, commence le mouvement migratoire vers leurs zones actuelles de localisation. Au cours de ce mouvement, ils ont traversé la forêt et ont appris à se servir des secrets de celle-ci, raconte cet initié. Plus tard, les peuples se dispersent et sont obligés de traverser certains fleuves. La plus grande traversée fut celle de la Sanaga. "Là encore, ils sont obligés de connaître comment les génies de l´eau fonctionnent et surtout savoir comment les dompter", continue Jean Michel Dupong. Au bout du cycle, les Elog Mpo´o ont intégré les cultes de l´eau et de la forêt dans leur religion traditionnelle. L´eau et la forêt constituent donc tout un culte pour cette communauté. Le résultat de ce culte est la fête du

[15] Jean Michel Dupong, 65 ans, entretien du 30 juin 2015 à Edéa.

Mpo'o au cours de laquelle des rites traditionnels (réservés aux initiés) sont exécutés.[16]

Dans les associations tels que le *Ngondo* et le *Mpo'o,* l'arrivée des missionnaires entraîna l'effritement du pouvoir des chefs qui les composaient. Leur pouvoir magico-religieux fut contesté par leurs propres sujets au profit des missionnaires.[17] Ceci transparaissait lors des cérémonies nuptiales où le pouvoir de bénédictions était désormais détenu par les prêtres ou les pasteurs. Le *Mpo'o*, tout comme le *Ngondo*, honorait le culte des ancêtres, ce qui n'était pas vu d'un bon œil par les missionnaires. Selon eux, ces associations s'apparentent au mysticisme, ce qui est contraire à l'enseignement du christianisme.[18] Avant l'arrivée du christianisme sur la côte camerounaise, les populations du littoral camerounais tout comme celle de l'hinterland avaient bel et bien une vie religieuse. Elles croyaient en un Dieu suprême invisible ; malgré les idolâtries qui étaient pratiquées çà et là, elles adoraient les divinités.[19] Yves Plumey (1990 : 30) l'affirme lorsqu'il dit au sujet des esprits que ces derniers peuplaient les régions primitives en envahissant l'imaginaire et le quotidien de l'Africain et ce sont ces esprits qui constituaient l'animisme.

Les populations de la zone côtière qui, au départ, avaient été réticentes (en considérant les prêtres et les pasteurs comme des ennemis) comprirent après que le christianisme constituait une force nouvelle sur laquelle elles pouvaient compter. À défaut de céder le terrain, ce sont les Bassa, les Bakoko et les Douala qui servaient de guide aux missionnaires dans leurs processus d'installation partout où le besoin se faisait sentir. Pour tout dire, les relations entre les associations traditionnelles et le christianisme furent dévaluées, car le christianisme constituait un contrepoids à leur hégémonie. L'administration française, en son temps, a réussi à pousser le Ngondo et le Kumze à se désolidariser de l'UPC dont ils avaient été très proches. C'est donc sous la pression de l'Église catholique que Djoumessi Mathias, alors président de l'UPC en 1950 quitte le parti et prend la tête de l'ESOCAM, puis devient Député, ensuite ministre dans le tout premier gouvernement du Cameroun en 1957. À Douala, Betote Akwa se détourne aussi de l'UPC et devient député puis ministre (Pigeaud, 2011 : 5). Aujourd'hui, il semble que la politique profite de cette mésentente pour pouvoir s'attirer la sympathie de ces associations.

3- Les associations traditionnelles et leur enjeu sur l'évolution politique au Cameroun

Le *Ngondo* n'avait nulle vocation à exercer des pouvoirs politiques, législatifs ou diplomatiques quelconques. Son rôle devait fondamentalement se

---

[16] Ibid.

[17] P. Bayamak, (père), 63 ans entretien du 19- 03 -2004 à Mbanga.

[18] Ibid.

[19] Moukoko Ma May, (pasteur), 73 ans entretien, décédé.

borner, singulièrement avant sa mise en veilleuse par les Allemands, à trancher en premier et dernier ressort, sans appel, les graves affaires de pratiques de sorcellerie, de trahison du peuple ou d'atteinte à l'union des Camerounais de la côte. À l'origine, c'était une espèce de Cour Suprême en matière criminelle exclusivement.

Durant la colonisation, les faits dominants furent la monopolitisation du pouvoir politique par la métropole, la centralisation et l'autocratie de l'administration. Jusqu'à la Deuxième Guerre mondiale, les Camerounais ne participèrent en aucune façon à l'exercice des fonctions politiques, ils étaient soumis au régime d'indigénat, et n'étaient pas considérés comme des citoyens (Gonidec, 1969 : 19). Les institutions traditionnelles furent utilisées comme des relais utiles entre la population et les autorités coloniales. Si dans certains États africains, les chefferies traditionnelles disparurent en tant que force politique. Ce ne fut pas le cas du Cameroun.

À travers plusieurs actes de protestation, le *Ngondo* s'est illustré dans la lutte pour le rétablissement de ses droits. Sous l'administration française à partir de 1918, le *Ngondo* va être tenu à l'œil. « Selon la France, le *Ngondo* devait rester dans les limites du traditionalisme rigide et éviter justement de devenir politique». Cette situation est préjudiciable à l'assemblée traditionnelle du peuple sawa, qui tient à jouer un rôle prépondérant dans les mouvements de revendications politiques de l'époque. Résultat, le Ngondo est, de manière officielle, suspendu. Ressuscité en 1949, il fera école et inspirera de nombreuses autres associations traditionnelles : le *Kumze* des Bamilékés (Dongmo, 1981 :123; Temgoua, 1984 :74)[20], de l'Union Bamiléké, la Solidarité Babimbi, l'Association des Béti du Centre-Sud, l'Association traditionnelle des Bulu-Fang (*Efulameyông*)[21], (Balandier, 1982 : 237-238 ; Kpwang Kpwang :1989), l'amicale Kwasio [22] , l'APSEN (Association pour le Progrès Social et Economique de la Subdivision de Ngaoundéré), l'APRONORD (Association pour le Progrès et l'Évolution du Margui-Wandala) et même de l'ASSAMA

[20] L'orthographe de cette association varie selon les auteurs. Ainsi, on retrouve souvent *Koumze, Kumze, Kumzse*. En ce qui nous concerne, c'est l'orthographe *Kumzse* que nous utiliserons, car c'est la transcription qui existe dans les statuts de cette association. Par ailleurs, le *Kumzse* est considéré, à tort, comme un parti politique par J. L. Dongmo et A. P. Temgoua.

[21] En effet, les Fang et les Boulou des Régions administratives du Ntem et de Kribi avaient déjà une longue tradition de réunion et de recherche de l'unité. Pour G. Balandier, les Fangs et apparentés que sont les Boulou se rappelaient que, dans le passé, ils avaient effectué des migrations qui les avaient amenés de leur point de départ jusqu'à l'emplacement qu'ils occupaient alors. Avant de se diviser en plusieurs souches que l'on reconstitue bien aujourd'hui, il existait une unité entre eux. Ils pensèrent donc à regrouper ces souches afin de retrouver l'unité historique. Leurs tentatives de regroupement s'illustrent dans les rassemblements réguliers enregistrés dans chaque région administrative de cette zone du Territoire. Ce sont des *Bisulan*. C'est le pluriel d'*Ésulan*, c'est-à-dire regroupement tribal.

[22] ANY, 3AC 3261 Association Amicale Kwasio (AMIKO). L'amicale Kwasio était une association multiethnique. Elle se proposait de réunir tous les Ngoumba et Mabea.

(Association Amicale des Musulmans de Maroua) (Taguem Fah, 1960 :109) entre autres. La plupart des associations régionales suscitées se donnaient pour objectifs apparents le progrès et le développement régional.

Soulignons en passant qu'alors que le *Ngondo* était mis officiellement en congé, son esprit n'avait jamais cessé d'habiter son peuple. Il était mort sans être mort. C'est ainsi qu'en 1929, tandis que l'indigénat, tristement célèbre, faisait rage en Afrique, un petit groupe de Duala de toutes origines eut le mauvais courage d'adresser à la Société des Nations, à Genève, une pétition réclamant la fin du joug colonial par l'octroi immédiat de l'indépendance au Cameroun placé sous mandat confié à la France.

C'est ainsi que le Conseil de Tutelle de l'O.N.U. envoie au Cameroun sa toute première mission de visite, le 27 novembre 1949. Cette mission quitte Douala, emportant dans ses malles et valises près d'une centaine de pétitions recueillies au cours de sa traversée de ce vaste pays[23]. De celles-ci, l'on retient les pétitions des Duala.

Toutefois, en 1949, le *Ngondo* s'était trouvé devant l'alternative de choisir entre deux tendances : l'une qui souhaitait son affiliation au parti politique de l'Union des Populations du Cameroun (UPC), et l'autre qui rejetait cette obédience. C'est cette dernière tendance qui l'emporta. Selon elle, le *Ngondo* devait rester dans les limites du traditionalisme rigide et éviter justement de devenir politique, tout virage de l'espèce risquant de le dévier de son caractère propre ; risquant surtout de l'exposer aux aléas des multiples mouvements politiques de l'époque. Grâce à quoi le *Ngondo* n'aura pas été dissout en 1955, comme ce fut le sort de l'UPC et de toutes ses filiales (Fankem, 1990).

Malgré cette option fondamentale et, tout en demeurant « traditionnel », le *Ngondo* des Duala estima qu'il était, somme toute, comme au siècle passé, le meilleur gardien de l'âme comme des idéologies du peuple. Soucieux de ne pas s'arrêter en si bon chemin et voulant en cela cristalliser les traditions séculaires bien connues de ce peuple, à savoir son vif penchant pour l'indépendance, son amour ardent de la liberté, sa passion pour les nécessaires changements et le progrès en général, cette assemblée « apolitique » crut bon de poser clairement à la Mission de visite des Nations Unies, le problème du devenir politique du Cameroun. C'était pour lui l'occasion, combien alléchante et propice, de reprendre son cheval de bataille.

D'abord protectorat allemand, ensuite pays sous mandat de la Grande-Bretagne et la France, le Cameroun en effet, pouvait et devait se prévaloir de bonne heure, de cette condition particulière, et ce beaucoup plus aisément que

[23] Extrait du rapport de la première Mission de visite des Nations Unies dans le territoire sous Tutelle du Cameroun sous administration française en 1949, p. 30. Précisions que le rapport établissait une comparaison entre la motion de l'ARCAM et celle du *Ngondo*.

les anciennes colonies au sens pur du terme. Cette exceptionnelle position le prédestinait admirablement à une plus rapide libération et sut, dans l'ensemble, forcer les évolutions nécessaires en Afrique, ayant été, sans conteste aucun, un puissant facteur d'accélération du mouvement général d'indépendance dans le continent noir.

En effet, la Charte des Nations Unies signée à San Francisco le 26 juin 1945 avait stipulé en son article 76, paragraphe b, que les fins essentielles du régime de Tutelle étaient, entre autres, de

> *favoriser le progrès politique, économique et social des populations des territoires sous tutelle ainsi que le développement de leur instruction ; favoriser également leur évolution progressive vers la capacité à s'administrer eux-mêmes dans l'indépendance, compte tenu des conditions particulières à chaque territoire et à ses populations, des aspirations librement exprimées des populations intéressées, etc.*

Tels furent les fondements sur lesquels s'était étayée la motion du *Ngondo* remise à la Mission de visite de l'O.N.U. en novembre 1949 et enregistrée par cette dernière sous le n° T-TEP-S/56/4/31. Les rédacteurs de cet important document avaient pris le plus grand soin de ne pas en faire un quelconque réquisitoire contre l'autorité administrante établie. Aussi s'abstint-il de contenir une quelconque attaque directe contre la France. Malgré ces précautions et scrupules, la pétition du Ngondo fut, dans les faits, jugée tendancieuse et réactionnaire et comme l'expression, à peine surprenante, des «prétentions exagérées des Duala ». Bien sûr mieux, une certaine campagne de diversion orchestrée au nom d'une certaine politique de division s'ingénia à accréditer, aux yeux des autres Camerounais, que ce document ne renfermait, en réalité, que des revendications d'intérêt purement régional, concernant les droits immobiliers des Duala, donc n'ayant le moindre rapport avec le destin général du Cameroun.

Les dirigeants du *Ngondo* s'avisèrent alors brusquement d'organiser la plus large diffusion possible de leur pétition qui fut lue intégralement, expliquée et commentée avec patience, trois journées durant, à tous les Camerounais non Duala des différents quartiers de New-Bell convoqués en plusieurs réunions populaires à cet effet.

L'inflexible rigueur des critères ayant présidé à la constitution du comité de rédaction de la pétition du *Ngondo* ; les conditions de travail, quasi mystiques, que s'imposèrent les membres de ce comité ; l'hermétisme grégaire, proprement maçonnique, qui entoura le style en même temps que le contenu du manuscrit ; l'anxiété fébrile qui s'empara de certaines personnalités autochtones et étrangères lors de la remise du document à la Mission de l'O.N.U.; les manœuvres et tractations de tous genres qui précédèrent cette remise ; le nombre impressionnant des signataires de cette pétition historique (un peu plus de huit cents !) ; les circonstances, parfois cocasses, dans lesquelles furent recueillies sinon arrachées certaines signatures ; les modalités de sa diffusion à

Douala même, puis à l'intérieur du pays et enfin auprès des autorités de Paris : quel beau thème de dissertation et quelle tendre aubaine de pages qui pourraient devenir célèbres dans l'histoire du Cameroun ! Il suffirait que quelqu'un y avise et qu'il veuille bien s'en charger...*La tê la miango,* disent les Douala eux-mêmes, *kê di ma sala !* (Tout fait qui tombe dans de l'histoire ou de la narration du passé, perd beaucoup de substance) (Brutsch, 1885 : 86-87 ; 1955 : 38).

En 1977, sous le règne d'Ahmadou Ahidjo, Président de la République unie du Cameroun, le *Ngondo* est à nouveau suspendu pour ses élans « subversifs ». Il sera réhabilité en 1991 par le président Paul Biya, à la suite des textes sur les libertés politiques et d'association. Chaque année, la fête de l'eau est soutenue par un thème, une sorte d'invite à l'amour, à la solidarité, à l'espoir, etc.

La fin de l'année étant marquée par la saison sèche, la marée basse et la présence des bancs de sable sur les bords du fleuve Wouri, contrairement aux fortes pluies du mois de juillet, la fête sera déportée en début décembre. Les festivités magico-religieuses et culturelles du *Ngondo* se déroulent désormais le premier week-end de décembre et durent une semaine. Le choix du mois de décembre n'est pas fortuit: période d'étiage, décembre incarne le début de la saison sèche et donc la période la plus propice à la navigation légère, favorable à la rencontre d'une part entre les peuples Sawa et d'autre part entre ces derniers et leurs divinités. C'est aussi le moment de l'année où la mer et les baies du Wouri, patrimoine fluvial des Douala, se remplissent autrefois des crevettes servant de base à plusieurs menus typiques Sawa.

À la tête de cette illustre assemblée se sont succédés, depuis la réhabilitation en 1991, les chefs supérieurs Mbodi Conrad, du canton bassa; René Bell, de Njo Njo; Din Dika Akwa, d'Akwa; Essak'Ekwall'Essaka, de Deido. À aucun moment les gouvernements camerounais n'ont envisagé de liquider purement et simplement la chefferie comme en Guinée.[24] La logique du président Ahidjo a été exprimée en 1960, au congrès de l'Union Camerounaise à Maroua. Ahmadou Ahidjo pensait que les régimes de chefferies ne devaient pas s'identifier aux monarchies absolues, au despotisme. Il affirmait même que les chefferies reposaient sur des bases démocratiques.[25]

Ainsi, dans un contexte nouveau, les associations traditionnelles continuent d'être utilisées jusqu'à présent comme des instruments utiles pour la politique. En 2010, la présidence a organisé une réunion de tous les chefs traditionnels du pays. À ce premier forum, des chefs traditionnels du Cameroun ambitionnaient de créer un « conseil national des chefs traditionnels du Cameroun » destiné à devenir un outil de contrôle des chefferies. Or, les chefs sont membres des associations traditionnelles et ont une influence sur leurs ouailles. À ce forum, le chef de l'État leur avait demandé de « faire preuve de loyalisme envers l'État

---

[24] Ibid., p. 27.
[25] Ibid.

et de protéger les populations des manœuvres de désinformation orchestrées par des individus animés par des desseins inavoués et qui veulent ternir l'image de notre pays ». Cette mise en garde est révélatrice et en dit long sur la nature des relations entre l'État et les associations traditionnelles.

L'organisation de la fête traditionnelle des Elog Mpoo et des mouvements de regroupement procède d'une prise de conscience des liens de sang qui les unissent. Cette prise de conscience se manifeste à l'origine au sein de l'AASM (Association Amicale de la Sanaga-Maritime). Ce mouvement regroupait à la fois les Elog Mpoo, les Bassa, les Babimbi, etc. C'est l'une des régions administratives du Cameroun français où les dissensions internes occasionnèrent la naissance de beaucoup d'associations. Au départ, il n'y existait que l'Association Amicale de la Sanaga-Maritime. Suite aux dimensions, l'AASM se scinda en quatre associations : l'AASM, la Solidarité Babimbi, la Jeunesse Bikok du Cameroun et l'Association traditionnelle des Elog Mpoo (Efoua Mbozo'o, 2004 : 125 ; Mbembé, 1996 : 238).[26]

Pour la Solibabi, les fondateurs, tous dissidents de l'AASM et ressortissants de Babimbi, estimaient que les intérêts de leur région n'était pas suffisamment assurés contrairement à ceux d'Edéa dont les ressortissants bassa avaient une très grande propension à monopoliser les activités de l'association (Efoua Mbozo'o, 2004 : 125).

Achille Mbembé présente les raisons qui poussèrent les Mpoo à quitter l'AASM pour fonder leur association (Mbembé, 1996 : 249-250). D'après les Mpoo, dans la localité d'Edéa, qu'ils considéraient comme la leur, par le jeu des migrations, ils étaient devenus minoritaires au point de subir une acculturation dont la caractéristique principale était la suivante : ils comprenaient la langue bassa qu'ils pouvaient parler alors que les Bassa ne comprenaient ni ne pouvaient parler la langue mpoo. Cela s'explique par le fait que le bassa ne veut s'inféoder au mpoo qu'il considère comme inférieur à lui.

Cet état de choses les mécontentait. En outre, ils accusaient le président de l'AASM, Samuel Mpouma, de ne pas accorder une attention bienveillante à leurs doléances. Thomas Omog et Colbert Eba tirèrent les conséquences de ces problèmes et mécontentements et créèrent l'Association traditionnelle des Elog-Mpoo pour sauvegarder leur dignité et leurs intérêts. Ils créent alors JEUMPOO (Jeunesse Mpoo) en 1946. Celle-ci deviendra en 1947 l'ACTEM.

L'ACTEM[27] Signifie Assemblée Coutumière et Traditionnelle des Elog-Mpoo. Créée au moment de quitter *Ngog Lituba,* il y a environ six cents (600)

---

[26] ANY, 2AC 122 correspondances relatives à l'association Amicale de la Sanaga maritime 1947-1950.

[27] Cette structure a pour mission fondamentale de consolider l'unité et l'identité des Elog-Mpoo, de promouvoir et renforcer l'esprit de solidarité dans le temps et dans l'espace entre les générations passées, présentes et futures ; l'enrichissement, l'actualisation et l'adaptation des

ans, l'ACTEM a été reconstituée sous sa forme actuelle en 1948 par quelques fils Mpo'o, dont entre autres Omog Likabo, Miyemeg Mi Sim, Toto Kangue, Frédéric Nyegue, Priso Ebobisse, etc. Ces pères précurseurs se sont attachés depuis cette date, non seulement à revaloriser et à redynamiser la tradition, mais aussi à conduire jusqu'en 1979 son adaptation aux exigences du temps. Elle se veut un mouvement culturel, une entité indépendante de l'administration. Elle organise alors en 1949, deux ans après sa création le grand pèlerinage de Ngog-Litua. Celui-ci sera suivi en 1951 par une grande assemblée générale à Solopa chez les Yabii. Malgré quelques vicissitudes, le mouvement, ira se développant jusqu'en 1978, date de son interdiction par l'autorité administrative.

Après une longue hibernation de douze (12) ans (1979-1990) consécutive à une interdiction administrative[28], l'ACTEM comme toutes les structures du même genre (Ngondo, Ngouon, etc) a été autorisée à reprendre ses activités par la loi 90/053 du 19 décembre 1990. Cette reprise des activités s'est accompagnée d'une révision de toutes les structures de l'ACTEM, les temps ayant changé et le contexte social n'étant plus le même. Dans le cadre de cette adaptation, l'ACTEM, réunie en Assemblée générale le 13 août 1994, s'est dotée d'une Charte, document consensuel qui ne comporte pas de catalogue de sanctions. Fruit de 15 longs mois de délicates tractations et de laborieux compromis, la Charte est le cadre structurel de l'expression de la fraternité et de l'unité des Elog-Mpoo. La dernière en date remonte au 13 mars 2004 à Mouanko.

À la vérité, c'est leur capacité d'enserrement social et de la régulation sociopolitique que le *Ngondo* et le *Mpo'o* se positionnent de fait et s'imposent à l'État comme structures d'intermédiation avec les communautés indigènes. On comprend alors qu'une collaboration active s'établisse entre les dirigeants indigènes et les autorités coloniales (Onana, 2004 : 192). Le ton avait été donné avec la rencontre du 31 mars 1951 entre dirigeants du *Ngondo* et l'administrateur-Maire, délégué du haut commissaire à Douala. Dans une brève allocution, Betote Akwa souhaita la bienvenue à l'administrateur ainsi qu'à sa

---

coutumes et traditions dans la dynamique des mutations sociales. Ses missions spécifiques sont : la connaissance de l'histoire, des coutumes, traditions, terroirs et langues *Mpo'o*, ainsi que les recherches scientifiques dans ces domaines ; la transmission des connaissances ; l'expression courante de la fraternité et de la solidarité entre les Elog-Mpoo ; la participation à une société nationale (camerounaise) plurielle et englobante.

[28] La mesure d'interdiction ayant été levée en 1991, l'ACTEM reprend ses activités en 1992. Les Elog Mpoo sont aujourd'hui une grande famille en pleine renaissance qui essaie de retrouver ses racines culturelles et de les perpétuer à travers de nombreuses manifestations (la fête traditionnelle *Mpo'o*) à caractère initiatique et culturel. Elle se déroule généralement au de la première semaine de décembre à Edéa, dans le littoral camerounais. C'est l'occasion pour tous les clans *Mpo'o* disséminés à travers la vaste forêt du Sud-Cameroun de se retrouver, de fêter leur parenté, de discuter de leurs problèmes, et d'envisager l'avenir. A cette occasion le pagne traditionnel est confectionné et distribué à tous les *Mpo'o* qui le désirent. En principe il n'est pas possible de l'avoir si l'on n'est pas lié d'une façon ou d'une autre à un *Mpo'o*.

famille et formula à l'attention de celui-ci des vœux de réussite dans sa mission. Il lui confia ensuite les espoirs et la disponibilité du Ngondo à travailler à ses côtés, « la main dans la main au mieux des intérêts communs».

Parlant du rôle politique de ces associations pendant et après la colonisation, par exemple en 1945, le *Ngondo* publia un mémorandum dans lequel les chefs traditionnels duala exprimaient leur désapprobation du principe de la représentation du Cameroun au sein de l'Assemblée Nationale constituante, arguant que le statut de leur pays ne se prêtait pas à une assimilation aux colonies françaises. Les Duala demandèrent par la même occasion, la mise sur pied sans délai d'une Assemblée Nationale camerounaise (Onana, 2004 :193). C'est bien dans le *Ngondo*, âme, foyer et levain de la résistance anticolonialiste, que le peuple duala autrefois divisé à l'envie, puisa en ces circonstances les plus graves de son histoire, toute la force de sa cohésion et de son courage.

À l'avènement des partis politiques, en commençant par l'UNICAFRA puis le RACAM (Rassemblement camerounais), le N*gondo* était présent. Le *Ngondo* sera également représenté le 22 juin 1948 à la Salle des Fêtes d'Akwa, lors de la présentation, au peuple de Douala, de l'UPC (Union des populations du Cameroun). Soulignons qu'au congrès de l'UNICAFRA en 1947 à Douala : Mathias Djoumessi s'intéressa au *Ngond*o. Une copie des statuts lui fut remise. C'est sur cette base que le chef supérieur bamiléké allait créer dans sa région, le Kumzé qui jouerait bientôt un rôle important dans l'évolution de l'ouest du Cameroun. Et à l'instar du *Ngondo*, naîtrons l'*Efoula-Meyong*, l'assemblée traditionnelle du peuple bamoum, l'association traditionnelle des peuples Eton-Manguissa-Batsenga, le Kolo-béti, le *Koupé*, Union du Diamaré, etc. (Doumbè Moulongo, 1972 : 20).

En un mot, le contrôle des associations traditionnelles alimente des luttes entre entrepreneurs et partisans. La capacité de mobilisation des différents partis politiques s'avère proportionnelle à leur capacité de maximisation des soutiens des associations. C'est à cela que tenait, dans une large mesure, la forte pénétration sociale de l'UPC (Onana, 2004 :197).

Um Nyobé a vite réalisé que la réponse à l'extrême émiettement tribal caractéristique du pays était les réseaux de solidarité ethniques, constitués des cadres de construction identitaire plus forts que les partis politiques, phénomène d'ancrage plus récent dans les mœurs populaires.

L'anti colonisation prend même essence au sein des associations traditionnelles comme le *Ngondo,* le *Mpo'o*, le *Kumze* .... Pour mémoire, le 8 août 1914, Rudolf Duala Manga et Ngosso Din étaient exécutés par pendaison dans l'enceinte du commissariat de police. L'UPC qui était anti colonialiste mit sur pied en 1955, les groupes pro-upécistes ou groupes d'avant-garde UPC tels que l'Union des associations traditionnelles du Cameroun ... Mais malgré les divisions et les faiblesses politiques, ces associations combattaient de manière acharnée le colonialisme. Richard Joseph dit à ce propos :

> *Mais si les Français réussirent à diviser l'aile modérée et l'aile révolutionnaire du mouvement nationaliste en jouant de ces identités ethniques modérées leur opposition fondamentale au colonialisme français (*Richard, 1986).

Ce n'est pas un truisme de le reconnaître, le *Ngondo* (association phare) et l'UPC ont arraché le Cameroun aux Français. Jusqu'à nos jours, les Français en veulent au *Ngondo*,[29] car c'est sous l'ère des Français que le *Ngondo* a envoyé le plus grand nombre de pétitions aux Nations Unies (Abwa : 2010). Le *Ngondo* envoya même les émissaires à l'instar du prince Akwa Nya B., alors étudiant à l'époque.

Le *Ngondo* est l'une de ces associations régionales du Cameroun sous administration française qui fit sienne la question de la réunification des deux Cameroun. Dans sa mouvance nationaliste dont le ton fut donné en 1945 dans un mémorandum, cette association revendiqua la réunification dans la pétition présentée à la Mission de visite de l'ONU de 1949. Dans cette pétition, on lisait ce qui suit:

> *Par ailleurs, nous considérons le partage du Cameroun en deux zones comme une mesure arbitraire prise sans le consentement du peuple camerounais. Ce partage nous prive des plus importantes relations que nous devons avoir avec les territoires voisins. Aussi, nous formons des vœux sincères pour l'organisation immédiate d'une nouvelle réunion entre les deux Cameroun français et britannique, lesquels doivent jouir d'un même statut (*Fankem, 1990 : 51*).*

Dans sa pétition à la Mission de visite en 1952, le *Ngondo* réitéra ses revendications. Il précisait que cette réunification se fasse sur une base préconisée par le Conseil de tutelle avec l'accord des populations des deux zones et des autorités administrantes concernées[30]. Le centre de distribution et d'acheminement était la clinique Bebey Eyidi (Abwa : 2010).

Le *Ngondo* ne se contenta pas seulement des revendications au travers des pétitions. Il contribua aussi à l'organisation d'un mouvement qui avait pour vocation la lutte pour la réunification tant souhaitée. Cette participation se fit d'abord par le biais d'un rapprochement avec les éléments francophones qui peuplaient le Southern Cameroons. Ces éléments francophones, regroupés dans le cadre de la French Cameroons Welfare Union, luttaient pour la réunification des deux Cameroun. *Le Ngondo* noua des rapports étroits avec cette association afin de l'aider à intensifier son action et de parvenir au but commun, celui de la réunification (Kuoh, 1990 : 120). Par la suite, le *Ngondo* participa aux différents congrès du Kamerun United Natonal Congress. Au congrès qui se tint au

---

[29] V. Epé, entretien.

[30] ANY, 1AC 75 Pétitions (ONU) 1952. Pétitions adressées à l'ONU par divers partis politiques camerounais 1952.

tribunal des races de Kumba du 11 au 13 août 1951, la délégation du Ngondo était composée de Kouo Isseidou, Mongwan Ndemba, Essombe M'bondjo et Douala Yondo (Fankem, 1990 : 53). Kouo Isseidou, le porte-parole de la délégation, délivra le message de son association et assura le KUNC du soutien de l'assemblée traditionnelle du peuple Duala quant à son action pour la recherche de la réunification. Le *Ngondo* vota toutes les motions prises à ce congrès, notamment celle qui appelait à la réunification:

> *...convaincus que l'unification du territoire entier du Cameroun est une condition préalable inévitable à l'obtention du self-government ou de l'indépendance par la population du Cameroun...*[31]

Dans l'ensemble, le *Ngondo*, ne manqua aucune occasion pour exprimer sa demande de réunification du Cameroun ou pour y contribuer.

Après l'autonomie, les associations traditionnelles sont les bras séculiers du politique et servent dans toutes les régions d'avant-gardistes pour les différents gouvernements. Le *Ngondo* et le *Mpo'o* ne sont pas des organisations gouvernementales pour agir directement, mais leur influence est grandiose au sein des groupes ethniques auxquels lesdites associations appartiennent. Ces deux associations sont très écoutées, car les chefs traditionnels et les autres membres en font partie. Parlant du *Ngondo*, son histoire lui confère un pouvoir que l'État lui reconnaît.

Dans la lutte pour la réunification des deux parties du Cameroun, l'implication des associations régionales dans le plébiscite au Southern Cameroons fut pratiquement nulle lorsqu'on vient à considérer l'ensemble des associations régionales du Cameroun. Les associations régionales du Southern Cameroons ne firent rien pour le plébiscite. La nuance n'est introduite que grâce à une exception constituée par une association de la République du Cameroun qui fit quelque chose. Cette association c'est le *Ngondo*. Pour David Mokam (2006 : 428), les gens étaient partis de Douala pour soutenir la campagne électorale au Southern Cameroons. Parmi ceux-ci se trouvaient les membres du *Ngondo* notamment Bétoté Akwa et Paul Soppo Priso. Ils étaient partis avec de fortes sommes d'argent dont une partie résultait de la collecte effectuée par le *Ngondo*. L'argent devait permettre aux partisans de la réunification des deux Camerouns de mieux battre campagne et faire voter pour cette option.

À toutes les réunions ministérielles à la primature, le *Ngondo* est invité. Dès les indépendances jusqu'à nos jours, les associations traditionnelles constituent les forces centrifuges et de relais qui, avec le jeu des alliances en démocratie, servent de guide au politique. Les gouvernants comptent sur elles pour asseoir leur prépondérance, leur hégémonie, ce qui est contraire aux missions d'origine.

---

[31] ANY, 2 AC 124 Assemblée traditionnelle du peuple Douala, le "Ngondo", 1952.

Nous avons vu le rôle de ces associations et de leurs chefs lors des récents évènements de Douala (en février 2012 à Deido en 20 jours) lorsqu'il a fallu l'intervention de Sa Majesté Ekwalla Essaka qui a suppléé l'autorité publique pour que le calme revienne au quartier Deido.

Il est de notoriété que face aux nouvelles institutions issues du suffrage universel, les associations traditionnelles ont dans certaines localités du Cameroun sous mandat et sous-tutelle français conservé une influence prépondérante. C'est ainsi que la chefferie constitue un élément de balkanisation de l'Afrique contemporaine (Decraene, 1976 : 92). Au Cameroun, l'Union des Populations du Cameroun (UPC), utilisa les querelles de chefferies pour s'imposer en pays Bamiléké, dans l'ouest du pays (Decraene, 1976 : 92), dans le littoral où l'UPC constituait une religion, les chefs des associations Sawa et Mpo'o usaient de tout leur poids pour imposer une volonté commune.

Ainsi, dans le contexte colonial et post colonial, les partis politiques et les associations traditionnelles constituent par delà ce qui les sépare, des pôles complémentaires de structuration de l'apprentissage et de l'ascension politiques indigènes, véritables machines électorales, les associations traditionnelles ont joué et jouent des enjeux du pouvoir.

Conclusion

L'analyse des dynamiques entrepreneuriales indigènes permet de comprendre à quel point il est caricatural de tenir les organisations associatives traditionnelles pour de simples déclinaisons mécaniques locales des forces auxiliaires aux partis politiques, ou encore les produits de simples réajustements identitaires. Il est important de constater que, depuis la colonisation anglaise au Cameroun occidental, la colonisation française dans sa seconde phase, les associations traditionnelles s'intègrent progressivement et sans heurt dans la mise sur pied des institutions modernes de l'État au Cameroun.

La reconnaissance passe d'abord par la connaissance et pour cela, il incombe aux décideurs de passer à l'action en promouvant des politiques de valorisation des savoir-faire locaux. Les décideurs gagneraient à être conscients qu'ils peuvent « ... tirer des enseignements des savoirs populaires pour parvenir à une gestion raisonnée de la nature » (Friedberg, 1997 : 5-17). Ce qui n'est toujours pas le cas en Afrique noire comme le démontre de nombreux projets de développement. Nous convenons avec Friedberg qu'il

> *est nécessaire de comprendre comment les savoirs populaires se construisent et s'organisent, comment ils rendent compte de la façon dont la réalité est perçue, conçue et vécue dans chaque société (Friedberg, 1997 : 5-17).*

En ce sens, la pertinence socioculturelle du *Ngondo* chez les Sawa, le *Mpo'o* chez les Elog-Mpo'o et les savoirs populaires dont ils sont porteurs dans le domaine de la gestion de l'eau sont insaisissables pour le profane. Il va de soi que la valorisation des savoirs et pratiques magico-religieuses dans la gestion durable du patrimoine aquatique du littoral camerounais ainsi que de tous les projets de développement qui en découlent s'avère non seulement utile, mais efficace pour la préservation de la diversité biologique et culturelle.

Aborder les questions de développement du littoral camerounais en prenant en compte le *Ngondo* et le *Mpo'o* à travers, d'une part, les savoirs techniques et locaux et, d'autre part, les modes de pensée et de percevoir du territoire, favorise la participation, le débat public, et donc la démocratie.

Toujours concernant l'interaction entre pratiques culturelles du *Ngondo,* du *Mpo'o* et développement, on note que le patrimoine culturel immatériel des Sawa caractérisé par des traditions et expressions orales, des évènements festifs, des connaissances et pratiques sur la nature et l'univers en référence à l'eau, ne sont pas valorisées sur le plan économique, environnemental et social. Concrètement, une reconnaissance du *Ngondo* et du *Mpo'o* aurait pu se matérialiser par des mesures efficaces, simples et viables. Sur le plan économique par exemple, une interaction entre *Ngondo, Mpo'o* et tourisme culturel durable aurait pu être développée tout comme la promotion des techniques de pêche traditionnelle, l'artisanat Sawa, la valorisation économique des habitudes alimentaires Sawa à travers le développement des produits du terroir, etc. Sur le plan social, la reconnaissance du *Ngondo* et du *Mpo'o* pourrait jouer un rôle clé dans la lutte contre la pauvreté à travers la mise en place de microprojets de développement local permettant la sauvegarde et la promotion des biens culturels Sawa, l'utilisation des langues Sawa, Elog-Mpo'o dans les actions de renforcement des capacités afin de toucher un nombre important de personnes, le renforcement de la solidarité ethnique dans la lutte contre la pauvreté, etc. Sur le plan écologique, le *Ngondo* et *Mpo'o* peuvent servir de limon dans la sensibilisation des populations aux problèmes environnementaux à travers l'utilisation de ses biens culturels immatériels. En outre, le *Mpo'o*, tout comme le *Ngondo*, adhèrent à toute politique environnementale visant au respect et à la protection des sites sacrés. A cet effet, l'État a tout intérêt à mettre en place des actions concrètes pour la protection des sanctuaires, lieux de culte et de tout objet et bien culturel immatériel du *Ngondo*. Une journée de célébration des fêtes du *Ngondo* et du *Mpo'o* reconnues officiellement comme c'est le cas pour les religions chrétiennes et l'Islam au Cameroun, et applicable uniquement dans l'espace géographique côtier serait une action louable et de respect pour les traditions des peuples Sawa, Bakoko, Bassa et apparentés.

De nos jours, on a l'impression que le *Ngondo* et le *Mpo'o* se sont détournés du rôle initial qu'est la quête de l'identité, la recherche du cordon ombilical (ancêtre commun) pour jouer un rôle de force séculière, d'appui au politique.

Elles constituent donc aujourd'hui, et sans doute aussi pour demain, des moyens de régulation et de contrainte.

Sources et références bibliographiques

1- Sources archivistiques

ANY, 2AC 124 Assemblée Traditionelle du peuple Douala, le "Ngondo" 1952 Statuts de l'assemblée "Ngondo".

ANY, 1AC 107 Ngondo 1947 Réception du hausaire.

ANY, 2AC 122 Correspondances relatives à l'association Amicale de la Sanaga maritime 1947-1950.

ANY, 3AC 3261 Association Amicale Kwasio (AMIKO).

2- Ouvrages

Abwa, D. 2010. *Cameroun : histoire d'un nationalisme, 1884-1961*, Yaoundé, Clé.

Balandier, G. 1982. *Sociologie actuelle de l'Afrique noire*, 4e édition, Paris, Quadrige/P.U.F.

Buhan, C. 1976 (avec la collaboration d'Étienne Kange Essiben). *La mystique du corps - Les Yabyan et les Yapeke de Dibombari au Sud-Cameroun*, L'Harmattan, Paris.

Bronislaw Malinowski. 1970. *Une théorie scientifique de la culture*, Paris, François Maspero, Éditions du Seuil, (traduction de *A Scientific Theory of Culture and Others Essays*, The University of North Carolina Press, 1944).

Decraene, P. 1976. *Le panafricanisme*, Que Sais-Je ? Paris, PUF.

Dika Akwa Nya, B. 1982. *Le problème de l'anthropologie de l'afrL'icaine*, Yaoundé, CLE.

Dongmo, J. L. 1981. *Le dynamisme Bamiléké (Cameroun*), vol. I. Yaoundé, CEPER.

Doumbè Moulongo, M., 1972. *Le Ngondo, assemblée traditionnelle du peuple Douala*, Yaoundé, CEPMAE.

Eboussi Boulaga, F. 1977. *La crise du Muntu. Authenticité africaine et philosophie, Essai*, Paris, Présence Africaine.

Ela, J. M., 1982. *L'Afrique des villages*, Paris, Karthala.

Epée, V. 1999.*Le Paradis Tabou. Autopsie d'une culture assassinée*, CERRAC, Douala.

Gonidec, P. F. 1969. *La République fédérale du Cameroun*, Paris, Berger-Levrault.

Kala Lobe, I. 1977. *Douala Manga Bell, héros de la résistance douala*, Paris, ABC.

Koe-Ntonga, J. 1967. *La décadence des chefferies traditionnelles et ses incidences sur les institutions politiques, économiques et sociales*, Université de Yaoundé I.

Richard J. 1986. *Le mouvement nationaliste au Cameroun*, Paris, Khartala.

3- Archives, *Journaux et Revues scientifiques*

Bureau, R., 1964. « Ethno-sociologie religieuse des Douala et apparentés », in *Recherches et Études camerounaises*, no. 7, pp. 23-39.

Esoh Elamé, 2006. « La prise en compte du magico-religieux dans les problématiques de développement durable : le cas du Ngondo chez les peuples Sawa du Cameroun », *Vertig - La Revue électronique en sciences de l'environnement*, Volume 7 N^0 3, consulté le 27 juillet 2015.

Elog Mpo'o, 2008. *Magazine programme*, N°13 décembre, p. 6.

Ralph A. 1992. « Tradition, invention et histoire : Le cas du Ngondo », in *Cahiers d'études africaines*, vol. 32, n° 126, pp. 285-309.

Eboussi Boulaga, F. 1976. « L'Identité négro-africaine », in *Présence Africaine*, n° 99-100, pp. 3-18.

Ibo, J. 2005. « Contribution des organisations non gouvernementales écologistes à l'aménagement des forêts sacrées en Cote d'Ivoire : l'expérience de la Croix Verte », in O. Vertig, La *Revue électronique en sciences de l'environnement*, Vol 6, n°1, pp. 12-28.

Kokou et al. 2006. « Les forêts sacrées de l'aire Ouatchi au Sud est du Togo et les contraintes actuelles des modes de gestion locale des ressources forestières », in O. Vertig, la *Revue électronique en sciences de l'environnement*, Vol 6, n°1, pp. 11-29.

Kokou et Sokpon. 2005. « Les forêts sacrées du couloir du Dahomey », in *Bois et forêts des Tropiques* n°228 (2), pp. 15-23.

Lombard, J. 1967. *Autorités traditionnelles et pouvoirs européens en Afrique Noire, le déclin d'une aristocratie sous le régime colonial*, Paris, Armand Colin.

Mbembé, A. 1996. *Naissance du marquis dans le sud Cameroun (1920-1960). Histoire des usages de la raison en colonie*, Paris, Karthala.

Mogba, Z. 1999. *Etude des systèmes locaux de gestion des ressources forestières à Djoum Cameroun*, Yaoundé, CARPE.

Onana J. 2004. *Le sacre des indigènes évolués, essai dur la professionnalisation politique (exemple du Cameroun)*, Paris, Dianoia.

Pigeaud, F. 2011. *Au Cameroun de Paul Biya*, Paris, Karthala.

Plumey, Y. 1990. *Mission Tchad-Cameroun*, Paris, Oblates.

4- Thèses et mémoires

Dessajan, S. 2000. « Les Duala et le Ngondo, ou comment une assemblée traditionnelle permet à un ' peuple' du Cameroun d'affirmer son identité », Thèse de doctorat en Anthropologie sociale et ethnologie à l'École des hautes études en sciences sociales, Paris, Descartes, p. 375.

Efoua Mbozo'o, S. 2004. « Une approche critique de la tutelle internationale des Nations Unies sur le Cameroun sous administration française (1946-1960)", Thèse de Doctorat d'État en Histoire, Université de Yaoundé I.

Fankem, 1990. "Le rôle du Ngondo (Assemblée traditionnelle du people Duala) dans la décolonisation du Cameroun 1945-1960", mémoire de DIPES II, Yaoundé, École Normale Supérieure.

Taguem Fah, G. L. 1960, "Les élites musulmanes et la politique au Cameroun de la période française à nos jours", thèse de doctorat de 3e cycle en histoire, Université de Yaoundé I.

Kpwang Kpwang, R.1989. « Les associations tribales et l'évolution politique du Cameroun, le cas de l'Union tribale Ntem-Kribi (U.T.N.K) ou Efulameyong 1948-1962», Mémoire de Maîtrise en Histoire, Université de Yaoundé.

Mokam, D. 2006. « Les associations régionales et le nationalisme camerounais 1945-1961 », Thèse de Doctorat, Université de Yaoundé I.

Nana dit Tchounda, R. B. 2001. « Les mouvements missionnaires sur le littoral (Douala) de 1841 à1960. Quels enjeux », Mémoire de licence en théologie l'FTPY, UCAC.

Temgoua, A. P., 1984. « Le pouvoir colonial français et la chefferie traditionnelle de Foréké-Dschang (1920-1960)», Mémoire de Maîtrise en histoire, Université de Yaoundé.

5- Témoignages

Bayamak P. père 62 ans environ, entretien 19-03-2004, Mbanga.

Ekwalla Essaka. Chef supérieur Deido, entretien, 63 ans environ, 2004 à Douala.

Epé V. (chercheur) 63 ans ; entretien en mai 2011 à Douala.

Jean Michel Dupong. 65 ans, entretien du 30 juin 2015 à Edéa.

Mokoko Ma May. (Pasteur environ 70 ans lors de l'entretien, décédé).

6- Sites internet

http://ww.unhchr.ch/french/html/menu3/b/n_decl_fr.htm, Recommandation 1134 relative aux droits des minorités (Conseil de l'Europe / 1er/ oct 1990), consulté le 10 juin 2014.

http://assembly.coe.int/Documents/AdoptedText/ta90/frec1134.htm - Déclaration sur les droits de l'homme pour les personnes qui ne possèdent pas lanationalité du pays dans lequel elles vivent (AG ONU – 13 décembre 1985), consulté le 15 juin 2014.

http://www.unhchr.ch/french/html/menu3/b/o_nonnat_fr.htm - Convention 169 concernant les peuples indigènes et tribaux dans les pays indépendants (OIT – 27 juin 1989), consulté le 17 juin 2014.

CHAPITRE VII

Anthroponyme et évolution sociale chez les Bamiléké de l'Ouest-Cameroun : le cas des Bayangam et des Baham

Rose Angeline Abissi
&
Jeannette Wogaing

Introduction

Anthroponyme qui vient du grec *anthropos,* l'Homme, et *onoma,* nom, est l'élément d'identification des personnes. L'étude de l'anthroponyme s'articule autour de plusieurs éléments culturels qui s'expriment dans les usages et les rites autour des noms. Ces derniers permettent la construction des mémoires individuelles et collectives de la société. Cette étude ne saurait se faire sans l'appui des langues, et celle qui est utilisée ici est le *ghoma'la.* Nous nous sommes intéressées aux peuples Bayangam du département de Koung-Khi, et Baham, du département des Hauts-plateaux, qui sont des villages voisins créés par des frères jumeaux[1]. Notre intérêt pour la question naît d'un entretien avec un patriarche qui, face aux déboires d'un couple, l'interrogeait sur le nom porté par chacun des conjoints. Le lien qu'il établit entre les problèmes que traversait ce couple et les noms attira notre attention[2]. Nous avons compris dès lors que le nom n'était pas neutre chez les Bamiléké. Il est question d'analyser, à partir des sources orales essentiellement, les différents facteurs qui déterminaient l'attribution d'un nom, le fondement de la pratique onomastique et au-delà,la signification, la représentation et l'impact liés au choix, d'une part,et d'autre part, les mutations observées pour l'attribution d'un nom, du fait des facteurs exogènes et de la dynamique sociale. Il s'agit en résumé d'une étude historico-anthropologique de l'onomastique.

1- Brève présentation géo-historique des deux localités

La localité de Bayangam, antérieurement appelée *Gaintse,* change de nom après une invasion de sauterelles et devient *Yogam*, la cité des sauterelles en langue locale. Le peuple est appelé *Payogam,* c'est-à-dire ceux qui ont vu les sauterelles, et c'est au contact des Européens que le village prend le nom de Bayangam. Sur le plan administratif, c'est une chefferie de 3e degré, qui compte neuf grands quartiers. Dans l'administration républicaine, c'est le chef-lieu d'un

[1] Décret n°92/187 du 1er septembre 1992, portant organisation administrative de la République du Cameroun. Ce décret créait deux nouveaux départements dans la Région de l'Ouest, éclatant l'ancien département de la Mifi, dont dépendaient les deux villages.
[2] Simo Gabriel 95 ans, entretien à Bayangam, juin 1995.

arrondissement constitué de trois villages Batoufam, Badrefam et Bayangam, et qui compte également une sous-préfecture et une mairie.

La chefferie telle qu'elle est connue aujourd'hui fut fondée au 16e siècle par le chef *Fohom* ou *Fohomtchueng*, prince de la chefferie Bagam dans les Bamboutos. À cause des guerres de succession, *Fohomtchueng* quitta cette chefferie avec son frère jumeau *Kammegne* et leur frère cadet, accompagnés de huit notables. *Kammegne* fonda la chefferie Baham et leur cadet la chefferie Bahouan. D'abord installée à *Demsim* quartier *Tchala*, la chefferie fut transférée plus tard à *Hiala* site actuel, par le 8e chef de la dynastie, *Fo Kom Mata*. Le village a connu 13 chefs, et le dernier Fo, *Pouakam II* Georges Désiré est au pouvoir depuis le 5 avril 2001[3].

En ce qui concerne Baham ou *Hom*, en *ghoma'la*, ce nom signifie enfermer quelqu'un dans une case sans porte, et remonterait à la période de conquête et peuplement de la localité. Le village *Hom,* la population *Pahom*, au contact des Européens, était devenu Baham.

Chefferie de 3e degré également, Baham est chef-lieu du département des Hauts-plateaux, et est constitué de 16 quartiers. La chefferie telle qu'elle est connue de nos jours a été fondée vers le début du 16e siècle comme nous disions *supra* par le prince *Kammogne* venu de Bagam. À son arrivée, il trouva les principales communautés suivantes, les *Medjo*, les *Meuwaing* et les *Gugui*[4]. Dans l'ensemble, le village Baham a connu quinze chefs et le dernier en date est *Fo Pouokam* Max II, au pouvoir depuis 1986. Avant l'arrivée de *Kammogne*, il y aurait eu *Tamdja* chasseur et fondateur de la localité, à qui son fils *Ndepa Kouokam* succéda. Selon une autre version, les fondateurs des deux chefferies telles qu'elles sont connues aujourd'hui étaient tous des princes baham, fils de *Kentsekoua* et de *Magne* et à la suite des querelles de succession, l'un des jumeaux, *Guemmeugne* partit fonder Bayangam[5]. Mais la dynastie Bayangam que nous avons trouvée ne mentionne pas ce nom.

Un fait marquant dans la création de ces chefferies est le rapport à la fois de domination et de soumission entre les populations et les guerriers. En effet, les guerriers chefs fondateurs avaient trouvé sur place des peuples qu'ils avaient soumis à leur autorité. Mais, avaient cependant adopté les pratiques culturelles et linguistiques de ceux-ci. À cause du lien de parenté entre les chefs fondateurs des chefferies "modernes" Bayangam et Baham, l'investiture de l'un est

---

[3] ChimbaKom, *La chefferie Bayangam de l'origine à nos jours*, Yaoundé, CEPER, 1986, p.15. Lire également J. C.KammogneTameudjon, *Les mouvements migratoires en Afrique : du sud-Yemen, vallée du Nil à Nganha, Bankin et aux Hauts-plateaux de l'Ouest-Cameroun. Cas de Bayangam et ses grandes énigmes du xxè siècle*.

[4] E. N., Tchuenmogne, « L'esclave coutumier en pays bamiléké : le cas de Baham du 17è siècle à 1923 », Mémoire de Maîtrise, Université de Douala, 2008, p. 17.

[5] L. Nguiffo, *Contribution à l'Histoire du royaume Baham, Yaoundé*, Editions Traditions Vivantes, 1995, pp.20-22

validée par l'autre. Ces sociétés comme les autres sociétés bamiléké, sont des sociétés à chefferies, très à cheval sur le droit d'aînesse et les titres de notabilité.

1- Typologie des anthroponymes et signification socioculturelle

De tout temps, le nom a toujours été un moyen d'identification des personnes. L'attribution d'un nom à un enfant en pays bamiléké était influencée par plusieurs facteurs liés au couple, à la famille, à la société et même à la nature. De même, le statut de l'enfant était déterminant dans le choix du nom, en tant qu'enfant légitime, adultérin, naturel, ou orphelin à la naissance. Par ailleurs, en plus des noms portés, il était attribué des noms laudatifs, en rapport soit avec les circonstances de la vie, soit selon le lien avec la famille royale.

Quelque soit le motif d'attribution, l'objectif était de transmettre un message. Comme le dit J. Janheinez, l'homme exerce sa maîtrise sur les choses grâce à la parole. Par elle, « il peut les changer, les rendre agissantes et les commander. La philosophie africaine assigne à toute parole une fonction que d'autres cultures ne lui reconnaissent que dans l'exercice poétique... » [6]. Le nom étant porteur de sens, le prononcer c'était revivifier toute la charge sémantique, et secouer par la force du verbe les profondeurs de celui qui le porte, et partant, de rendre compte de l'histoire. Le lien établit entre les faits sociaux, les évènements de la vie, la place dans la société, permet de dire que « [...] le nom peut jouer le rôle d'un indicateur de classe et à ce titre être pourvu de signification, en ce qu'il véhicule un ensemble d'informations à la fois sur ceux qui sont nommés et ceux qui nomment »[7].

2.1- Les noms liés aux formes de naissance

Dans les sociétés bayangam et baham, la forme et le statut de naissance déterminaient le nom de l'enfant. Selon que l'enfant était né par les pieds, il devait porter pour un garçon le nom de *Tatchum* ou *Tchumtchoua* et celui de *Matchum* pour une fille. Les jumeaux ainsi que les enfants nés juste après eux portaient des noms particuliers, au suffixe *Megne*, qui signifie jumeau, à quelques exceptions, pour des noms tels que *Fotso*, *Fokam*, ou *Fohom, Negam* qui sont des noms de chefs ou de reine mère[8]. Plus que ce suffixe, les noms attribués aux jumeaux répondaient à un autre critère, celui de l'ordre de naissance. Le jumeau né en premier était considéré comme le second, le plus petit, et le deuxième le vrai chef. Le premier-né exprimait souvent une soumission particulière, au second. Face aux jumeaux, de par le nom de chacun, on connaissait l'ordre de naissance. Considérés comme amis du chef, les jumeaux portent encore les noms laudatifs *Sofo, Tapdjie*. Ils étaient également appelés N*touaban*, le trésor du pauvre, parce qu'ils en naissaient régulièrement

---

[6] J. Janheinez, Muntu, *l'Homme africain et la culture négro africaine*, Paris, Seuil, 1961, p.151.
[7] P. Bonté, M. Izard, *Dictionnaire de l'ethnologie et l'anthropologie*, Paris, PUF, 2010. P.509.
[8] Dans la Menoua, c'est le suffixe *Fack* qui désignait les jumeaux.

au sein des familles pauvres. Si un des jumeaux décédait, celui qui restait en vie portait en plus des autres noms laudatifs spécifiques aux jumeaux, celui de *Godie* ''celui qui a eu envie de la maison''. Il convient de préciser que dans la cosmogonie bamiléké, un jumeau ne meurt pas, il part. Et dans certaines familles, des rites devaient être faits, et il ne fallait pas pleurer pour le cas du jumeau mort en bas âge, afin d'éviter que l'autre ne le suive.

Si les enfants portaient un nom particulier, il en était de même pour les parents qui devenaient *Tekù* et *Mekù,* avec des noms laudatifs de *Youetchi* pour la femme qui signifie trésor ou quelque chose de précieux, et *Mbèdie*, pour l'homme. Après les rites réservés aux jumeaux et à leur cadet utérin immédiat, les parents étaient appelés *Tagne* et *Magne.* Par respect, les enfants et les parents étaient le plus souvent désignés par ces noms laudatifs liés à la spécificité de leur statut[9]. Ainsi, même dans un lieu public, les jumeaux et leurs parents bénéficiaient d'un traitement particulier : avoir des portions doubles lors d'un partage, autorisation de s'asseoir non loin des chefs et sur des tabourets à trois pieds réservés à certains notables et princes... Les jumelles et les femmes qui avaient mis des jumeaux au monde avaient également l'autorisation d'ouvrir une casserole de mets traditionnels cuisinés par une autre et présentée en public (ce qui était interdit aux autres femmes, sauf à celles qui avaient, par le passé, offert un festin public). Ce statut ne conférait pas uniquement des droits. Les parents de jumeaux avaient également le devoir de faire régner la paix dans la société, d'apaiser les tensions entre personnes, et de toujours proposer une solution pacifique pour la résolution des conflits.

Dans le calendrier bamiléké, la semaine compte huit jours dont certains sont considérés comme des jours d'interdits, ou *liedjie*. Ainsi, tout enfant venu au monde ce jour-là était nommé *Tadjuidje,* pour les garçons, et *Djuidje* ou *Maliedjie* pour la fille[10].

Une déférence était due à ces enfants du fait que la société considérait qu'ils étaient dotés de pouvoirs surnaturels, possédaient des vertus innées et étaient donc des êtres peu communs. On chantait leurs louanges, on les sollicitait pour leurs bénédictions, mais redoutait leur colère, parce qu'ils avaient le pouvoir d'étourdir et même de rendre malade[11]. Ils devaient par conséquent bénéficier d'une marque de distinction spéciale, et de privilèges et prérogatives sociaux attachés à leur forme de naissance. De même, parce que le nom était considéré comme évocateur, symbolique, significatif, il déclinait tout un programme de

---

[9] Mme Djembi Céline 64 ans, entretien octobre 2014 à Bafoussam.

[10] Ibid. Selon cette source, l'usage des noms liés au jour d'interdit est plus courant dans les villages Baham et Bandjoun.

[11] A ce sujet nous avons interrogé une jumelle, qui nous a confirmé cette capacité d'étourdir, surtout quand les jumeaux sont encore en bas âge. *Mekù Nguemmegne* Juliette, jumelle et mère de jumeaux. Entretien octobre 2014 à Bafoussam. Les anecdotes dans ce sens sont nombreuses, lire Tchegho, *La naissance et la mort...*, pp.52-59.

vie. Le non-respect de la forme de naissance dans le choix du nom pouvait entraîner des conséquences graves dans la vie d'un enfant, telles que le retard de croissance, la maladie et même la mort[12]. Le nom de l'enfant pouvait donc changer au cours de son existence, pour l'acquisition d'un autre jugé plus approprié. Un lien était établi entre anthroponyme et étiologie, entre le nom et la métaphysique. Il fallait attribuer le nom correspondant à la forme et au statut de naissance, pour préserver l'enfant de tout danger immédiat ou futur. Au-delà des formes de naissance, les vicissitudes de la vie déterminaient également les noms à attribuer.

2.2- Les noms liés aux évènements.

Les noms attribués traduisaient souvent les difficultés auxquelles les parents avaient été ou étaient encore confrontés, à la naissance de l'enfant. Dans ces deux localités, la mort d'un parent avant ou pendant la naissance était exprimée par le nom que l'enfant, jeune orphelin, devait porter. Le nom *Ma'goua* qui signifie littéralement''lancer-jeter'', ou *Famdie* ''maison abandonnée'' était attribué à un enfant né après le décès de son père. *Lienoue*, ''jour de malheur'' était porté par celui qui venait au monde le jour du décès de son père[13]. De même, *Wa'weu* ou ''chose jetée'' était le nom porté par cet enfant qui n'allait pas connaître le bonheur d'avoir sa mère génitrice, morte en couches[14]. La mortalité maternelle était ainsi matérialisée, et la communauté prenait des dispositions pour l'orphelin. Tous ces noms exprimaient l'absence des parents et de l'amour des géniteurs.

D'autres situations tristes telles que l'attente très longue de la naissance d'un enfant, la perte de plusieurs enfants par un couple amenaient les parents à attribuer des anthroponymes spécifiques pour exprimer la tristesse, le désarroi et les futures lamentations, partager leur souffrance avec la société, tout en espérant des jours meilleurs. Nous pouvons citer entre autres *Djilo*, *Nzukou*, ou *Tchiedjie*, qui signifient respectivement ''l'envie de pleurer'', ''le moment de pleurer est arrivé'' ou ''celui qui passe sa route''. L'enfant ayant survécu, portait ce nom de deuil. Dans la cosmogonie bamiléké, l'attribution de ces noms au-delà de la peine exprimée était une supplique auprès de Dieu pour obtenir sa clémence[15], et certains noms étaient beaucoup plus spécifiques dans ce sens, tels que *Mambou* ''celui qui lance les mains'', autrement dit, celui qui supplie.

---

[12] Mme Wangue Suzanne, 80 ans entretien octobre 2014 à Bafoussam ;

[13] M. Simo Gabriel 95 ans entretien juin 1995 à Bayangam. Lire égalementL. Kamga, *La'akam ou le guide initiatique au savoir être et au savoir vivre bamiléké*, 2008, p. 226.

[14] M. Simo Gabriel. A propos de la mortalité maternelle, lire J. Wogaing « Maternité et décès maternels à Douala (Cameroun) : approche socioanthropologique », Thèse de Doctorat en Anthropologie, Université de Strasbourg/Université de Douala, 2012.

[15] M. Chegaing Jacques, 67 ans, entretien à Bayangam octobre 2014. Kamga, *La'akam ou le guide initiatique…*, p. 227.

Ntobou, ''celui qui tend les deux mains''. Chez les Bamiléké, il faut recevoir ce qui est offert avec les deux mains.

Les périodes de grande disette avaient vu attribuer des noms tels que *Djonoue* ''voir la souffrance'', *Ngolemse* ''la souffrance continue'', et celle des guerres, *Nkounga,* ''les munitions du fusil'', ou *Kontchou*, qui renvoie aux armes de la guerre, souvent usités pour exprimer une situation conflictuelle. Ces noms, comme les précédents, exprimaient la détresse, et souhaitaient l'indulgence de l'Être Suprême qui est appelé ici *Si*ou *Tchepo*, qui signifie Seigneur. À cet effet, des noms théophores tels que *Dassi* ''il n'y a que Dieu'', *Sipawa* ''Dieu et qui?, qui est comme Dieu'', *Sibafo*, ''Dieu est roi'', *Sikali*, ''Dieu ne dort pas'', *Fopossi*, ''que Dieu soit le chef'', *Silatchom*, ''Dieu aura pitié'', et bien d'autres de cette trame étaient utilisés pour souligner la grandeur, la bonté, la souveraineté, la transcendance et la justice du Dieu Créateur.

Généralement, c'est le père qui attribuait le nom de l'enfant en tenant compte des circonstances de naissance, et celui qui était légitime bénéficiait de tous les canons culturels et cultuels de l'attribution. La naissance d'un enfant adultérin mettait le père dans un embarras qui donnait à l'enfant un nom pour exprimer le climat familial. Ces noms permettaient de comprendre pour les personnes avisées qu'il y avait eu un cas d'adultère. On avait *Tamtchon* ''celui qui parle trop'', *Noue Ntoung* ''l'affaire dans la gorge'', ou le secret, *Noue tack die wa* pour dire ''qui est à l'abri des soucis''[16]. L'attribution de ce nom avait pour objectif de consoler le mari cocu et de l'amener à relativiser l'acte. Il fallait faire preuve de courage face aux déboires de la vie[17]. C'est une phrase qui jusqu'aujourd'hui est prononcée pour apaiser celui qui était frappé par un malheur. Cependant, tout le monde sachant la signification de ces noms, celui qui le portait était indexé, on savait que c'était un enfant adultérin, avec toutes les susceptibilités que cela engendrait. Dans ce cas de figure, le nom pouvait devenir un facteur d'exclusion et de rejet.

Les relations sociales et familiales étant faites d'amour et de trahison, une personne victime de haine et de trahison nommait son enfant *Poné*, ''haï pour rien'' ou *Neabo*, ''haï pour rien''. On avait également *Potago* ''celui qui attise la haine''. Les porteurs de ce nom se sont souvent avérés très belliqueux. *Motsebo*, celui qui cultive de la rancœur ou du ressentiment. Dans ce dernier cas, à la prononciation du nom, il est répondu ''Bo ka wè ? '', ce qui signifie ''si tu cultives de la rancœur, qui fréquenteras-tu ?''. Une personne victime de jalousie, de mensonges par exemple, rappelait par ce nom que les rancunes ne construisent pas la société, et qu'il ne fallait pas s'accrocher aux injustices dont on était la victime. L'innocence et la naïveté étaient exprimées par le nom *Mboudjeko* ''que connaît l'innocent ?''. En clair, toutes les situations pouvaient

---

[16] M. Chegaing Jacques

[17] Mme Wangue Suzanne.

être traduites à travers des anthroponymes qui n'avaient de limite que le génie et l'inspiration de celui qui en faisait usage.

Pour nommer un aîné, le nom était précédé de *Kuè*, terme souvent utilisé pour désigner la mère génitrice, le terme maman étant réservé à la grand-mère. Selon le lien entre la famille royale et une autre du village, les membres de cette dernière possédaient des noms spécifiques.

2.3- Le principe de titulature et les noms laudatifs

Ces noms sont acquis soit à la naissance en tenant compte du lien avec la famille royale, soit au fil des ans selon un choix personnel. Dans ce deuxième cas, on observe une déstructuration sociale due à la vulgarisation du numéraire. En effet, les titres de noblesse attribués après un acte de bravoure dans le village, ou selon la hiérarchie sociale, l'accomplissement de grands travaux communautaires, le service militaire dans le *madjong* ou selon le choix discrétionnaire du chef sont aujourd'hui marchandés et offerts au plus offrant[18]. Des hommes et femmes qui possèdent un pouvoir économique parfois aux origines douteuses, peuvent acquérir un nom laudatif précis, selon le montant dépensé. La politique s'en mêle également, parce que certaines personnes qui occupent de hautes fonctions administratives se voient souvent attribuer des titres de noblesse. Les titres de *Mafo*, *Wabo, Fowouagap* sont désormais vendus, à la limite aux enchères[19]. Titres pourtant réservés, les sœurs du chef qui sont anoblies sont les *Mafo*, les frères *Wabo*, et les fils *Souop*. Certaines élites (économiques surtout), originaires du village, portent des titres de *Fo,* pourtant exclusif au chef[20].

---

[18] Chaque chef pendant son règne attribue de nouveaux titres sans abolir les anciens. Il anoblit son réseau relationnel, et les titres attribués le sont à vie.

[19] A Bayangam, les femmes du chef sont appelées *Madjuifo*, sauf la première et la seconde qui sont respectivement *Maweukouon* et *Cheuyenkouon*. A Baham par contre, même si la première épouse du chef porte le même nom, ici la deuxième est appelée *Maweudjuikam*, et possède une assistante attachée à son service, qui est appelée, *Makougngkam*. Tcheumogne, « L'esclavage coutumier... », p. 18

Epousées avant l'intronisation, les fils de ces dernières sont des princes, mais ne peuvent prétendre au trône. Si le chef est allé au *La'akam* célibataire, ces deux noms sont attribués dans l'ordre de l'accouchement des femmes. Mais cette fois-ci les princes sont héritiers du trône. La première femme du chef jouit de plus de privilèges que les autres qui sont comme sous son autorité, elle étant sous celle de la Reine-mère *Mafo* qui est la mère du chef en poste. A la mort du chef, toutes ses femmes à l'exception de sa mère, si elle est encore en vie quittent la chefferie et rentrent dans leurs familles respectives. Seule la Reine-mère est installée sur de nouvelles terres, attribuées par son fils, le nouveau chef. Elles ont un statut d'homme. Elles possèdent leur terre sur laquelle elles sont enterrées, et ont d'autres femmes à leur service.

[20] Lire R. Delarozière, *Les institutions politiques et sociales des populations dites Bamiléké*, IFAN, Douala, 1950 ; et C. Tardits, Contribution à l'étude des populations Bamiléké de l'Ouest-Cameroun, Berger-Levrault, Paris, 1960, qui font une assez bonne analyse du principe de titulature en pays Bamiléké.

Par la naissance et l'histoire familiale tant du côté paternel que maternel, nous pouvons citer entre autres titres *Mbelan* nom mixte, et *Mekwouin* pour le garçon fils de notable qui porte un bracelet spécial rouge, la fille étant *Ngokwouin*. Les autres noms laudatifs liés à la relation ou la parenté avec la chefferie sont davantage féminins. Entre autres nous avons *Ngofo*, la fille du roi, *Ngomafo* la fille de la reine, *Ngotcho* la fille du serviteur du roi, *Ngokwa* la fille de l'étranger, si le père attaché au service du chef était venu d'un village différent. À cet effet, on peut porter un nom à la naissance, acquérir un second par les lois de la nature en donnant naissance aux jumeaux par exemple, et finir sa vie avec un troisième, acquis par titulature. Ce témoignage est édifiant :

> Je suis né dans les années 50, et mes parents m'ont appelé *Kam* à la naissance. Quelques années plus tard, je tombe gravement malade. Mes parents ayant essayé tous les traitements sans succès attribuent à mon nom l'origine de mon mal. *Kam* est alors changé en *Siwe*, ''Dieu est vivant''. C'est avec ce dernier nom écrit *Siéwé*, que j'ai été scolarisé et le prénom Joseph m'était attribué. J'ai acquis un nouveau nom récemment, après mon anoblissement dans ma famille maternelle, un nouveau m'a été attribué, et aujourd'hui on m'appelle *Souop Si La*, ''prince de Dieu, du village[21].

Nous rangerons également dans cette catégorie, les noms des enfants des chefs, ou ceux attribués en rapport avec les chefs.

Quand le prince, futur chef, commence son initiation au *La'akam* village sacré, il y est installé avec plusieurs épouses, qui devraient être enceintes au moins pour certaines, avant la sortie officielle du village sacré. Les noms des princes engendrés pendant cette réclusion étaient attribués selon l'ordre de naissance. On avait *Pouakam*''trésor du noble'' pour l'aîné, qu'on souhaitait être un garçon et *Toukam* pour la fille. Les suivants portaient des noms quelconques, mais étaient désignés par des noms laudatifs de prince et princesse. Par vénération pour le chef et les jumeaux, ses amis, au nom du chef était ajouté le suffixe *megne*, pour attribuer le nom des jumeaux. Par exemple, si le chef s'appelait *Kom*, les jumeaux s'appelaient *Kommegne*, *Simo*, devenait *Simegne*, *Tchuente* était transformé en *Tchuenmegne*[22].

2- Les mutations anthroponymiques

Après avoir relevé quelques faits et situations qui permettent de comprendre la logique qui présidait à la création et à l'attribution des noms, nous présentons les facteurs à la fois endogènes et exogènes qui favorisent les mutations anthroponymiques. Ces mutations font apparaître des prénoms et l'adoption croissante de patronymes. La société bamiléké avait ceci de particulier que la filiation était surtout bi-linéaire, c'est-à-dire, reconnue autant du côté paternel que maternel, même s'il y avait une prégnance de la famille maternelle. D'ailleurs, chez les Bamiléké, pour assurer la mission conférée par la famille à

---

[21] M. Sièwé Joseph, 61 ans, entretien avril 2015 à Bafoussam

[22] Mme Djembi Céline.

travers le nom, les femmes mariées gardaient leur nom de jeune fille. C'est en milieu urbain que certaines utilisent aujourd'hui celui du mari[23].

3.1- Les facteurs exogènes

Le premier facteur que nous retenons ici est l'occidentalisation des mœurs qui a influencé de plusieurs manières, l'attribution des noms chez les Bayangam et les Baham, développant le phénomène de patronyme et des prénoms. Après le contact avec l'Européen, et par imitation de ce dernier chez qui c'est une tradition, les pères ont de plus en plus une tendance à donner leur nom à leurs enfants, situation que déplore cette femme.

> De nos jours, les enfants veulent seulement faire comme les Blancs. Tous les enfants portent le nom de leur père. Vous les jeunes, vous ne tenez plus compte des jours d'interdits et autres circonstances de naissance. Ce n'est pas bien, nous perdons nos valeurs et les enfants sont de plus en plus déséquilibrés[24].

Certaines personnes de ces localités employées chez les Blancs administrateurs, commerçants ou hommes d'église, avaient par admiration pour eux, donné leurs noms à leurs progénitures. La présence européenne avait favorisé la mise en place des centres d'état civil, où lors de l'établissement des actes de naissance un prénom était exigé. Si le parent n'en avait pas, l'officier lui en proposait un, parfois le sien. Ce dernier pouvait soit mal entendre, soit mal écrire le prénom choisi par le parent ou par lui-même. Exemple de Céline qui devint *Cyrine*[25].

Comme autre facteur, nous pouvons citer la cohabitation avec d'autres peuples ; ce qui permit, grâce aux relations cordiales et aux mariages interethniques, l'attribution de noms qui n'étaient pas du terroir. Les situations fortuites de la vie avaient souvent influencé l'attribution du nom d'un enfant. C'est le cas de cet homme qui, ayant accompagné une femme en gésine à l'hôpital, avait eu l'honneur de voir son nom attribué au nouveau-né. Cet enfant d'origine bamiléké, porte un nom duala[26].

Un autre facteur de changement a été le christianisme qui a également eu un impact sur l'évolution anthroponymique. Les missionnaires au moment du baptême demandaient la signification du nom avant tout rite chrétien. Un nom à portée négative était soit remplacé par celui du missionnaire, soit par un nouveau nom. Le témoignage suivant est assez édifiant :

> Les Blancs sont arrivés avec le christianisme. Quand il fallait baptiser un nouveau converti, le prêtre s'assurait que le nom de l'enfant avait une signification positive, sinon il demandait aux parents de le changer. Nous n'utilisions pas encore les

[23] Tchegho, *La naissance et la mort…*, p. 42
[24] Mme Wangue Suzanne.
[25] M. Simo Gabriel
[26] Anonyme, entretien, à Douala janvier 2015.

prénoms, alors cette fois-ci c'est l'homme de Dieu qui nous en attribuait un parfois, en lisant un calendrier, et en choisissant le nom du Saint du jour[27].

Dans le contexte colonial, pour les Européens, pour mieux distinguer les ''indigènes'', il fallait leur attribuer d'autres noms par ailleurs plus faciles à prononcer. Missionnaires et administrateurs agirent de concert pour attribuer des noms qu'ils jugeaient plus faciles à manier. Comme le dit Mbengue Nguimè, « Sous l'égide des autorités religieuses, beaucoup d'indigènes subissaient la modification de leurs noms. Les missionnaires travaillaient en étroite collaboration avec le régime colonial dans ce sens, sous prétexte que les noms africains étaient difficiles à prononcer et à retenir » [28]. Ces changements n'étaient pas évidents pour les personnes âgées et les ''analphabètes'' camerounais bien nombreux à cette époque, qui avaient du mal à retenir et à prononcer les nouveaux noms. Nous avons en exemple l'anecdote de cet homme prénommé Charles, mais qui ne réagissait pas à cette appellation, parce qu'il pensait s'appeler *Cha*, et d'ailleurs tout le monde au village l'appelait ainsi. C'est le catéchiste du village qui lui rappela que *cha(t)* était un animal et Charles son véritable prénom[29].

Toujours sur le plan religieux, certains Bamiléké - phénomène qu'on va retrouver chez d'autres Camerounais et Africains qui ont adopté le christianisme -, du fait de leur croyance chrétienne, vont attribuer des noms juifs à leurs enfants. Dans ce registre on retrouve *Skekina*, *Shalom Blessing, Carême, Noël (le), Pascal (e)*, *Jean Paul II*, et bien d'autres noms bibliques ou qui renvoient au calendrier liturgique.

On ne saurait quitter cet aspect religieux sans évoquer, même si c'est à une proportion différente, l'islamisation qui a également influencé l'attribution des noms en pays bamiléké en général. On retrouve quelques *Amadou, Ahmed, Aïssatou...*

En clair, de l'anthroponyme, on était passé au patronyme, et à l'adoption du prénom.

3.2- Les facteurs endogènes

Comme nous le disions *supra*, chaque nom est chargé d'une puissance capable d'influer sur la personnalité de celui qui le porte. Certains noms attribués dans des circonstances malheureuses s'étaient reflétés sur ceux qui les

---

[27] Mme Wangue Suzanne. Lire Rutumbu, J., ''Le conflit permanent entre évangile et culture'', in *Théologie et culture*, Belgique, Noraf, Collection Point de Repère, 1988.

[28] M. Mbengué Nguimè, « Les élèves et étudiants camerounais et la question coloniale et nationale : 1928-1961 », Thèse de Doctorat, p. 46, cité par David Mura ''Nomination, dénomination et typologie des anthroponymes Mafa : Essai d'une analyse socio-historique'', *Patrimoine et Histoire en Afrique : Recherches et Expériences*, n°8, novembre 2010/octobre 2012, p.23.

[29] M. Simo Gabriel

avaient portés, qui avaient eu une vie de tristesse, de malheur, ou étaient des personnes très agressives, sournoises, selon la signification de leur nom. Toute société est dynamique, et comme le dit Amadou Hampâté Bâ, «il y a des pratiques que nos ancêtres eux-mêmes, s'ils revenaient à la vie, trouveraient caduques et dépassées ». Les communautés sortant du cadre des traditions, et pour briser les chaînes de malheurs attribuaient de moins en moins des noms de valence négative. Il fallait davantage transmettre des noms ''porte-bonheur'', qui traduisaient une vision plus positive de la vie. Pour cette raison, certaines personnes ont souvent changé de nom à l'âge adulte ou refusé d'attribuer leur nom à leur descendance. C'était en particulier des noms liés aux vicissitudes de la vie.

À propos de l'avènement des patronymes et des prénoms, une particularité est à relever à la chefferie bayangam. Observons la dynastie des chefs.

1- Fo Fohomtchueng fondateur de la chefferie vers le début du 16e siècle.

2- Fo Tientsedo'o

3- Fo Tchendjo

4- Fo Djoum

5- Fo Tchagne I

6- Fo Tchagne II

7- Fo Tchagne III

8- Fo KomMata

9- Fo Tchuente

10- Fo KomMaleu, 1884 - 1913

11- Fo KomWaindja, 1913-1964

12- Fo Pouakam Christophe, 1964-2001

13- Fo Pouakam II Georges Désiré, 5 avril 2001[30]

Au regard de cette dynastie, plusieurs constats se dégagent : le respect de la patronymie depuis plusieurs siècles ; la mise en évidence de la filiation maternelle par le second nom de certains chefs dans certains cas; à partir de 1964 on voit apparaître les prénoms. On peut ainsi apprécier l'évolution des anthroponymes dans cette société. La dynastie baham par contre présente une lecture moins linéaire ;

1- Tamdja fondateur chasseur

2- Ndepa Kouokam

3- Kammogne fondateur de la chefferie actuelle début 16e siècle(frère jumeau du fondateur de la chefferie Bayangam)

4- Mboussu

5- Tentsedo'o

6- Kent Sekoua le Guerrier

7- Taguiatseu

[30] J. C. Kammogne, Tamuedjon, *Les mouvements migratoires en Afrique* ...

8- Kamdem I
9- Kouokam II
10- Kamdem II
11- Pouokam I.
12- Kamwa Marx, 1935-1954
13- Kamdem III Ninyim Pierre, 1954-1956
14- Teguia Jean Marie (frère de Ninyim Pierre), 1956-1986
15- Pouokam II Max, au pouvoir depuis 1986[31].

À la suite de différentes influences, certains noms ont progressivement disparu, sauf dans certains cas.

3- La survivance de certains noms par l'homonymie

Donner naissance à un enfant était l'occasion de payer sa dette sociale, de faire preuve de générosité, d'amour, de manifester sa reconnaissance envers des membres de la famille, de les honorer, et le meilleur moyen était l'attribution du nom. Donner le nom d'un oncle, d'une tante, des grands-parents et même des amis, avait pour conséquence d'entretenir un nom quelle que soit sa signification. Dans la Menoua et le Bamboutos par exemple, le premier enfant fille ou garçon portait le nom de son grand-père maternel. Sachant qu'il y a des noms spécifiquement masculins, on peut imaginer l'effet sur une fille qui peut avoir des comportements de garçon manqué. Il pouvait arriver qu'à la naissance d'un enfant de sexe opposé au parent qu'on voulait honorer, que le nom de ce parent soit toutefois attribué[32]. Mais, c'était assez rare. La caractéristique principale des noms bayangam et baham c'est qu'ils sont majoritairement mixtes, à quelques exceptions près. Pour les noms typiquement masculins, nous pouvons citer entre autres *Kamdem, Kamgaing, Tagne*, et dans l'ensemble ceux commençant par *Ta* sauf *Takam* qui est mixte, et les noms féminins *Ngainkam, Nguiafaing, Nguiadem, Tchuendem* et les noms qui commencent par *Ma*[33]*is* Il serait difficile, voire impossible de trouver un garçon nommé *Djuissi*, ou *Magne* ou une fille *Tafo*, pour ne citer que ces exemples. Un autre cas spécifique d'homonymie est celui des noms de jumeaux attribués aux personnes qui ne l'étaient pas. Bien entendu aucun privilège n'est lié au nom dans ce cas. Exemple de Mme Marie *Tchamegne*, homonyme d'une jumelle[34].

À Bayangam et Baham et dans bien d'autres localités du pays bamiléké, les deux premiers enfants portaient les noms de la famille de l'époux et c'est après que la famille de l'épouse était honorée. C'est la raison pour laquelle, l'usage des patronymes est perçu comme de l'égoïsme et de l'ingratitude, de

[31] Nguiffo, Contribution à l'histoire..., p.25.
[32] Nous citons en exemple le cas de cette dame qui a choisi de garder l'anonymat, qui a donné à son fils un nom féminin qui est celui de sa belle-mère qu'elle voulait honorer.
[33] M. Chegaing Jacques
[34] Mme Djembi Céline

l'individualisme en désaccord avec la vision sociale et le contexte culturel[35]. Certains noms restent d'usage jusqu'à nos jours, parce que quelque part aussi, ceux qui les attribuent ignorent tout des circonstances de la création de ces noms et leur représentation d'une part, et de l'autre, ne voudraient pas être taxés d'égoïsme. Pour celui qui s'intéresse au sens des noms, il attribue, en accord avec le parent qu'il veut nommer, un autre nom au choix de ce dernier. Cette maman nommée *Djonoue* ''celui qui voit la souffrance'', après une vie de pleine d'épreuves avait préféré pour son homonyme l'attribution du nom de sa mère à sa petite fille, puisqu'elle n'avait pas pu mettre au monde une fille.

Par l'homonymie et la croissance du patronyme, certains enfants portent à la fois un nom avant ou après celui du père, auquel on ajoute le plus souvent le ou les prénoms. Cependant, l'enfant identifié est appelé par son nom et non celui de son père. Et conformément à la coutume, si cet enfant veut honorer son père, son fils portera son nom à lui dans le sens inverse. Ce tableau nous édifie davantage quant à ces cas de figure.

Statut	Père	Fils	Petit-fils
Noms	Djembi (il est fils de Mogo)	Mogo Djembi	Djembi Mogo

De ce fait, il y a une survivance des noms à connotation négative appelés à disparaître à cause de l'origine et de la charge métaphysique qui y sont liées. Parfois, des noms interdits sont transmis, au mépris de la coutume. C'est le cas du nom *Feussi*, qui ne devrait pas être transmis à la descendance, parce qu'attribué à un enfant à la naissance, si sa mère était sous l'emprise de l'esprit de voyance *Magne Si, Ne Pieuh Si*, pendant la grossesse. Il était dit en langue locale ''Dieu l'a arrêtée''. Mais cet interdit n'est plus respecté, et des enfants, filles ou garçons portent ce nom mixte par homonymie. En effet, le nom étant un marqueur, une représentation et l'expression d'une situation singulière, ceux qui ont porté des noms traduisant la souffrance, les pleurs, la guerre ou autres situations malheureuses ont connu des vies à l'image du nom porté.

Conclusion

L'attribution du nom dans l'aire du *Ghoma'la* répondait à des critères spécifiques liés à la forme et au statut de naissance et aux vicissitudes de la vie. Ces derniers déterminaient le nom à attribuer et exprimait, à l'occasion, l'état d'esprit de celui qui attribuait le nom. Ce dernier façonnant un être par la magie du verbe, avait une influence à la fois sur celui qui nommait et sur celui qui était nommé.Par la civilisation de l'oralité, l'histoire était rendue.

[35] Tchegho, *La naissance et la mort...*, p. 41.

Cependant de nos jours, dans l'attribution du nom, il est de plus en plus rare de trouver des noms circonstanciels, qui transmettent un message, une histoire afin de pouvoir constituer un repère dans la construction mémorielle de la société. Il est davantage question de vouloir se conformer à de nouveaux usages, la dynamique interne des sociétés ayant également influencé l'anthroponymie. L'attribution du nom telle qu'elle est pratiquée de nos jours ne saurait nous renseigner sur la culture bamiléké. Même les jumeaux ne portent plus automatiquement des noms spécifiques, mais juste celui du père, au nom de l'homogénéité des noms de famille. Si les similarités entre les cultures sont assez nombreuses, il existe cependant des nuances linguistiques entre les communautés du *Ghoma'la* ; par exemple pour dire bonjour, le Bayangam dit *Oh zi you* ?, le Baham *O Li you* ?, le Bandjoun quant à lui *O Ti you*? Il demeure important d'interroger davantage nos cultures et traditions, d'en extraire ce qui est négatif pour ne garder que le positif, en se posant une question fondamentale : peut-on se construire sans savoir qui on est ?

Sources et références bibliographiques

Sources orales

M. Chegaing Jacques, 67 ans

Mme Djembi Céline, 64 ans

Mme Nguemmegne Juliette, 64 ans

M. SiéwéJoseph, 61 ans

M. Simo Gabriel, 95 ans

Mme Wangue Suzanne, 80 ans

Sources écrites

Ouvrages

Atangana J.C. 2010. *Des us et coutumes de nos ancêtres à l'usage des jeunes générations*, Yaoundé, Isiprint.

Bonte P. M. Izard 2010. *Dictionnaire de l'ethnologie et de l'anthropologie*, Paris, PUF.

Chimba Kom, 1986. *La chefferie de Bayangam*, Yaoundé, CEPER.

Janheinez J. 1961. *Muntu, l'Homme africain et la culture négro-africaine*, Paris, Seuil.

Kamga, L. 2008. *La'akam ou le guide initiatique au savoir être et au savoir vivre bamiléké*.

Kammogne, Tamuedjon, J.C. *Les mouvements migratoires en Afrique : du sud - Yémen, vallée du Nil à Nganha, Bankin et aux Hauts-plateaux de l'Ouest-Cameroun. Cas de Bayangam et ses grandes énigmes du XXe siècle.*

Nguiffo, L. 1995. *Contribution à l'Histoire du royaume Baham, Yaoundé,* Editions Traditions Vivantes.

Tchegho, J.M. 2002. *La naissance et la mort en Afrique, le cas des Bamiléké du Cameroun*, Yaoundé, Éditions Démos.

Tchuenmogne, E. N. 2008 L'esclave coutumier en pays bamiléké : le cas de Baham du 17e siècle à 1923, Mémoire de Maîtrise, Université de Douala.

Articles

Mura, D. 2012 ''Nomination, dénomination et typologie des anthroponymes Mafa : Essai d'une analyse socio-historique'', in *Patrimoine et Histoire en Afrique : Recherches et Expériences*, n°8.

Rutumbu, J. 1988. ''Le conflit permanent entre évangile et culture'', in *Théologie et culture*, Belgique, Noraf, Collection Point de Repère.

Siran, J. L. 1972. ''Signification, sens, valeurs, proverbes et noms propres en pays Vouté-Cameroun'', in *Poétique.*

Deuxième partie

Langue et développement

CHAPITRE VIII

Le trilinguisme extensif et son apport dans la construction de la linguistique socio-économique

Gabriel Mba

Introduction

L'une des raisons fondamentales de l'organisation des deuxièmes journées des sciences de langage à l'Université de Douala, Cameroun, est de rendre hommage à un illustre linguiste camerounais aujourd'hui disparu, le professeur Maurice Tadadjeu. Nous nous sommes fait le devoir, en cette circonstance, de parcourir son œuvre, son héritage linguistique et ses activités de promotion et de protection des langues africaines et surtout camerounaises pour tisser un lien entre toute cette réflexion et la linguistique dite *socio-économique*, encore appelée *socio-économie de la linguistique*. En d'autres termes, la théorie du trilinguisme extensif qu'il a conçue et mise en pratique comme modèle d'aménagement linguistique en Afrique, son développement et les services qu'elle procure ne participent-ils pas du développement de la linguistique socio-économique ? C'est à cet exercice intellectuel que je vous invite pour que nous examinions ensemble cette approche de planification linguistique basée sur le communautarisme africain et ouverte au jeu d'analyse des coûts et bénéfices qui fonde toute entreprise, et surtout toute entreprise culturelle, éducative et développementale. Pour ce faire, nous éluciderons d'abord les concepts clés que sont le *trilinguisme extensif* et la *linguistique socio-économique*. Ensuite, nous essayerons de scruter la contribution effective du trilinguisme extensif à bâtir de bonne heure la socio-économie de la linguistique.

1- La linguistique socio-économique ou la socio-économie de la linguistique.

De prime abord, il n'est pas aisé de comprendre que langue et économie soient associées. Mais en parcourant la littérature linguistique consacrée à ce sujet (Grin, 1994, 1996; Grin & Vaillancourt, 1997; Vaillancourt, 1985 ; Pendakur, K. and Pendakur, R. 1998), l'on s'édifie davantage sur les aspects économiques qui fondent les politiques et les décisions linguistiques en matière de choix de langues d'éducation, de communication, de commerce international, d'échanges interculturels à grande ou petite échelle, etc.

Le vivre ensemble a, face à la diversité linguistique et à la nécessité des échanges communicationnels, quel que soit le point du globe où l'on se trouve, incité à la création de ce nouveau champ de recherche et d'éducation appelé la linguistique socio-économique. Ce champ de recherche a été défini sous des formes variées suivant les orientations de plusieurs auteurs et selon les époques. L'histoire de l'évolution des études sur la linguistique et l'économie révèle l'existence de trois générations d'études. La première voit en la langue une fonction d'identité qui conditionne les différences de gains/salaires entre les individus en activité dans différentes nations et surtout aux USA et au Canada. Par exemple, au Canada, un anglophone aura un salaire plus consistant par rapport à un francophone, sur la seule base de son identité linguistique. Les études de deuxième génération voient en la langue un capital humain où les aptitudes langagières constituent une source d'avantages économiques et d'insertion sociale toujours plus grande. Ceci a un rapport étroit avec l'économie de l'éducation. La troisième orientation considère la langue non seulement comme un élément d'identité ou d'aptitudes potentiellement estimables de communication, mais encore comme un ensemble d'attributs linguistiques qui influencent les statuts des acteurs socio-économiques. Nous allons, pour les besoins de la présente communication, nous référer aux cinq piliers de base développés par Joachim Grzega (2005 :19), et qu'il est important d'incorporer très tôt dans la formation des différentes personnes. Ces piliers sont :

> *(1) les notions fondamentales de langue et de linguistique (avec les définitions de langue, texte, mot et grammaire qui soulignent les aspects relevant de la société) ;(2) la notion de la triglossie globale (c'est-à-dire. la promotion de la compétence d'une personne en anglais global, sa langue maternelle et une troisième langue de son choix);(3) la communication interculturelle et la communication interpersonnelle ; (4) des compétences de codification et de décodification ;(5) la linguistique de service (avec la promotion et le support des traducteurs de style, de journalistes académiques, de linguistes forensiques, d'entraîneurs de communication, etc.*

En réalité, il est question de se convaincre que le partage des informations dans l'espace mondial et par des moyens davantage performants et efficaces est devenu une denrée de première nécessité. Une nouvelle forme d'alphabétisation, celle qui consiste à partager toutes les informations de tous les peuples du globe terrestre, doit se vivre et se pratiquer. Comme conséquence, l'accès de tous à l'information à travers les langues du monde (majeures ou mineures) et de manière directe, constitue une raison essentielle pour la croissance économique mondiale et non comme le pensent bien d'autres, un frein pour cet accroissement. Les pays riches doivent permettre aux pauvres d'accéder à l'information par les moyens linguistiques qui sont les leurs ou qu'ils peuvent se procurer en toute liberté de conscience. Ceci contribuerait davantage à leur croissance économique particulière et à ceux des autres ensuite. De même, la paix mondiale et les civilités sociales se trouveraient stabilisées, car les conflits seront prévenus ou éradiqués. Il n'est point donc seulement question de posséder l'information, mais surtout de l'utiliser soi-même et à profit dans son espace de vie et dans le cadre de ses propres activités en toute conscience. Comment peut-on au mieux procéder aux échanges communicationnels si les langues de certains groupes sociaux ou peuples sont absentes du circuit, ou encore si les modèles linguistiques de partage les ignorent volontairement ou inconsciemment? Le trilinguisme extensif, modèle développé pour gérer le paquet de langues existant dans le contexte africain, semble rentrer dans ce champ théorique.

2- Le trilinguisme extensif ?

Le trilinguisme extensif est ce modèle d'éducation conçu et mis en application par le professeur Maurice Tadadjeu pour répondre à la situation linguistique complexe des États africains, situation faite des langues locales et des langues officielles héritées de l'histoire coloniale et dont le système éducatif n'en fait pas une exploitation et une gestion rationnelles dans l'espace de vie des populations, surtout dans le domaine de l'éducation et de l'alphabétisation.

Il existe deux dimensions de la communication : la dimension horizontale et la dimension verticale. La dimension horizontale désigne la communication d'un individu ou d'un groupe à l'intention des personnes et des espaces d'ailleurs, et aussi la capacité langagière que cultive l'individu ou le groupe pour communiquer pour cause de mobilité. La dimension verticale désigne les interactions à l'intérieur du groupe social, du groupe linguistique propre. Le trilinguisme extensif, intégrant cette double dimension de la communication sociale, reprend et précise les fonctions d'enracinement (identité, intimité, communication locale) dévolues aux langues endogènes et les fonctions d'ouverture (mobilité géographique, sociale, académique, intellectuelle) assignées aux langues officielles, étrangères et véhiculaires. Aussi un individu peut-il disposer de trois langues : sa langue maternelle pour la communication intra-groupe, une langue véhiculaire pour une mobilité locale, une langue officielle pour une mobilité beaucoup plus grande. L'épithète extensif qui se greffe à ce trilinguisme voudrait signifier qu'un individu peut disposer de plus de trois langues, mais les fonctions basiques restent les mêmes, même si l'individu dispose d'une mobilité plus enrichie et partant plus bénéfique. Dans le contexte éducatif camerounais, le trilinguisme extensif peut s'opérer par l'enseignement d'une langue locale et d'une des langues officielles au niveau du primaire et de l'autre langue officielle au niveau du secondaire. L'extensivité peut s'opérer par l'appropriation d'une langue locale camerounaise au niveau du secondaire comme langue d'ouverture culturelle ou alors d'une autre langue étrangère (allemand, espagnol, chinois, etc.). Trois langues constituent donc uniquement la base à partir de laquelle, un individu du fait de la demande de son espace de communication réel ou potentiel ou de son désir propre, se forge un destin et un capital linguistique plus enrichis. Le modèle ainsi développé (1977) et appliqué au Cameroun (depuis 1981) est décrit par son auteur en ses termes :

> *Le Camerounais des temps futurs sera celui qui aura la capacité de communiquer en trois langues au moins dont l'une devra être une langue camerounaise (de préférence la langue maternelle) l'autre sa première langue officielle (le français pour les*

Francophones et l'anglais pour les Anglophones). La troisième langue devrait être, pour certains une langue véhiculaire camerounaise et pour d'autres la deuxième langue officielle (Tadadjeu, M. 1984)

Ce modèle d'éducation multilingue et multiculturelle pourvoit aux langues d'acquisition et d'apprentissage des savoirs, des fonctions d'enracinement, d'ouverture culturelle et de flexibilité. Ce faisant, ce modèle dépasse le cadre africain de sa conception pour s'inscrire dans un modèle global d'éducation. Une étude a d'ailleurs été réalisée pour montrer les similitudes de ce modèle avec ceux en cours en Éthiopie et en Suisse (Gfeller, E. 1996) et pour ainsi consacrer sa grande capacité théorique et analytique des faits linguistiques, d'utilisation des langues et surtout son applicabilité parfaite à des contextes divers. Mais faut-il voir derrière le trilinguisme extensif la seule volonté de concevoir un modèle d'utilisation rationnelle des langues dans un espace donné ? Ce serait réduire la théorie à un simple effet de rationalisation du modèle éducatif. Le meilleur est ailleurs, dans cette tentative de voir en les langues non seulement un moyen de communication, mais surtout un tremplin pour l'intégration sociale, économique et développementale des individus, des groupes et des nations. Plus on connaît et manipule de langues, plus on a un rendement social, développemental et économique accru. Plus les langues des individus, des groupes, des pays ou des nations sont utilisées, plus il y a la tolérance linguistique, la culture de la paix, le développement et la croissance économique suite au partage direct de l'information, etc. Qu'apporte donc le trilinguisme extensif à l'économie, à l'économie linguistique camerounaise, africaine ou globale ? Pour répondre à cette question, nous allons passer en revue les cinq composantes de la linguistique socio-économique élaborées par Grzega (2005) et les rapprocher des fondements de la théorie du trilinguisme extensif.

3- La contribution du trilinguisme extensif à la linguistique socio-économique

(1) les notions fondamentales de langue et de linguistique

Une introduction aux éléments de base de la langue et de la linguistique ne saurait se concevoir désormais en oubliant ou en écartant la dimension socio-économique. Les nécessités réelles de la vie des groupes ou des individus devraient pouvoir rentrer en ligne de compte. Aussi faut-il voir en la langue non seulement un ensemble de signes humains vocaux pour entrer en communication, mais davantage un ensemble de fonctions à performer avec pour corollaire la satisfaction des besoins et des effets recherchés par les divers actants. Le débat sur la dévitalisation des langues est en cours ; la nécessité de standardiser, d'enseigner les normes linguistiques d'une communauté linguistique comme signe et indicateur de la maîtrise des variantes et variétés s'impose. La valorisation aux yeux des autres observateurs et utilisateurs avertis de chaque langue se dessine fortement. Les grandes questions qui fondent les problèmes de management des langues ou des variétés de langues relèvent de cet équilibre conceptuel et définitoire qui doit concilier le strictement linguistique et les fonctions sociales et éthiques qui en sont à la base. Le trilinguisme extensif, en se conformant à la définition et à l'entendement classique de la langue, de la grammaire, du texte et du mot, reconnaît surtout la dimension opérationnelle de ces concepts. La langue est un ensemble de variantes intercompréhensibles qu'il convient de délimiter, de standardiser et d'enrichir pour remplir la fonction naturelle d'identité et ensuite d'ouverture culturelle. Considération est ainsi faite pour toute langue (mineure ou majeure), car elle est une portion de la richesse commune, de la flore linguistique et culturelle de l'espace monde. Langue équivaut donc à culture, pensée et identité, et tout peuple a le droit inaliénable de se servir de sa langue en toutes circonstances. Nous dirons que le souci du trilinguisme extensif de tenir compte de toutes les langues par une réappropriation des définitions notionnelles de base, conduit pour reprendre Grzega (2000 :25), à postuler

> *a general new literacy in society and not an elitist new literacy. Only a general (new) literacy will open the way to modern information and knowledge and stem unemployment, demographic problems, poverty, and ecological catastrophes.*

(2) la notion de la triglossie globale

Le concept de triglossie globale conçue et comprise comme la promotion de la compétence d'une personne en anglais global, sa langue maternelle et une troisième langue de son choix par son auteur, rentre parfaitement dans la conception du trilinguisme extensif bien que ne couvrant pas toute sa dimension langagière et ne donnant pas de préférence dès le départ à une langue. Mais qu'en est-il des paramètres de la triglossie globale qui rentrent en compte dans la croissance économique globale et partant de leur accointance avec le trilinguisme extensif. Il s'agit de la compétition des idées (incluant l'accès rapide et facile à l'information), de l'attractivité (surtout dans le sens d'attirer l'attention des autres sur les idées et compétences), de la paix (incluant l'absence de pauvreté et les taux bas de non emploi), d'une certaine identité qui fait un contrepoids à la globalisation, et enfin des conditions cadres de vie stables. Il est aujourd'hui admis que l'information n'est facilement accessible que si la forme de diffusion est appropriée, recevable et effectivement reçue par les sources susceptibles de la publier et si son intelligibilité est acquise c'est-à-dire, sans que les intermédiaires que sont les traducteurs n'interviennent pour parfois la dénaturer malgré leur bonne volonté reconnue d'informer. Si la relation entre la langue et la croissance économique est démontrée, il convient de signaler que :

a) la croissance économique globale est procurée par la compétition des idées innovatrices qu'une langue est plus encline à véhiculer. Dans le contexte camerounais et en rapport avec le modèle trilingue extensif, le français (et surtout l'anglais) sont en mesure d'y contribuer ;

b) la croissance économique globale est mise à mal par une pensée monoculturelle, un manque d'approche interculturelle. Le trilinguisme extensif qui prône la promotion des langues locales, des langues régionales locales, des langues à fonction nationale sert de dispositif d'évitement de la pensée monoculturelle. Le traitement positif des langues dans le contexte camerounais milite pour une telle exploitation culturelle qui favorise l'enrichissement mutuel et affranchit des barrières de l'ignorance des valeurs humanisantes et socialisantes ;

c) la croissance économique globale est largement sécurisée si un certain respect est fait par rapport aux autres manières de penser. Connaître l'autre est un moyen sûr pour y parvenir. Comment y parvenir si la langue de l'autre n'est pas respectée, acceptée comme telle ? La tolérance linguistique et partant la tolérance culturelle, le respect d'autres formes de penser et d'exprimer concrètement ces manières dans les contextes divers de l'interaction humaine contribuent largement à sécuriser la croissance économique globale qui s'accompagne de la paix globale et de la stabilité. Le trilinguisme extensif ne sécurise-t-il pas cette dimension de la croissance économique globale par l'injection dans la sphère communicationnelle, des données informatives plurielles des autres et de tous sans distinction aucune ?

(3) la communication interculturelle et la communication interpersonnelle

Les conséquences des échecs sociopragmatiques et /ou pragmalinguistiques dans la communication sociale sont assez importantes pour être soulignées dans cette étude. Elles sont tributaires des appréciations négatives des effets linguistiques et /ou pragmatiques dans les interactions verbales, les conflits stylistiques discursifs, les distances culturelles entre les normes de politesse, les différences culturelles entre les stratégies argumentatives et de genre. L'exposition à plusieurs langues et leur usage fréquent par les locuteurs natifs, seconds ou tierces peuvent réduire les contre-performances, source des erreurs pragmatiques ou pragmalinguistiques. La communication sociale, qui se pratique dans les grands espaces de travail souffre de mal compréhension à cause de la mal assimilation de la culture de l'autre ou de sa propre culture. La croissance économique en prend un coup sérieux qui va grandissant quand la langue des autres est exclue du champ des échanges et des apprentissages divers. Le trilinguisme extensif appliqué avec soin au Cameroun d'abord, en Afrique ensuite et ailleurs dans le monde, de manière judicieuse, avec la prise en compte des fonctions réelles de toutes les langues et des contextes d'usage de prédilection, de leur mise à contribution dans tous les apprentissages et dans la diffusion et le partage des informations de développement et de croissance, est un gage de la refondation du vivre ensemble et de l'épanouissement commun.

(4) des compétences de codification et de décodification

La communication humaine est assise sur les textes écrits ou oraux. Ces textes illustrent différents domaines d'activités sociales et sont bâtis selon les usagers potentiels que celui qui encode le texte a en mémoire au moment de leur construction. La question fondamentale qui se pose est de savoir si l'encodeur a élaboré au mieux son texte pour être aussi mieux servi et interprété sans difficulté par le décodeur. Les textes servis à des experts sont différents de ceux réservés à des novices, aux personnes non encore introduites dans le domaine retenu. L'exploitation de l'information en dépend. Des compétences supplémentaires peuvent être requises ou même des emplois neufs créés pour servir d'interface dans la communication. C'est pourquoi la linguistique est allée au-delà de son aspect classique d'étude scientifique du langage humain pour devenir une linguistique de service, c'est-à-dire une science de résorption des désirs d'information adaptée à une situation spécifique de référence.

(5) la linguistique de service

La linguistique de service (avec la promotion et le support des traducteurs de style, de journalistes académiques, de linguistes forensiques, d'entraîneurs de communication, etc.) a, ces temps derniers, démontré que la langue est un creuset d'emplois et qu'elle est en mesure d'en offrir davantage. Le trilinguisme extensif est un vaste réservoir d'emplois liés tant à l'aspect purement linguistique qu'à la dimension pragmatique des langues. L'utilisation à grande échelle des langues camerounaises ou africaines dans l'éducation et la communication de masse offre de nouveaux emplois que les chemins entrepreneuriaux classiques n'ont pas pu offrir. Développeurs de système d'écriture, lexicographes, développeurs de matériels didactiques, enseignants des langues et des aptitudes particulières, journalistes, linguistes forensiques, linguistes cliniques, etc., sont, entre autres, les métiers directs et indirects que les langues offrent. Quel domaine de l'ingénierie peut offrir autant ou mieux que les langues et que penser si toutes les langues (y compris les langues maternelles camerounaises et africaines) faisaient partie du voyage économique projeté ou déjà en cours ? Les industries culturelles et linguistiques sont à la base de toutes les autres industries. La pensée se conçoit dans le silence intérieur de chacun et se communique à travers la langue de chacun. Si la pensée se matérialise très souvent par des théories qui, elles aussi, se transforment en productions physiques, visibles et accessibles à tous, alors qui nierait le fait que les productions physiques sont le fruit de la parole interne d'abord, et externe ensuite. Le trilinguisme extensif, autant que la triglossie globale, est une théorie de la production économique dont les ressources primaires sont les langues. Les productions industrielles qui sont faites pour la satisfaction des besoins humains et qui répondent de jour en jour à leurs fantasmes, exigent de la main-d'œuvre humaine et génèrent plusieurs corps de métiers. Plus les ressources de production sont variées, plus de modèles et de techniques de production sont attendus, plus de postes de production sont créés, et plus de fonctions sont satisfaites. Ceci est vrai des matières premières non linguistiques, mais aussi des matières premières linguistiques qui se plient aux désirs communicatifs des hommes, aux fonctions toujours renouvelées auxquelles elles sont assujetties.

4- Théorie du trilinguisme extensif et économie de l'éducation

Lorsqu'on parle des langues, l'on a très souvent et très singulièrement un doigt pointé sur l'école qui sert de lieu de prédilection des apprentissages linguistiques et des formes de diffusion. Plus l'école souscrit véritablement à son rôle de pourvoyeuse des biens linguistiques et des moyens bénéfiques de transmission, de partage, de prédiction de conflits, de management et de croissance, plus les langues se positionnent comme des moteurs de l'économie de l'information vitale pour la stabilité globale. Il est grand temps que l'école africaine se redéfinisse en termes de curricula, non seulement pour intégrer les langues africaines, mais surtout pour trouver une articulation pleine et structurante entre celles-ci et les autres langues de mobilité et de flexibilité. L'une sans les autres serait une erreur stratégique. Il convient aussi de comprendre que ce n'est pas tant les ressources financières pompées dans le secteur éducatif qui fondent son efficacité, mais plutôt les informations reçues et effectivement utilisées par les apprenants qui produisent cette efficacité. Et, comme le dit si bien Grzega, J. (2005: 40):

> *The socioeconomic Linguistics is vital [ ]. While in earlier times people could walk through life knowing only few things, life in the information society has become so complicated that a small command of knowledge makes you poor. Poverty means not being able to handle information efficiently in order to solve problems. It is not the amount of money spent on the education sector that is responsible for the level of knowledge, but the way money is transferred into education and broad knowledge. Nor does the solution lie in intensifying a certain school subject (in the traditional style of the teacher teaching up front). It is the way the subject is taught.*

Pour paraphraser ces dires, nous estimons que ce ne sera pas tout simplement en construisant des théories d'aménagement linguistique que le Cameroun, mieux l'Afrique, produira de la croissance économique et globale à travers son système éducatif, mais surtout en s'insérant dans le train de la société de l'information, en y apportant et en partageant ce que ses traditions millénaires des savoir, des savoir- être et des savoir-faire ont généré. Les curricula qui reflètent ceux-ci sont à construire minutieusement. C'est cette dimension communautaire que les États du continent doivent articuler dans leur politique linguistique (language policy et non seulement language politics), surtout dans le domaine de la formation et de l'éducation.

Que conclure ?

L'objet de cette communication était de revisiter la pensée linguistique (le trilinguisme extensif) d'un homme (le Professeur Maurice Tadadjeu) pour découvrir son utilité pragmatique et surtout pour mesurer sa capacité à servir de dispositif efficace à un domaine naissant de la linguistique aujourd'hui fortement connu en Europe (la linguistique socio-économique). Le cadre de cet article est certes assez restreint pour contenir toute la richesse de la théorie, mais elle est indicative et révélatrice de son rayonnement conceptuel et opérationnel. Conçu bien longtemps avant la pleine gestation de la linguistique socio-économique, le trilinguisme extensif, au-delà des éléments économiques de sa constitution et de son opérationnalité, demeure une industrie de fabrication de métiers nouveaux autant pour les langues africaines que pour les autres langues du monde, autant pour les langues mineures que pour les langues majeures, autant pour les langues de petite envergure que pour les langues de grande diffusion. La paix est le prix à payer pour la croissance économique, l'épanouissement des peuples, la dignité humaine. Or, la gestion des langues est un, sinon l'un des moyens les plus importants pour assurer la paix sociale et créer la croissance et le développement. Le trilinguisme extensif est une théorie qui y contribue fortement. Il est tout simplement regrettable que son exploitation complète ne soit pas encore faite autant au Cameroun, terre de sa conception et de son expérimentation, que dans les autres pays où il a été exporté (Mba, 2006, 2009, 2013). Nous devons, en nos différentes compétences et qualités, revisiter et/ou rebâtir ensemble les nouveaux curricula de l'école africaine qui satisfassent la dimension globale et verticale de l'information et de la société de l'information. La linguistique n'est pas que science du langage humain, elle est surtout et aussi moteur de l'économie sociale.

Références bibliographiques

Gfeller, E. 1996. « Un modèle africain d'éducation trilingue : le trilinguisme extensif », in Bearth, T. (ed.) *Langues et éducation en Afrique noire*, in TRANEL (Travaux neuchâtelois de linguistique) no 26, Institut de linguistique, Suisse, pp. 43-57

Grzega, J. 2005. "Socioeconomic Linguistics (or linguistic Socioeconomics) -a New field of European and global Research and teaching", in *Journal of eurolinguistics* X 2, pp. 19-43

Grin, F. 1994. "The economics of language: Match or mismatch?", in *International Political Science Review* 15, pp. 27–44.

Grin, F. 1996. "The economics of language: Survey, assessment and prospects", in *International Journal of the Sociology of Language* 121, pp.17–44.

Grin, F. and Vaillancourt, F. 1997. "The economics of multilingualism: Overview of the literature and analytical framework", in W. Grabe (ed.) *Multilingualism and Multilingual Communities.* Cambridge, MA: Cambridge University Press, pp. 43–65

Mba, G. 2006. "Mother tongue integrity and official languages hegemony: the responses of politicians, intellectuals and language practitioners in Cameroon", in Mbangwana, P. et al (ed.) 2006. *Language, Literature and Identity*, Gottingen, Cuvillier Verlag, pp 168-175.

Mba, G. 2009 a) ''Chemins vers l'intégration linguistique africaine'', in *Langage et devenir* no 14, Revue du centre national de linguistique appliquée, Cotonou, Bénin pp. 2-16

Mba, G. 2009 b). ''Education multilingue au Cameroun : vers une didactique de l'intercompréhension'', in *AJAL* n° 06, pp. 195-208

Mba, G. 2013. "An overview of language policy and planning in Cameroon",in Akumbu, P. & Chiatoh, B. *Language policy in Africa: perspectives for Cameroon*, MAP (Miraclaire academic publications), USA, Kansas City, pp. 12-31

Pendakur, K. and Pendakur, R. (1998) "Parlez et vous recevrez: La connaissance linguistique comme capital humain [Speak and ye shall receive: Language knowledge as human capital]", in A. Breton (ed.) *Explorer l'Économie Linguistique* [*Economic Approaches to Language and Bilingualism*]. Ottawa: Patrimoine canadien, pp. 97–134.

Tadadjeu, M. 1977. A Model for functional trilingual education planning in Africa, (Ph.D) dissertation, University of South Carolina (U.S.C.).

Tadadjeu, M. 1984. ''Pour une politique d'intégration linguistique camerounaise : le trilinguisme extensif'' in *Quelle identité culturelle pour le Cameroun et l'Afrique de demain* ? Yaoundé, APEC.

Vaillancourt, F. (ed.) 1985. *Économie et Langue* [*Economics and Language*]. Québec: Conseil de la langue française.

CHAPITRE IX

Diversité linguistique : nouvel enjeu pour le développement de l'Afrique

Marie Désirée Sol

Introduction

La diversité linguistique pose en toile de fond une problématique ambivalente: le pluralisme qui vise la reconnaissance de toutes les cultures, et le monoculturalisme qui préconise la valorisation d'une culture dominante et majoritaire en délaissant les cultures minoritaires (Baker 2003).

C'est la seconde tendance qui est très souvent mise en vigueur. La culture occidentale s'impose partout en Afrique d'abord par le biais de la colonisation, ensuite par celui de la mondialisation. Sur le plan linguistique, on y note une omniprésence des langues indo-européennes avec une prédominance de l'anglo-américain. La dynamique actuelle des langues révèle la mort progressive des langues africaines. Attirés par les avantages incontestables qu'offre la maîtrise des langues indo-européennes, de nombreux locuteurs n'hésitent pas à abandonner leurs langues, mettant ainsi en péril l'écosystème des langues.

La politique linguistique de l'Union africaine (UA) emboîte le pas à la politique linguistique de l'Organisation des Nations unies (l'ONU) telle qu'articulée par les organes de l'ONU comme l'UNESCO, le PNUD, l'UNICEF, etc. en faveur de la diversité linguistique et du multiculturalisme comme base de développement. En effet, pour l'Union africaine, les langues nationales en Afrique dans leur diversité constituent, surtout pour la vaste majorité en milieu rural, le moyen par excellence d'accès aux connaissances et aux savoirs nécessaires pour le développement national, dans la perspective de la renaissance africaine.

Le présent texte se veut une réflexion sur l'impact de la diversité linguistique en faveur du développement en Afrique subsaharienne francophone. En termes spécifiques, il s'agit de mettre en relief les inflexions de la diversité linguistique vers la nouvelle dynamique/vision africaine, aussi bien au plan économique qu'au plan linguistique. Alors, comment les langues nationales peuvent-elles être des moteurs de développement en Afrique ? Quels secteurs de développement peuvent-elles insuffler ? Quelles sont les initiatives politiques à prendre pour avoir des résultats efficients ?

Nous partons de l'hypothèse selon laquelle la langue n'est pas un simple instrument de communication. Elle est aussi un facteur de développement.

Notre texte comporte trois parties en rapport avec nos préoccupations et objectifs. Après avoir présenté la situation des langues africaines, nous allons montrer le bien-fondé de la diversité linguistique et ses enjeux dans la perspective du développement du continent africain.

1- Situation des langues en Afrique subsaharienne francophone

Tout au long du présent article, nous utiliserons le terme de langues nationales pour désigner l'ensemble des langues parlées par les groupes ethniques en Afrique. En rappel, la notion de langue nationale est variable suivant les pays. Si dans certains pays comme le Cameroun, elle désigne l'ensemble des langues autochtones, dans d'autres comme le Sénégal, on entend par langue nationale une langue développée ; au Congo démocratique, le statut de langue nationale n'est accordé qu'à certaines langues du pays, tandis qu'au Tchad, il n'en existe pas.

La situation linguistique en Afrique subsaharienne francophone se caractérise par un nombre important de langues. Cela est le résultat du multiethnisme qui caractérise le continent. En effet, à chaque ethnie correspondent une langue et ses variétés. Ce plurilinguisme occulte des dysfonctionnements aussi bien dans la dynamique ethnolinguistique que dans les situations d'ensemble. Certaines langues connaissent un développement notable tandis que d'autres sont en situation de minoration. Il s'agit, le plus souvent, des langues des communautés minoritaires. Les experts nous apprennent que bon nombre d'entre elles sont menacées de disparition au profit des langues de grande diffusion qui assurent la fonction véhiculaire. On estime qu'il en meure au moins 20 par an en Afrique et même plus (Bitjaa kody, 2004).

Dans le cas du Cameroun, la colonisation a favorisé l'implantation de deux langues européennes et s'est avérée, pour reprendre le terme de Renard (2001), comme un « phénomène linguicide »[1] menant à la glottophagie[2] (Calvet, 1997 : 155) des langues locales. Là et dans bien d'autres pays victimes de cet appauvrissement culturel, les mentalités restent encore marquées par les conceptions de l'époque coloniale. Les gouvernements n'hésitent pas à perpétuer cette tradition en valorisant les langues issues de la colonisation au détriment des langues autochtones. Les États ont visiblement du mal à balayer du revers de la main une civilisation marquée du sceau de la colonisation. Sur cette question, la position africaine fut contraire à ce qu'on pouvait attendre des peuples qui venaient de recouvrer leur indépendance après un long processus d'asservissement et une colonisation négatrice de leurs valeurs propres. Les

[1] Phénomène *linguicide* dans la mesure où les Français et les Britanniques pratiquaient une politique d'assimilation. Ils prônaient l'hégémonie de leurs langues au détriment des langues camerounaises.

[2] Phénomène inhérent à toute domination coloniale.

arguments n'ont d'ailleurs pas manqué pour justifier le « rejet » des langues nationales :

- l'impossibilité ethno-sociopolitique de réaliser un choix judicieux parmi la multitude des langues en présence de peur de déclencher des tensions intertribales, alors que la langue étrangère serait un facteur neutre d'unité des pays. Le recours aux langues nationales, nombreuses, représentait un danger et risquait d'éveiller le tribalisme et de déstabiliser ainsi les jeunes nations. Les langues des ex-colonisateurs devenaient un refuge;

- l'absence ou l'insuffisance de développement des langues autochtones, doublée d'une quasi-inexistence de littérature écrite ;

- le coût qu'entraînerait la nécessité de former les enseignants, de rédiger et de publier les manuels scolaires ;

- l'indifférence de la population, voire le refus d'une scolarisation présumée inefficace ;

- le manque de motivation.

Probablement, les décideurs politiques ne pouvaient pas encore correctement apprécier l'importance des langues nationales, la prise de conscience de la richesse du fonds culturel linguistique universel et la notion de préservation du patrimoine culturel de l'humanité étant des phénomènes récents.

Et depuis lors, remarque Tabi Manga (2000 : 171), « les bonnes intentions des hommes politiques, manifestées dans les discours et dans les écrits, ne manquent pas. Elles sont favorables à la défense, à la promotion des cultures par les langues nationales ». L'approche de la question linguistique a évolué quelque peu chez les hommes politiques. C'est ainsi qu'au Cameroun, la Constitution promulguée le 18 janvier 1996, portant révision de la Constitution du 2 juin 1972, affirme clairement que :

> *(...) la République du Cameroun adopte l'anglais et le français comme langues officielles d'égale valeur. Elle garantit la promotion du bilinguisme sur toute l'étendue du territoire. Elle œuvre pour la promotion et la protection des langues nationales.*

Pour cela, certaines mesures accompagnées de quelques actions sont prises çà et là, même si beaucoup restent à faire pour ces langues notamment en matière de législation. Ce changement d'attitude peut s'expliquer par une certaine prise de conscience de la disparition et de la perte de certaines langues locales accompagnée d'un désir de réhabilitation, de défense et d'illustration des cultures autochtones. Peut également être mentionnée, la mondialisation facilitant la remise en question de l'uniformisation linguistique que provoquerait l'usage de quelques langues occidentales. Tous ces arguments rendent son acuité à la question linguistique. Il devient ainsi clair que sont de mise, non seulement le pluralisme culturel et le droit à la différence, mais également l'expression et le développement des cultures véhiculées par les langues nationales.

2- Promotion de la diversité linguistique

Les psychopédagogues et les psycholinguistes soulignent l'importance de la langue maternelle sur le développement de l'individu et son rôle en matière de scolarisation, d'intégration sociale et de développement socio-économique, politique et culturel. Ainsi, chaque langue, à sa manière, participe à l'interprétation du monde et révèle la richesse culturelle. Toutes les langues sont d'une égale dignité et constituent un véritable patrimoine de l'humanité. Cet argument de la sauvegarde du patrimoine de l'humanité et du respect de la diversité linguistique, longtemps refusé au nom du simple réalisme et du bon sens, commence à prendre corps au Cameroun et en Afrique en général. Mais, comment gérer la pluralité des langues, et notamment la coexistence du français et des langues africaines ? Comment créer un espace culturel et éducatif équilibré où les langues nationales trouvent leur juste place ? Comment rentabiliser au maximum les langues nationales afin qu'elles puissent jouer un rôle considérable? Il est sûr que la diversité constitue une ressource : les langues doivent être développées et exploitées pour le bien-être de la nation tout entière. Pour cela, l'aménagement, la planification linguistique et les règles du jeu doivent être établis de manière à assurer l'équité de développement des communautés ethnolinguistiques.

Les observations ci-dessus constituent de puissants arguments en faveur de la diversité linguistique et la conservation de chaque langue comme valeur et patrimoine historique et culturel dans l'entreprise de développement, contrairement au principe d'assimilation qui consacre la domination et la mort des langues. Outre ces arguments, l'on peut relever que la langue est le symbole par excellence de l'identité. Elle est, non seulement, le lieu où se forge le moi dans son ambivalence individuel et collective, mais également, le lieu de cristallisation des connaissances, des savoirs, des croyances, des visions du monde…de tout un peuple.

La conclusion qui découle logiquement de toutes ces observations est qu'il faut maintenir, revitaliser et développer chaque langue pour lui permettre d'assurer une ou plusieurs fonctions dans l'entreprise du développement dans une perspective de pluriculturalisme. L'Union africaine s'est résolument engagée en faveur du développement des langues africaines, comme le témoignent les prévisions de la Charte de la renaissance culturelle africaine (UA 2006a) aux articles 18 et 19 cités in extenso ci-dessous :

Article 18 : *Les États africains reconnaissent la nécessité de développer les langues africaines afin d'assurer leur promotion culturelle et accélérer leur développement économique et social. À cette fin, les États africains s'attacheront à élaborer et mettre en œuvre des politiques linguistiques nationales appropriées.*

Article 19 : *Les États africains devront préparer et mettre en œuvre les réformes pour l'introduction des langues africaines dans les programmes scolaires. À cette fin, chaque État devra élargir l'utilisation des langues africaines en tenant compte des impératifs de la cohésion sociale, du progrès technologique et de l'intégration régionale et africaine.*

Les objectifs et principes du Plan d'action linguistique pour l'Afrique (UA 2006c) se présentent comme suit :

a) encourager chaque État membre à avoir une politique linguistique bien définie ;

b) veiller à ce que toutes les langues utilisées à l'intérieur des États membres soient reconnues et acceptées comme source d'enrichissement culturel mutuel;

c) veiller à ce que les langues africaines, grâce à une législation appropriée et à une promotion pratique, assument leur rôle légitime comme moyens de communication officielle dans les affaires publiques de chaque état membre aux côtés des langues européennes qui ont jusqu'ici joué ce rôle ;

d) encourager une plus grande utilisation des langues *africaines comme véhicules d'instruction à tous les niveaux ;*

e) veiller à ce que tous les secteurs du système politique et socio-économique de chaque état membre soient mobilisés pour leur permettre de jouer leur rôle et s'assurer que les langues africaines choisies comme langues officielles occupent le plus tôt possible la place qui leur revient ;

f) encourager et promouvoir l'unité linguistique nationale, régionale et continentale en Afrique dans le cadre du multilinguisme qui prévaut dans la plupart des pays africains.

Les pays africains doivent, s'ils ne l'ont pas encore fait, formuler des politiques linguistiques qui consacrent l'utilisation des langues africaines à côté des langues officielles (français, anglais, espangol, portugais, etc.) comme facteurs et instruments de développement de la nation.

3- Nouveaux enjeux de la diversité linguistique

La mondialisation du commerce et l'échange d'informations sont des indicateurs que la communication occupe une place privilégiée dans le monde. S'il est vrai que, de nos jours, l'anglais, est la langue de communication par excellence, il n'en demeure pas moins que cette communication sera multilingue dans l'avenir. On a de ce fait besoin d'une politique linguistique qui promeut la diversité linguistique et les valeurs liées au multilinguisme; l'avenir du monde est donc multilingue même si nous y baignons déjà sans trop le reconnaître. Cela signifie promouvoir l'intégration sous régionale et la communication transfrontalière. L'intégration sous régionale suppose que les pays de l'Afrique subsaharienne puissent faire des échanges sans que le système politico-économique n'ait besoin forcément de recourir à la langue française ou à la langue anglaise. Ainsi, il devient nécessaire de développer et de diffuser certaines langues transfrontalières ou transnationales à côté du fang, du fulfuldé, du haoussa, de l'arabe choa... La diversité linguistique et culturelle est un atout pour l'Afrique. Loin d'être une menace pour sa stabilité et son développement, elle doit plutôt la servir en produisant des sujets véritablement plurilingues et pluriculturels. Chaque Africain doit parvenir à porter en lui la forme entière de la diversité linguistique et culturelle de son milieu. On ne le dira jamais assez[3], la connaissance de plusieurs langues est un enrichissement pour l'individu, elle contribue à l'épanouissement intellectuel, moral et même affectif de ceux qui les parlent.

Tout ceci implique préalablement l'apprentissage de ces langues. Avant tout, disons que le redimensionnement des langues nationales africaines devient une nécessité. Il s'agit d'abord de construire des compétences linguistiques en langues autochtones. Cette entreprise a deux acquis principaux. Tout d'abord, l'apprentissage en langues nationales suppose leur développement et l'établissement de leurs structures, de leurs vocabulaires, de leurs grammaires et de leurs normes, tout en posant les principes d'une didactique efficace. Sur un tout autre plan, en impliquant les langues nationales dans le système éducatif, l'on est sûr d'assurer l'instruction massive, notamment dans les zones rurales. Dans le cadre de l'initiative École et langues nationales en Afrique (ELAN Afrique), huit pays (Sénégal, Mali, Niger, Burkina Faso, République Démocratique du Congo, Burundi, Bénin, Cameroun) techniquement et financièrement appuyés par l'Organisation Internationale de la Francophonie, l'Agence universitaire de la Francophonie et l'Agence Française de Développement ont commencé à développer dans leurs plans nationaux de l'éducation, l'aménagement de l'apprentissage bi-multilingue articulant langues africaines et langue française dans l'enseignement primaire. Ainsi, ils mettent en place, dans des classes expérimentales des écoles primaires et de certains lycées, l'usage des langues africaines pour les apprentissages-clés (lecture, écriture et calcul). Mais, ces cas d'expérimentation susmentionnés doivent être remplacés ou complétés par des enseignements généraux et massifs. L'effectivité d'une telle entreprise nécessite deux mesures (Tabi Manga, 2000:

[3] Cf. Colloque de Libreville au Gabon en 1999 sur "*Les sciences sociales en Afrique subsaharienne : bilan de perspectives*".

200-221) : la réforme linguistique à l'école et la gestion de l'offre des services de l'État dans les autres secteurs du développement.

L'école est le lieu de prédilection où peut se mesurer l'efficacité d'une politique de réforme linguistique engagée par l'État, cela pour trois raisons :

- une *raison sociopolitique*. Les états généraux de l'Éducation ainsi que la communauté nationale et internationale recommandent l'introduction des langues nationales à l'école,

- une *raison de nature psychologique*. L'importance essentielle des langues maternelles chez l'enfant dans le développement cognitif, sensori-moteur, psychoaffectif n'est plus à démontrer,

- une *raison de nature didactique*. La langue maternelle peut agir comme un tremplin et accélérateur d'apprentissage de la langue seconde.

La réforme linguistique doit se faire en 3 axes :

- *Élucidation d'un plan directeur de la réforme linguistique* sur les plans législatif, réglementaire et administratif ;

- *Formation du personnel de l'éducation et concertations nationales sur l'adoption d'un nouveau curriculum* ;

- *Conception, production et diffusion des manuels scolaires et matériels didactiques convenables.*

La gestion de l'offre des services de l'État est aussi nécessaire dans le cadre de l'aménagement des langues nationales. Il s'agit, pour l'État, de « rechercher pour les langues véhiculaires qui ont été choisies comme langues nationales les formules et les formes d'utilisation qu'il convient de mettre en œuvre dans le cadre de leur région ou province » (Tabi Manga, 2000 : 217-218). Les langues à promouvoir doivent véritablement servir dans les domaines tels que l'éducation, la communication, la justice, l'administration, la vie économique, sociale et culturelle.

Pour optimiser au mieux leur promotion, il faut articuler étroitement et efficacement le secteur éducatif avec le secteur de l'emploi. Le profil de l'apprenant, à la fin de son parcours scolaire, doit être celui exigé par la vie active. La connaissance des langues nationales doit constituer un point fondamental dans les *curricula*. Objectifs, programmes et approches pédagogiques devraient être repensés pour permettre cet état de fait. La bonne synergie des deux secteurs à savoir le secteur éducatif et le secteur de l'emploi est nécessaire. Le profil de l'apprenant à la sortie de l'école doit répondre aux attentes et exigences des pourvoyeurs de travail. Ces derniers doivent pouvoir satisfaire les attentes des citoyens en matière de demande d'emploi.

La promotion des langues nationales doit donc aboutir à un véritable bilinguisme linguistique et culturel excluant toute idée de supériorité des unes sur les autres. À ce propos, Ngalasso (2000) affirme ce qui suit :

> *Si l'usage des langues européennes demeure essentiel dans les relations internationales et d'abord interafricaines, rien ne justifie aujourd'hui l'exclusivité de cet usage dans les domaines de la vie publique interne et dans les programmes de développement où l'apport de chacun dans la (ou les) langue(s) qu'il maîtrise s'avère indispensable. Quels qu'en soient les mérites, l'unitarisme linguistique au niveau officiel n'est pas une panacée ; quand il est fondé sur l'exclusion des langues nationales, il ne peut être que pernicieux et dangereux. Il serait certes absurde de vouloir substituer à l'usage des langues européennes, aujourd'hui bien implantées dans le paysage linguistique africain, celui des langues autochtones ; il serait plus réaliste de « faire avec » les unes et les autres, dans la perspective d'un bilinguisme culturel (valorisant toutes les composantes), qui est autre chose que le bilinguisme colonial actuel caractérisé par la diglossie.*

La prise en compte des langues nationales dans le système éducatif doit permettre aux Africains « [d'] accéder à un droit fondamental, celui qui consiste à apprendre à lire et à écrire dans sa langue maternelle. Nationale ou non » (Dumont, 2001 :142). Leur intégration à l'école et dans d'autres domaines formels est certainement la solution de l'avenir (Ngalasso, *ibid.*). Le système scolaire a longtemps façonné et consacré une hiérarchisation des langues en valorisant les langues exogènes par le simple fait de les enseigner. Il est temps que ce même système scolaire redore le blason des langues nationales.

La maîtrise des langues nationales permet également une mise en valeur des formes de cultures orales traditionnelles (chants, contes, proverbes…) dans la constitution de ressources pour l'enseignement de l'écrit. Cette culture peut également être diffusée sur la toile pour permettre une meilleure visibilité et une meilleure connaissance de l'Afrique. Mais, actuellement, une étude menée par Diki-Kidiri M. et Atibakwa Baboya E. en 2003 sur la situation des langues africaines sur le cyberespace montre la quasi-absence de l'utilisation des langues africaines sur les sites.

La mondialisation a permis une prise de conscience de la diversité et de l'identité culturelles. L'Afrique doit profiter du boom des technologies de l'information et de la communication pour valoriser ses cultures, ses langues, son savoir-faire dans les divers chantiers du développement.

Conclusion

La diversité linguistique, longtemps décrite comme un obstacle à la constitution des jeunes nations africaines, apparaît aujourd'hui comme un tremplin pour accéder au développement. Les gouvernements africains, l'Union africaine, l'UNESCO, font leur le principe de diversité linguistique qui sous-tend l'idéologie de pluriculturalisme dans l'entreprise de développement d'abord national et ensuite au sein du continent caractérisé par l'adoption du multilinguisme et du multiculturalisme. Dès lors, il y a un engagement clair en faveur de l'instrumentalisation, la revitalisation, la revalorisation et l'académisation des langues africaines pour les rendre capables de jouer un rôle nouveau et primordial en vue de la renaissance et de l'émergence, en cette ère de globalisation culturelle. Somme toute, en tant que références identitaires, les langues nationales apparaissent comme des valeurs sur lesquelles les Africains peuvent fonder de nouveaux élans pour le développement.

Références bibliographiques

AU. 2006a. *The Charter of the African Cultural Renaissance*. Addis Ababa. The African Union.

AU. 2006b. *Language Plan of Action for African Development*. Addis Ababa. The African Union.

AU. 2006c. *Statutes of the African Academy of Languages*. Addis Ababa; The African Union

Baker, C. 2003. *Bilingual Education*. Clarendon : Multilingual Matters.

Bitjaa Kody, Z. D. 2004. *Dynamique des langues Camerounaises en contact avec le français. Approche macrosociolinguistique*. Thèse de Doctorat d'état. Université Yaoundé I.

Calvet, L.J. 1997. « Glottophagie » in Marie Louise Moreau (ed) *Sociolinguistique. Concepts de base*. Bruxelles : Mardaga. pp 154-155

Calvet, L.J. 1999. *La guerre des langues et les politiques linguistiques*. Paris : Hachette Littératures. Collection Pluriel. 294 p

Diki kidiri, M. et Edema Atibakwa Baboya, 2003. « *Les langues africaines sur la toile* ».

Ngalasso, M. M. 2000. « Autochtones ou coloniales : les langues en Afrique » in Guy Gauthier, *Langues : une guerre à mort*. Panoramiques-Corlet.

Renard, R. 2001. « Francophonie : de l'apartheid au partenariat », in Robert Chaudenson et Louis-jean Calvet, *Les langues dans l'espace francophone : de la coexistence au partenariat*, Institut de la Francophonie. Paris : L'Harmattan. PP. 83-130

Tabi Manga, J. 2000. *Les politiques linguistiques du Cameroun*. Paris: Karthala.

CHAPITRE X

Language deprivation and gender parity in Cameroon: Impacts on political development

Tabe Florence

Introduction

Language has a social life that is vitally entangled with the ongoing practices of everyday activity. It is the most powerful and versatile medium of communication used to define and enhance self-identification, the heritage and existence of a people as an ethnolinguistic group and to sustain the kind of development (which oscillates between innovation, subversion and conformity) envisaged by the government of Cameroon by 2035. Given the innateness hypothesis, the ability to acquire language is uniform to all human beings irrespective of gender. In contrast, the use of linguistic forms is constrained by sociological variables, including notably gender, age, status, class and setting. Gender is a social construct designed by the rubrics of the society to enhance the biological differences between male and female. Language is power and its use can shape, nourish and preserve gender positively or otherwise in political development. Women in Cameroon for a long time have faced challenges in both speaking and the use of language itself because women were considered to have limited vocabulary and barred from robust use of linguistic expressions compared to their male counterparts. A woman who is rhetorical in public, a favourable pre-condition for any political success rather gives an image of a disrespectful, bold and difficult woman to manage in any household. This accounts for their timidity and restraint from political participation.

The paper contents that women in Cameroon are not politically embedded like their male counterparts in defining political institutions. It calls onto the women to assert and empower themselves linguistically to enhance their participation in political development. It posits that the effects of gender disparity in any institutional development (comprising cultural, socio-economic, administrative/political settings among others) may led to the marginalization of one sex over the other, total submission and dependence of one sex on another and an uncompromising degree of poverty in the entire nation. The discussion maintains that if politics must mirror the socio-economic and political values of its citizens, it must depart from being purely philosophical (that is, styled as masculine) to socio-economic politics (relatively involving both men and women to determine the political landscape that can ensure a resounding socio-economic development of their community). The latter requires a composite mobilization of the resources of the state to determine the growth anticipated geopolitically. It also requires literally the democratization of the concept of "equality" substantially in the realization of any political activity that affects the life of all Cameroonians gender wise. Of course, the government has stressed on the importance of identifying the sociological variables of each respective community (gender variable being one of these) in determining an integrative political constitution for all Cameroonians worthy of political maturity. Thus, if there has to be a one-to-one correspondence between development and communal participation, then the institution of democracy in every aspect that relates to the wellbeing of the population must remain incongruent to gender self-realization and inequality. It must fight against those cultural, traditional, historical and political institutional carry-overs that have incorporated overtly and covertly norms of gender inequality into the state modernization processes. Since these institutional carry-overs are communicated through language, in particular, the government must remain transparent to the language varieties used in enforcing the state socio-economic and political policies gender wise. To see how, it is important that we understand the role which language plays in making or marring the concept of development in any nation. This is summarily discussed in section two of the paper. The third section presents an overview of gender ordering and theorizing in our societies. Section four examines the contemporary development strategies of societies in Cameroon and the concept of gender as a sociological construct aimed at maintaining and nourishing the biological difference between male and female. It identifies the capacity of both men and women in the exertion of power and domination through political participation in enhancing socio-economic development in Cameroon. The analysis projected here is based on administrative documentation and observation of the political climate in the country.While the goal of having a relative gender representation in the administration is important, the path taken to endorse this remains daunting as indicated from the statistics. The last section concludes the paper.

1. Language and its functions

Language can be used to define and enhance self-identification, the heritage and existence of a people as an ethno-linguistic group. Assuming following Hanks (1996) that language has a social life, and that it is vitally entangled with the ongoing practices of everyday life, the government must encourage linguistic democracy in every zone of societal influence gender-wise. Language is the most powerful and versatile medium of communication. It can be expressed overtly (through speech and signs) or covertly (through silence). Politically, it is an instrument of control, authority and pressure. Socio-culturally, it identifies one as a member of a particular group and otherwise. In addition, it can affect the behaviour of a society by shaping the mind- set of the people as well as their structural settings. The latter is echoed in Sapir (1949:162):

The real world is to a large extent unconsciously built upon the language habits of the group...we see and hear and otherwise experience very largely as we do because the language habits of our community predispose certain choices of interpretation.

Our thoughts and the shape of the world events can be mirrored through effective rhetoric which has to do with the right words at the right time and on the right occasion. Language may reflect an intellectual disposition or psychological features of an individual and confer to such an aura of considerable certainty in the community in which he or she evolves. Language can be used to valorize gender and development and discourage discriminating practices by the inclusion of women in the decision-making body of Cameroon. Notwithstanding, the stereotypes that exist between men and women are to a large extent established through language. The stereotypes have contributed in depriving women of total freedom in language usage as they determine when they should speak, how they should speak and their linguistic choices in this respect. This explains to a greater extent the very low and timid participation of women in the political machinery of the country. For women to be empowered politically, they must not be denied linguistic freedom. The deprivation of political power is the consequence of language deprivation.

An explanation to this feat can be correlated to some extent with the contemporary development strategies that strengthen patriarchal institutions, expose women to subordinate and exploitative production practices with low income. These institutions determine implicitly clean and corrupt language forms used by women in the community. Thus, the differences in what happens to men and women in the political clout in Cameroon derives considerable measure from the people's beliefs about sexual difference, their interpretations of its significance and their relevance on those beliefs and interpretations to justify the unequal treatment of the sexes. This probably explains the nocturnal path taken by the government to endorse gender stream in its concerted administrative policies. Of course, the government understands the importance of instituting transparency in all its administrative structures with regards to recruitments and appointments. It is aware of the United Nations objectives on the significance of gender order in national development: - the need to implement the 30 percent quota allocated for women by each government; the need to design policies that seek to empower the women, make them more dynamic and visible in all spheres of influence in the community; the need to define policies envisaged to reverse all institutionalized trends that might erode women's rights.

Because gender is self-evident in our daily activities, there is need to re-examine gender order from a new perspective. This will require negotiating the space between male and female to ensure any type of change or innovation anticipated by the government. In so doing, we are reconstructing the interactional practices in this space as well as defining the path to understanding possible local processes of social change. The discussion assumes that the kind of development envisaged by the government of Cameroon by 2035 oscillates between innovation, subversion, conformity and gender. An emerging country requires innovation in its web of socio-economic and political institutions. Innovation in Cameroon needs to be styled in conformity with all the sociological variables in the community. Some old habits must be abandoned, others maintained, some may need polishing and upgrading to fit into the new concepts of becoming an emerging country. Subversive policies that derail good governance must be curbed. Because innovation is indispensable to sustainable development, and the proceeds of such developments affect the lives of every Cameroonian, male and female, measures to respond to gender issues should accompany policies to promote political development. This however cannot be done without questioning some of the most fundamental beliefs of the Cameroonian society. These are beliefs endogenous in their traditional institutions with respect to gender inequality. Section four examines some of these beliefs. Before I go into discussing them, it is necessary that we understand what the literature says about gender order.

2. Gender ordering and theorizing: An overview

Gender is embedded thoroughly in our institutions, our actions, our beliefs, our language and our desires. As Falk (1999) observes "we are surrounded by gender lore from the time we are very small". Gender has been studied from different perspectives. What remains remarkably robust in many of these studies is that gender is a social construct.

To West and Zimmerman (1987) "Gender is not something we are born with, and not something we have, but something we do" Butler (1990) sees gender as something we perform. Butler assumes that gender performances are available to everyone. These are not without constraints, he stresses. The constraints relate to who can perform which personae with impunity. The latter defines the grounding for the interplay of gender and sex as the society attempts to match up ways of behavior with biological props.

Falk (1999) observes that sex is a biological characterization based primarily on reproductive potentials, whereas gender is the social elaboration of biological sex. Accordingly, gender builds on biological sex, it exaggerates biological difference, and it carries biological difference into domains in which it is completely irrelevant. Sex, Falk further stresses is based on a combination of anatomical, endocrinal and chromosomal features, but the issue of what actually makes someone male or female is very much dictated by cultural beliefs and inscribed in language. In other words, the very definition of the biological categories male and female, and the societies' understanding of themselves in this respect is ultimately cultural and thus social. Fausto-Sterling (2000:3) maintains that:

> *Labeling someone a man or a woman is a social decision. We may use scientific knowledge to help us make the decision, but only our beliefs about gender-not science can define our sex....our beliefs about gender affect what kinds of knowledge scientists produce about sex in the first place...*

Generally, studies on western concept of gender maintain that "women are socially and culturally defined in opposition to men". Men they assume form the center and the norm of social existence; their gendered-ness is removed from the arena of overt social negotiation; women are forced to define their own role in a constant negotiating process of differentiation and rapprochement in relation to hegemonic claims of normativity (cf Irigaray, 1985; Beck, 2009). Beck (2009: 545) further observes that the tension between genders may be interpreted as a tension of social gendered practices in space between norm and sanction which lends itself to subversive and creative exploitation. To Beck, processes of social change and innovation are attributed to an ambiguous, devalued and gendered status. This, in other words, goes to say that the relationship between gender and development is very complex.

In relevant literature on the processes of social changes, it is assumed that micro and macro-social institutions play an indispensable role in defining, instituting and limiting gender equity and growth (Boserup, 1970; Inglehart, 1997; Grossman and Krueger, 1995; Goldin and Iversen, 2005; UNDP; World Bank...etc.). Accordingly, some cultural, social and political processes obligate women overtly or covertly to positions that reflect institutionalized gender biases. It follows that occupational stratification limits women's capacity to attain equal status with the men folk. Scholars maintain that such institutions are strengthened in capitalist modes of development. Further, certain types of economic development erode gender equality. For example, when the recruitment of males into the formal labour force is preferred over the female, it results to male out-migration to urban areas. The process in turn denies women opportunities for upward social mobility and formal employment, as it forces them to remain at home and be confined to agricultural and reproductive pursuits. Women however need a greater freedom of mobility in the labour force. Confining them to subordinate positions rather reinforces the gap between men and women as well as preexisting notions and practices of inequality. In addition, the dynamics of discriminatory cultural and legal institutions confer male children higher status over their female counterparts. Extant patriarchal institutions view the education of the male child as indispensable over his opposite sex. Here, family inheritance is purely masculine. Such stigmatizing and repressive factors undermine the women bargaining power at both the micro and macro-institutions. To change the status quo, appeal is made for a social engineering of all the institutions responsible for rights equality to flex gender order. The push toward greater or relative gender equality tends to overcome status quo opposition. The latter begins to weaken as norms of gender equality become more institutionalized with more visible favourable conditions resulting from the structural changes. However, the scholars caution against reactionary forces from social and cultural institutions endogenous to economic processes that may play a significant role in overturning and limiting the advantages meant to sustain the push indefinitely. Gender equality empowers women. This may pose a threat to the very versatile patriarchal institutions which in turn may push back for a return to traditional values. In the section that follows, focus is on how gender order is manipulated linguistically for political labeling in Cameroon.

3. Overview of contemporary societies and gender order in political labeling in Cameroon

The preservation of the customs/ideals of a people remains primordial within the rubrics of a theory of the state. Attempts at realizing a steady socio-economic and political development in a country seeks to ensure a simultaneous balance between two standards: that of the traditional society and of the modern society. The basic laws and customs have to be understood and respected. Changes as a result of modernization should retain as much as possible what is old. There remains however the need to identify the way forward to upholding this balance in some conventional way to ensure a balance in gender self-realization in our daily enterprises. This will entail a review of traditional norms that are subversive to an eminent transformation of Cameroon into an emerging country by 2035. To what extent is this possible without robust conflicts is discussed below.

Cameroon is a multiethnic highly stratified cosmopolitan society. Like many African countries, Cameroon is a thorough patriarchal society. The male is associated with traditional family heritage, law, speech and authority. We hear of "lamidos, fons, sultans, kings, chiefs" all of which are highly valued traditional titles conferred on to the men ruling in the different regions of Cameroon. These titles garner onto the holder authority, superiority, prestige and honour in administration, including political, economic and socio-cultural. History has never indicated of a woman hosting these titles (exception being in the centre region of Cameroon). Every language has some way of signaling relationships of power and solidarity according to Brown and Levinson (1987). In many ethnic groups in Cameroon, husbands are addressed by their wives using a superior kin term or a title rather than by his name. This is proof to the fact that a husband and thus a man remains a social superior to his wife or woman. Further, children are surnamed by their paternal family ties and not otherwise, including those delivered out of wedlock. Men must maintain their honour as family heads and should not be involved in female activities that undermine their authority. They must exert their masculinity through financial autonomy and speech. Men pay the bride price in marriage. They are involved in large scale income yield agriculture for cash crops such as cocoa, cotton, coffee, palm oil, rubber among others. The women, in contrast, farm for basic subsistence on crops like plantains, melons, yams, cassava, maize, groundnut, vegetables, tomatoes, etc. Women are defined as submissive, low status and severely circumscribed to procreation and domestic activities. Women are to be seen in public and not to be heard. In the midst of men women must remain speechless. They must conform to socially adequate communicative behaviour in all spheres of societal wellbeing (gentle in speech, language void of taboo). Her nobleness is interpreted through her silence and forbearance within the community. She must tone down her voice to maintain her submissive position in the society. In some ethnic groups, in particular, in the northern regions of the country, female education is sacrificed for male education. The girl child is raised and preserved for marriage; so the value of education is indispensable for male children and not for the opposite category. Statistics show a 17% gap of under scholar between boys and girls in Cameroon with the highest records drawn from the north and east regions of the country. These qualities, of course, make her powerless in the society compared to her male counterpart. They are apparently socially appreciated by the womenfolk as it increases their value in the "marriage market".

At the national level in Cameroon, the decision-making process that constitutes the welfare and safety of its populace rests solely on how the concept of gender is understood and manipulated. Certain careers are identified with men, and women barely creep into them. For example, very few women are into the security services. Here, the women are rarely appointed at the helm of the different units of the services.The government is yet to appoint a female military general. Many women are into teaching. The percentage decreases as you move from basic education, secondary education into higher education. Many women have sought financial autonomy thus attributing to themselves hegemony of leadership in their families and unconsciously in different social milieus. Notwithstanding, the physical presence of women in the decision-making process of the state is daunting and covert. The state's ambivalent relation towards gender order has also contributed in relegating women into oblivion, in addition to their lack of access to language usage. These observations are significant if we have to reconstruct the space between male and female in attempts to determine relative equality in gender order in the community.

Stepping into the political arena publicly is a way of trying to resist or overcome the normative pressures exerted on them by society. It is a way of decrying gender differences. It is an appeal to institute relative equality in gender order in every activity that ensures the welfare of the community. It is a way of dis-stabling the current social hierarchy based on male dominance. Above all, it is a cry for more access to effective communication and language usage irrespective of sex and setting. A cursory overview of gender representation in the country's political institutions over a few years is illustrated in figures 1, 2, 3 and 4 respectively. The institutions comprise: the upper house of the assembly (Senate), the lower house of the assembly (Parliament), and the municipalities (councils). The figures show a numerical superiority of males over females in the upper house of assembly, the lower house of assembly, and the municipal councils. The recognition of women as having capacity of political leadership and economic leadership per se is still illusory in Cameroon.

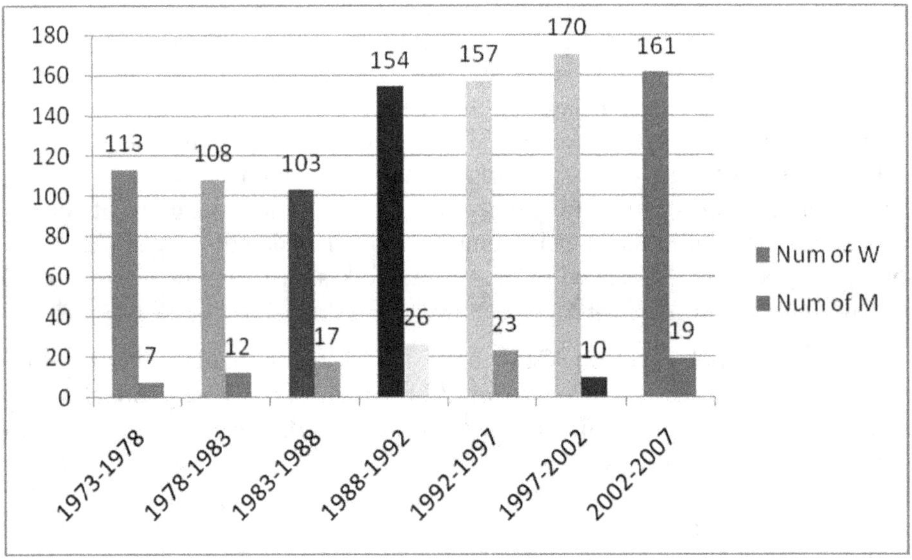

Figure 1: Evolution of the number of MPs based on gender from 1973-2007. From 2007-2012 the figure rose to 25 women out of 180 MPs. (Source: Ministry of Territorial Administration and Decentralization, Cameroon)

Identified Position	Num of Posts by 2002-2007	Num of Posts by 2007-2012	Num of Posts filled by Wom 2002-2007	Num of Posts filled by Women 2007-2012
Mayors	339	360	10	22
1st Assist Mayors	339	369	37	35
2nd Assist Mayors	339	360	88	47
3rd Assist Mayors	67	----	16	08
4th Assist Mayors	01	----	01	11
5th Assist Mayors	----	-----	-----	01
6th Assist Mayors	----	----	-----	-----

Figure 2: Identifying Posts of Responsibilities in the Municipal Councils.
(Source: Ministry of Territorial Administration and Decentralization, Cameroon)

Senatorial Posts	Elected	Percentage	Appointed	Percentage

100	70	70%	30	30%
Men	52	74.28%	27	27%
Women	18	25.71%	3	3%

Figure 3: Distribution of Senatorial Posts in the Upper House of the Parliament 2013

Legislative Posts	Men	Percentage	Women	Percentage
180	124	68.9%	56	31.1%
Municipal Posts	Men		Women	
360	331	91,9%	29	8,2%

Figure 4: Distribution of Legislative and Municipal Posts in the twin elections of 2013

The performance of women given the preceding statistics is not encouraging. The situation is not different, for instance, given the allocation of ministerial and governor positions to women. Being financially impoverished also means they are linguistically impoverished to bargain in any political arena. This lack remains unfavourable in attempts to promote gender parity in Cameroon.

Conclusion

Communication is a basic requirement in the political life of any group of people. The primary mode of the consolidation of political power is through language since the ideologies, promises and political agendas are delivered through speeches and actions. To boost their participation into politics, the women must be empowered linguistically. Language enriches power. On the political platform, language is used to shape, preserve and nourish power.

References

Apter, A. 2009. *Beyond words: discourse and critical agency in Africa.* Chicago and London: University of Chicago Press

Austin, J. L. 1962. *How to do things with words.* New York: Oxford University Press.

Baxter, J. 2003. *Positioning gender in discourse: A feminist methodology.* Great Britain: Palgrave Macmillan

Beck, R. M. 2009. Gender, innovation and ambiguity: Speech prohibitions as a resource for space to move. In *Discourse and Society* Vol 20 (5): 531-553.

Boserup, E. 1970. *Women's role in economic development.* New York: St Martin's Press.

Butler, J. 1990. *Gender trouble.* New York: Routledge.

Cameroon Tribune No 10121/6322-38th year, Monday 25 June 2012

Eckert, P., McConnell-Ginet, S. 2003. *Language and gender.* United Kingdom and U.S.A: Cambridge University Press.

Falk, J. S. 1999. *Women, language and linguistics: Three American stories from the twenty-first century.* London and New York: Routledge'

Gal, S. 1991. Between speech and silence: The problematic of research on language and gender". In *Gender at crossroads of knowledge: Feminist anthropology in the postmodern era.* M. di Leonardo (ed.). Berkeley, Los Angeles, Oxford: University of California Press. 175-203.

Goldin, C. 1990. *Understanding the gender gap: An economic history of American women.* New York: Oxford University Press.

Grossman, G., Krueger, A. 1995. Economic growth and the environment. In *Quarterly Journal of Economics* Vol 110 (2): 353-77.

Inglehart, R. 1997. *Modernization and post-modernization: Cultural, economic and political change in 43 societies.* Princeton, N.J: Princeton University Press.

Iversen, T., Rosenbluth, F. 2005. Gender socialization: How bargaining power shapes social norms and political attitudes. Working paper no. 2008-0064 Cambridge, Mass: Weatherhead Centre for International Affairs, Harvard University.

Sapir, E. 1949. Language.In *Selected writings of Edward Sapir in language, culture and personality.* D.G. Mandelbaulm (ed.). Berkeley and Los Angeles: University of California Press. 7-32.

United Nations Research Institute for Social Development 2005.*Gender Equality: Striving for Justice in an Unequal World.*Policy report on Gender and development, 10 years after Beijing. New York, United Nations.

Zimmerman, D., West, C. 1975. Sex, roles, interruptions and silences in conversation. In *Language and sex differences and dominance.* D. Thomas; N. Henley (eds.). Rowley, MA: Newbruy House. 105-29.

CHAPITRE XI

L'écriture bamum : transcription des langues et valorisation des traditions africaines

Idrissou Njoya

Introduction

Lorsque dans son livre, ***Libonar Oska***, le roi Njoya écrivait : *Lankisan ziar pantu düsan konik salafan fran Mbuombuo, santadan tuguénik mantu dérua lespa shara franken* (La grandeur du royaume bamum est la conséquence du règne du roi Mbuombuo qui a soumis 48 souverains), c'était pour illustrer le caractère particulièrement belliqueux de ce peuple conquistador, installé depuis plus de six siècles sur les flancs des collines enchanteresses du Grassland camerounais. Toutefois, avec son accession au pouvoir, un changement véritable s'est opéré, surtout sur le plan intellectuel. L'écriture bamum, l'une des inventions spectaculaires du génie créateur négro-africain est mise sur pied pour répondre aux aspirations de l'homme à travers le royaume. Elle comporte six étapes de transformation, allant des représentations figuratives aux signes, en passant naturellement par les pictogrammes et idéogrammes. Cet alphabet qui porte l'estampille d'un Camerounais vient donner une nouvelle place au négro-africain, longtemps considéré comme le cadet de l'humanité.

1- Naissance et évolution de l'écriture bamum

1.1. Naissance de l'écriture bamum

L'histoire de l'écriture bamum commence par un songe. Au cours d'une nuit de 1896, un homme aux allures d'un ange se présente au roi Njoya, et lui parle en ces termes :

> *Roi, prends une planchette, dessine une main d'homme, lave ce que tu auras dessiné et bois. Le roi prit la planchette, dessina une main d'homme comme cela lui a été indiqué. Ensuite, il passa la planchette à cet homme qui écrivit et la rendit au roi. Il y avait là assis, beaucoup de gens ; c'étaient tous des élèves ayant en main des planchettes sur lesquelles ils écrivaient et qu'ils donnaient ensuite à leurs frères.*[1]

Le lendemain, le roi prit la planchette et fit ce qui lui a été recommandé dans le rêve. Par la suite, il convoqua son peuple et lui instruisit l'ordre de dessiner beaucoup de choses différentes, d'affecter à chaque représentation un nom, pour qu'il en fasse *un livre qui parle sans qu'on l'entende*. Ses notables ne trouvant pas la nécessité d'un tel projet ont cédé au découragement. Ce comportement

---

[1] NJOYA (Sultan), *Histoire et Coutumes des Bamoum*, Mémoire de l'IFAN, Centre du Cameroun, 1952, p. 41

rendit le roi triste, car lui seul comprenait le bien-fondé de cette entreprise. Il trouva quand même le moyen de les ramener à la raison.[2]

1.2. La place du rêve dans la créativité

Trois éléments nous intéressent dans le récit du souverain bamum: le caractère sacré du rêve, la puissance fécondante de la parole, le pouvoir du verbe. Le verbe est d'essence divine. Il transforme, met en action les énergies cosmiques et les pouvoirs des humains.[3] Nous sommes à l'étape de l'incréé. La parole qui naît d'une idée est source de vie. Elle est au commencement de toute chose, ainsi que le souligne l'apôtre Paul à travers les Saintes Écritures :

> *Toutes choses ont été faites par la parole ; et rien de ce qui a été fait, n'a été fait sans elle. Elle était la vie, et la vie était la lumière des hommes.*[4]

Notons également la présence de la nuit qui a engendré le sommeil et le songe. Elle représente dans la conception celtique du temps, le commencement de la journée, et symbolise le temps des gestations, des germinations des conspirations qui vont éclater au grand jour en manifestations de vie. Elle est riche en toutes les virtualités de l'existence. La nuit est l'image de l'inconscient et, dans le sommeil de la nuit, l'inconscient se libère. Elle présente un double aspect, celui des ténèbres où fermente le devenir et celui de la préparation du jour, où jaillira la lumière de la vie.[5]

Notons ensuite l'importance du sommeil dans la vie d'un artiste. Véhiculé par le sommeil, le songe est perçu comme ce moment de lucidité au cours duquel, tout le monde devient philosophe, du plus intelligent au plus bête. Il unit l'artiste à la créativité. Le songe est très riche à celui qui sait l'exploiter. Certains guérisseurs ne sont-ils pas devenus célèbres après avoir fait un songe ?

À travers ce songe, nous notons un certain nombre d'éléments dont la symbolique ne doit pas échapper à notre curiosité. Il s'agit notamment de l'eau, de la main et de la planchette.

L'eau : La symbolique de l'eau peut se réduire à trois thèmes dominants : l'eau est source de vie, un moyen de purification et un centre de régénérescence.

La main apparaît à deux endroits différents à travers cet extrait : *prends une planchette, dessine une main d'homme.* Nous avons la main qui dessine et la main qui est dessinée.

---

[2] NJOYA (Sultan), 1952, Idem.

[3] Faïk-Nzuji, M. C., La puissance du Sacré, la nature, l'homme et l'art en Afrique, La Renaissance du Livre, Paris, 2003, P.25.

[4] JEAN 1 : 3-'4, *La Sainte Bible*, traduite sur les textes originaux en Hébreux et Grec par Louis Second, Docteur en Théologie, Nouvelles éditions, Genève, 1974, P.1183.

[5] Chevalier, J, et Geerbrant, A. *Dictionnaire des symboles*, Robert Laffont /Jupiter, Paris, 1982, P. 682.

- La main qui dessine sert de véhicule entre le support et la pensée ;
- La main qui est dessinée représente la première lettre de l'alphabet et le point de départ de l'écriture. Elle est le symbole de l'action et du changement.

La planchette représente le support sur lequel est mentionné le contenu de la pensée. Elle sert d'archives, et permet de conserver et de pérenniser le savoir pour les générations à venir.

L'action de dessiner sur une planchette et de la passer à ses frères renvoie au partage, à la vulgarisation et à la transmission de la connaissance. C'est ce qui expliquerait pourquoi Njoya va chercher à enseigner son écriture au-delà du Noun. Son souci était de mettre cet alphabet à la disposition de tous et de laisser à chacun la liberté de l'utiliser suivant ses propres besoins.

2. La philosophie du roi Njoya pour la vulgarisation de son alphabet

2.1. Les stratégies de vulgarisation de l'alphabet *Mom*

Au départ, l'alphabet *AKaUKu* n'était pas inventé pour transcrire le *Shümom,* qui n'existait déjà pas encore en 1896. Des écoles furent implantées dans tout le Noun ; d'autres dans certaines localités de l'ouest du Cameroun pour la divulgation de l'écriture. Chaque chef bamiléké, sous la demande du roi Njoya, devait envoyer ses gens s'abreuver à la source du savoir. Ainsi, Foumban était devenu le point de mire de toute la région, le berceau de la civilisation. Le but était d'aider ces tribus à communiquer dans leur propre langue en utilisant *AKaUKu* comme support. Les Bamum transcrivaient en même temps le *Shüpamom*, langue de communication en vigueur dans le royaume. La preuve en est qu'aujourd'hui, plus de 90 % de documents retrouvés dans les archives du palais sont rédigés en *Shüpamom.* Njoya avait l'intention de créer une université où devaient être enseignés la linguistique, l'histoire, l'architecture, la géographie, l'anthropologie, les arts pour un développement mirobolant des sociétés camerounaises et africaines.

L'histoire de la langue commence véritablement en 1912. Njoya, avec l'aide d'Anna Rein-Wuhrmann, une dame de la *Basler Mission* qui s'occupait de l'éducation de la jeune fille bamum, commença à appliquer le projet initialement conçu sur le *Shümom.* Cette langue devait être connue sous l'appellation de *langue secrète* ou *langue royale.* L'expression *Shümom* qui naîtra bien après est tout à fait évocatrice. En effet, il s'agit là d'un mot composé de deux particules : *Shü* qui veut dire langue et *Mom* qui est l'appellation du peuple bamum[6]. L'idée sera venue à Njoya de créer sa propre

[6] Parler de la langue *Shümom* n'est pas approprié, car *Shü* fait déjà appel à la langue. Nous pouvons parler de langue *Mom* ou du S*hümom* tout court. Il en est de même de ceux qui parlent de l'écriture *Shümom.*

langue pour substituer le *Shüpambèn/Shüpamom* qu'ils avaient adopté, afin de donner à son peuple une indépendance linguistique.[7]

Mis sur pied seize ans après l'invention de l'alphabet *AKaUKu*, le *Shümom*, un cocktail de plusieurs langues, vient rectifier un accident survenu au cours de l'histoire. Il est composé de l'allemand, du français, de l'anglais, de l'arabe, du haousa... Au départ, Njoya voulait tout simplement jouer avec des mots et des sons venus d'autres langues. Par la suite, l'idée lui est venue de donner à chacun de ces mots/sons, un sens précis en sa langue maternelle, sans tenir compte de sa signification originelle.

2.2. L'alphabet *AKaUKu* : Évolution du signe

Au départ, cet alphabet de cinq cent onze (511) symboles n'était qu'un ensemble de représentations figuratives. Elles ont subi six étapes de transformation, allant des dessins aux signes simplifiés, passant naturellement par les idéogrammes et pictogrammes. Les signes ainsi obtenus véhiculent des sons qui sont des éléments destinés à la communication. Le tableau ci-après récapitule les étapes de l'évolution de l'alphabet bamum, allant de cinq cent onze (511) symboles à quatre-vingts (80) signes, entre1896 et 1918.

Alphabet	**1er Alphabet**	**2e Alphabet**	**3ème Alphabet**	**4ème Alphabet**	**5ème Alphabet**	**6ème Alphabet**	**7ème Alphabet**
Denomination	Lewa	Mbima	NyiNyi Nshanfw	RiiNyi NshaMfw'	RiiNyi Mfu Men	À Ka U Ku	Mfe- mfé
Nombre de Caracteres	511	437	381	286	205	80	80
Annees de Transformation	1896	1899 - 1902	1906	1907	1908	1910	1918

Tableau récapitule les étapes de l'évolution de l'alphabet bamum.

[7] Le *Shüpambèn*, devenu *Shüpamom* était la langue parlée par les Mbèn, peuple soumis par les assaillants tikars. Ainsi, Njoya trouva anormal de soumettre un peuple et de se soumettre à sa langue.

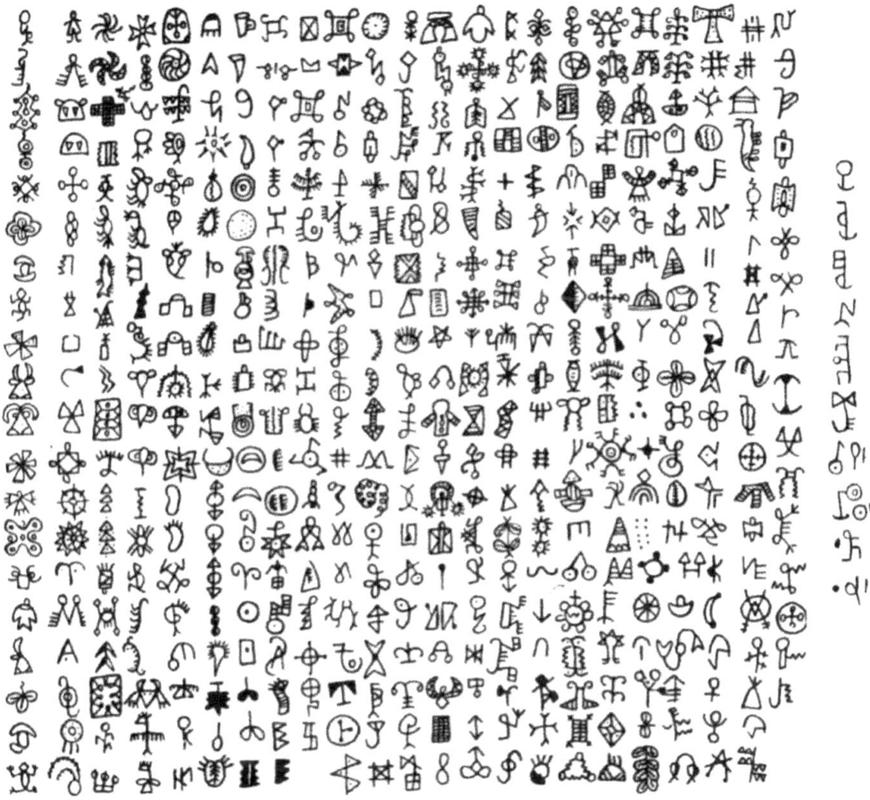

Pl : 01 : Premiers Manuscrits de l'alphabet bamum, *LEWA* ;
Sources : *L'Ecriture des Bamum*, 1950, P : 6.

Après ces différentes transformations, nous sommes en présence de la nouvelle version de l'écriture dite AKaUKu, comportant les 80 signes de l'alphabet (70 signes et 10 chiffres). Nous constatons que ces signes ont connu une seconde modification qui a abouti au ***Mi-ntwente***, caractères coupés. Ayant constaté que la grande majorité des Bamum maîtrisait déjà ce système alphabétique mis sur pied, Njoya va tenter de déformer les lettres pour aboutir à ce qu'il va appeler le ***Mi'ntwente*** destiné à la rédaction des messages secrets. [8] C'est à ce niveau que Njoya a commencé à réfléchir sur le message codé dont seuls ses plus proches collaborateurs détiendront la clé du déchiffrement.

---

[8] De temps en temps, Njoya envoyait un émissaire, porteur d'un message secret. Parfois, la lettre écrite par le roi pouvait se retourner contre son porteur, qui n'avait pas le code de déchiffrement. Ainsi, il était châtié conformément aux recommandations données par le roi dans la correspondance. Il était soit bastonné, emprisonné, ou même pendu.

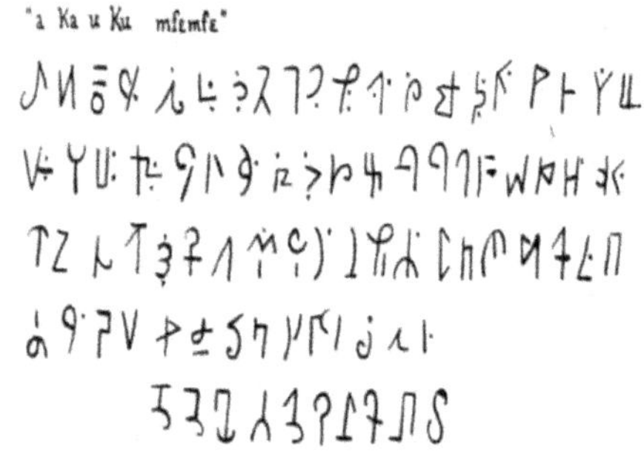

Pl : 02 : Sixième transformation et septième/dernier alphabet :
Le *MFEMFE / AKaUKu Mfémfé (1918)*
Sources : *L'Ecriture des Bamum*, 1950, P : 31.

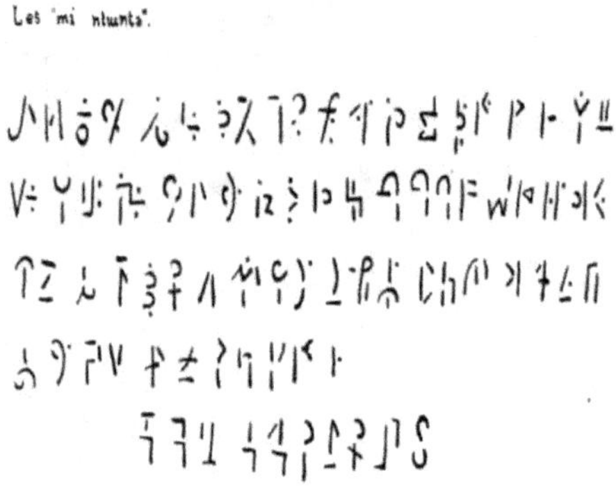

Pl : 03 : Sixième transformation et Septième alphabet :
Le *Mi-ntwente, 'caractères coupés' (1918)*.
Sources : *L'Ecriture des Bamum*, 1950, P : 31.

3. L'Alphabet *AKaUKu* en action

3.1. La transcription des mots et expressions dans diverses langues

L'*AKaUKu* est une écriture à sons, dont l'utilisation rend la transcription des textes et des mots très facile. C'est un alphabet élaboré par un Africain et pour les Africains. Bien que portant l'estampille du sultan roi des Bamum, *AKaUKu* n'est pas fait pour la transcription du *Shüpamom*, encore moins du *Shümom*[9] dont beaucoup de Bamum ignorent tout de la fonctionnalité. Chaque peuple d'Afrique et du Cameroun peut donc l'utiliser pour la transcription de sa propre langue maternelle. Pour y parvenir, il suffit de maîtriser les différents signes que comporte l'alphabet. Ainsi, chaque individu peut aisément communiquer avec un interlocuteur qui détient le code du déchiffrement. Ce n'est que de cette manière que l'alphabet *AKaUKu* peut devenir un véritable facteur d'unité nationale et un signe de communion entre les Africains de tout bord.

[9] Le *Shüpamom* désigne la langue parlée actuellement par les Bamum, alors que le *Shümom* est une langue créée de toutes pièces par le roi Njoya vers 1912.

Pl. 04 : Les 80 signes de l'alphabet bamum.

En nous servant des signes de l'alphabet bamum, essayons de transcrire quelques mots et expressions dans certaines langues. Pour y parvenir, nous ne devons pas toujours nous référer à l'alphabet gréco-latin. Lorsque Njoya mettait sur pied son alphabet, il ne savait pas que le gréco-latin existait. Nous sommes en présence d'un système d'écriture autonome avec des canons d'appréciation bien définis

= Kameroun (pays)

(Komon téba ?) = comment ça va ? (Espagnol)

(Assalam) = la paix (Arabe)

(Musango)= la paix (Douala)

(Mbonbon kiri) = bonjour (Ewondo)

(Saré)= la concession (Fufuldé)

(Fon)= Chef/roi (Grassland-camerounais)

(Nkunkuma)= chef (Ewondo)

(Lamido) = chef/roi (Nord-cameroun)

(Mafo)= reine –mère (Bayangam)

(Manaona) = Bonjour (Malgache)

(Sikolo) = école (Boulou)

(Kossam) = Lait (Fufuldé)

(Mingon) = Plantain (Mankong)

Pl : 05 : Transcription des différentes langues africaines et étrangères

3.2 Quelques documents publiés à base de l'écriture bamum

L'écriture AKaUKu a largement contribué à la réalisation de plusieurs ouvrages pour le développement du royaume bamum en particulier et de la culture africaine de façon générale.

Au plan social, plusieurs motivations ont conditionné la mise sur pied de ce système d'écriture dynamique et fonctionnel. Avant la colonisation, l'histoire, les traditions et les mœurs du pays bamum étaient essentiellement basées sur l'oralité qui constitue un repère important pour leur sauvegarde. Ce cas est général dans toutes les autres tribus de l'Afrique subsaharienne. Cependant, l'oralité possède des limites, ainsi que le souligne J.P. Notué à travers ce passage :

> *La tradition orale véhicule et conserve en les modifiant plus ou moins le capital précieux des créations socioculturelles des peuples africains ; l'historien de l'art doit recueillir scientifiquement ces données et les interpréter avec prudence. La tradition orale est liée à la parole qui est un véritable musée vivant. Cependant, la tradition orale possède un côté négatif ; c'est que sa chronologie est relative et souvent incertaine... En outre, les données de la tradition orale sont souvent contradictoires.*[10]

Ainsi, avant l'invention de l'écriture, il se passait beaucoup de confusion, d'abus et de règlements de comptes à travers le royaume bamum. Des messagers étaient devenus des victimes innocentes, accusés régulièrement pour avoir manqué au respect de la loi. Ils étaient très souvent punis pour avoir déformé le message royal. Avant de parvenir à son destinataire, une information pouvait subir des modifications éventuelles; ce qui est naturel puisque le cerveau de l'homme n'est pas un ordinateur pour pouvoir retenir et transmettre fidèlement le contenu d'un message. Ainsi, le messager était-il injustement vitupéré. Pour limiter ces dégâts, Njoya va donc mettre sur pied ce système alphabétique pour envoyer désormais des messagers écrits.

Une autre motivation de l'invention de cette écriture naît d'une séance de causerie. Le sultan Njoya avait convoqué ses notables pour leur conter une histoire. Quelques instants après, il demanda à ces derniers de lui reprendre la même histoire à tour de rôle. Personne d'entre eux n'a réussi à restituer fidèlement le contenu du récit. Ce qui suscita l'inquiétude du roi qui leur parla en ces termes :

> *Il y a juste quelques instants que je viens de vous conter cette histoire ; vous n'arrivez plus à me la restituer fidèlement à votre tour. Que deviendra donc l'histoire de mon peuple des années plus tard ?*[11]

---

[10] Notue, J.P., «Symbolique des Arts Bamiléké (Ouest Cameroun), approches historique et anthropologique », thèse de Doctorat 3ème Cycle d'Histoire de l'Art, Université de Paris, I, Panthéon-Sorbonne, 1988.

[11] Entretien avec O. Nchare, Directeur de la culture, Musée du palais royal bamum, Foumban, le 23 août 2001.

Déjà au temps du roi Nsangu qui perdit la vie dans *la guerre contre les Nso*[12], des commerçants Haoussa étaient descendus à l'intérieur de Foumban. Ils apportèrent avec eux de vieux livres qui venaient de la Mecque et étaient écrits en arabe. Pour une très forte somme d'argent, Nsangu acheta aux Haoussa sept de ces livres. Ils contenaient des prières et des formules magiques, et le coran était du nombre. Plus tard, le contact de ces documents et de la science de l'écriture excitât au roi Njoya l'intérêt d'embrasser pareille aventure.

Signalons en passant que le rêve tel que défini par Freud est « l'accomplissement des désirs refoulés ». C'est après avoir longtemps réfléchi sur la nécessité de ces signes magiques qui *parlent sans qu'on ne les entende* que Njoya eut l'idée de proposer aussi ses propres signes pouvant jouer le même rôle. Au cours d'une nuit de l'an 1896, Njoya eut un songe l'instruisant sur le mécanisme de la création des signes sacrés. Aussi, une langue naîtra-t-elle quelques années plus tard. Plus d'une vingtaine d'écoles sont créées dans le royaume avec des moniteurs formés par le roi lui-même. Plusieurs autres écoles sont ouvertes au-delà du fleuve Noun, notamment à Bafoussam, Bayangam, Bagham…avec une inspection à Bana. Cette écriture aura ainsi permis de développer plusieurs secteurs d'activités intellectuelles, avec en prime la transcription des documents inédits.

Au plan religieux : Lors de l'introduction de l'**Islam** dans le royaume vers 1896, les Bamum étaient complètement analphabètes de la langue arabe. Cette écriture leur aura permis de transcrire certains passages du coran, afin de vite mémoriser la parole de Dieu. Lors de notre descente sur le terrain, nous avons retrouvé dans des domiciles privés certains fragments du coran transcrits en AKaUKu (Cf, Pl: 06).

Le **Christianisme,** introduit en 1906 par les Allemands, verra certains passages de la Bible et des prières transcrits en Bamum par le biais de cette écriture. Le document ci-après intitulé le vase rouge et qui correspond au «Notre Père qui est aux Cieux », nous permet de mieux appréhender le mécanisme. (Cf, Pl: 07)

Au plan sanitaire : le ***Libonar Konfen***, un document rédigé par le roi Njoya sur la pharmacopée bamum est mis sur pied. Il s'agit d'un répertoire de plusieurs plantes médicinales que nous pouvons rencontrer dans le royaume bamum. Diagnostic fait, il apparaît de toute évidence que chaque herbe possède une vertu thérapeutique appropriée. Le Sultan Njoya va solliciter le savoir-faire de tous les guérisseurs de son royaume. Les maladies seront également recensées. Chaque spécialiste va parler de sa posologie, qui sera mentionnée dans le livre de la pharmacopée bamum, pour apporter les soins aux malades (Cf. Pl: 08).

---

[12] Les Bamum n'ont jamais fait la guerre contre les Nso qui sont d'ailleurs leurs cousins. Ce ne fut qu'un règlement de compte entre Nsangu et son frère Mouliom qui convoitait le pouvoir royal.

Au plan architectural, le voyage effectué par le roi Njoya au palais du gouverneur allemand à Buea a constitué un déclic à l'édification de son propre palais. Ce somptueux palais inspiré de celui du gouverneur allemand a été construit pendant quatre bonnes années (entre 1917-1921), suivant un plan architectural impressionnant. Ce palais qui allie des influences arabo-islamiques et allemandes est un symbole fort intéressant de la révolution architecturale bamum.

Au plan historique, L'***Histoire et coutumes des Bamoum*** reste et demeure un document impressionnant pour tout chercheur désireux de mener des recherches sur le peuple bamum. Elle donne une certaine clarté sur plusieurs aspects de la vie quotidienne chez les Bamum. L'auteur y retrace le processus migratoire du fondateur NchareYèn, de sa longue chevauchée de Rifum jusqu'à son installation effective en terre bamum, avec les différentes conquêtes y afférentes. En outre, il évoque l'histoire de tous rois bamum dont les plus célèbres sont : Nchare Yèn, Mbuombuo le conquérant, Nsangu Ngungure et Njoya Njapndunké (Cf, Pl. 10).

Pl : 06 : Transcription de la « Fatià » en alphabet AKaUKu lors de l'islamisation du peuple bamum.

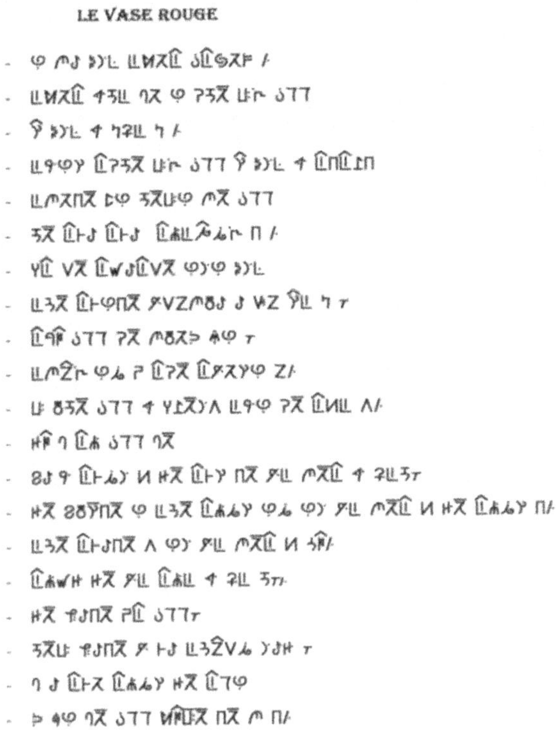

Pl 07 : Texte transcrivant une prière chrétienne en *AKaUKu*.

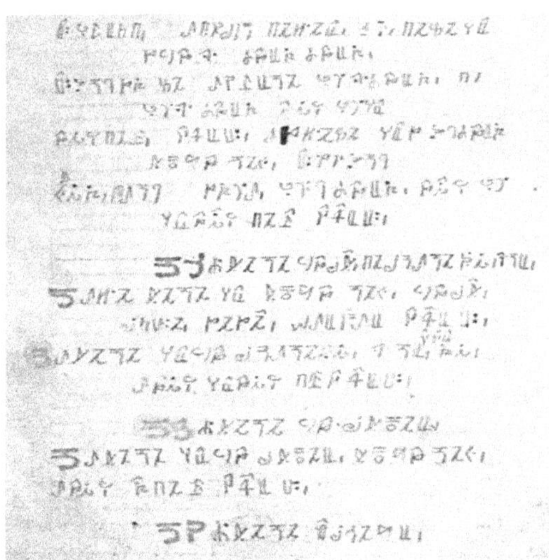

Pl : 08 : Le livre de la pharmacopée bamum ***ZUFU LIBOK NJOYA***

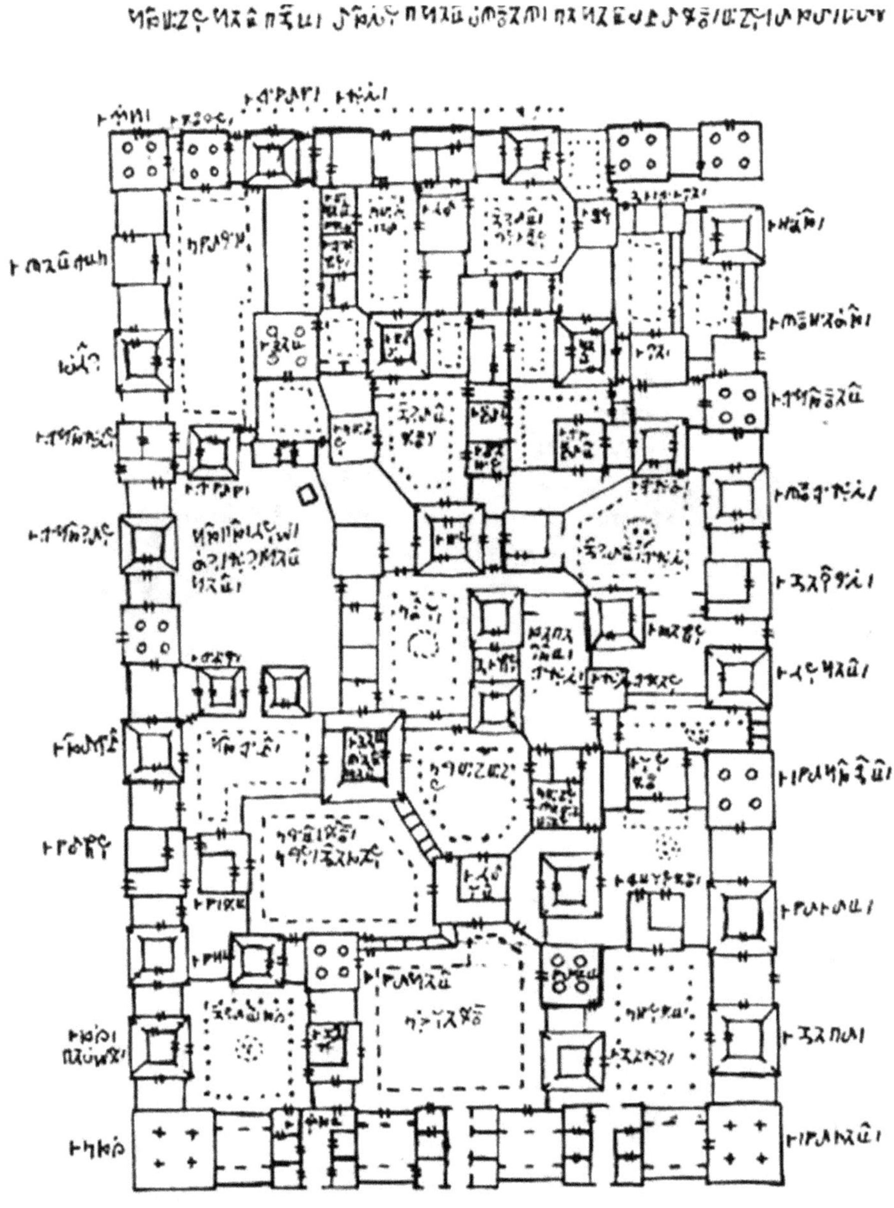

Pl. 09 : Le plan du palais royal de Foumban, établi par Ibrahim Njoya, portant des inscriptions en alphabet bamum (sources : *Les Dessins Bamum*, 1997, P. 125).

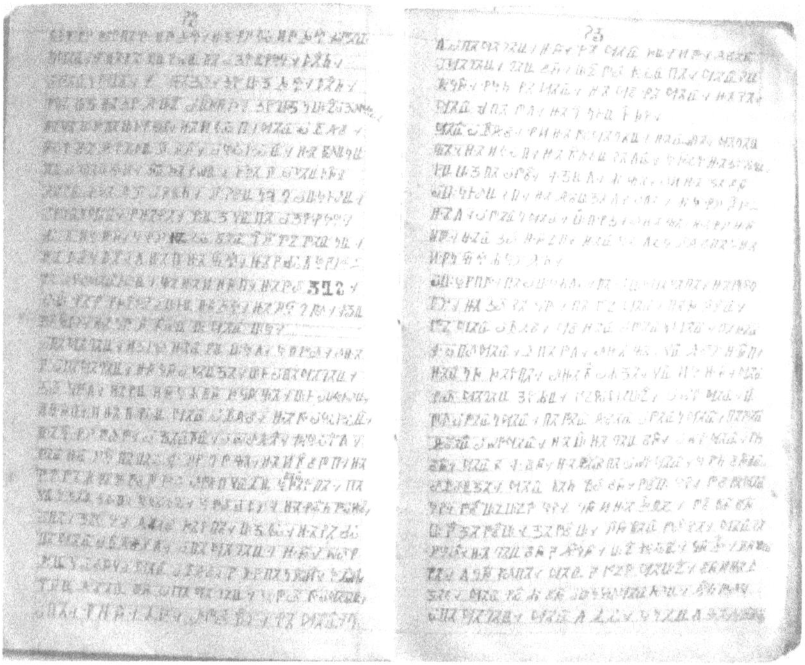

Pl.10 : Les quelques pages de *l'Histoire et coutumes des Bamoum* rédigées par le Sultan Njoya.

Après sa disparition, Njoya a laissé une série d'ouvrages rédigés à l'aide de l'écriture *AKaUKu*. Actuellement, le musée des rois bamum conserve plus de 3000 pages de ces manuscrits. Quelques-uns sont écrits en *Shümom*[13], mais la grande majorité en *Shüpamom*. Nous pouvons citer : *L'Histoire et coutumes des Bamoum*, *La Pharmacopée Bamum*, *La Rate et ses Ratons* (une bande dessinée), *Le Livre d'amour*, *Le Registre des actes de naissance*, *Le Registre des jugements du tribunal coutumier*, Le *Nwet-Nkwete* (ouvrage sur la doctrine religieuse), des pages traduites de la Bible, Le Calendrier agraire bamum, La Carte du Royaume Bamum, L'Histoire du roi Wajambaziar (un conte)...

[13] Le *Shümom* est une langue créée en 1912 par le Sultan des Bamum, 16 ans après l'invention de son écriture. *Shü* = langue et *Mom* = autre dénomination du peuple bamum. En effet, Njoya voulait mettre sur pied cette langue pour réparer un accident historique survenu lors de la fondation du royaume au XIVe siècle. Après avoir soumis les Mbèm, populations autochtones, NshareYèn le fondateur qui parlait le *Shü Ndwebe*, demandera à son peuple de parler la langue du la tribu soumise. Au XXe siècle, Njoya trouvera qu'il était inconcevable de soumettre un peuple et de se soumettre à son parler. Le *Shümom* fut donc une langue créée de toutes pièces. Il y avait des mots empruntés de l'Allemand, du Français, de l'Anglais, de l'Arabe, de l'Haoussa...Malheureusement, après la disparition du Sultan des Bamum en 1933, le *Shümom* est devenu une langue presque morte.

À Ka U Ku est un système d'écriture dynamique et fonctionnel qui n'a rien à envier à l'Arabe, au Chinois, encore moins au gréco-latin. Par son caractère universel et sa portée scientifique indéniable, il mérite d'être revalorisé pour servir de support à nos langues maternelles.

Conclusion

Aujourd'hui, les Bamum, les Camerounais et les Africains se trouvent être les éternels prisonniers de la colonisation. Pour eux, s'appuyer sur les valeurs étrangères pour s'exprimer devient motif de fierté, une question de prestige, quitte à perdre ses propres repères. Les Africains doivent prendre conscience pour un retour aux sources, afin de revaloriser certains aspects saillants de leur propre culture. Les institutions internationales comme l'UNESCO devraient promouvoir, vulgariser et sauvegarder ce précieux élément du génie créateur négro-africain, en octroyant des bourses de formation des formateurs, en organisant des séminaires et colloques sur l'écriture *AKaUKu*. Par la suite, une Académie des Arts et de la Culture Bamum devra être créée pour la pérennité d'un travail aussi pittoresque. Nous n'avons aucun intérêt à revaloriser le *Shümom* dont l'enjeu est beaucoup plus culturel que scientifique. Il sera plus facile de demander à un individu d'apprendre l'alphabet *AKaUKu* comme support à sa propre langue que de lui demander d'apprendre le *Shümom,* une langue presque morte. Cela ne voudrait tout de même pas signifier que cette langue devrait être rangée dans les tiroirs du musée ; dès qu'un peuple perd un élément de sa culture, c'est une partie de l'âme de l'humanité qui s'envole.

Références bibliographiques

Anonyme, 1985. *Les actes du colloque du centenaire du Palais de Foumban*, Foumban, février 1985.

Anonyme, 1974. *La Sainte Bible*, traduite des textes originaux en hébreu et grec par Louis Second, Docteur en Théologie, Nouvelles éditions, Genève.

Chevalier, J., et Geerbrant, A., 1982. *Dictionnaire des symboles*, Robert Laffont/Jupiter, Paris.

Faïk-Nzuji, M. C., 2003. *La puissance du Sacré, la nature, l'homme et l'art en Afrique,* La Renaissance du Livre, Paris.

Njoya (Sultan), 1952. *Histoire et Coutumes des Bamoum*, Mémoire de l'IFAN, Centre du Cameroun.

Njoya, I., 2013. « Guerre et création plastique chez les Bamum entre le XVIIIe et le XXIe siècle », Thèse de Doctorat Ph.D d'Histoire de l'Art, Département des Arts et Archéologie, Université de YaoundéI.

Notue, J. P., 1988.À « Symbolique des Arts Bamiléké (Ouest Cameroun), approches historique et anthropologique », thèse de Doctorat 3e Cycle d'Histoire de l'Art, Université de Paris, I, Panthéon-Sorbonne.

CHAPITRE XII

Language of Instruction and Literacy Programmes for Cameroon's becoming an Emerging Economy

James Wung Zeh

Introduction

This paper discusses the importance of using a first language together with a language of wider diffusion for teaching and learning in primary schools and functional literacy centres. The aim is to establish the connections between the languages of instruction and participation in an economy's development process. The polity under discussion is Cameroon in the light of research and economic experiences at global and local levels, relating to skills acquisition in educational institutions for employment and wellbeing in a multilingual and developing country. Many languages exist in the country (*Ethnologue* identified 286 in 2009) but only a limited number, if any, are used in formal and nonformal educational establishments. This work dwells on language policy ideology in education which facilitates teaching and learning to create a positive impact on the population as it strives to achieve economic emergence by 2035. Firstly, the article gives background information on Cameroon, then describes the theoretical framework and discusses the research methodology. Finally, the data collected or results are analyzed and discussed with policy recommendations. The paper concludes that the rural and semi-rural populations of Cameroon need to be taught in languages they are familiar with so they can concentrate on acquiring skills for employment and better life-styles in order to contribute their fair share to the country's future emergence.

1- Background information on Cameroon's economy and literacy

Between 2006 and 2011, the Cameroon Government implemented an education sector strategy based on guidelines proposed in the Poverty Reduction Strategy Paper (PRSP). Cameroon's economy barely improved as growth was limited and regression was witnessed in the first decade following the year 2000. Moreover, there was no significant poverty alleviation and the Government reviewed its economic policy choices.

The Government adopted the Growth and Employment Strategy Paper (GESP) to promote robust growth as a means of creating wealth and employment whose dividends would be redistributed with a view to poverty alleviation. However, for GESP to be successfully implemented, there is need to review all the sector strategies that have been designed and used in Cameroon. The education sector strategy is no exception and must be tailored to the new economic guidelines. One of the key components of such harmonization is consistency between the nature of training and curricula, the methods of organizing the education system, and the values imparted on learners for Cameroon to become a medium-income country by 2035.

According to the draft education sector strategy paper for 2012 - 2020, the sector strategy design process is divided into two phases: diagnosis and formulation of strategic thrusts. This article contributes to the diagnostic phase and makes suggestions for successful implementation. It focuses on the weaknesses of the system as they relate to the language(s) of instruction.

In 2005, Cameroon conducted its 3rd General Population Census. As at 2010, the country's population stood at 19,406,060 inhabitants of whom 48.8% lived in urban areas and 51.2% in rural areas. The population was described as particularly young with 52.7% of people aged less than 19 years. The country's demographic figures are such that they point to a high social demand for education. In 2011, more than three million children sought admission in primary schools and 70,000 learners attended functional literacy centres. Generally, the main subjects in both types of learning institutions were Environment, Civics, Reading, Writing, Numeracy, income-generating activities and other skills-enhancing areas. These subjects were all taught almost exclusively in English or French without any consideration for Cameroonian indigenous languages.

The document notes that the languages of instruction (French and/or English) currently in use limit learner interest, overburden and overstretch the learning process as learners are bound to sufficiently acquire French or English skills first before learning the other subjects. This is critical since skills such as reading, writing and income-generating activities help the learners to be actively involved in the development process of communities. On the whole, literacy activities in Cameroon fall short of the needs. In 2011, it was estimated that some 3,295,819 people were illiterate in Cameroon whereas only 2.1% of them were registered in Functional Literacy Centres (FLCs), corresponding to the population growth rate. If one goes by the hypothesis that it takes one year to make a person literate, it will take 47 years to eradicate illiteracy. This situation is worsened by the growing population.

Illiteracy is more common in rural than in urban areas. The ECAM 3 survey shows that 40.1% of adults are illiterate in rural areas as against 10.1% in urban areas. An interregional comparison of illiteracy rates shows that the East region is seriously affected with over 71.7% of the adult population reported as illiterate. Illiteracy is also a serious issue in the Littoral region where 51.3% of adults cannot read or write.

To combat this phenomenon, the Government established the National Literacy Programme in 2005. The programme is consistent with some

Education for All (EFA) and Millennium Development (MD) goals. It aims to meet the educational needs of young people and adults by providing equitable access to this programme assigned to impart the knowledge and skills required for daily life. The programme seeks to improve adult literacy levels by 50% by the year 2015, particularly among women, and ensure equitable access to basic education and continuing education programmes. The specific objectives of the programme are as follows:

- rehabilitate national literacy facilities;

- set up an appropriate technical and pedagogic organization, coordinated by experienced and high-level national experts, for the effective implementation of the programme;

- converting at least 105,000 illiterate citizens of both genders to literate Cameroonians during the pilot phase.

An evaluation of the programme conducted by a private firm shows that literacy activities had a positive impact on the socio-economic situation of learners. Learners' families were better managed (93.5%), learners were self-employed (45.2%) and assigned responsibility in social, political and community life. There were also reports of learner drop-out standing at about 18%, partly due to frustration from failure.

According to Law No. 2004/18 of 22 July 2004 to lay down the rules applicable to councils, local authorities are responsible for:

- implementing illiteracy elimination plans in conjunction with the regional administration; and

- participating in providing and maintaining educational facilities and instructional equipment.

With literacy and universal primary education still to be fully achieved, the language of instruction, among other parameters, needs to be reviewed. The situation is even more serious in the Far North, North, Adamawa and East regions where the European languages (English and French) are not common. Specific policies must be developed to keep learners in the school system and impart the necessary skills on adults in literacy centres who will use them for development purposes upon completion of their courses. To address the language of instruction issue, we found the following theoretical framework.

4- Theoretical Framework

According to Haddad (2007), quality education has to do with imparting universally recognized values to the human person and integrating these with the specific eco-centric values, cultural norms, and world-view of that individual's community. Ofuele (2011) intimates that literacy is perhaps the most fundamental skill required by a citizen to effectively participate in both formal and non formal education for national development. The choice of language for literacy is a thorny issue in multilingual and developing societies. In this light, this paper describes the interdependence and common underlying proficiency theory (Baker, 2005; Kosonen, 2005; Cummins, 1991; 1999 etc), which is used as the theoretical base for this study.

The interdependence theory draws on the Piagetian perspectives which suggest that when learners work in teams, socio-cognitive conflict occurs and creates cognitive disequilibrium that stimulates perspective-taking ability and reasoning (Johnson & Holubec 1998). The same scholars state that interaction with other people is essential for human survival. They specify that, in an education setting, social interdependence refers to students' efforts to achieve, develop positive relationships, adjust psychologically, and show social competence.

In other words, the social interdependence perspective of cooperative learning argues that the way social interdependence is structured determines the way people interact with one another. Therefore, one of the cooperative elements to be structured in the classroom is positive cooperation. When this takes shape, interdependence or cooperation results in promotive interaction as group members encourage and ease each other's learning efforts.

Thus, it is established that the use of a mother tongue alongside another language very often leads to the inclusion of more local content in the curriculum, making the educational experience more relevant to learners and their community. According to a World Bank publication (2005), first-language based bilingual education opens up the possibility for parents and community members to better participate as classroom resources. Similarly, Baker (2001: 138) suggests that when instruction takes place in the mother tongue teachers and learners can interact more naturally and negotiate meanings together, and that greatly improves the effectiveness of the learning process.

In another World Bank publication (2007), the common underlying proficiency theory is explained. It is argued that the use of a familiar language to teach beginning literacy facilitates understanding of "sound-symbol" or "meaning symbol" correspondence. Explicit teaching of the second language (L2), beginning with oral skills, enables students to learn the new language through communication rather than memorization. Also, the transfer of linguistic and cognitive skills is eased in bilingual programmes. Once learners have acquired basic literacy skills in the first language (L1) and communication skills in the second language (L2), they can begin reading and writing in the L2, thereby efficiently transferring the literacy skills they have acquired in the first or familiar language to the second language. The pedagogical concepts underpinning this positive transfer of skills are what Cummins (1991, 1999) refers to as *interdependence theory and common underlying proficiency.*

According to both principles, the knowledge of language, literacy and concepts learned in the L1 can be accessed and used in the L2 once oral L2 skills are developed, and no re-learning is required. This relates to the affective domain where confidence, self-esteem and identity are strengthened by use of the L1, increasing motivation and initiative as well as creativity. Benson (2005) concludes that although changing the language of instruction without resolving other pedagogical, social and political issues is unlikely to result in significant improvement in knowledge and skills acquisition, first language-based bilingual programmes, even when minimally implemented, have the potential to reach population segments that have traditionally been left behind by L2 submersion schooling (Skutnabb-Kangas, 2002).

5- Methodology

This article has a dualistic approach. It studied language of instruction discourses and experiences at international and national levels. After describing the polity's sociolinguistic, socio-economic, educational and literacy context, it investigated the current trajectory for language of instruction policymaking in Cameroon in the light of global trends to make proposals for Cameroon's economic emergence by 2035. This could be realized, the article argues, through an appropriate language(s) of instruction policy in primary education and literacy programmes.

The informants for this article were linguists, sociolinguists, educationists, teachers, policymakers, students and opinion leaders. The ideas and opinions supported by this population were found in internet, book and article publications. Hence we read, analyzed, interpreted and drew on that documentation to inform the topic of the research paper. At the international level, the paper considered some research projects on mother tongue-based bilingual education worldwide and recorded the results obtained. At the domestic level, the projects implemented by the Summer Institute of Linguistics (SIL), other Non-Governmental Organizations (NGOs), and linguists in the country were revisited with a view to identifying their successes and failures. The selected theories were used to discuss the findings and make proposals for a language-in-education policy in Cameroon's primary schools and functional literacy centres, especially those located in rural and semi-rural areas.

6- International Evidence

There is convincing international evidence that initial education in the mother tongue or first language rather than the second language has educational advantages (Akinnaso, 1991 et 1993; Dutcher, 1982; Gonzales, 1990; Hornberger and King, 1996; Hornberger, 2002; Taylor-Leech, 2007). Also, additive bilingual education programmes have been demonstrated to have pedagogical advantages over transitional programmes (Baker, 2001 and Cummins 1999, 2000). Additive bilingual programmes facilitate the transfer of literacy skills from the first language to the second language as per the interdependence theory or concept of common underlying proficiency (Cummins 1991, 1999). On the whole, the introduction of first language-based bilingual education policies addresses social and political objectives with both negative and positive implications.

First-language literacy programmes were used in British colonies to promote separate but unequal development. In India, Indian languages were marginalized with regard to power (Annamalai, 1995). In South Africa, unequal development evolved into a low-quality Bantu education system under Apartheid (Heugh, 2003). Also, bilingual schooling based on endogenous languages for political reasons rather provoked resentment in Guinea, Malawi, China, Vietnam and the former Soviet Union. The communist or dictatorial governments of those countries did not follow suit with the equitable distribution of resources, despite aims of comradeship and equality (Kosonen, 2004).

On a positive note, the use of local languages by missionaries contributed to the development of orthographies, grammars and basic literacy materials in many of the world's languages (Grimes, 2000). The growth of Swahili in Tanzania under the "Education for Self-Reliance" campaign was not only a reaction to the colonial system but an empowerment endeavour (Benson, 2005). In Mexico, endogenous children transferred literacy skills from the first to the second language and outperformed monolingual Spanish speakers in the Chiapas Highlands (Modiano, 1973). In addition, a full six years of primary education in the mother tongue with the second language taught as a subject produced better results than all-English teaching in a Yoruba medium primary project (Adegbija, 2003; Akinnaso, 1993). Finally, bilingual schooling showed a positive correlation between achievement in the two languages and poor performance was not the result of bilingual education but of other factors such as poor teacher training in a Filipino-English bilingual schooling research project in the Philippines (Gonzales & Sibayan, 1988; Benson, 2005).

A general assessment of the literature shows that mother tongue-based bilingual education facilitated bilingualism and bi-literacy (Hovens, 2002; Ouane, 2003), improved classroom participation and self-esteem (Dutcher, 1995; Richardson 2001), upgraded the value of home languages and culture (Benson, 2005), increased parent participation (Cummins, 2000; Dutcher 1995), and increased girls' participation in education (Benson, 2005). The literature consistently indicates that first language-based bilingual education not only increased access to skills but also raised the quality of general education through improved classroom interaction and integration of prior knowledge and experience with new learning (Benson, 2005). Related evidence has been recorded in Cameroon.

7- Evidence from Cameroon

Today, PROPELCA (*Programme de Recherche Opérationelle pour l'Enseignement des Langues au Cameroun*) has been active since 1977 working on mother tongue education in Cameroon. Other bodies include the Summer Institute of Linguistics (SIL) – Cameroon, the Cameroon Association for Bible Translation and Literacy (CABTAL), and the National Association of Cameroon Language Committees (NACALCO). The home or vernacular languages carry with them a very high number of dialects created by migration, intermarriage, and urbanization (Koenig et al., 1983). An equally significant step has been the harmonization of the writing system of Cameroonian languages in 1979, a factor that has contributed immensely to the standardization of some indigenous languages. Evidence from the above projects is presented below.

Tadadjeu (2004) presented the results of an experiment carried out in four Cameroonian languages: Ewondo, Duala, Fe'efe'e and Lamso'. Over 3,000 children went through the experiment in eleven schools between 1981 and 1987. This led to PROPELCA's development of a model for optimal mother tongue initial education at the primary level, especially in rural areas. Though Tadadjeu (1990) commended the success of this experiment, he argued that use of the model in other areas was not known due to the linguistic complexity of Cameroon. He suggested the introduction of an extension phase with a broadened project base to guarantee the success of the model at national level.

In a final evaluation of the experimental phase in 1986 and 1987, the PROPELCA team set up an extension phase of the project, with its objectives including the increase of the number of informants from 3,000 to 30,000 and of the languages from four to twelve. Such increase would help test the transferability of the model from one language to another. However, Tadadjeu (2004), on the basis of provisional results, makes a strong point about African development. He suggests that African development and education should be set on the right track as three decades of development efforts based on non-African models have resulted in regression rather than development. Tadadjeu (ibid) argues that African society is a viable economic development hub if only it is not denigrated by outsiders through capitalist or socialist orientations. African society should healthily combine the two philosophies and hinge its development on African culture and languages.

A recent evaluation of a SIL mother tongue education programme in Cameroon reveals that children who were taught in their mother tongue, Kom, performed significantly better -125% on average – in multiple subjects (including Mathematics and English) than a control group of peers who attended schools where English was the sole medium of instruction (Chuo and Walter, 2011). Unlike mother tongue education in formal education using the model described above, adult literacy has evolved differently.

It is within the framework of language committees that adult literacy classes in mother tongues are organized in language communities. Chiatoh (2004) notes that local language committees have become reference institutions for adult literacy so that any other institution such as churches, NGOs and even ministries recognize the fact that literacy cannot be successfully conducted out of this framework. Two approaches have ensued from this practice. One is the use of mother tongues in the teaching of reading, writing and numeracy skills to non-literate people. The other is teaching reading and writing to people already literate in one or both of the official languages but not in their home language. The second has been referred to as the adult literacy transition model and applied in both villages and towns. Classes are held during certain hours of specific weekdays. The adult literacy transition model has been helping to enhance cultural identity and attachment to ethnic group cultures (Tadadjeu & Chiatoh, 2005).

Concerning non-literate adult learners, many would like to learn reading and writing in both their mother tongue and an official language. That means they will require bilingual mother tongue/official language literacy learning, an opportunity of which they have so far been deprived in Cameroon. This is even more serious when account is not taken, in functional literacy programmes, of specific categories of learners with special needs such as the marginalized minority groups, women and girl children. Tadadjeu and Chiatoh (2005) encourage the motivation of women to enrol in mixed literacy centres. The need to incorporate mother tongue education in both formal and nonformal circles, especially in rural and semi-rural areas, requires that those languages should have solid modernized corpora.

8- The Corpus Perspective

There are generally three ways in which the corpus of a language can be developed to meet its written requirements. These are translation, terminology and writing. African languages have been developed over the years through the above processes.

As regards translation, the Summer Institute of Linguistics (SIL) has facilitated the translation of the Holy Bible and other Christian documents into some Cameroonian home languages such as Bafut and Mungaka (Mforteh, 2006). In 2006, there were 166 standardized Cameroonian languages of which 36 were taught in primary schools. Also, both the Old and the New Testaments of the Holy Bible had been translated into 18 Cameroonian languages, the New Testament into 40 indigenous languages, and portions of the Scriptures into 30 Cameroonian languages. It is obvious that many more languages now have translations of the Bible as SIL has been working hard in that domain. However, there has been a general outcry for literature other than Christian and Jewish to be translated into the mother tongues for the translations to have higher educational value.

As for terminology, in the 1980s, the new linguistic order introduced a situation in which African languages and French would be recognized as playing complementary roles in an equation involving language and development (Antia 2000). The Cultural and Technical Cooperation Agency (ACCT), one of the Francophonie's specialized agencies, has had the mandate of implementing this body's programme of linguistic cooperation.

ACCT's first generation projects included lexis-oriented documentation (the thematic lexica of Central Africa). In 1984, second generation projects included specialized lexica ('LEXIS'). The objective of 'LEXIS', as stated in the project, was to more broadly expose African Creole and Arabic languages to contemporary, scientific and technical terminology in order to introduce them into, or improve their use in professional activities, different kinds of training programmes, as well as give them standardized equivalents of scientific vocabulary in French, English, etc. The LEXIS projects were also meant to address the needs of participating countries in the areas of information, communication and knowledge popularization.

The African part of the project involved sixteen countries belonging to the three working zones of West Africa, Central Africa and East Africa/Indian Ocean. Centres of Applied Linguistics of universities and Language Directorates in participating countries were the principal bodies entrusted with the actual task of producing the specialist lexica (Halaoui, 1990). ACCT (1989) indicates that fields such as the following were chosen by participating national teams: Public life, Social life, Health (including Trado-medicine), Agriculture, Pisciculture, Cattle rearing and War. Cameroon chose the following fields: History (465 terms), Geography (236 terms), Technology (967 terms), Accounting (180 terms), Biology (742 terms), Grammar (250 terms) and Law (375 terms). Work by university centres and individuals continues (Yameni, 1984; Bot Ba Njock, 1986; Clinton, 1986; Wiesemann, 1999; Ndongo Semengue, 2001; Nanfah, 2009; etc). However, the general criticism has been the difficulty involved in integrating some of the terms into effective discourse. Nanfah (2009) and Antia (2000) suggest that the newly created terms must be effectively used and incorporated into the writing system of the language concerned.

From the writing perspective, primers are being designed to introduce the alphabet and phonetic charts of various other languages that have formed committees that work in collaboration with NACALCO and SIL facilitators and researchers (Mforteh, 2006). Much still remains to be done with regard to scientific and literary publications, not ensuing from translations, in Cameroonian indigenous languages.

Considering the socio-cultural and economic context of Cameroon, the findings from various experiments in mother tongue-based education, the ensuing theories and prevailing situation, this paper comes up with recommendations.

Discussion

It is suggested that functional literacy programmes in Cameroon should be guided by a first-language-based bilingual educational approach. This should hold both in the education of citizens who are not literate in any language and that of adult citizens literate in either or both of the official languages but illiterate in their mother tongue. However, a meaningful first language-based bilingual education, with either endogenous or community languages as basis, would not be possible without significant corpus planning or standardization activities in those languages to modernize them. Much has already been done in that regard, making it possible for first language-based bilingual literacy programmes to be implemented in Cameroon. Besides, first language-based bilingual education must be complemented by the equitable distribution of resources (teachers, infrastructure, teaching aids, subjects, etc.).

The advantages of such a policy will be manifold. First, time will be better managed through the elimination of the difficulty involved and the time spent in first learning a foreign language before learning the skills required for personal and national development. Second, the community will be able to contribute, through its culture and language, in advancing the students' learning process. Third, the learner's self-esteem and creativity will be enhanced. Fourth, parents will be able to participate in their children's learning process. Fifth, there will be better teacher-learner interaction necessary for mastering the skills imparted. Sixth, previous knowledge will be enhanced in schools and literacy centres. Seventh, knowledgeable or gifted individuals, illiterate in the European languages, but who master traditional skills will be able to contribute to the skills development of learners for the economic development of Cameroon. Eighth, learners will be able to pick up or learn the official languages to a more acceptable level than is the case today with official language submersion programmes. Ninth, indigenous people and other minority groups in the country will not be left behind in the educational system, as is the case in the Northern and East regions of the country because they lack official language skills.

For a successful change from the current submersion approach to literacy and education in Cameroon to a first language-based bilingual instruction, a number of measures must be taken. The objectives of the reform must be stated to rally the support of at least 75% of the population, stakeholders in the change process must be determined, a choice must be made of the management style to adopt, specific tasks must be allocated and delegated to members of the education community involved, a timeframe must be set, the criteria and performance indicators to evaluate successful implementation must be determined, and the data collected to evaluate the new media of instruction must be analyzed and interpreted to inform the government whether they are on track. Globally, there must be a change strategy at work as Cameroon intends to achieve economic emergence by 2035. Kotter's (1995) eight-step change strategy seems cogent for this purpose.

According to the strategy, urgency must be created, a powerful coalition must be formed, a vision for change must be created, such a vision must be communicated, the likely obstacles must be removed, short-term wins must be created, stakeholders must build on the change, and the changes must be anchored in the national culture. In detail, mother tongue-based bilingual education (MTBBE) must be aligned on the overall vision of literacy and educational improvement. Such a vision should be effectively communicated through a cohesive and aligned message. Potential threats must be identified and scenarios developed to show what could happen in the future. All opportunities that should be or could be exploited must be examined. Honest discussions must be started to give dynamic and convincing reasons to get people talking and thinking about mother tongue-based bilingual literacy and education. Briefly, a communications plan must be developed and flawlessly implemented with the use of web and print materials, focus group discussions, community forums, surveys, regular e-mails, weekly telephone conversations, executive summaries, status reports, scorecards, and face-to-face meetings to keep all leaders informed of what is happening. Collaboration and idea sharing should be encouraged through online tools such as Facebook, Twitters, blogs, and online platforms. And stakeholder groups should be created and properly coordinated.

Finally, the work of those involved with the switch to MTBBE must be supported and facilitated. This could be done through counselling, coaching, mentoring and additional training for stakeholders to proceed along the MTBBE path. Also, incentives and rewards should be incorporated into the process to motivate learners, teachers, parents and chiefs of literacy centres or heads of schools. To further oil the change process. A 'dual' system may be operated by the government for a specified period of time so that 'submersion' and MTBBE could be easily compared and the advantages of the latter highlighted. Globally, first language-based bilingual literacy programmes will ensure both the endogenous and exogenous development of Cameroonian citizens. The citizens will participate in fast-tracking the socio-economic development of the country and enable it to reach the status of an emerging economy by 2035.

References

Adegbija, E. 2003. "Central Language Issues in Literacy and Basic Education: Three Mother Tongue Experiments in Nigeria", In A. Ouane (ed), *Towards a Multilingual Culture of Education* (pp. 167 – 182), Hamburg: UNESCO Institute for Education.

Akinnaso, F. 1991. "On the Mother Tongue Education Policy in Nigeria" *Educational Review*, 43 (4), 255 - 285.

Akinnaso, F. 1993. "Policy and Experiment in Mother Tongue Literacy in Nigeria", *InternationalReview of Education*, 43 (1), 89 - 106.

Annamalai, E. 1995. "Multilingualism for all - An Indian perspective", in T. Skutnabb-kangas & O. Garcia (eds), *Multilingualism for all* (pp. 215 – 219). Lisse: Swets and Zeithinger.

Antia, B. 2000. *Terminology and Language Planning: An Alternative Framework of Practice and Discourse*. Amsterdam: John Benjamins.

Baker, C. 2001. *Foundations of Bilingual Education and Bilingualism*. Clevedon: Multilingual Matters.

Benson, C. 2005. The Importance of Mother Tongue-based Schooling for Educational Quality. Commissioned Study for EFA Global Monitoring Report.

Bot Ba Njock, H. (ed) 1986. *Acte du premier colloque national sur la terminologie en langues africaines.*Yaounde, 30 June - 4 July 1986.

Chiatoh, B. 2004. *Assessing Community Response to Literacy in a Multilingual Context: The Case of Cameroon.* PhD Thesis, University of Yaounde I. University of Yaoundé, Cameroon.

Chuo, G. & Walter, S. 2011. The Kom Experimental Mother Tongue Education Project for 2011.

Clinton, R. 1986. « Etapes à suivre dans la recherche d'une bonne terminologie », Communication présentée lors du premier colloque national sur la terminologie en langues africaines. Yaounde, 30 June – 4 July 1986.

Cummins, J. 1999. *Alternative Paradigms in Bilingual Education Research.*

Cummins, J. 2000. *Language Power and Pedagogy: Bilingual Children in the Crossfire*. Bristol: Multilingual Matters.

Cummins, J. 1991. "Interdependence of First and Second Language Proficiency in Bilingual Children", in E. Bialestock (ed.), *Language Processing in Bilingual Children* (pp.70-89). Cambridge: Cambridge University Press.

Dutcher, N. 1982. *The Use of First and Second Languages in Primary Education: Selected Case Studies* (Vol. 504) Washington DC: World Bank.

Dutcher, N. 1995.*The Use of First and Second Languages in Education.A Review of International Experience*. Washington DC: World Bank.

Ethnologue 2009. *Ethnologue:Languages of the World*. SIL: Dallas, Texas.

Gonzales, A. & Sibayan, B. 1988.*Evaluating Bilingual Education in the Philippines (1974-1985).*Manila: Linguistic Society of the Philippines.

Gonzales, A. 1990. "Evaluating Bilingual Education in the Philippines", in R. Baldauf & A. Luke (eds) *Language Planning and Education in Australasia & the South Pacific* (pp. 319 – 334), Clevedon: Multilingual Matters.

Grimes, B. (ed.) 2000. *Ethnologue: Languages of the World*, 14th edition.Dallas & Texas: SIL International.

Heugh, K. 2003. *Language Policy and Democracy in South Africa: The Prospects of Equality within Rights-based Policy and Planning*. Stockholm: Centre for Research on Bilingualism.

Hornberger, N. & King, K. 1996. "Language Revitalization in the Andes: Can Schools Reverse Language Shift?", *Journal of Multilingual and Multicultural Development*, 17 (6), 427 – 441.

Hornberger, N. 2002. "Multilingual Language Policies and the Continua of Bi-literacy: An Ecological Approach", in *Language policy*, 1, 27 – 28.

Hovens, M. 2002. "Bilingual education in West Africa: Does it work? *International Journal of Bilingual Education"*. 5 (5), 249 – 266.

Koenig et al 1983. *A Sociolinguistic Profile of Urban Centres in Cameroon*. Los Angeles: Crossroads Press.

Kosonen, K. 2004. "Local Languages in Education in Southeast Asia: Comparative Analysis", Paper presented at the CIES Conference, Salt Lake City, UT. March 9 -12. Retrieved on 14 April 2004 from http://www.cies.byu/papers.aspx.

Kotter, J. 1995. *Leading Change*. Harvard: Harvard Business School Press.

Mforteh, S. 2006. Cultural Innovations in Cameroon's Linguistic Tower of Babel. Available on http://www.in st. at/trans/16Nr/03_2/mforteh16.htm.

Modiano, N. 1973. *Indian Education in the Chiapas Highlands*. New York: Rinehart Wilson.

Nanfah, G. 2009. "Modernising the Terminology of Education in AfricanLanguages at the Wake of Globalisation: Stakes and Challenges", in Harrow, K. & Mpoche, K. *Language, Literature and Education in Multilingual Societies*. Newcastle Upon Tyne: Cambridge Scholars Publishing.

Ndongo, S. 2001. « L'importance du sens dans la traduction des documents technico scientifiques vers les langues africaines », dans *AJAL*, No 2, pp. 335-361, ANACLAC, Yaoundé.

Ouane, A. (ed) 2003. Towards a Multilingual Culture of Education (Vol. 2006). Hamburg: UNESCO Institute for Education. Retrieved on 21 February 2007 from http://www.unesco.org/education.

Richardson, V. (ed) 2001. *Handbook of Research on Teaching*. Washington DC: American Educational Research Association.

Skutnabb-Kangas, T. 2002. Language Policies and Education: The Role of Education in Destroying or Supporting the World's Linguistic Diversity.Report at the World Congress on Language Policy. Barcelona, 16-20 April 2002.

Tadadjeu, M. 1990. *Le défi de Babel au Cameroun.* Collection PROPELCA 53.

Tadadjeu, M. 2004. *Language, Literacy and Education in African Development: A Perspective from Cameroon.* Washington, D.C: SIL International.

Tadadjeu, M and Chiatoh, B.2005. "Mother Tongue-focused Bilingual Education in Cameroon", in Neville Alexander (ed.), *Mother Tongue-Based Bilingual Education in Southern Africa: The Dynamics of Implementation.* Cape Town, South Africa: PRAESA, 123 – 136.

Taylor-Leech, K.-J. 2007. The Ecology of Language Planning in Timor-Leste: A Study of Language Policy, Planning and Practices in Identity Construction. PhD Thesis. Griffith University.

Wiesemann, U. 1999. *Manuel de sémantique et de traduction.* Collection PROPELCA. Yaoundé, Niamey.

World Bank 2005.*In Their Own Language...Education for All.* Education Notes.

Yameni, F. 1984. Le développement des langues africaines et l'expression des concepts non traditionnels: le cas des Fe'fe'. Doctorat de 3ème Cycle Thesis, University of Yaoundé.

CHAPITRE XIII

De l'enseignement des langues nationales en milieu urbanisé plurilingue : priorités éducatives ou compromis politique ?

Julia Ndibnu-Messina Ethé

Introduction

Le début du 21e siècle se caractérise par deux actes internationaux significatifs : l'Union Européenne adopte le Cadre européen commun de référence pour les langues (CECRL), structure qui traduit dans son essence le respect et la promotion de toutes les langues en présence ; l'Union Africaine quant à elle, reconnaît la part active des langues africaines dans la construction socioéconomique et culturelle des populations et sociétés africaines. Les recherches sociolinguistiques et didactiques amplifient la promotion d'une renaissance culturelle en Afrique, en prenant appui sur un constat généralisé des traits caractéristiques de la perte de cet héritage dans ces pays de l'Afrique subsaharienne, au nombre desquels :

- l'existence de plusieurs langues et ethnies qui se répartissent le pouvoir sous une forme diglossique explicite ou non ;

- l'attribution aux langues héritées de la domination (colonisation) occidentale le statut de langues officielles aux côtés des langues locales (quand c'est le cas), ainsi que la manifestation subtile de leur hégémonie sur les langues locales et leurs locuteurs ;

- la naissance des guerres et mésententes du fait que chaque Africain revendique une appartenance à une ethnie/tribu différente, à une religion particulière ou encore être communauté linguistique singulière (francophone et anglophone).

Au Cameroun, la mésentente linguistique tire ses origines de l'identification des populations aux singularités précédemment évoquées. Il n'est pas rare que les recrutements dans l'administration publique s'effectuent implicitement sur des bases ethniques. Michel Michaut Moussala (2012), dans le journal «Aurore Plus» expose les conclusions de Monseigneur Tonye Bakot sur « la longue lutte des Bamiléké pour conquérir le pouvoir »:

> *en dehors des enseignants, associés ou permanents majoritairement bamiléké, on constate que les étudiants originaires de la région [Ouest] représentent près de 60% des effectifs de cette faculté contre environ 40% pour les neuf autres régions du pays.*

Voici les statistiques des étudiants camerounais par région : - centre : 194 - Est : 9 - Littoral : 214 - Nord : 32 - Nord - Ouest et Sud - Ouest : 36 - Sud : 115 - Ouest : 721[1].

Chaque locuteur d'un groupe ethnique se croit dans l'obligation de réclamer «une part du gâteau national» lors des nominations [2]. Si les questions d'harmonisation et d'unité nationale dépendent principalement de la paix et que l'Afrique subsaharienne connait des guerres d'origines tribale et identitaire, l'école serait-elle alors le meilleur outil de construction de la paix ? Si la réponse est positive, comment ce processus peut-il s'opérer dans le cadre scolaire? La deuxième partie de la question laisse émerger deux postulats subséquents :

- la construction d'une identité multilingue et multiculturelle dépend des contenus d'enseignement dès le primaire ;

- une passerelle entre la famille et l'extérieur, entre la tradition et le modernisme ne peut être assurée que par l'école.

Les hypothèses fédératrices de l'école donnent lieu à des propositions conclusives comme : le renforcement des recherches sur l'urgence d'un enrichissement des contenus de formation linguistique et culturelle des élèves du primaire et du secondaire. Cet approfondissement curriculaire est l'élément moteur qui catalyse la construction de nouvelles formes de transmission de connaissances basées sur l'usage équitable des langues en présence. L'emploi des langues camerounaises et des langues officielles a pour vocation la résolution des potentiels problèmes ethniques souvent relégués au second plan dans les établissements scolaires. Les mésententes tribales et ethnolinguistiques naissent des clichés et préjugés linguistiques véhiculés par les populations de la cellule familiale à l'école suggérant in extenso la question initiale de la présente recherche de la manière suivante: est-ce que l'enseignement des langues nationales fait partie des priorités éducatives au Cameroun en tant que garant de la stabilité future des nations africaines ?

Les propositions de réponses à cette question de départ proviennent d'une enquête documentaire et sociolinguistique, avec comme outil d'enquête, un mini-questionnaire à questions ouvertes administré à des enseignants de langues et cultures des cycles primaire et secondaire des villes de Yaoundé, Douala et Bafoussam. Les suggestions réflexives se focalisent sur des critères visant à encourager l'enseignement bi/plurilingue identitaire, facteur de découverte de l'autre et de soi. Des modalités pédagogiques conduisant à une construction d'une identité pacificatrice du jeune et des sociétés plurilingues africaines concluront ces déductions.

---

[1] Aurore plus, 27 juillet 2012, Université catholique d'Afrique centrale : les chiffres qui dérangent.

[2] Radio Télévision Siantou, débats radiophoniques les samedis et dimanches de 10h à 12h.

1. De la multiplicité linguistico-culturelle du Cameroun

Le Cameroun, d'après les données du troisième Recensement Général de la Population et de l'Habitat (RGPH) compte *19.406.000 habitants au 1er janvier 2010.* Il est indiqué qu'en *"novembre 2005* [lors du recensement], *le Cameroun comptait 17.463.836 habitants".* D'après ces conclusions, les régions les plus peuplées au 1er janvier 2010 sont le Centre et l'Extrême-Nord, et la région la moins peuplée est le Sud, avec une population avoisinant 700.000 habitants.

L'évaluation de la croissance démographique et du degré d'urbanisation allant généralement de pair, le RGPH recense en 2005 près de 27 villes urbanisées sur une base numérique et commerciale, parmi lesquelles Bafoussam, Douala et Yaoundé. Ces trois villes constituent les plus grandes métropoles camerounaises, eu égard à leur industrialisation, leur densité démographique et leur haute attractivité touristique et économique. C'est l'une des raisons pour lesquelles elles ont été sélectionnées comme représentatives de l'urbanisation, du plurilinguisme et du pluriculturalisme dans le cadre de la présente recherche.

Bafoussan, Douala et Yaoundé rassemblent la quasi-totalité des phyla du Cameroun. Yaoundé, capitale politique, insuffle le rythme de vie politique et, pour reprendre le Chef de l'État du Cameroun en 2008, « tant que Yaoundé respire, le Cameroun vit » (Fanny Pigeaud, 2011 : 216)[3]. Douala, capitale économique, est la plaque tournante des enjeux commerciaux au Cameroun avec ses ports et avenues commerciaux. Bafoussam pourvoit toutes ces deux villes de vivres en abondance et connaît un essor industriel sans pareil depuis des décennies. Toutes ces villes accueillent des personnes d'ethnies diverses et locutrices de langues singulières qui semblent cohabiter harmonieusement.

Les multiples contacts linguistiques font émerger des problèmes d'hégémonie linguistique et de « revendications ethnoculturelles ». En effet, la majorité des groupes ethniques camerounais sont minoritaires. L'omniprésence d'une hégémonie des langues officielles, indispensables pour les communications inter communautés linguistiques, rend les possibilités de jouissance d'un prestige plus élevé des langues locales quasiment nulles. Au-delà de cette réalité d'infériorité des langues locales, Samantha Chareill (2001 : 73-137) déclare que : « dans la plupart des cas, c'est la survie même de la langue et de l'identification culturelle du groupe qui est en jeu ». Il semble nécessaire de préciser que chaque région recense près d'une vingtaine de langues et variantes différentes, aucune d'entre elles n'est majoritaire de par son nombre de locuteurs.

Chaque pourcentage révèle la présence d'un certain nombre de locuteurs de différentes langues dans une seule région. Et, lorsque chaque groupe revendique

[3] Fanny Pigeaud, 2011, Au Cameroun de Paul Biya, Paris, Editions Karthala.

l'introduction de sa langue dans le système scolaire, des conflits naissent et ne sauraient être gérés que par le politique. Celui-ci peut envisager de les exclure pour harmoniser les relations entre les communautés linguistiques ou de les impliquer en limitant toutefois leur prestige par certains décrets.

2. Du développement des politiques linguistiques et éducatives

Découvert par les Portugais, le Cameroun a vécu son premier héritage linguistique à travers le nom « Rio dos camaroes », qui s'est transformé sous les Allemands en « Kamerun ». Ce nom de baptême a symbolisé le début de l'existence du Cameroun. Plus tard, le Cameroun, sous protectorat allemand et sous mandat britannique et français, a connu tour à tour des lois autorisant l'usage des langues *indigènes* à l'école et celles les interdisant.

Sous protectorat allemand, la Bible fut traduite en duala pour une meilleure expansion de la religion chrétienne. L'Islam, implantée dans le grand Nord n'a pas éprouvé le besoin de traduire le Coran dans une langue camerounaise. Sous la législation de Von Put Kamer, les langues *indigènes*, aux côtés de l'allemand, ont servi à la transmission initiale des connaissances jusqu'à l'obtention du premier certificat d'études primaires. Ledit certificat a autorisé les lauréats à devenir des maîtres d'école. Signe de prestige, la scolarisation a appartenu à quelques privilégiés qui ont défendu la cause de l'intervention allemande au Cameroun. À titre d'illustration, les rois duala s'étaient réunis après la Première Guerre mondiale, pour demander au gouvernement allemand de poursuivre leur protectorat au Cameroun. (Mal)heureusement, la Société des Nations (SDN) a placé le Cameroun sous mandat britannique et français (Poth, 1977).

La fin de la Deuxième Guerre mondiale marque un autre tournant dans l'histoire et la politique linguistique du Cameroun. Deux régions ont été attribuées à l'Angleterre : le Nord-Ouest et le Sud-Ouest. Ces régions symbolisent aujourd'hui, l'administration anglophone. En rappel, l' « indirect rule » appliqué par les Britanniques stipulait une indigénisation de l'acquisition du savoir. Les peuples devaient apprendre dans leur langue tous les savoirs occidentaux pour une indépendance « régulée » de la région. Cependant, les velléités indépendantistes les portèrent à dissoudre la loi sur l'usage des langues *indigènes* dans les écoles. Ils rejoignirent la politique française qui interdisait l'utilisation de ces langues sous peine de sanction. En marge, ils octroyèrent des bourses à toute personne scolarisée en anglais. Ainsi furent fermées les écoles qui s'évertuaient à transmettre en langue locale toutes formes de connaissances. (Poth, 1977).

Le Gouvernement français, en arrivant au Cameroun, contraignit les Camerounais à devenir des Français, par une politique assimilationniste qui prohibait toute utilisation des langues indigènes. La loi Carde (1921) a concouru à prohiber l'usage des langues maternelles dans le système scolaire. Malgré la publication par les missionnaires presbytériens du journal « mefoe », les politiques éducatives astreignirent les auteurs à déserter les lieux, au mieux, à délaisser toutes formes de communication en langue locale.

Les indépendances des pays africains ont conduit les dirigeants à adopter des politiques linguistiques favorables à la fois aux anciens « colons » et aux communautés linguistiques. Le Cameroun, afin de régler le problème de plurilinguisme, adopte le français et l'anglais comme langues officielles, après la réunification des deux pôles confirmant ainsi les déclarations subséquentes :

> *Les langues européennes ont acquis la prédominance là où la pénétration de l'Europe s'est effectuée auprès des sociétés tribales sous-développées, rencontrant en conséquence des langues peu évoluées, non écrites et très diversifiées. En pareil cas, les langues de la colonisation ou des altérations de ces langues sont facilement devenues les seuls instruments des affaires publiques ; à ce titre, elles étaient indispensables au nouveau régime, même après l'accession à l'indépendance. C'est ainsi que l'anglais, le français et le portugais sont devenus langues officielles dans presque toute l'Afrique au sud du Sahara.* (Rapport de la Commission royale d'enquête sur le bilinguisme et le biculturalisme, 1967 :10).

Le Cameroun, autrefois Etat fédéral, s'est réunifié en 1972. Constitutionnellement, il est devenu un état bilingue corroborant les déclarations de la Commission royale :

> *En soi, l'État bilingue est une formule qui a souvent été instaurée après un regroupement démographique résultant de la guerre, d'une révolution, d'une fédération. Dans la plupart des cas, à cause du rôle des communications dans le monde moderne, le gouvernement est contraint d'établir une politique linguistique, celle-ci dut-elle réduire à rien ou presque rien son pouvoir d'intervention en matière de langues.* (Rapport de la Commission royale d'enquête sur le bilinguisme et le biculturalisme, 1967 :10).

La loi sur l'interdiction de l'usage des langues nationales, quoique non abolie, s'est vue amoindrie par les récentes évolutions du système éducatif :

- au primaire, une nouvelle discipline intitulée « culture nationale » a vu le jour. Ses curricula ont autorisé une utilisation des langues locales pour transmettre des éléments comme le chant, la danse, le récit, etc.[4]

- au secondaire, les départements de langues et cultures camerounaises (LCC) se chargent de transmettre ces notions dans les établissements secondaires disséminés dans le Cameroun depuis 2010.

- À l'Université, les départements de langues continuent de former les étudiants en linguistique africaine, langues africaines, didactique des langues africaines, description des langues africaines, etc. En marge, le Département de Langues et Cultures Camerounaises, forme les élèves - professeurs (de lycées) de langues africaines depuis 2008.

---

[4] Lire les programmes des paliers I, II et III

Les politiques linguistiques ont ainsi évolué ; l'Assemblée Nationale adopte en 1996 un texte de loi, loi n° 1996/06 du 18 janvier 1996 portant révision de la Constitution du 2 juin 1972 :

> *[...] la République du Cameroun adopte l'anglais et le français comme langues officielles d'égale valeur. Elle garantit la promotion du bilinguisme sur toute l'étendue du territoire. Elle œuvre pour la protection et la promotion des langues nationales.*

Deux ans plus tard, la loi n° 98/004 du 14 avril 1998 portant orientation de l'éducation au Cameroun fixe le cadre juridique général de l'éducation. Dans le titre II de l'élaboration, de la mise en œuvre, de la politique et du financement de l'éducation, l'article II, alinéa 1 stipule :

> *L'État assure l'élaboration et la mise en œuvre de la politique de l'Éducation à laquelle concourent les collectivités territoriales décentralisées, les familles ainsi que les institutions publiques et privées.*

À cette fin, il

> *[...] veille à l'adaptation permanente du système éducatif aux réalités économiques et socioculturelles nationales ainsi qu'à l'environnement international, particulièrement en ce qui concerne la promotion des enseignements scientifiques et technologiques, du bilinguisme et l'enseignement des langues nationales.*

La création, ces dernières années, des départements de formation des enseignants en LCC, entérine la Charte de renaissance africaine de 2006. Elle stipule la considération des langues africaines dans toutes les activités de la vie des Africains : l'école ne faisant aucune exception.

3. Méthodologie

La présente recherche se propose d'analyser les politiques linguistiques en vigueur au Cameroun sous une perspective sociolinguistique basée sur une enquête de terrain. Il s'agit d'administrer un questionnaire à un échantillon de 30 personnes disponibles[5] au moment de l'enquête (fin juillet et début août 2014). Les enseignants qui ont accepté de se soumettre à cet exercice ont tous désiré garder l'anonymat du fait de la sensibilité de la question identitaire au Cameroun.

Généralement, les enseignants répondaient sur place, car les possibilités de les revoir le lendemain ou la semaine d'après étaient improbables. Les plus jeunes sollicitaient que leur soient envoyés les questionnaires via « google ». Ils répondaient en ligne. Répondre à ces questionnaires prenait entre 10 et 15 minutes, lorsque le répondant était pointilleux. Le dépouillement suivait un

---

[5] L'échantillonnage non probabiliste aléatoire s'est focalisé sur les enseignants de langues et cultures nationales du primaire et du secondaire des villes de Yaoundé, Douala et Bafoussam. En période de vacances, les enseignants moins disponibles.

processus de recoupement et de classement symétrique des réponses, avant analyse et interprétation.

L'aspect genre ne contribuait pas à renforcer les analyses et les conclusions de la présente recherche. Cependant, l'expérience professionnelle a semblé pertinente, car les réponses des plus anciens enseignants différaient de celles des plus jeunes.

Tableau 1 : Expérience professionnelle des enseignants

Moins de 5 ans	Entre 5 et 10 ans	Entre 10 et 15 ans	Plus de 15 ans
50%	35%	15%	00%

La plupart des enseignants formés pour transmettre les LCC enseignent depuis 2010. D'autres enseignants de langues ont été interrogés pour compléter les données, notamment ceux du département de français à Bafoussam et à Yaoundé et de 02 établissements privés à Douala. La plus grande ancienneté professionnelle a été détectée chez les enseignants de français. Les plus jeunes (professionnellement) appartiennent au département de LCC en ce qui concerne le secondaire. Au primaire [6], les 10 enseignants rencontrés avaient une ancienneté comprise entre 5 et 10 ans. Ils avaient déjà assisté aux séminaires et expérimentations d'enseignement bilingue de la culture nationale en 2007. Leur connaissance des contenus et de la symbolique des langues nationales semble incontournable dans l'analyse des résultats du présent travail.

4. Quelques résultats

4.1. Symbolique des LN dans le système éducatif

Dans les faits, tous les jeunes enseignants (50% des enseignants interrogés) estiment judicieux que les langues nationales soient enseignées dans les lycées. Ils souhaitent notamment voir celles-ci, au lieu de se limiter à l'enseignement, servir de moyen d'enseignement des autres matières. Les plus anciens, préoccupés par la surcharge curriculaire, estiment qu'il y a déjà trop de matières au programme pour ajouter une nouvelle discipline dont l'apport n'est que culturel, et l'intérêt mitigé, car ils n'ont reçu aucune formation pour enseigner ces langues.

Pourtant, d'après Tadadjeu (1982, 1990, 2002), les langues nationales font office de passerelle entre la famille et l'école. Les enseignants qui évoluent en milieu plurilingue estiment qu'ils ne connaissent pas la langue susceptible d'assurer une pareille passerelle, même si la plupart des élèves utilisent le français comme langue première et qu'ils ne commencent à apprendre leurs langues maternelles qu'en classe de 6e ou 5e. Ils soulignent néanmoins que le système de valeurs africaines allant *decrescendo*, l'insertion des LN dans le

[6] Au primaire, il n'y est enseigné que la culture nationale.

système éducatif pourrait marquer un tournant décisif dans une future appropriation des technologies en langues camerounaises. Les efforts de traduction, pour ceux maîtrisant la LM utilisée, seront effacés. Ils apprendront uniquement ce qui est enseigné avant de penser à savoir écrire et surtout comprendre ces nouveaux mots.

Toutefois, les langues camerounaises symbolisent pour les enseignants, un renouvellement identitaire qu'eux-mêmes, jeunes et adultes confirmés, recherchent. Loin d'apporter de nouvelles connaissances technologiques, les langues renforcent le patriotisme des jeunes élèves, « développent leur esprit imaginatif », et les confortent dans un apprentissage du système traditionnel des valeurs. Certains déplorent que les enseignements n'incluent pas encore la pharmacopée traditionnelle dans les classes d'observations.

4.2. Contenus d'enseignement des LN comme marqueurs de paix

Les contenus proposés sont les plus génériques possibles : alphabet général des langues camerounaises (AGLC), lexique et vocabulaire, etc. Les cours en 6e et 5e débutent par des connaissances plurilingues générales pour s'achever sur l'AGLC avec des illustrations lexicales. La syntaxe et autres faits de langues sont pour le moment exclus. Au primaire, les langues nationales ne sont pas enseignées. Seule la culture nationale est inscrite dans les programmes.

Au niveau de la culture, toutes les formes tribales instituant l'hégémonie d'une ethnie sont écartées au profit des contenus comme les chants, les devinettes, les danses, etc. Le renforcement de l'élément patriotique s'effectue au primaire à travers l'hymne national, chanté en français, en anglais et en langue nationale dominante dans des établissements d'application (comme l'École publique annexe du centre). La culture repose essentiellement sur les chants, contes, devinettes, danses, particularités régionales, etc.

Les enseignants recommandent que soient introduits plus d'éléments scientifiques dans la transmission de la langue, au lieu que soit enseignée la langue pour elle et par elle. Il faudrait étendre l'apprentissage à l'écrit et à la lecture. Transiter vers une alphabétisation fonctionnelle serait alors la future étape de la présente insertion.

4.3. Du choix des langues à enseigner

Plusieurs langues sont enseignées dans les établissements pilotes. Le choix des langues d'enseignement dépend du recrutement effectué à l'ENS de l'Université de Yaoundé I. Il s'agit principalement des langues véhiculaires comme le beti-fang et le fulfulde, reconnues comme telles, même si la masse démographique n'est pas aussi forte que celles précédemment citées. Il s'agit du duala, du basaa et du mədʉmba. D'autres langues ont été considérées comme le wum et le ghomala'. En débutant par ces langues, chaque grande partie du Cameroun est concernée et il est difficile pour les élèves locuteurs de différentes langues camerounaises de rejeter les autres ethnies. Pourtant, certains continuent à revendiquer que leurs langues et variantes dialectales soient enseignées de par leur passé glorieux, mais pour cela, il faudrait que la langue soit standardisée et ait un matériel didactique suffisant.[7]

Dans cette partie, seuls les enseignants de LCC étaient concernés. Lorsqu'il leur est demandé si une langue leur a été imposée pour apprentissage et enseignement plus tard, ils répondent par la négative. Ils déclarent que c'est en fonction de leurs connaissances initiales qu'ils ont été orientés. Il n'existe pas vraiment de choix de langues, mais d'orientation en fonction des formateurs des formateurs en présence et des élèves-professeurs recrutés. Au primaire, ils déplorent qu'aucune langue précise ne soit établie comme langue d'apprentissage, mais que le choix soit laissé à l'enseignant. L'instituteur devient-il un autodidacte? Les langues ont-elles été intégrées dans le système sans une expérimentation préalable ?

5. Approches didactiques et stratégie de pacification linguistique en milieu plurilingue

La pacification linguistique est le processus d'usage des données linguistiques pour implanter des notions de tolérances chez les jeunes apprenants. À travers Le Programme Opérationnel Pour l'Enseignement des Langues au Cameroun (PROPELCA), qui a débuté l'expérimentation d'enseignement des langues en 1984, nous avons assisté à un premier essai d'union, de pacification et de construction identitaire au Cameroun. Le modèle bilingue d'enseignement des langues au primaire est celui qui a été le plus implémenté dans les établissements scolaires. Les approches didactiques qui ont été choisies répondaient au projet du trilinguisme dans lequel Tadadjeu (1982) exhortait les enseignants à débuter l'enseignement en langue maternelle (LM) avant d'achever le cycle primaire en langue officielle première (LO1) pour des raisons de certification. La méthode d'enseignement était directe : éveil, révision, introduction, explications, jeux de questions-réponses, transfert ...

Le cours essentiellement en LM permettait à l'enseignant et à l'élève qui parlent la même langue un partage de connaissances scientifiques. Aujourd'hui, le milieu plurilingue oblige les formateurs à regrouper les élèves par langues pour une transmission des LN. Cependant, des *singletons* survivent à ce regroupement. Cette approche restreint cette optique et la recherche d'une langue passerelle demeure. Les approches qui reposent sur un bilinguisme identitaire[8] deviennent prioritaires dans l'enseignement en ville, au vu de la main-d'œuvre enseignante réduite. Pour débuter les enseignements, les ouvrages actuellement utilisés par certains enseignants proposent un

[7] Car, il s'agit d'un enseignement en milieu plurilingue, l'Enseignement de la langue maternelle orale ELMO (Assoumou, 2010) aurait pu être proposé en milieu unilingue.
[8] Ndibnu-Messina (2010, 2013), Elan-Afrique (2012)

enseignement bilingue[9], éwondo et français. Les textes d'application et exercices sont essentiellement en éwondo.

L'enseignement bilingue est la pièce maîtresse pour débuter tout enseignement des langues avec les jeunes qui, pour la plupart, maîtrisent le français comme L1. Leurs enseignants, dans la majeure partie des cas, sont également compétents dans cette langue, les explications sont plus aisées en français, même si les contenus demeurent en éwondo. Tout transfert peut s'effectuer dans une langue autre que celle enseignée, comme préconisé par Ndibnu-Messina dans l'approche bilingue qu'elle propose (Ndibnu-Messina Ethé J., 2009).

Conclusion

Il s'agissait dans cet article d'identifier l'aspect prioritaire de l'enseignement des langues camerounaises aux jeunes évoluant en milieu urbanisé plurilingue. Nous constatons que les textes de lois, les approches didactiques et les contenus se conforment à un enseignement d'une langue seconde. Ces approches sont influencées par le souci de plaire à toutes les ethnies camerounaises, d'effectuer des choix clairs de langues à transmettre en priorité et d'inculturer les enfants dans une culture camerounaise. Si aucun choix clair ne s'opère, aucun renforcement scientifique des contenus n'est possible : les LN ne pourront pas servir pour acquérir des notions scientifiques si l'on ne se trouve pas dans les régions rurales. Or, certains jeunes évoluant en situation plurilingue ont pour L1 une langue camerounaise. Toutes les expérimentations renforçant les capacités scientifiques sont dévolues à un milieu donné, à une langue donnée, etc. Ne faudrait-il pas choisir, comme Tabi-Manga (2000) le recommande, des langues véhiculaires pour leur introduction dans les écoles ? Ces langues serviraient d'éléments de connaissances initiales *sine qua non* permettant d'être recrutés comme élève-professeur en LCC ou instituteur camerounais. L'enseignement des langues locales dès la maternelle ou le primaire est l'élément moteur qui catalyse les identités plurilingues chez les jeunes. En plus, ils apprennent à dépasser des clichés à partir de leurs connaissances des autres langues et ethnies, moyens de construction d'une tolérance ethnolinguistique sûre, gage d'une paix durable.

Références bibliographiques

Assoumou, J. 2007. « Pour une intégration réussie des langues nationales dans l'enseignement scolaire au Cameroun», in *African Journal of Applied Linguistics n°05*, pp.5-31.

[9] Essono, J.M. 2012. Langue et culture ewondo.

Assoumou, J. 2010. « À la recherche d'un modèle d'éducation multilingue pour le Cameroun », in *Universités francophones et diversité linguistique* (Bitjaa Kody, dir.), Harmattan-Cameroun, pp. 259-279.

Bitjaa Kody, Z.D. et J. Messina Ethé, 2007. « Langues et Cultures nationales dans les écoles primaires en milieu plurilingue camerounais », in *The Journal of West African Languages* (JWAL) Vol. XXXIV, N°1, Dallas, West African Linguistics Society.

Bitjaa Kody, Z. D. 2009. « Pour un enseignement des langues et cultures nationales comme matières », in *Revue Internationale des Arts, Lettres et Sciences Sociales* (RIALSS), Yaoundé, Les Grandes Éditions, Vol 1, N°3, pp. 269-280

Brenzinger, M. 1997. « Language Contact and Language Displacement », in F. Coulmas (éd.), *The Handbook of Sociolinguistics*, Oxford/Massachusetts, Blackwell Publishers, p. 273-284.

Bulot, T. 2007. « Culture urbaine et diversité sociolinguistique : une identité en mouvement entre le local et le global », in *L'écho de ma langue (enjeux sociaux et culturels de la diversité des langues)*, Lille.

Chumbow, B. S. 1980. « Language and language policy in Cameroon», in *An experiment in nation building: the bilingual Republic of Cameroon since reunification,* West view, Boulder Co.

Chumbow, B. S. 2010. « La politique linguistique de l'Union Africaine et la diversité linguistique », in Bitjaa Kody (dir.), *Universités francophones et diversité linguistique*, Paris, L'Harmattan.

Constitution du Cameroun, 1996.

Foued Laroussi. 2002. « Quelle politique linguistique pour quel Etat-nation ?», in *GLOTTOPOL, Revue de sociolinguistique en ligne, n°1 Janvier 2003,* http://glottopol.univ-rouen.fr/numero_1.html

Mba, G. 2002. «Pour une application des modèles généralisables d'enseignement des langues nationales au Cameroun », in *African Journal of Applied Linguistics N° 003*, pp. 17 - 32.

Mba, G. 2012. « L'enseignement des langues et cultures au Cameroun : leçons d'aujourd'hui, semences de demain », in Fonkoua (éd.), *Principes et modalités de l'enseignement des langues et cultures camerounaises*, L'Harmattan Cameroun, pp. 29-51.

Ndibnu-Messina Ethé, J. 2009. «Enseignement des langues et cultures nationales: le français comme stratégie didactique en milieu plurilingue», in *Kaliao, Revue pluridisciplinaire de l'École Normale Supérieure de Maroua, série Lettres et Sciences Humaines, vol. 1, n°02*, pp. 11-21.

Pigeaud, F. 2011. *Au Cameroun de Paul Biya*, Paris, Editions Karthala,

Tadadjeu, M. 1980. *A Model for Functional trilingual Education Planning in Africa*, Paris, UNESCO.

Tabi-Manga, J. 2000. *Politique linguistique du Cameroun*, Paris, L'Harmattan.

Union Africaine, 2006. *Charte de la renaissance culturelle*, Khartoum.

Zerva, M. 2011. «Assimilation linguistique et processus de minoration», *in Lidil 44*, mis en ligne le 15 juin 2013, consulté le 11 juin 2013. http://lidil.revues.org/3147

Annexes

Questionnaire

1) Identification

a) Vous êtes enseignant de :

- Langues nationales
- Cultures nationales
- Langues secondes (français, anglais, allemand, espagnol)
- Langues et cultures nationales

b) Vous êtes enseignant au

- Primaire
- Secondaire

c) Vous enseignez depuis :

- Moins de 5 ans
- Entre 6 et 10 ans
- Entre 11 et 15 ans
- Plus de 15 ans

2) Qu'enseignez-vous pendant les cours de langues nationales ?

3) Qu'enseignez-vous pendant les cours de cultures nationales ?

4) Les contenus de langues et cultures nationales vous semblent-ils suffisants pour intégrer les notions de patriotisme, d'unité nationale et d'identité ?

5) Que proposeriez-vous pour renforcer les cours de langues et cultures nationales dans ce sens ?

CHAPITRE XIV

Pour une valorisation des acquis de l'expérience camerounaise en matière d'enseignement des langues et cultures nationales dans l'éducation de base[1]

Jules Assoumou

Introduction

Moyens de communication, vecteurs de l'éducation et support de la culture dans la société traditionnelle, les langues camerounaises ont été au centre de l'éducation moderne au début de la pénétration occidentale au Cameroun. Mais l'entreprise éducative endolingue des missionnaires a été brutalement stoppée par l'administration coloniale. Les premiers gouvernements postcoloniaux se sont gardés de s'engager sur le chemin périlleux de la promotion des langues et cultures nationales. Longtemps revendiquées par certains nationalistes à la veille et à l'aube des indépendances, les langues camerounaises, grâce à l'attention bienveillante de l'UNESCO (Sow, 1977), sont progressivement réhabilitées et retrouvent le circuit éducatif dans les années 80.

Les travaux significatifs des universitaires et des linguistes ayant réussi à dissiper les hypothèses tendancieuses érigées en paroles d'évangile par les partisans de l'occidentalisation de l'Afrique (Assoumou, 2015a), des modèles d'aménagement linguistique à orientation éducative voient le jour, qui conceptualisent l'intégration harmonieuse des langues et cultures camerounaises dans l'éducation scolaire[2]. C'est sur la base des toutes premières hypothèses[3], notamment celle de Tadadjeu (1980), que le Projet Opérationnel pour l'Enseignement des Langues au Cameroun (PROPELCA) entreprend une recherche expérimentale sur l'enseignement des langues camerounaises en harmonie avec les langues officielles (Tadadjeu, 1990). Il en résulte un modèle d'éducation à quatre volets[4], dont le volet 2, consacré à l'enseignement des

---

[1] Qu'il me soit permis d'exprimer ma profonde gratitude à mes étudiants de *Langues Africaines et Linguistique*, pour leurs observations pertinentes dans le cadre des cours *Pédagogie des langues africaines* et *Développements récents en linguistique appliquée* : leurs réflexions et leurs inquiétudes m'ont décidé à poursuivre cette réflexion amorcée depuis près d'une décennie (Assoumou, 2007, 2009, 2010).

[2] Il s'agit du *Trilinguisme extensif* de Tadadjeu, du *Quadrilinguisme* de Tabi Manga et du *Quadrilinguisme étendu* d'Assoumou (lire à ce sujet Assoumou, 2009)

[3] Ngijol Ngijol, 1964 ; Tadadjeu, 1980 ; Towa, 1987.

[4] En l'occurrence le modèle 1 (Bilinguisme officiel généralisable au niveau du secondaire), le modèle 2 (Bilinguisme identitaire langue maternelle/langue officielle au primaire), le modèle 3 (Langues nationales au secondaire) et le modèle 4 (Langues maternelles à la maternelle)

langues maternelles camerounaises au primaire (Tadadjeu et al, 2004). Ce dernier bénéficie de l'appui de l'Association Nationale des Comités de Langues Camerounaises (ANACLAC) dans la production du matériel didactique et la formation des ressources humaines nécessaires à sa généralisation. L'expérience s'accompagne de plusieurs réflexions et propositions, notamment des modèles d'aménagement et d'enseignement[5].

L'école primaire est le premier champ d'expérimentation et d'application de la pratique par les missionnaires et le PROPELCA. Après avoir été devancé par l'enseignement secondaire sur lequel l'État va jeter son dévolu au moment de la généralisation de la donne, le cycle primaire revient au-devant de la scène avec la prise d'intérêt soudaine du Ministère de l'Éducation de Base (MINEDUB). C'est alors que d'autres projets voient le jour[6], suscitant parfois des réflexions non abouties, parce que non muries. L'enthousiasme débordant généré par le succès de l'expérience mérite d'être canalisé. L'exploration de ce nouveau champ augure certes d'une moisson abondante, mais la *prestidigitation scientifique* opportuniste qu'elle suscite s'avère contreproductive[7]. Par ailleurs, si la riche expérience des missionnaires et du projet PROPELCA constituent des acquis indéniables, les orientations de ces entreprises doivent être revisitées et enrichies dans l'optique de les améliorer, mieux, de les viabiliser. Cet article précise les conditions de valorisation des acquis de l'expérience camerounaise comme préalable à la restauration du socle pédagogique sur lequel reposera la rénovation pédagogique envisagée dans l'éducation de base au Cameroun.

1- De l'évangélisation à l'alphabétisation

Les langues camerounaises font leur entrée dans l'éducation scolaire à la faveur de l'évangélisation. À la suite des Portugais, premiers Européens à fouler le territoire camerounais (1472), les Anglais s'implantent sur les rives du Wouri au XIXe siècle. Si les premiers ne se préoccupent que de la traite des esclaves, les seconds s'intéressent davantage au commerce et à l'évangélisation.

Contrairement aux catholiques pour qui le clergé est seul habilité à accéder aux Saintes Écritures, les protestants prônent la vulgarisation, mieux, la « démocratisation » de la Parole de Dieu. Les missionnaires commencent par travailler avec les colons et les anciens esclaves qui ont une bonne connaissance de l'anglais et du pidgin-english. Mais l'usage de ces idiomes ne pouvant aller

---

[5] Il s'agit du *modèle PROPELCA* (Tadadjeu et al, 2004), du *modèle oral* et de l'*approche culturelle* (Assoumou, 2010)

[6] C'est le cas des projets *Langues de Scolarisation en Afrique Subsaharienne Francophone* (LASCOLAF) et *Ecole et Langues Nationales en Afrique* (ELAN Afrique).

[7] Sans vouloir verser dans la polémique, l'entreprise scientifique ne saurait s'accommoder de l'improvisation et du bricolage : l'appropriation du projet par des esprits non avisées et la prolifération de réflexions hâtives et incohérentes sur ce champ de recherche s'avèrent inquiétantes à plus d'un titre. Déplorant cette attitude, Tadadjeu, dans l'une de nos nombreuses conversations, estimait que PROPELCA était *victime de son succès.*

au-delà de la côte, les missionnaires protestants optent pour la transcription de la Parole de Dieu dans les langues autochtones, comme l'attestent les déclarations de Chazelas et Legrand:

> *Pour nous les protestants [...], l'instrument de toute notre propagande c'est l'Évangile ; nous voulons la mettre entre les mains de tous, nous sommes les hérauts d'une Nouvelle, nous apportons la lettre de Dieu aux hommes. Il faut la leur donner dans leur langue. Il est impossible à un homme de bon sens de penser une minute que nous allons commencer à apprendre le français à tous nos catéchumènes : hommes, femmes et enfants, jeunes gens et vieillards, avant de leur apprendre à lire leur Evangile [...]. Nous voulons former des hommes et des consciences [...]. Nous ne pouvons le faire qu'en leur donnant l'évangile dans leur langue et en leur apprenant à lire leur langue. (Cité par Stumpf, 1979 : 37)*

Les missions protestantes seront ainsi les pionnières de la standardisation des langues camerounaises. Les missionnaires (baptistes anglo-jamaïcains, pallotins allemands et presbytériens américains) s'attellent à doter les langues choisies pour la propagation de l'Évangile de systèmes d'écriture. Aidés de collaborateurs africains, ils entreprennent de traduire la Bible en langues camerounaises.

Plus tard, l'Église catholique romaine s'engagera à son tour dans la propagation du catholicisme avec pour recommandation l'intégration des valeurs culturelles locales dans l'évangélisation, suivant les prescriptions de la Congrégation de la Propagande de la Foi:

> *[Prenez] en main par tous les moyens et méthodes possibles l'éducation des jeunes gens de façon à les rendre capables de recevoir le sacerdoce [...]. Ne mettez pas votre zèle, n'avancez aucun argument pour convaincre ces peuples de changer leurs rites, leurs coutumes et leurs mœurs, à moins qu'elles ne soient évidemment contraires à la religion et à la morale. Quoi de plus absurde d'importer chez les Chinois la France, l'Espagne, l'Italie, ou quelque autre pays d'Europe. N'introduisez pas chez eux nos pays, mais la foi, cette foi qui ne repousse ni ne blesse les rites ni les usages d'aucun peuple pourvu qu'ils ne soient pas détestables, mais bien au contraire veut qu'on les garde et qu'on les protège [...]. Ne mettez donc jamais en parallèle les usages de ces peuples avec ceux de l'Europe ; bien au contraire, empressez-vous de vous y habituer. Admirez ce qui mérite louange. (Cité par Bimwenyi-Kweshi, 1981 : 66)*

L'Église catholique se montre en faveur des cultures, mais aussi des langues africaines. Elle se prononce pour *l'inculturation*, une adaptation de l'Évangile dans les langues et cultures locales. En 1945, une forte recommandation du Pape Pie XII exhorte les missionnaires à s'approprier ces idiomes nécessaires à l'enseignement et à la cohabitation avec les populations autochtones:

> *Parmi les choses que le missionnaire doit apprendre par la base pour les posséder à fond, il faut mettre en premier lieu la langue de la population à laquelle il est destiné. Il ne se contentera pas d'une connaissance rapide de la conversation. Il voudra en user avec aisance et correctement, sachant bien ce que vaut l'art de la parole pour gagner l'attention et la sympathie populaire ; or il se doit à tous, aux illettrés comme aux savants. Mais surtout s'il est diligent, le missionnaire ne voudra pas abandonner*

à ses catéchistes l'explication de la doctrine ; il se la réservera comme son lot personnel, il la considérera comme la part la plus importante de sa charge (Klauspeter Blaser, 2000 : 33-34).

Comme c'est le cas pour les protestants, la politique d'évangélisation des catholiques se matérialise par la traduction des Saintes Écritures en langues locales. Mais les missions chrétiennes vont plus loin : le tout ne sera pas de savoir parler les langues du terroir : il importe, pour les prêtres, de communiquer essentiellement dans ces idiomes qu'ils sont appelés à codifier. Mgr Lavigerie est formel là-dessus:

Notre intention est que l'étude de la langue tienne le premier rang dans toutes les préoccupations des missionnaires jusqu'à ce qu'ils la parlent parfaitement. Je désire que, dès que la chose est possible et au plus tard après l'arrivée dans la mission, tous les missionnaires ne parlent plus entre eux que la langue des tribus au milieu desquels ils résident. Dans chaque mission dont le dialecte n'aura pas encore été imprimé, j'ordonne également que l'un des missionnaires soit appliqué, pendant une ou deux heures par jour, à la composition d'un dictionnaire, au moyen de ses conversations avec les indigènes et des questions qu'il leur adressera sur la valeur des différents mots. Le même père sera chargé de composer en langue vulgaire un petit catéchisme ; plus tard, on fera les mêmes choses pour les Saints Evangiles. (Lavigerie, 1872 : 165)

Les missionnaires ne se contentent pas d'une connaissance sommaire de la langue. Ils se lancent dans des études descriptives approfondies et dans la transcription des textes de l'esthétique orale traditionnelle (contes, légendes, proverbes…). Mais pour lire les Saintes Écritures dans les nouveaux codes élaborés, il convient de soumettre les populations à leur apprentissage. Pour une alphabétisation à grande échelle, les missions chrétiennes font de l'éducation scolaire en langues locales une priorité. La cible étant la jeunesse, fer de lance de l'évangélisation, la formation est envisagée essentiellement dans l'éducation de base, cycle d'enseignement qui assoit les fondamentaux cognitifs et les compétences essentielles.

Les premières écoles sont l'œuvre des missionnaires anglais [8] qui se déploient sur les rives du Wouri à partir de 1843. À la faveur d'une vaste campagne d'alphabétisation, ils créent 29 écoles dont 24 où l'enseignement se fait en langues camerounaises et 5 en anglais. Par la suite, les missionnaires de la Mission Presbytérienne Américaine (MPA), mettant à profit l'œuvre d'Adolphe Clemeus Good[9], créent 97 écoles primaires et une école biblique, l'école de théologie de Bibia où l'enseignement se fait en bulu. Cinq langues camerounaises arborent la prestigieuse fonction de langue de l'éducation dans

[8] La Baptist Missionary Society

[9] Premier missionnaire à débarquer au Sud du Cameroun en provenance de l'île de Corisco, Good s'installe à Batanga, puis sillonne le pays bulu ; il installe le village pilote des missionnaires à Elat (Ebolowa), crée la Station missionnaire de Foulassi, met par écrit la langue bulu et traduit la Bible dans cette langue.

l'enseignement élémentaire : le bulu, le duala, le bali, le bassa, l'éwondo (Tabi Manga, 2000).

Malheureusement, cette dynamique sera de courte durée. En 1884, le Cameroun devient un protectorat allemand. Les Allemands, tout comme les Français et les Anglais qui héritent du Cameroun en 1818, entreprennent de remplacer les langues *vernaculaires* et de supplanter les cultures *indigènes* par les leurs. Face à la résistance des missionnaires, les uns et les autres se montrent intransigeants, comme l'atteste cette attitude de l'administrateur colonial allemand Zech:

> *Je ne peux pas admettre que l'enseignement chrétien en langue locale soit dans l'intérêt de la colonie [...]. Avec l'étude de la langue et son élévation au rang de la langue écrite, le sentiment national des indigènes va sans doute s'éveiller, mais en aucun cas un sentiment allemand ou de sympathie pour l'Allemagne, seulement l'opinion illégitime, reposant sur une illusion et jusqu'alors inconnue, du sens de leur propre nation, de leur communauté. Au Togo (comme au Cameroun), ont été unifiés artificiellement les peuples divers, divisés par la langue, auxquels on donne une langue écrite unique. Le stade de développement suivant sera la création d'une église locale, qui finalement se désolidarisera de ses initiateurs allemands [...]. Ceci deviendra le passage à un mouvement « éthiopien », qui sera une grande menace pour toute l'administration coloniale. Ce n'est pas une langue locale qui doit être le trait d'union entre les indigènes et leurs responsables allemands, ni entre les peuples de langues différentes, c'est l'allemand. (Cité par France Lange, 1991 : 484)*

Les missionnaires, et plus particulièrement les Presbytériens Américains, auront beau résister aux différentes administrations coloniales, les langues camerounaises finiront par être officiellement bannies de l'école par l'administration coloniale française. En 1928, cette dernière met sur pied un nouveau système éducatif avec quatre types d'écoles : primaire, supérieure, professionnelle et technique (Tabi Manga, 2000). Elle fait du français la seule langue d'instruction et, par *magnanimité*, permet aux missionnaires, dans une mesure transitoire, de donner une instruction rudimentaire en langues locales dans les enseignements de catéchisme.

Cette disposition donnera lieu à une sorte d'éducation préscolaire informelle destinée aux enfants de 3 à 6 ans à qui des moniteurs bénévoles inculquent des rudiments de la langue avant leur entrée à l'école primaire. Certains missionnaires catholiques ouvrent, à côté des écoles confessionnelles françaises, des *écoles de brousse*[10], non reconnues. On y enseigne la Bible et le catéchisme en langues locales, et on donne quelques rudiments de français parlé. Cette pratique s'estompera progressivement pour disparaître définitivement dans les années 60 (Assoumou, 2013).

---

[10] Encore appelées *écoles de catéchisme*, *écoles de village* ou *écoles chapelles*.

2- Les leçons de l'entreprise éducative des missionnaires

La dimension pédagogique de l'œuvre éducative des missionnaires est assez mal connue, sa technologie curriculaire et didactique n'ayant pas été documentée, tout comme son action pédagogique. Le peu d'informations dont disposent les chercheurs provient des sources orales, notamment des personnes ayant fréquenté les écoles missionnaires à cette époque. Nos analyses prendront appui sur l'œuvre des missionnaires américains, expérience la mieux connue et la plus significative.

Américains, catéchistes et maîtres alphabétisés constituaient les principaux acteurs pédagogiques. Ils seront rejoints plus tard par les diplômés de l'École Normale de Foulassi et autres moniteurs titulaires d'un certificat bilingue français-bulu. Les maîtres et les catéchistes étaient formés au centre de Bibia: les moniteurs américains consacraient une demi-journée à l'enseignement du français, et l'autre à l'étude du bulu, de la Bible et de la religion en bulu. Parallèlement au perfectionnement de la lecture et de l'écriture de la langue d'enseignement, les élèves-maîtres étaient formés pour l'enseignement d'autres activités, avec un accent particulier sur le calcul. De même, les futurs acteurs pédagogiques s'imprégnaient de l'essentiel des principes de conduite de l'œuvre pédagogique, de la préparation des leçons à l'évaluation, en passant par l'enseignement.

L'école était ouverte aux enfants de 2 à 8 ans[11], mais on y retrouvait des élèves bien plus âgés. Avant la première guère mondiale, l'essentiel des enseignements se faisait en bulu, les Allemands n'ayant pas encore réussi à imposer la langue allemande dans l'éducation scolaire comme ils le souhaitaient. Cette situation va évoluer pendant la tutelle française : face à la violence de la politique de *francisation* de l'éducation, les missionnaires seront obligés de faire des concessions. C'est ainsi qu'un système *bilingue* verra le jour : les enfants commençaient l'instruction en bulu, et c'est dans cette langue qu'ils apprenaient à lire, à écrire et à compter. Une fois les enseignements fondamentaux assurés, et lorsqu'ils avaient fait preuve d'une solide connaissance de la langue bulu, les élèves accédaient progressivement à la langue française (Tabi Manga, 2000). Le parcours scolaire est sanctionné par un double certificat bulu-français.

L'école primaire compte deux cycles[12]: bulu et français. Le cycle bulu comprend quatre niveaux d'études : ndɔ́mbɔ́, Ebáskáa, Mikantə, et Kálatə Zambɔ́. L'essentiel des activités se résume ainsi qu'il suit :

[11] Cette affirmation de Tabi Manga (2000) est discutable : selon nos sources, les élèves commençaient leur scolarité bien au-delà de 8 ans.

[12] Cete présentation que l'on retrouve dans Assoumou (2013) est reprise ici pour des raisons de pertinence avec, en prime, quelques détails supplémentaires.

Niveau 1 - ndɔ́mbɔ́[13] (drap blanc) : Le maître utilise de grosses lettres de l'alphabet en bois ou en carton qu'il accroche sur un drap blanc (ndɔ́mbɔ́), puis un grand livre qui contient des lettres et des associations de lettres. Plus tard, à l'aide du premier manuel de lecture, *Atáta'a yaá nláŋánə́ búlu* (le livre de lecture pour débutants bulu[14]) les élèves apprennent à lire et à écrire des syllabes, à déchiffrer et à construire des mots, puis des phrases, et enfin à lire de petits textes. Parallèlement, le maître enseigne les nombres et le catéchisme.

Niveau 2 - Ebáskáa : Aidés du deuxième manuel de lecture (*Ebáskáa*), les élèves s'exercent à la lecture courante des textes relativement longs, faits de petites histoires du quotidien de deux enfants, Ndo et Ngono[15], puis de comptines, et enfin, de petits textes bibliques. En se servant d'un manuel de calcul (*Kálatə táŋ*), ils apprennent la pratique des quatre opérations. En religion, ils procèdent à la lecture expliquée de petits passages bibliques qu'ils récitent par cœur.

Niveau 3 - Mikantə (histoires) : Le bulu s'enseigne à l'aide d'un livret de dessins au bas desquels sont transcrits des petits textes (*mikantə*) que les élèves lisent et pratiquent à l'écrit. Parallèlement, les apprenants s'initient à la lecture et à l'écriture à l'aide de textes du Nouveau Testament. En calcul, ils s'exercent aux opérations complexes et aux *problèmes* avec, comme support, un manuel de calcul.

Niveau 4 - Kálatə Zambə́ (la Bible) : on révise tout ce qu'on aura appris en langue et en calcul, on perfectionne la connaissance de la Bible (*Kálatə Zambə́*) et la lecture des textes bibliques, puis on passe des textes simples du Nouveau Testament aux textes complexes de l'Ancien Testament.

La méthode d'enseignement est mal connue. De manière générale, l'approche était centrée sur l'enseignant, *détenteur du savoir* qui distillait les connaissances de manière autoritaire. L'enseignement/apprentissage était basé sur la pratique contraignante des résumés dictés, mémorisés et restitués, sur la pratique systématique de la lecture et de l'écriture, et sur la pratique méthodique des exercices de langue, notamment de la dictée. Il s'agissait, pour la lecture et l'écriture, de la méthode syllabique au départ, et de la méthode globale dans la lecture des textes (au-delà du début scolaire). L'apprentissage du calcul s'opérait par maîtrise méthodique des chiffres et des opérations. Un accent particulier était mis sur la mémorisation progressive de la table de multiplication qui devait être récitée systématiquement. En réalité, le maître procédait par immersion, une méthode-choc qui ne posait pas de problème aux élèves, d'autant plus l'essentiel des activités s'effectuait dans une langue

[13] Transcription effectuée suivant les principes de l'alphabet général des langues camerounaises.
[14] Notre traduction
[15] Raison pour laquelle le manuel est encore connu sous l'appellation *Ndoó báa Ngɔno*

connue et que la plupart étaient suffisamment rodés dans la connaissance et manipulations des chiffres avant leur scolarisation.

La riche aventure éducative missionnaire est difficile à évaluer du fait de l'absence d'une documentation suffisante et de la précocité de son interruption. Mais des acquis significatifs sont à mettre à l'actif de l'expérience dont un important matériel didactique (Bates, 1926 ; MPA, 1930...), une abondante littérature religieuse et *profane* (Njemba Medou, 1932 ; Ondoua Engutu, 1954...) et des milliers d'alphabétisés dans la langue dont des locuteurs non natifs du bulu[16]. Ces derniers, au terme de leur formation, faisaient montre d'une parfaite maîtrise de la langue ou, à défaut, de connaissances élémentaires qu'ils perfectionnaient tout le long de la vie, notamment à travers la lecture de la littérature religieuse au quotidien. C'est ainsi qu'à la longue, on a pu constituer une communauté de lettrés dans la zone bulu. À en juger par la véhicularisation rapide du bulu et le nombre impressionnant de lettrés dans les *zones d'extension* de la langue, on peut affirmer que l'enseignement était transposé de manière à ce que les non-natifs bulu y accèdent facilement. Par ailleurs, la MPA pourrait revendiquer la paternité du bilinguisme identitaire, modèle de gestion pédagogique de langues en situation multilinguisme scolaire qui, de nos jours, reste d'actualité. Cette norme obéit d'ailleurs à un principe pédagogique cardinal auquel la MPA a fait honneur: partir du connu vers un savoir nouveau.

On pourrait déplorer un but restrictif de l'instruction (la lecture des Saintes Écritures) qui tenait plus de l'alphabétisation que de l'éducation scolaire, un modèle d'éducation linguistique transitoire qui profitait plus au français qu'aux langues locales, une formation et une documentation pédagogique sommaires qui limitaient les possibilités des maîtres et des apprenants ; mais il serait sévère de ne pas trouver de circonstances atténuantes aux limites de l'œuvre des pionniers de l'éducation scolaire en langues maternelles camerounaises:

- Les missionnaires n'étaient ni des politiques, ni des philanthropes africanistes, mais des pasteurs dont la mission consistait à prêcher l'Évangile. Leur reprocher de pratiquer une alphabétisation fonctionnelle ciblée serait faire preuve de mauvaise foi. Toute œuvre éducative a ses motivations et ces dernières doivent être en adéquation avec le but et les objectifs de l'éducation ;

- la vision de départ des missionnaires, une formation de base à la lecture et à l'écriture de la langue, a été contrainte à s'adapter à la *rage civilisatrice* française et de muter, pour survivre, vers un bilinguisme identitaire; encore que la pratique du bilinguisme est loin d'être

[16] Nous n'en voulons pour exemple que le Professeur Henri Marcel Bôt Ba Njock, premier chef de département de Langues Africaines et Linguistique de l'Université de Yaouindé, d'origine basa et dont la parfaite maîtrise du bulu faisait rougir de jalousie des locuteurs natifs.

condamnable : c'était la voie à suivre, l'éducation multilingue étant désormais la règle, et l'éducation monolingue l'exception ;

- les autorités pédagogiques n'avaient pas les moyens et l'expertise nécessaire pour la formation des maîtres et la production du matériel pédagogique. C'était des religieux et non des pédagogues. Les missionnaires ont fait la politique de leurs moyens et ont eu la clairvoyance et le courage de faire des langues camerounaises des langues d'évangélisation et d'éducation, de les standardiser et de les promouvoir.

Le riche héritage des missionnaires cherchera longtemps un héritier légitime. L'administration coloniale française, allergique aux langues et cultures camerounaises, inversera complètement la tendance en imposant un système éducatif extraverti. Les premiers gouvernements du Cameroun indépendant s'en accommoderont, partagés entre la crainte des représailles de la *néotutelle* et la peur de la fragilisation de l'unité nationale, priorité de l'époque. PROPELCA se fera malgré lui, le successeur du projet éducatif missionnaire. S'il n'en épouse pas le substrat idéologique (apprentissage des langues africaines pour la propagation de l'Évangile), le modèle, dans son volet2, en empruntera l'orientation pédagogique générale, celle du bilinguisme identitaire.

3- La moisson du projet PROPELCA

Le Cameroun indépendant fera fi de la question des langues nationales jusque dans les années 1980. Depuis 1993, les pouvoirs publics montrent un intérêt certain pour la promotion des langues et cultures nationales. Cette manifestation d'intérêt, nous la devons au projet PROPELCA qui, pendant plus d'une décennie, aura tenté de la susciter sans beaucoup de succès.

En 1978, un ambitieux projet de recherche baptisé Projet de Recherche Opérationnel pour l'Enseignement des Langues au Cameroun (PROPELCA) voit le jour à l'Université de Yaoundé. Une équipe de chercheurs de cette institution, en collaboration avec des chercheurs de la Société Internationale de Linguistique (SIL) et de l'Institut des Sciences Humaines (ISH) entreprend pendant plus d'une décennie, de résoudre l'épineux problème de l'intégration des langues camerounaises dans le système éducatif. 9 ans après le lancement du projet, 4 modèles généralisables sont développés, dont le modèle 2, consacré au primaire.

Le modèle 2 est une émanation du *trilinguisme extensif*, modèle de planification linguistique de Tadadjeu dont il épouse fidèlement les contours (Tadadjeu et Mba, 1996 ; Tadadjeu et al, 2004 ; Assoumou, 2010). Le *trilinguisme extensif* prône le bilinguisme identitaire, c'est-à-dire l'enseignement de la langue maternelle comme langue première dès les premières années du primaire avec une transition progressive vers la première langue officielle des apprenants (Tadadjeu et Mba, 1996). À l'image de la théorie qui l'a engendré, le modèle 2 prévoit l'enseignement de la langue maternelle (LM) dans les trois premières classes du primaire ; à partir du cours élémentaire, une transition soigneusement aménagée vers la première langue officielle (LO1) conduira au remplacement progressif de la LM par la LO1. L'enseignement de la langue s'effectue parallèlement à celui de la culture dont la pratique est envisagée à l'oral. En milieu hétérogène, l'éducation se fait dans la LO1, l'initiation aux langues camerounaises se limitant l'oral.

Le modèle PROPELCA a le mérite de s'être développé sur la base d'une recherche scientifique approfondie et de reposer sur un cadre scientifique méthodiquement ficelé. Le modèle, dans son volet 2, a généré une abondante documentation pédagogique de qualité, un programme de formation des maîtres savamment conceptualisée, des ressources humaines qualifiées (Tadadjeu et al, 1988, Tadadjeu et al, 2004). L'expérimentation du modèle sur la base de quatre langues (l'éwondo, le duala, le fe'fe'e, le lamso') et l'extension à d'autres écoles ont montré que « l'enfant camerounais qui commence sa scolarité par sa langue maternelle, avec une transition progressive vers sa langue officielle, maîtrise mieux cette deuxième langue que son camarade qui, toutes choses étant égales par ailleurs, commence sa scolarité directement par la langue officielle » (Tadadjeu et al, 2004). Les avancées actuelles en termes de dispositifs juridico-administratifs et d'actions concrètes[17] sont à mettre à l'actif de ce projet de recherche, l'un des plus concluants conduits dans les universités camerounaises.

« Première approche significative dans le domaine de la planification linguistique au Cameroun » (Tabi Manga, 2000 : 101), « cadre conceptuel simple et flexible pour la gestion de contextes multilingues divers » (Gfeller, 1996 : 48), le *trilinguisme extensif*, hypothèse qui se situe en amont du projet PROPELCA, est un modèle de planification linguistique à orientation éducative qui fait autorité. Études expérimentales dont les résultats très encourageants « ont énormément contribué au changement lent, mais progressif d'attitude qu'on observe chez la majorité de décideurs africains aujourd'hui » (Chumbow, préface de Tadadjeu et al, 2004 : iv), le projet PROPELCA demeure un cadre de référence dans « la mise en place progressive des instruments et des méthodes indispensables à définir avant une généralisation des expériences de deux décennies d'application des modèles d'enseignement développés patiemment et évalués tant au plan national qu'au plan international » (Chumbow, préface de

[17] Des départements de langues africaines sont ouverts dans plusieurs universités d'Etat depuis 1993, les Etats généraux de l'éducation de 1995 recommandent l'intégration des langues camerounaises dans le circuit éducatif, la constitution de 1996 prescrit la protection et la promotion des langues nationales, la loi 1998 portant orientation de l'éducation au Cameroun prescrit la promotion des langues nationales, le Décret de 2004 portant organisation du Ministère de l'Education Nationale institut une inspection de pédagogie chargée des langues nationales, la Loi du 22 juillet 2004 fixant les règles applicables aux communes et aux régions prescrit la participation aux programmes régionaux de promotion des langues nationales…

Tadadjeu et al, 2004 : iv). PROPELCA a beau séduire, il ne manque pas de susciter des inquiétudes essentiellement liées à sa dépendance intime avec la théorie qui l'a engendrée, le *trilinguisme extensif*. Ce dernier recèle des inconsistances tant dans ses principes qu'au niveau de leur opérationnalisation.

4- Le *modèle 2* de PROPELCA en question

Deux difficultés majeures, l'une principale, et l'autre subsidiaire à la première, constituent le talon d'Achille du volet 2 du projet PROPELCA.

➢ La principale faiblesse est liée au modèle de planification linguistique à orientation éducative qui lui sert de base théorique. Ce dernier suscite de nombreuses inquiétudes (Tabi Manga, 2000 ; Assoumou, 2010) dont deux nous préoccupent au plus haut point dans ce travail:

(1) Sa structuration: non seulement le *trilinguisme extensif* ne conçoit pas une articulation claire des langues, mais la théorie accorde une place modeste aux langues nationales véhiculaires qu'elle ne se donne d'ailleurs pas la peine d'identifier, ce qui ne les dévalorise aux yeux des politiques, compromet leur équipement terminologique et les rend vulnérables face aux langues officielles (Tabi Manga, 2000).

Ceci conduit une première conclusion : mettre au même niveau les 248 langues camerounaises dans l'éducation scolaire en ferait *une semence à tout vent*, une entreprise hasardeuse au succès très incertain.

De cette dernière découle une disposition conséquente : les langues véhiculaires doivent être systématiquement identifiées et clairement articulées, leur fonction pédagogique clairement énoncée et leur gestion explicitement envisagée dans l'enseignement primaire.

(2) Sa définition du profil linguistique idéal du Camerounais, que Tadadjeu envisage au moins trilingue. Au vu des considérations sociolinguistiques et politogénétiques actuelles, Assoumou trouve cette vision obsolète :

> *Demander au Camerounais des temps modernes d'être bilingue, c'est lui demander d'être ce qu'il était à l'époque coloniale, c'est-à-dire capable d'utiliser sa langue maternelle et celle du "maître" ; lui demander d'être trilingue, c'est lui demander d'être ce qu'il est déjà, c'est-à-dire locuteur de sa langue maternelle et des deux langues officielles. Par contre, lui demander d'être quadrilingue ou plus, c'est lui permettre d'ajouter à sa langue maternelle (langue d'enracinement) sa première langue officielle (langue d'ouverture), sa deuxième langue officielle et une langue camerounaise véhiculaire (langue de flexibilité), et éventuellement d'enrichir ce bouquet d'une ou de plusieurs langues africaines et/ou étrangères de grande envergure (n^{ième} langue de flexibilité)... En fin de compte, c'est lui demander d'être ce qu'il devrait être : un citoyen du monde, capable de fonctionner dans une multitude de contextes (Assoumou, 2010 : 265).*

Une deuxième conclusion se dégage : La gestion du multilinguisme scolaire dans la perspective d'un profil linguistique idéal devrait être une construction par étape, qui tienne gagnée chaque étape, jusqu'à la maîtrise d'au moins quatre langues.

D'où la disposition suivante : Pour une pratique efficace, quatre langues au moins seront envisagées dans l'éducation dont deux au cycle primaire (socle du bilinguisme identitaire), deux au cycle secondaire, et deux (au moins) à l'université.

➢ La deuxième difficulté majeure se situe au niveau de l'approche pédagogique, notamment au niveau de l'articulation fonctionnelle des langues dans l'entreprise pédagogique envisagée par Tadadjeu et al:

> *Au niveau du primaire, il s'agit d'un programme bilingue langue maternelle/langue officielle. L'approche préconisée ici et appliquée de la SIL au CEI permet effectivement aux enfants d'apprendre vite à lire et à écrire leur langue maternelle qu'ils comprennent et parlent déjà assez bien en arrivant à l'école. La transition progressive soigneusement aménagée et bien planifiée vers la première langue officielle permet également aux apprenants de transférer, en cette langue officielle, au terme du CEI, les aptitudes en lecture et écriture acquises dans la langue maternelle (Tadadjeu et al, 2004 : 24)*

La dépendance intime du modèle 2 au *trilinguisme extensif* fait de l'enseignement des langues nationales une entreprise adjuvante, et des langues camerounaises des outils auxiliaires, appelées à servir de tremplin aux langues officielles, *champignons* qui s'en nourrissent, les vidant de toute substance au fur et à mesure qu'elles croissent, et les vouant à une mort certaine dans un avenir plus ou moins proche. Gfeller nous conforte dans cette conviction :

> *Un modèle de transition qui limite l'enseignement des L1 à trois années scolaires, comme le fait actuellement PROPELCA, ne peut pas développer chez les élèves des connaissances poussées en L1. Les acquis en lecture et surtout en écriture de L1 et LO risquent de régresser surtout chez ceux qui n'auront pas la possibilité de les utiliser régulièrement [...]. On peut donc dire que les écoles qui participent au projet PROPELCA contribuent à préparer le personnel potentiel pour le développement et l'usage écrit des L1. Mais on ne peut pas, dans ces conditions, escompter une connaissance « parfaite » de l'écrit des L1. J'en ai eu la confirmation par un petit test informel [...] avec quelques classes qui avaient passé par le projet : deux ans après l'arrêt de l'enseignement en L1, les élèves arrivent à décrire une fête avec quelques phrases écrites sans l'aide du maître. Mais les incertitudes en orthographe sont évidentes. Le manque d'exercices en expression spontanée se fait aussi sentir. Les interviewés s'en rendent bien compte. Plusieurs d'entre eux demandent la poursuite de l'enseignement bilingue jusqu'à la fin du primaire (Gfeller, 2000 :164).*

C'est donc surtout dans son application que la théorie de Tadadjeu fait problème. Ce dernier a beau s'en défendre[18], le volet 2 de PROPELCA, qui en

---

[18] « Nous ne voulons pas, en affirmant ce qui précède, limiter l'apprentissage des langues nationales à un moyen pour l'apprentissage et la maîtrise des langues européennes officielles. Nous confirmons plutôt une vérité pédagogique, qui peut conforter par ailleurs, ceux des Africains qui doutent encore de l'opportunité d'intégrer les langues maternelles locales dans les

est l'émanation directe, est un dispositif transitoire vers les langues officielles, mieux, un *modèle béquille* sur lequel s'appuient le français et l'anglais pour prendre leur envol (Assoumou, 2010). Au cours élémentaire 1, c'est-à-dire à l'âge de 6 ans (moyenne d'âge actuelle), les fondamentaux d'une langue ne sont même pas inculqués ; parler d'une *parfaite maîtrise* de la langue maternelle (qui justifierait le passage à la langue officielle à ce niveau d'étude) laisse perplexe. Notre conviction est que dans un tel parcours, les langues maternelles céderont le pas aux langues officielles, pour s'estomper plus tard dans l'esprit des enfants.

Une troisième conclusion s'impose : limiter l'enseignement des langues camerounaises aux trois premières années du primaire est une entreprise suicidaire pour ces langues et préjudiciable pour le développement cognitif des apprenants.

D'où la disposition suivante : Les langues camerounaises doivent être enseignées de manière systématique tout au long du cycle primaire, de la SIL au CM2.

En somme, à l'image de l'entreprise missionnaire dont il aurait gagné à être l'héritier et non un simple successeur, le projet PROPELCA fait de l'intégration des langues maternelles camerounaise un impératif. À cause de l'hostilité du milieu d'application et de l'influence du *trilinguisme extensif*, il optera pour un bilinguisme identitaire transitoire, la troisième option *par défaut* de la MPA[19]. Cette option était peut-être la seule possible à l'époque coloniale et néocoloniale. Mais l'ère actuelle, celle de la décolonialisation de l'Afrique, exige que d'autres paramètres soient considérés, ceux qui, choisis en toute liberté et en toute conscience, constitueront les piliers de l'édification de la nouvelle architecture pédagogique d'où sortiront des Africains *enracinés dans leurs cultures et ouverts au monde*. Le *trilinguisme extensif* ne semble pas constituer une référence théorique adéquate pour un tel projet, le *modèle papillon*[20] qu'il a généré non plus. À cet effet, son remplacement par le *multilinguisme identitaire*[21] doit être envisagé, et le modèle pédagogique qu'il a généré, un bilinguisme identitaire transitoire (*modèle 2*), par le *bilinguisme identitaire intégré et équilibré*, plus apte à conduire la réforme linguistique dans l'éducation élémentaire (Assoumou, 2010). C'est sur ce dispositif théorique que se fondent les nouvelles orientations que nous formulons ci-dessous en termes de propositions de réaménagement de l'existant.

---

systèmes éducatifs en Afrique. Il n'en manque pas parmi les décideur africains » (Tadadjeu et al, 2004 : 6).

[19] Les deux premières étant *le monolinguisme identitaire* et le *bilinguisme identitaire cyclique*.

[20] Le papillon naît de la chenille ; mais après sa mue, la chenille disparaît pour toujours, sans laisser de trace.

[21] Nouvelle désignation du *quadrilinguisme étendu*, appelée à remplacer la première, un peu trop stéréotypée.

5- Des perspectives nouvelles

L'analyse diagnostique des expériences significatives qui ont ponctué l'enseignement des langues maternelles camerounaises appelle à une rectification des orientations du *modèle missionnaire* et du *modèle PROPELCA*[22]. Prenant appui sur l'orientation de départ du premier qui envisage l'enseignement de la LM tout au long du cycle et celle de PROPELCA qui vise la pratique du bilinguisme identitaire dès le début scolaire, la nouvelle approche se prononce pour un bilinguisme identitaire tout au long du cycle primaire, pour une performance satisfaisante des apprenants à la fin de ce parcours. Le processus de normalisation tient en cinq principes essentiels :

Une articulation fonctionnelle des langues de l'éducation

Les langues maternelles, véhiculaires et officielles doivent être considérées comme les langues de l'éducation au Cameroun. À l'école primaire, l'éducation commencera dans la première langue (L1) de l'enfant qui sera, pour les zones homogènes une langue véhiculaire maternelle ou quasi maternelle, et pour les zones hétérogènes la première langue officielle (LO1). Dans l'un et l'autre cas, la deuxième langue sera, respectivement, LO1 ou LO2. Si en zone hétérogène la première langue est langue d'enseignement et la deuxième matière, en zone homogène, les deux seront à la fois médium et matière dans une cohabitation soigneusement aménagée. En zone hétérogène, les deux langues officielles seront enseignées, la première comme langue première, la deuxième comme langue étrangère. Quelle que soit la zone, toutes les langues camerounaises et leurs variantes seront enseignées par l'oral (Assoumou, 2000).

Une gestion systématique du bilinguisme scolaire

La gestion pédagogique des langues doit s'effectuer dans la perspective d'une éducation bilingue. Il s'agit du bilinguisme officiel LO1/LO2 en zone hétérogène, et du bilinguisme identitaire équilibré LM/LO1 en zone homogène. Le bilinguisme est une pratique prévue tout au long du processus, de la SIL au CM2, avec un arrimage progressif de la deuxième langue à la seconde. La première langue sera enseignée avec les méthodes d'enseignement des langues maternelles, et la deuxième, avec celles des langues secondes ou étrangères. En zone homogène, la LM devra prendra la place réservée à la LO2 dont l'introduction s'est soldée par un échec (Assoumou, 2010), tandis qu'en zone hétérogène, la LO2 et les langues et cultures camerounaises seront enseignées dans la perspective de l'éveil aux langues et cultures (Messina, 2002 & 2013).

Une didactisation systématique du bilinguisme identitaire

[22] En complément, dans un tableau annexé (Annexe), nous formulons des propositions plus détaillées

En zone homogène, l'éducation commence en langues maternelles camerounaises, avec une introduction subtile de la LO1 à l'oral comme à l'écrit. L'enseignement de cette dernière est progressivement renforcé pendant les trois premières années, dans la perspective d'un équilibre fonctionnel à partir du CE2. À ce niveau, la LO1 supplante progressivement la LM à l'écrit dans toutes les activités, excepté *l'expression écrite en langue maternelle*. La LM continue à cohabiter avec la LO à l'oral, dans une utilisation systématique (Messina, 2002) qui fera des deux vecteurs des instruments complémentaires. L'introduction d'une troisième langue (LO2), comme le prescrit PROPELCA, n'est pas envisagée ici: non seulement elle est inutile, superflue et contraignante, mais elle serait de nature à perturber la construction des apprentissages par les apprenants.

Un enseignement systématique de la culture nationale

Les enseignements de *culture nationale* se feront essentiellement dans la LM dont elle est le vecteur, suivant *le modèle oral* et *l'approche culturelle* (Assoumou, 2010). L'action pédagogique sera essentiellement fondée sur l'exploitation de l'esthétique orale traditionnelle et s'étendra à d'autres objets culturels (traditions, coutumes, rites). En milieu hétérogène, il s'agira, comme nous l'avons déjà souligné, de l'éveil aux langues et cultures, dans une approche interculturelle qui exploitera les ressources de la classe (les apprenants, leurs langues, leurs cultures) dans leurs diversités (Messina, 2004).

Une production adéquate du matériel didactique

Le matériel didactique produit et utilisé devra être en adéquation avec les objectifs. Les livres de lecture et de calcul en langue maternelle seront produits dans les deux langues pour les trois premières années de la scolarité. À partir du CE2, l'essentiel des manuels sera dans la langue officielle, à l'exception des livres de *lecture et expression* qui seront produits pour tous les niveaux de la scolarité, tout comme les livrets de contes, légendes, proverbes, devinettes... Les syllabaires (pour le début scolaire) et les manuels de *textes et expression* (pour la suite du parcours) seront à la base du projet pédagogique d'insertion de l'enfant dans le système de communication écrite en langue maternelle développé au sein de sa communauté.

Conclusion

La construction *d'un modèle éducatif salvateur pour l'Afrique* exige des linguistes l'élaboration, le développement, et l'amélioration des modèles pédagogiques intégrant les langues africaines pour qu'elles remplissent efficacement leur rôle (Tadadjeu, 1999 : 5). Mais la place cruciale de l'éducation dans la société ne saurait tolérer la désinvolture, l'improvisation et l'opportunisme dans le développement de la technologie pédagogique chargée de mouler les générations futures. La langue et la culture étant au centre de l'éducation, les principes et modalités de leur enseignement doivent être envisagés avec le plus grand soin. Il convient avant tout d'interroger le passé et le présent, avant d'envisager l'avenir sur la base des leçons du vécu et de l'existant. Le présent et le passé, c'est non seulement les acquis des expériences antérieures, mais le savoir et le savoir-faire générés par des pratiques fiables et des esprits avisés. Cet héritage mérite d'être connu, évalué et valorisé.

Les premiers missionnaires ont adopté un mode pédagogique normal : une éducation à base endolingue. Les produits de ce *moule* en sortaient nantis de solides connaissances en LM. Sous la pression de la *mission civilisatrice* française, les missionnaires adoptèrent un mode de compromis, le *bilinguisme identitaire transitoire*. Ce dernier confina la LM dans un cycle préscolaire. Les produits de ce parcours durent se contenter des rudiments de LM qui, fort heureusement, étaient complétés par l'auto-alphabétisation à l'Église, grâce à la lecture courante de la littérature religieuse, en l'occurrence les textes bibliques et des cantiques. En fin de compte, la faillite coloniale aura raison des pionniers de l'alphabétisation en langues africaines qui finiront par abandonner. Les langues camerounaises entreront alors dans une longue l'hibernation qui se poursuivra longtemps après les indépendances.

Près d'un quart de siècle plus tard, les langues nationales retrouvent le circuit éducatif grâce au projet PROPELCA. Ce dernier, fondé sur une recherche expérimentale approfondie, développe des modèles généralisables dont le *modèle 2*. Elaboré à une époque où parler de l'enseignement des langues camerounaises relevait du tabou, la nouvelle donne, pour se donner une chance de succès, ressemblera à tous égards au modèle de compromis de la MPA. L'expérience PROPELCA a eu tort de se contenter de la théorie de son principal promoteur et de ne pas s'intéresser à l'entreprise éducative de la mission américaine ; elle en aurait tiré des leçons édifiantes et se serait inspirée de son orientation originelle, un dispositif intégral qui assure la maîtrise de la LM par l'apprenant. Ce dernier, intégré dans un projet d'éducation bilingue suivant une logique intégrative (et non transitoire), est la formule qui convient au contexte actuel, désormais favorable à la réforme linguistique à l'école. La rénovation pédagogique au Cameroun passera par *le multilinguisme identitaire* avec un *modèle bilingue identitaire intégré* au primaire, pour une production des Camerounais effectivement bilingues. Telle est notre conviction. Cette vision ne s'accommode pas des velléités de récupération et de manipulation actuelle, dans une logique de distraction stratégique, dans l'optique de perpétuer la faillite coloniale sous des formules déguisées.

Au moment où la généralisation de l'enseignement des langues camerounaises au primaire est plus que jamais d'actualité, les entreprises éducatives des missionnaires et des chercheurs du projet PROPELCA méritaient de faire l'objet d'une lecture critique. Des acquis ont été relevés et des lacunes décelées. Ces dernières ont été scrutées dans une critique constructive, et des propositions de réaménagement formulées au fur et à mesure que les faiblesses étaient relevées, dans la perspective de la viabilisation du *modèle 2*, volet crucial de l'expérience PROPELCA et de toute l'entreprise éducative camerounaise. L'éducation de base est, en effet, le socle de tout projet d'éducation et le creuset de tout projet de société. C'est à partir de ce cycle que s'opérera le changement socio-éducatif tant espéré, pour un développement sûr et durable, sur la base de valeurs authentiques et saines.

Références bibliographiques

Assoumou, J. 2007a. « Pour une intégration réussie des langues nationales dans l'enseignement scolaire au Cameroun », in *AJAL* 5, Yaoundé, Editions du CLA, 05-31.

Assoumou, J. 2007b. « De l'utilisation orale des langues maternelles à l'enseignement des langues maternelles orales dans l'éducation scolaire au Cameroun », in *Journal of West African Languages* Vol. 34, Dallas, the West African Linguistic Society, 91-110.

Assoumou, J. 2009. « À la recherche d'un modèle d'éducation multilingue pour le Cameroun », *in AJAL* 6, 169-194.

Assoumou, J. 2010. *Enseignement oral des langues et cultures africaines*, Yaoundé, éditions CLE.

Assoumou, J. 2013. « Education, langues et société au Cameroun : lecture critique de l'aventure éducative nationale à la lumière de l'expérience des Ekang du Cameroun », Actes du Colloque du Cinquantenaire de la Réunification du Cameroun, Faculté des Lettres et Sciences Humaines, Université de Douala, 392-414.

Assoumou, 2015. « Langues, cultures et éducation au Cameroun : entre considérations tendancieuses et hypothèses constructives », in *Aba* 3, Paris, Editions Dianoia.

Bates, G. L. 1926. Handbook of bulu, Elat-Ebolowa, The Hasley Memorial Press.

Bimwenyi-Kweshi, O.1981. *Discours théologique négro-africain. Problème des fondements*, Paris, Présence Africaine.

Chumbow, B. S. 1987. «Towards a language planning model for Africa», in *Journal of West African Languages* 17, Vol.1, Dallas, the West African Linguistic Society, 15-22.

Dumont, P. et Maurer, B. 1995. *Sociolinguistique du français en Afrique francophone*, Paris, EDICEF.

France Lange, M. 1991. "Le choix des langues enseignées au Togo: quels enjeux politiques ?", *Cahier de sciences humaines* N0 3-4, P. 484.

Gfeller, E. 2000. *La société et l'école face au multilinguisme*, Paris, Editions Karthala.

Hadley, A. O. 1993. *Teaching language in context*, 2e edition, Boston, Heinle and Heinle Publishers.

Klauspeter Blaser, 2000. *Repères pour la mission chrétienne. Cinq siècles de tradition missionnaire. Perspectives œcuméniques*, Paris, Cerf.

Messina, E. 2002. *Vers une systématisation de l'usage oral des langues camerounaises dans l'enseignement au niveau du primaire : le cas du bulu*, mémoire de Maîtrise, Université de Yaoundé1.

Messina, E. 2004. *Étude sur l'enseignement oral des langues et cultures nationales dans les écoles primaires en milieu urbain, mémoire de DEA*, Université de Yaoundé1.

Messina, E. 2013. *La culture à l'école primaire camerounaise*, Paris, l'Harmattan.

Ngijol Ngijol, 1964. « Nécessité d'une langue nationale », *Abia* 7, 83-99.

Mission Presbytérienne Américaine 1930. *Atata'a ya Nlañane bulu*, Elat-Ebolowa, The Hasley Memorial Press.

Mission Presbytérienne Américaine (s.d). *Ebaska*, Elat-Ebolowa, The Hasley Memorial Press.

Mission Presbytérienne Américaine (s.d). *Kalate tañ*, Robert Kerr Press, Springdale, Connecticut, USA.

Lavigerie, C. M.1872. *Règles de la Société des Missionnaires d'Afrique.*

Loi N0 96/06 du 18 janvier 1996 portant révision de la Constitution du 02 juin 1972.

Loi N0 98/004 du 14 avril 1998 portant orientation de l'éducation au Cameroun.

Njemba Medou, J-L. 1932. *Nnanga kôn*, Ebolowa, Hasley Memorial Press, Elat.

Ondoua Engutu, 1954. *Dulu bon be Afrikara*, Ebolowa, Memorial Press, Elat.

Sow, A. I. 1977. (éd.). *Langues et politiques de langues en Afrique Noire*, Paris, Nubia/Unesco

Stumpf, R. 1979. *La politique linguistique du Cameroun de 1884 à 1960*, Berne, Peter Lang.

Tabi Manga, J. 2000. *Les politiques linguistiques du Cameroun*, Paris, Kathala.

Tadadjeu, M. 1980. *A model for functional trilingual education planning in Africa*, Paris, Unesco.

Tadadjeu, M. (éd.) 1990. *Le défi de Babel au Cameroun*, Université de Yaoundé.

Tadadjeu et al, 1988. *Manuel de formation pour l'enseignement des langues nationales dans les écoles primaires*, Collection PROPELCA N^{0} 32, Université de Yaoundé.

Tadadjeu, M. Et Mba, G. 1996. « L'utilisation des langues nationales dans l'éducation au Cameroun », in Bearth (éd.) *Langues et éducation en Afrique Noire*, TRANEL 26, Université de Neuchâtel, pp. 59-75.

Tadadjeu et al, 2004. *Pédagogie des langues maternelles africaines*, Collection PROPELCA N0 144-01, Yaoundé, Éditions du CLA.

Tadadjeu et al, 2009. « *La linguistique africaine face à l'histoire* », communication présentée à la Première Conférence de Linguistique Africaine au Cameroun, Université de Yaoundé1, 9-10 avril 1999.

Towa, M. 1987. « Vers la promotion des langues nationales. Positions finales », in *Républicain* 89, 11-12.

UNESCO. 1953. *The use of vernacular languages in education, monograph on fundamental education*, Paris, UNESCO.

Wiesemann, U. et al. 1983. *Guide pour le développement des systèmes d'écriture des langues africaines*, Collection PROPELCA N0 2, Université de Yaoundé.

Annexes

Annexe 1 : Objectifs généraux

Objectifs formulés par le PROPELCA (Tadadjeu et al, 2004 : 26-28)	Propositions de réaménagement
a- Insérer l'enfant dans le système de communication écrite en langue maternelle développé au sein de sa communauté. Ainsi, la langue maternelle sert de pont nécessaire entre l'école et la communauté locale. On vise donc et avant tout la lecture, l'écriture et le calcul en langue maternelle au moins dans les trois premières classes du primaire. Mais une continuation par la lecture suivie dans les classes supérieures doit être développée et rigoureusement appliquée.	a- Insérer l'enfant dans le système de communication écrite et oral en langue maternelle développé au sein de sa communauté. On vise la lecture, l'écriture la grammaire, l'expression écrite et orale, la langue maternelle orale, tout au long de la scolarité.
b- Insérer l'enfant dans son milieu socioculturel et spirituel par le moyen de l'enseignement initial dans sa langue maternelle. Ainsi la langue maternelle, en début du primaire, est un véritable instrument, i.e. vecteur d'enseignement et non une simple matière comme le pensent certaines personnes non averties. Le contenu socioculturel du matériel développé à cet effet est une illustration évidente.	b- Insérer l'enfant dans son milieu socioculturel et spirituel par le moyen de l'enseignement dans sa langue maternelle. Ainsi la langue maternelle est un véritable instrument, i.e. vecteur d'enseignement et non une simple matière.
c- Eveiller dès le bas âge l'esprit scientifique et technologique chez l'enfant en lui apprenant le calcul et les principes technologiques et mathématiques élémentaires dans sa langue maternelle. L'un des résultats les plus frappants des expériences en cours est justement la preuve palpable du non- fondement de la théorie de l'incapacité de nos langues à véhiculer les concepts scientifiques.	c- Eveiller dès le bas âge l'esprit scientifique et technologique chez l'enfant en lui apprenant le calcul et les principes technologiques et mathématiques élémentaires dans sa langue maternelle.
d- Etablir un bilinguisme équilibré entre la langue maternelle et la première langue officielle (anglais pour les anglophones et français pour les francophones) dès les trois premières années du primaire. C'est pourquoi cet enseignement est conçu avant tout pour les classes de la SIL, CP et CEI. Toutefois, cet enseignement prévoit une bonne préparation dans les classes maternelles et un solide programme de maintien des compétences en langue maternelle dans les classes supérieures au CEI. Dans ce bilinguisme équilibré, l'enfant maîtrise la première langue officielle plus que son homologue à qui on enseigne directement cette langue en faisant théoriquement abstraction de sa langue maternelle. Par ailleurs, rien n'empêche à l'enfant d'aborder la deuxième langue officielle au cours des dernières classes du primaire. C'est dire que ce projet prépare le petit Camerounais à être non seulement bilingue, mais optimalement trilingue. L'enfant africain du troisième millénaire est perçu comme un trilingue (au moins) et pas seulement comme un bilingue.	d- Etablir un bilinguisme équilibré entre la langue maternelle et la première langue officielle de l'apprenant. Cet enseignement prévoit une bonne préparation dans les classes maternelles et un solide programme de développement des compétences en langue maternelle dans toutes les classes du primaire.
e- Dans les centres urbains linguistiquement très hétérogènes, compte tenu du fait que la plupart des enfants commencent l'école avec une bonne connaissance de la première langue officielle, l'enseignement de la langue locale peut être généralisé à l'oral, tandis que dans les classes supérieures du primaire, l'initiation à l'écriture est envisagée comme un transfert de connaissances acquises en langues officielles vers la langue maternelle. Ce processus inverse pour les locuteurs natifs apparaîtra comme une seconde langue pour les non-natifs.	e- Dans les centres urbains linguistiquement très hétérogènes, compte tenu du fait que la plupart des enfants commencent l'école avec une bonne connaissance de la première langue officielle, l'enseignement des langues et cultures camerounaises sera généralisé à l'oral.

Annexe 2 : Objectifs spécifiques par niveau

Objectifs formulés par le PROPELCA (Tadadjeu et al, 2004 : 28-30)	Proposition de réaménagement
À la SIL	**À la SIL**
1- Le développement de la pratique orale de Ll. 2- L'initiation à la lecture et à l'écriture mécanique (par opposition à l'écriture créative) selon le principe de la bi- univocité qui favorise une acquisition rapide de ces compétences. 3- L'apprentissage du calcul: compter et effectuer les 4 opérations de base. 4- L'expression orale de la LO1. 5- L'épanouissement de la personnalité de l'enfant et développement culturel en Ll.	1- Développement de la pratique orale de Ll. 2- Initiation à la lecture et à l'écriture mécanique (par opposition à l'écriture créative) selon le principe de la bi- univocité qui favorise une acquisition rapide de ces compétences. 3- Apprentissage du calcul: compter et effectuer les 4 opérations de base. 4- Expression orale de la LO1. 5- Développement culturel en Ll. 6- Acquisition des connaissances en L1
Au CP	**Au CP**
1- L'approfondissement de la lecture et de l'écriture mécanique en Ll. 2- Le transfert des aptitudes de lecture et d'écriture de Ll vers LO1. 3- L'approfondissement du calcul en Ll. 4- Le développement de la pratique orale de LO1. 5- L'épanouissement de la personnalité de l'enfant et son développement culturel en Ll.	1- Approfondissement de la lecture et de l'écriture mécanique en Ll. 2- Transfert des aptitudes de lecture et d'écriture de Ll vers LOI. 3- Approfondissement du calcul en Ll. 4- Développement de la pratique orale de LOI. 5- Développement culturel en Ll. 6- Acquisition des connaissances en L1
Au CE1	**Du CE1 au CE2**
1- La maîtrise de la lecture et de l'écriture mécanique et initiation à l'écriture créative en L1 2- L'approfondissement de la lecture et de l'écriture mécanique en LO1 3- Le calcul, problème et mathématiques : poursuite et approfondissement en L1 ou LO1 4- L'acquisition de nouvelles connaissances scientifiques en L1 ou LO1 5- La poursuite du développement de la pratique orale de L1 6- L'épanouissement de la personnalité de l'enfant et son développement culturel en L1	1- Approfondissement de la lecture et de l'écriture mécanique et de l'écriture créative en L1 2- Approfondissement de la lecture et de l'écriture mécanique en LO1 3- Approfondissement du Calcul, problème et mathématiques en L1 et LO1 4- Acquisition de nouvelles connaissances en L1 et LO1 5- Approfondissement de la pratique orale de L1 6- Développement culturel en L1
Du CE2 au CM2	**Du CM1 au CM2**
1- L'approfondissement de la culture traditionnelle et poursuite de l'écriture créative en L1 2- La maîtrise de la lecture et l'apprentissage de l'orthographe en LO et l'initiation à l'écriture créative en LO1 3- L'initiation aux activités liées à l'art traditionnel, à l'environnement et à la morale (en L1 de préférence, mais aussi en LO1 4- L'acquisition de nouvelles connaissances scientifiques en L1 ou LO1	1- Perfectionnement en lecture, écriture mécanique et écriture créative en L1 2- Perfectionnement en culture traditionnelle et écriture créative en L1 3- Perfectionnement en Calcul et problèmes mathématiques en L1 et LO1 3- Perfectionnement en lecture, grammaire et écriture créative en LO1 4- Approfondissement de la pratique orale de L1 5- Développement culturel en L1 6- Acquisition de nouvelles connaissances scientifiques en L1 et LO1

Annexe 3 : Pourcentage proposé pour les horaires (Tadadjeu et al, 2004 : 32)

Tadadjeu et al, 2004			Assoumou, 2010 (révisé)		
Classes	L1 (%)	LO1 (%)	Classes	L1 (%)	LO1 (%)
SIL	75	25	SIL	80	20
CP	60	40	CP	70	30
CEI	40	60	CEI	60	40
CE2-CM2	15	85	CE2	50	50
/	/	/	CM1	40	60
/	/	/	CM2	30	70

Annexe 4 : Programmes Programme PROPELCA (Tadadjeu et al, 2004 : 33)

	SIL	CP	CE1	CE2-CM2
L1	- Alphabet de la langue maternelle		- Lecture courante - Orthographe correcte - Notions grammaticales - Rédaction de petits textes	- Lecture suivie
	- Initiation à la lecture et à l'écriture	-Perfectionnement en lecture et écriture		- Arts et culture traditionnels - Rédaction
	Oralement : contes, chants, récitations religion, morale.			
LOI	- Compréhension et élocution en LOI (dialogue) -Vocabulaire - Connaissance de la structure de LOI par la pratique orale	- Transition à la lecture et à l'écriture de LOI. - Particularités de l'orthographe de LOI	- Suite de la transition (Lecture, orthographe, vocabulaire grammaire) - Début de l'utilisation de la LOI comme médium d'enseignement des autres matières	- Programme traditionnel (lecture, orthographe, vvocabulaire, grammaire)
	Oralement : contes, chants, récitations religion, morale.			contes, chants, récitations religion, morale (par écrit)
Calcul	Nombres de 1 - 2 0 (concepts et chiffres); addition et soustraction en Ll	-Nombres 1- 100, les quatre opérations en Ll - Notions mathématiques	Nombres 1 - 10000, les quatre opérations avec retenue, notions géométriques la monnaie, les unités de mesure (distance, poids) en Ll et LOI	Programme traditionnel

Proposition de réaménagement

	SIL	CP	CE1-CE2	CM1-CM2
L1	- Alphabet de la langue maternelle		- Lecture - Orthographe - Notions grammaticales - Culture nationale - Expression écrite - Expression orale - Chants, récits	- Lecture - Orthographe - Notions grammaticales -Expression écrite -- Expression orale- Culture nationale --Chants, récits
	- Initiation à la lecture et à l'écriture - Initiation à la culture - Expression orale - Chants, récits	- Initiation à la lecture et à l'écriture - Initiation à la culture - Expression orale - Chants, récits		
LO1	- Compréhension et élocution - Vocabulaire - Chants, récits	- Initiation à la lecture et à l'écriture - Vocabulaire -Expression orale - Chants, récits	- Lecture et écriture - Vocabulaire - Orthographe - Grammaire -Expression écrite -- Expression orale - Chants, récits	- Lecture - Vocabulaire - Orthographe - Grammaire -Expression écrite -- Expression orale - Chants, récits

Annexe 5 : Matériels didactiques

SIL - un pré syllabaire officiel; - un syllabaire 1 en Ll - un premier manuel de calcul en Ll (calcul 1) - des dialogues	**SIL** - un pré syllabaire - un syllabaire 1 en Ll - un syllabaire 1 en LO1 - un premier manuel de calcul en Ll - des dialogues
Cours Préparatoire - un syllabaire 2 en Ll. - un deuxième manuel de calcul en Ll (calcul 2). - un livre de transition de Ll vers LO1.	**Cours Préparatoire** - un syllabaire 2 en Ll. - un syllabaire 2 en LO2 - un deuxième manuel de calcul en Ll. - un livre de lecture de LO1.
Cours Elémentaire 1 - un premier manuel de lecture suivie en Ll (postsyllabaire). - un troisième manuel de calcul en Ll (calcul 3). - tous les manuels du programme traditionnel en LO1.	**Cours élémentaire 1&2** - un manuel de lecture et expression en Ll - un manuel de lecture et expression en LO1 - un manuel de calcul en Ll - un manuel de calcul en L2 - tous les manuels du programme actuel en LO1
	Cours Moyen 1&2 - un manuel de lecture et expression en Ll - un manuel de lecture et expression en LO1 - un manuel de calcul en L2 - tous les manuels du programme actuel en LO1.

CHAPITRE XV

Réflexions sur le contenu des programmes de langues et cultures nationales au sous-cycle d'observation du secondaire

Habiba Missa
&
Mispa De Momha II

Introduction

L'introduction des langues nationales dans le système éducatif est un défi majeur pour les États africains en général et le Cameroun en particulier (Chumbow : 1980). En effet, des recherches scientifiques ont montré que les pays les plus développés sont ceux qui ont promu leurs langues locales à travers son enseignement dans le système éducatif (Tadadjeu & al, 1988 ; Mba, 2001; Assoumou, 2005). Soucieux de son développement socio-économique, le Cameroun a pris conscience du rôle crucial de la promotion des langues nationales. Son engagement se traduit par les dispositions juridiques et administratives à l'instar de la loi N° 98/004 du 4 avril 1998 portant orientation de l'éducation, qui stipule en son article 5 que *l'éducation a pour objectif* de *former de citoyens enracinés dans leur culture, mais ouverts au monde et respectueux de l'intérêt général et du bien commun.* À cet effet, des contenus de programmes scolaires et académiques pour l'enseignement de langues et cultures nationales ont été élaborés dans le but d'atteindre l'objectif principal assigné à l'éducation camerounaise et éviter toute sorte d'improvisation qui paralyserait les pratiques pédagogiques de cet enseignement. Cependant, ces contenus n'ont jamais fait l'objet d'une évaluation. *Réflexions sur le contenu des programmes de langues et cultures nationales au sous-cycle d'observation du secondaire* est une étude qui ambitionne d'interroger les contenus du programme de langues et cultures au sous-cycle d'observation du secondaire afin de percevoir ses limites et permettre à l'État de mieux les redéfinir. Car les contenus d'enseignements se construisent à partir d'expérience, d'imprégnation, de familiarisation et d'inculcation diffuse (Adamson, B. 2010 : 256) et font référence à la dimension cognitive et culturelle de l'enseigné (Gauthier, R. 2006 :18). Aussi doivent- ils avant tout « s'inspirer des valeurs qu'une société souhaite promouvoir ; ces valeurs s'expriment dans les finalités assignées à l'ensemble du système d'éducation » (Harle, I. 2004a).

L'objectif de cet article est donc d'identifier les facteurs du contenu du programme qui rendraient difficile le processus d'enseignement-apprentissage de *Langues cultures nationales* (LCN). Ainsi, consiste-t-il d'une part à en évaluer les contenus et, d'autre part, à identifier tous les facteurs handicapant un enseignement effectif et efficace des LCN : quota horaire, coefficient, etc.

1. Problématique

Lors du suivi des stagiaires de LCN et de leurs évaluations pédagogiques dans les établissements scolaires de la ville de Yaoundé, les enseignants de LCN ont manifesté une certaine gêne vis-à-vis du contenu du programme du sous-cycle d'observation. L'analyse de nos observables a revélé que certaines notions du contenu du programme de langues et cultures camerounaises au sous-cycle d'observation sont inappropriées. Cet état de choses a des répercussions sur le processus d'enseignement/apprentissage et sur le comportement psycho-cognitif des élèves de cette tranche d'âge. Par ailleurs, les concepts du programme de LCN sur lesquels il faut s'appesantir s'avèrent négligés. Nous avons donc voulu examiner ce problème de plus près et voir s'il représente un réel facteur limitant pour l'enseignement de LCN dans les établissements scolaires du Cameroun. Peut-on dire que les notions de contenus du programme de langues et cultures nationales au sous-cycle d'observation sont appropriées de manière globale ? De cette question centrale se greffent deux questions subsidiaires : quelles sont les notions qu'on devrait ajouter ou retirer du dispositif curriculaire afin de permettre une meilleure appropriation desdits programmes par les élèves des classes de sixième et de cinquième ? Quels sont les éléments handicapant l'effectivité des contenus de formation de langues et cultures camerounaises dans les classes ci-évoquées ?

3. Méthodologie

Pour répondre à nos différentes préoccupations, nous avons mené une étude auprès des enseignants de LCN. La collecte des données a été effectuée sur la base d'un questionnaire et d'une interview. Le questionnaire a été administré auprès de 30 enseignants de langues et cultures camerounaises repartis dans 13 établissements scolaires dont certains ont été des établissements pilotes ayant permis l'expérimentation officielle de l'enseignement de langues et cultures nationales au secondaire. D'autres ont reçu les premiers professeurs de langues et cultures formés à l'École normale supérieure de Yaoundé. Les enseignants de ces établissements jouissent chacun, d'une expérience d'au moins deux années en tant que professeur de langues et cultures nationales. Les données recueillies auprès de ces enseignants ont été analysées sur la base de la méthode descriptive.

4. Présentation des résultats

Les résultats issus de notre analyse sont présentés sur un plan bidimensionnel : l'identification des répondants et l'évaluation des contenus des classes de 6e et 5e.

4.1. Identification des répondants

Il ressort du questionnaire et de l'interview adressés à nos répondants que chacun d'entre eux possède en moyenne deux (02) années d'expérience sur le terrain.

Il est incontestable que la réussite d'un programme scolaire dépend en grande partie de la qualité de la formation des enseignants dont le rôle est, pour ce qui est de cette discipline, *de former les citoyens enracinés dans leur culture et ouverts au monde*. Nous avons donc voulu savoir si la formation à l'ENS de ces enseignants aura comblé leurs attentes. Les réponses suivantes ont été obtenues.

Tableau 1 : atteinte des objectifs de formation des enseignants de LCN

Atteinte des objectifs	**Effectif**	**Pourcentage**
Oui	14	46,66%
Non	5	16,66%
Plus au moins	11	36,66%
Total	30	100%

Il ressort de ce tableau que 46,66% des répondants affirment avoir acquis des connaissances nécessaires leur permettant de remplir convenablement leur mission d'enseignant, contre 16,66% d'entre eux qui trouvent les objectifs de formation non atteints. Par ailleurs 37,34% se situent à califourchon entre la première catégorie et la deuxième catégorie des réponses sus-décrites.

4.3. Évaluation des contenus des classes de 6ᵉ et 5ᵉ

Selon Mangez (2008), les contenus des programmes scolaires doivent se définir au fil des temps grâce aux expériences d'apprentissage. Ainsi, avons-nous interrogé les enseignants au sujet des contenus des programmes de LCN. De manière précise, nous avons voulu savoir si les notions de ces contenus sont appropriées de manière globale pour les élèves de cette tranche d'âge. Nous avons obtenu les résultats suivants.

Tableau 3: évaluation des notions des contenus de programme de LCN

Sous-disciplines LCN	**Réponses**	**Nombre de répondants**	**Pourcentage**
Langues nationales	Notions appropriées	18	60%
	Notions inappropriées	12	40%
Cultures nationales	Notions appropriées	05	16,66%
	Notions inappropriées	25	83,33%

Les informations que nous avons reçues à ce niveau nous révèlent que les contenus du programme de LCN au sous-cycle d'observation sont d'un intérêt incontestable. Cependant, les répondants estiment que les concepts abordés dans la discipline LCN sont à plus de 80% inadaptés à la sous-discipline *Cultures nationales* et à 46% à la sous-discipline *Langues nationales*, compte tenu de la tranche d'âge des élèves de ce sous/cycle.

5. Discussion et conclusions

La discussion s'articulera sur les deux points essentiels exposés ci-dessus à savoir la formation à l'ENS et l'évaluation des contenus des programmes de 6e et 5e.

5.1. De la formation des enseignants de LCN à l'ENS

Bon nombre de nos répondants affirment que la formation suivie à l'ENS leur a permis de s'approprier les compétences nécessaires pour l'exercice de leur profession en qualité d'enseignant de langues et cultures nationales. Toutefois, on retiendra que les limites de ladite formation trouvent leurs justifications dans le fait qu'il n'existe pas de corrélation entre ces contenus et les réalités du terrain. Par exemple, les élèves professeurs qui ont été formés dans les ateliers spécifiques (basaa, ewondo, ghomala'…) éprouvent d'énormes difficultés dans la gestion de leurs classes qui sont multilingues. Ce qui nous amène à spéculer sur la possibilité d'un cours d'auto-alphabétisation commun à tous les élèves-professeurs de chaque niveau, ceux des ateliers spécifiques y compris. Ceci leur permettra d'avoir une idée globale de moult socioculture tant sur le domaine linguistique que sur l'ensemble des traditions, des us, des coutumes, des modes de vie et pratiques sociales qui fondent l'existence de ces derniers. Notons par ailleurs que les enseignants ayant commencé l'expérimentation des LCN sont des professeurs des lycées qui n'ont pas été formés au département de langues et cultures camerounaises de l'École normale supérieure de Yaoundé. Ils ont cependant été formés à travers des séminaires pédagogiques.

L'absence d'initiation à la didactique des LCN constitue, d'après nos informateurs, un handicap réel à la dispensation de cette discipline. En effet, acteurs pédagogiques affirment qu'ils n'ont pas reçu de cours de didactique relative aux LCN, comme c'est le cas pour les autres disciplines à l'instar du français, des mathématiques. Un autre fait important à mentionner ici est le temps imparti à la formation. À ce sujet, tous les élèves-professeurs qui ne maîtrisent pas leur langue dès leur entrée à l'ENS trouvent que le temps alloué à la formation et à l'apprentissage des langues et cultures devrait être revu à la hausse. En réalité, suite aux observations des cours dispensés par les enseignants de langues et cultures nationales, on en rencontre qui, même après la formation, continuent à faire montre d'une connaissance approximative de leur langue maternelle. Pour pallier cela, nous pensons que l'accent devrait être mis sur la connaissance de la langue maternelle pendant les épreuves écrites et orales sanctionnant l'admission au concours d'entrée à l'ENS.

5.2. Des contenus des classes de 6e et 5^e^

L'analyse des données issues de notre enquête nous révèle que certaines notions des contenus du programme de LCN au sous-cycle d'observation ne sont pas appropriées aux élèves de 6e et de 5e, comme nous l'avons souligné plus haut. Pour mieux appréhender cet aspect de l'évaluation, nous présenterons tour à tour les résultats issus de l'analyse de la sous-discipline *Culture*, puis ceux de la sous-discipline *Langue*.

5.2.1- La sous-discipline Culture

L'enseignement de la *Culture* porte sur trois modules : la diversité culturelle, les réalisations culturelles reflétant les modes de vie et les caractéristiques spécifiques des évènements marquants de la vie.

Le constat qui est fait révèle que certaines leçons abordées devraient être remplacées par d'autres qui semblent convenir à la capacité cognitive des élèves de ce sous-cycle.

Parmi les éléments à revoir, les enseignants sont unanimes sur le module portant sur les caractéristiques spécifiques des évènements marquants de la vie. Il s'agit de manière plus spécifique, des trois thèmes développés dans ce module à savoir :

➢ le mariage (choix de la fiancée, demande de la main, fiançailles, dot, accompagnement de la mariée) et les pratiques culturelles y afférentes ;

➢ la naissance (préparer la future maman, les types de naissances, dons au nouveau-né) et rites y afférents ;

➢ la mort (annonce du décès, inhumation, neuvaine, veuvage, funérailles) et rites y afférents.

Par contre, les enseignants proposent que l'accent soit mis sur d'autres notions telles que les formules de politesse, les berceuses, les parties du corps humain, les saisons, les jeux traditionnels, lesquelles correspondent à l'âge mental des élèves des classes de 6e et 5e et facilitent l'enracinement de ces derniers dans leur culture respective.

5.2.2 - La sous-discipline Langue

Pour ce qui est de la sous-discipline *Langues nationales*, la phrase, le syntagme nominal et verbal sont des éléments à retirer du programme dans les classes de 5e. En 6e, les consonnes complexes et l'appareil phonatoire ne devraient pas être enseignés. D'aucuns, par ailleurs, estiment qu'il serait opportun d'introduire la leçon sur le mot en classe de 6e.

L'analyse et l'évaluation personnelles de ces programmes sont présentées sous forme de suggestions dans la partie subséquente.

6- Suggestions

Nous devons reconnaître à priori dans le cadre de cette évaluation que la pose des jalons pour quelque édifice que ce soit n'a jamais été chose aisée, elle le serait encore moins dans l'élaboration des curricula dont l'objectif est d'enraciner l'apprenant dans sa culture (loi n° 98/004 d'orientation de l'éducation au Cameroun). Nous pensons qu'après les années d'expérimentation officielle, il y a lieu de s'interroger sur la pertinence et même l'efficacité de ces programmes, compte tenu de la tranche d'âge des apprenants du sous-cycle d'observation.

Enseignement de la culture

Pour ce qui est de la *Culture*, les modules sur les diversités culturelles et les réalisations culturelles reflétant les modes de vie devraient être davantage exploités.

En 6e, nous proposons que certaines notions qui favorisent l'intégration de l'apprenant dans la société et ayant trait à la convivialité soient incorporées dans les programmes à savoir : le temps (les espaces du jour, les jours de la semaine, les mois de l'année), les formules de politesse (saluer, se présenter, remercier, etc..), la famille, les parties du corps humain, et les jeux traditionnels.

En 5e, nous proposons que des éléments introduisant l'élève dans son environnement physique soient abordés (la faune, la flore, etc.), ainsi que la notion de saison qui se rapporte très souvent à des périodes bien déterminées dans le domaine de l'agriculture dans nos sociocultures.

Enseignement de la langue

En 6e, nous proposons que les nombres soient abordés, non pour des calculs mathématiques, mais pour un vocabulaire plus complet. Car nous nous sommes rendues à l'évidence, de par notre expérience d'enseignantes et même à travers les avis de nos répondants que les élèves ne savaient pas compter et étaient incapables d'écrire la date au tableau.

En 5e, la suggestion faite est que les modules portant sur les productions segmentales et suprasegmentales soient considérés, non comme des révisions, mais plutôt comme faisant partie intégrante du programme de 5e, compte tenu du fait que l'assimilation de ces notions n'est pas une tâche facile. Par ailleurs, que les concepts de syntagme (groupe) nominal et verbal doivent être abordés dans leur expression la plus simple.

Le tableau suivant est le résumé des modifications que nous suggérons pour l'amélioration de l'enseignement des langues et cultures nationales au sous-cycle d'observation.

Culture

Tableau synoptique du programme de cultures nationales en vigueur

Classe	Titre des modules	Savoirs essentiels	Durée
6e et 5e	La diversité culturelle	Définitions des concepts : diversité culturelle, aire culturelle, culture, traditions, coutumes littérature	14 heures
	Réalisations culturelles reflétant les modes de vie	Habillement, art culinaire, musique, danses, littérature (contes et devinettes)	18 heures
5e	Caractéristiques spécifiques des événements marquants de la vie	Le mariage, la naissance, la mort, les pratiques culturelles liées à la naissance, les pratiques culturelles liées au mariage, les pratiques culturelles liées à la mort	18 heures

Tableau synoptique du programme de cultures nationales proposé

Classe	Titre des modules	contenus	Durée
6e et 5e	Environnement physique de l'apprenant	Le temps (lecture horaire, les jours de la semaine, les mois de l'année les jeux traditionnels) la faune, la flore, le climat, les aires culturelles, lecture de la date.	14 heures
	Réalisations culturelles reflétant les modes de vie	Les formules de politesse, l'art culinaire, l'aire vestimentaire, l'art architectural,	18 heures
5e	Caractéristiques spécifiques des évènements marquant la vie de l'état fœtal à la poussée dentaire	La naissance, l'accueil des jumeaux, rituels liés à la naissance, à la poussée dentaire, l'accueil du nouveau-né, cérémonie d'attribution du patronyme.	18 heures

Langue

Tableau synoptique du programme de langues nationales en vigueur

Classe	Titre des modules	Savoirs essentiels	Durée
6e et 5e	Diversité linguistique camerounaise	Notions : langue, dialecte, langue nationale, langue officielle, langue étrangère, les grandes familles linguistiques, carte linguistique du Cameroun	15 heures
	Les productions segmentales dans les langues nationales	Notions : son, typologie des sons, voyelle, consonne, consonne simple, consonne complexe, voyelle simple, voyelle complexe, phonème, graphème, alphabet, orthographe, appareil phonatoire, points d'articulation, modes d'articulation, présentation de l'alphabet général des langues camerounaises: (graphèmes vocaliques et consonantiques)	17 heures
	Les productions suprasegmentales dans les langues nationales	Notions : la hauteur mélodique, les tons ponctuels, les tons modulés, la fonction des tons, les graphèmes tonals de l'alphabet général des langues camerounaises	17 heures

5e	Le syntagme nominal dans les langues nationales	Notions : le nom, les radicaux les affixes, les classes nominales, le genre, les morphèmes d'accord (démonstratifs, qualificatifs, possessifs, numéraux,…), les déterminants	17 heures
	Le syntagme verbal dans les langues nationales	Notions : verbe, radicaux verbaux, affixes verbaux, les compléments des verbes, les modes, les temps verbaux, la négation	17heures
	La phrase dans les langues nationales	Notions : constituants de la phrase, phrase simple, phrase complexe, types de phrases	17heures

Tableau synoptique du programme de langues nationales proposé

Classe	Titre des modules	Contenus	Durée
6e et 5e	Calcul	Nombres, chiffres, signes d'opération mathématique, lecture de la date	15 heures
	Production des sons de l'Alphabet Général de Langues Camerounaises	Les sons de l'Alphabet Général des Langues Camerounaises : les consonnes (les consonnes familières, les consonnes peu familières, les consonnes complexes) les voyelles (les voyelles peu familières les voyelles familières)	17 heures
	Production des tons	Les tons (simples et modulés) le ton lexical le ton grammatical	17 heures
5e	Le nom dans les langues nationales	Le nom (en isolation) le pluriel et le singulier du nom, la phrase nominale	17 heures
	Le verbe dans les langues nationales	Le verbe à l'infinitif, le présent, le passé, le futur, la négation	17 heures
	Les phrases dans les langues camerounaises	La phrase à unverbe, la phrase à plusieurs verbes (la phrase à deux verbes, la phrase à trois verbes la phrase à quatre verbes).	17 heures

Eu égard à ce qui précède, le moins que l'on puisse dire est que les programmes en vigueur ne définissent pas de manière précise les contenus à enseigner. Ils indiquent les savoirs essentiels et précisent les compétences à acquérir par l'apprenant ; c'est la raison pour laquelle ces contenus sont disparates et varient d'un établissement à un autre comme nous l'avons observé dans les établissements où nous avons mené nos enquêtes.

Conclusion

Il ressort de cette communication qui consistait à évaluer les contenus du programme au sous-cycle d'observation et leurs *mesures d'accompagnement* que certaines notions issues du programme de LCN sont inappropriées pour les classes de sixième et cinquième, car elles ne correspondent pas à l'âge mental des élèves de ces classes. Cet état de choses ne facilite pas l'enracinement de l'élève dans sa culture. En outre, il n'existe pas une définition précise des contenus à enseigner ; les programmes indiquent tout simplement des savoirs essentiels considérés comme des contenus à acquérir par les élèves. Nous suggérons que les notions inappropriées soient simplement retirées des programmes et remplacées par celles proposées par les enseignants de langues et cultures nationales.

Références bibliographiques

Adamson, B. 2010. « Comparer des programmes d'études », in Bray Mark Adamson, B. & Mason, M., *Recherche comparative en éducation : approches et méthodes*, Bruxelles, De Boeck, 243-260.

Assoumou, J. 2010. *L'enseignement oral des langues et cultures africaines,* Yaoundé, Clé.

Chumbow, S.B. 1980. « Language and Language Policy in Cameroon", in *An African Experiment in Nation Building: The Bilingual Cameroon Republic since Reunification,* Boulder, Westview Press, 281-323.

Gauthier, R. 2006. L*es contenus de l'enseignement secondaire dans le monde : état des lieux et choix stratégiques*, Paris, Unesco.

Harle, I. 2004a. « Des savoirs sociaux aux savoirs scolaires : place et contenus du dessin dans l'enseignement au XIXe siècle », in *Les sciences de l'éducation : pour l'ère nouvelle*, vol.37, N° 3, 37-57.

Loi N° 98/00 du 14 avril 1998 portant orientation de l'éducation au Cameroun, in *Cameroon Tribune* N° 2869 du 17 avril 1998.

Mangez, É. 2008. *Réformer les contenus d'enseignement*, Paris, Presses universitaires de France.

Mba, G. 2001. « Pour une application des modèles généralisables d'enseignement des langues nationales au Cameroun », in *AJAL* N° 3, Yaoundé, 31-42.

Ndibnu-Messina Ethe, J. 2013. *La culture à l'école primaire camerounaise : l'enseignement dans les sociétés plurilingues*, Paris, l'Harmattan

Tadadjeu, M. & al. 1988. *Manuel de formation pour l'enseignement des langues nationales dans les écoles primaires*, Collection PROPELCA N° 32, Université de Yaoundé.

CHAPITRE XVI

The Teaching of National Languages in Cameroon Secondary Schools: Learners' Competence and Attitude

NforKfuvou Bienvenue
&
Kouesso Jean Romain

Introduction

African countries have been struggling to find effective strategies to move from an uncomfortable educational system inherited from colonial administrations to a more transformative and culturally-relevant educational system, that takes into consideration African values, specific socio-cultural and linguistic backgrounds as well as particular educational needs. With the colonial educational system, national languages and foreign languages received an unequal support. For the case of Cameroon, while the Germans and the British opted for a decentralized school system where mother tongues were being used as a medium of instruction, the French administration imposed French as the only language of education in French Cameroon. After independence in 1960, local languages were tolerated only when serving church-based activities. Because of this, literacy campaign which was well documented and using only foreign languages witnessed a failure. Fortunately, Non-Governmental Organizations such as Summer Institute of Linguistic (SIL) and National Association of Cameroonian Language Committees (NACALCO) devoted themselves to the development of national languages and the 1996 Constitution was committed for their protection and promotion. Since the official and effective introduction of national languages and cultures in some government secondary schools in 2008 (Note n°1741/10/08/MINESEC/IGE/IP/LALE on October 13th 2008), their teaching is gaining ground. Thus, it seems interesting to investigate on the situation going on in schools as far as programs, didactic materials, evaluating methods, teachers', parents' or students' attitudes, students' competence, etc. are concerned. Based on a sociolinguistic survey, this paper intends to evaluate the competence and attitude of students towards the teaching of Cameroonian national languages in secondary schools. It focuses on the following main points: preliminaries, methodology of the survey, presentation, interpretation and discussion of results.

1. Preliminaries

In recent years, acquisition of competence has become a key issue in education. The word competence is attractive for educators because it is easily identified with valued capabilities, qualification and expertise. Kathryn (2008: 3) defines competence as "a potential ability and/or a capability to function in a given situation. Competency focuses on one's actual performance in a situation. This means that competence is required before one can expect to achieve competency [...]. Competence is the ability to perform a specific task, action or function successfully".

According to Petty and al. (2003: 353), "Attitudes refer to the general and relatively enduring evaluations people have of other people, objects, or ideas. These overall evaluations can be positive, negative, or neutral, and can vary in their extremity". In fact, people hold different attitudes towards languages and these attitudes go a long way in influencing them to behave in a certain manner towards the language itself and people who speak that particular language. In this vein, language attitude can be defined as strong positive or negative emotions experienced by people when they are faced with a choice between languages or something in a variety of situations or in the learning of a language. Research in language attitudes is an attempt to find out how people feel about their own native language and other languages, and also to see whether over a period of time, language attitudes and preferences remain relatively fixed or become more flexible.

From an operational perspective, competence seems to cover a broad range of higher order skills and behavior that represents the ability to cope with complex or unpredictable situations. This operational definition includes knowledge, skills, and attitude. When one is labeled to have competence in something, it shows ones attitude.

In Cameroon, a number of educational reforms stand in favour of the teaching of national languages in schools. They include:

- The 1996 Constitution which provides that the State *"Shall endeavour to protect and promote national languages"*;

- Law N° 98/004 of 14 April 1998 pertaining to Orientation of Education in Cameroon and introducing national languages and cultures in schools;

- Law N° 2004/018 of 22 July 2004 on decentralization transferring powers to local councils to implement the teaching of national languages, the eradication of illiteracy and the management of educational infrastructures;

- Law N° 2004/019 of 22 July 2004 empowering regions to undertake education and literacy;

- Decree N° 08/223/MINESUP/DDES of 03 September 2008 through which a department and laboratory of language and culture was created in the Higher Teachers Training School of the University of Yaoundé 1;

- Service note n° 234/12 MINSEC/IGE/IP-LAL of 24 September 2012, authorizing the teaching of national languages in Cameroonian secondary schools.

2. Methodology

Through the service note n°1741/10/08/MINESEC/IGE/IP/LALE on October 13th 2008, the Ministry of Secondary Education authorised the experimental teaching of national languages in five schools; namely Lycée Général Leclerc in Yaoundé, Lycée d'Akwa in Douala, Lycée Classique de Garoua, Government High School Njinikom and Lycée Classique de Bafang. This study focuses on four out of these five schools; that is Lycée Général Leclerc, Lycée d'Akwa, Government High School Njinikom and Lycée Classique de Bafang. Data were collected from February to March 2011 through a sociolinguistic questionnaire (see Appendix).

This questionnaire was made up of 18 questions based on identification of the respondent, its linguistic competences and language practices, and its appreciations on the teaching of national languages in his/her school. We personally administered a total 1380 questionnaires in the classes of 6ème, 5ème, 4ème, Forms one and two, in the absence of teachers in charge of the teaching of national languages, but with the help of the discipline master.

Data collected from the schools were analyzed using percentages, mean and Chi Square test statistics. Cross tables were used to first of all reveal the relation between the learners' competence and their attitudes towards the teaching of national languages in Cameroon secondary schools. The Chi-Square test was used to show if the results obtained are significant or not.

3. Presentation of Results

For the presentation of results, we will focus on the distribution of questionnaires per schools and per classes, mother tongues of students, learners oral and written competence in official languages (French and English), and learners oral and written competence in mother tongues and another Cameroonian language.

3.1. Distribution of Questionnaires per schools

During the survey, 1380 questionnaires were distributed in the four targeted schools; that is Lycée Général Leclerc, Lycée d'Akwa in Douala, Government High School Njinikom and Lycée Classique de Bafang, as it appears in table 1:

Table 1: Distribution of Questionnaires per Schools

Schools	Frequency	Percentage (%)
Lycée Général Leclerc	480	34.78
Lycée d'Akwa	540	39.13
Government High School Njinikom	120	8.69
Lycée Classique de Bafang	240	17.39
Total	1380	100

3.2. Classes involved

As shown in table 2 below, questionnaires were distributed to students in 23 classes in the targeted schools: 11 classes of 6ème, 8 of 5ème, 2 of 4ème, 1 of Form 1 and 1 of Form 2.

Table 2: Classes involved in the survey

Classes	Number	Percentage (%)
6ème	11	47.82
5ème	8	34.78
4ème	2	8.69
Form 1	1	4.34
Form 2	1	4.34
Total	23	100

3.3. Mother tongues of Learners

Seventy different mother tongues have been identified among the students. They are presented in alphabetical order on the table 3 below:

Table 3: Mother tongues of Learners

N°	Languages	Number of learners	Percentages (%)	N°	Languages	Number of learners	Percentages (%)
1	Akoose	12	0.86	36	Kwasio	1	0.07
2	Arab	17	1.23	37	Lamnso	20	1.44
3	Babungo	11	0.79	38	Limbum	15	1.08
4	Bafut	12	0.86	39	Mafa	11	0.79
5	Basaa	40	2.89	40	Mambila	6	0.43
7	Bulu	30	2.17	41	Mankon	12	0.86
8	Daba	1	0.07	42	Mbo'o	18	1.30
9	Dasaa	1	0.07	43	Mbum	2	0.14
10	Denya	18	1.30	44	Medumba	34	2.46
11	Dii	11	0.79	45	Mekaa	3	0.21
12	Dowayo	2	0.14	46	Mfumte	11	0.79
13	Duala	30	2.17	47	Mkaa	7	0.50
14	Ejagham	12	0.86	48	Mofu	5	0.36
15	Eton	50	3.62	49	Mofu-gudur	8	0.57

16	Ewondo	61	4.42	50	Mumuye	3	0.21
17	Fali	2	0.14	51	Mundani	6	0.43
18	Fe'efe'e	25	1.81	52	Ngiembon	10	0.72
19	Fulfulde	31	2.24	53	Ngumba	20	1.44
20	Gbaya	6	0.43	54	Nimbari	4	0.28
21	Gbete	2	0.14	55	Njna	2	0.14
22	Ghomala'	22	1.59	56	Njyem	7	0.50
23	Giziga	9	0.65	57	Nomaande	10	0.72
24	Guidar	2	0.14	58	Noni	12	0.86
25	Hausa	26	1.88	59	Nugunu	23	1.66
26	Kom	20	1.44	60	Oku	24	1.73
27	Kako	10	0.72	61	Pape	1	0.07
28	Kanuri	1	0.07	62	Podoko	7	1.23
29	Karang	11	0.79	63	Rikpa	3	0.21
30	Kenyang	2	0.14	64	Shupamum	21	1.52
31	Kolbila	13	0.94	66	Tikar	13	0.94
32	Koonzime	14	1.01	67	Tuki	4	0.28
33	Koozime	2	0.14	68	Wandala	12	0.86
34	Kuo	1	0.07	69	Yambassa	14	1.01
35	Kwanja	3	0.21	70	Yémba	38	2.75

From the number of languages collected from the questionnaires, it comes out that the most represented are Ewondo, Eton, Basaa, Yémba, Medumba, Fulfulde, Bulu and Duala.

3.4. Learners' oral and written Competences in official languages

The following table shows the learners' competences in both written and oral use of official languages.

Table 4: Learners' oral and written competences in official languages

Competence	Oral competence in English %		Oral competence in French %		Written competence in English %		Written competence in French %	
	Angl. school	Franc. schools	Angl. school	Franc. schools	Angl. school	Franc. schools	Angl. school	Franc. schools
1. Very good	39.2	9.7	15.1	45	53.3	14.7	13.6	43.8
2. Good	28.8	15.4	11.8	31.8	22.5	17	5.9	28.5
3. Average	13.3	21.1	15.1	12.5	11.7	23	14.4	16.9
4. Fair	14.2	32.6	13.4	6.8	9.2	23.5	21.2	8.3
5. Poor	3.3	1.5	1.6	1.8	0.0	12.2	17.8	11.1
6.Very poor	4.2	7.2	26.9	2	0.8	6.4	27.1	1.2

Oral competence in English was average to fair 51.4% in most schools and only 28.7% of respondents considered themselves to have very good to good oral competence in English. With respect to the French language, 72.5% considered themselves to be good to very good in oral competence in French. The remaining percentage was average to below average.

Looking at the written competence of English in the anglophone schools, 53.3% of the students could write very well compared to 14.7% in French school. 22.5% of them were good at writing English in anglophone schools, as compared to 17% in fracophone schools. Twenty-three point eight percent could write French language very well in francophone schools compared to 13.6% in anglophone schools. Five point nine percent were good at writing French in anglophone schools and the remaining percentage were considered fair to very poor in English schools.

3.5. Learners' oral and written Competence of Mother Tongue and another Cameroonian Language

The learners' competences were written according to their level of competence from very good to very poor as shown in the table below.

Table 5: Oral and Written Competence of Mother Tongue and another Cameroonian Language

Competence	Oral competence in mother tongue%		Oral competence in another language %		Written competence mother tongue %		Written competence another language %	
	Angl. school	Franc. schools	Angl. school	Franc. schools	Angl. school	Franc. schools	Angl. school	Franc. schools
1. Very good	55.8	31.4	13.3	4.8	20.8	13.9	4.2	5.3
2. Good	8.3	24.2	15	12.5	10.8	17.9	2.5	11.0
3. Average	15	21	10.8	13.2	10	17.6	14.4	16.5
4. Fair	11.7	12.5	10.8	25.9	17.5	24.9	11	21.4
5. Poor	3.3	4.2	17.5	10.5	16.7	10.7	13.6	13.9
6. Very poor	5.8	5	32.5	23.7	21.7	12.5	54.2	29.7

Fifty five point eight percent of English students express themselves very well in their mother tongue compared to 31.4 % for the French students, 20.8% of English students can write compared to 13.9% of French students. Thirteen point three percent of English students speak another Cameroonian language, compared to 4.8% of the French students. If the number of students who can speak another Cameroonian language is 23.3%, and a 3rd language is introduced in the Government High Schools, the oral competence of that language could be gotten or reflected by 23.3% of the students.

This therefore will mean that the introduction of a 3rd language may be effective only at about 25% as reflected by the current or present national languages. In this case to increase the ability of learners to speak a 3rd language, factors militating against the smooth teaching and adoption of these languages (English and French) by students in government high schools should be corrected. Concerning the question about those who had learnt mother tongue before, 58% of the respondents had learnt it in the city, at home, in schools, church and neighborhoods.

Eighty five point five percent of all the students appreciate the teaching of national languages. This shows the positive attitude of these students towards the promotion of these languages in secondary schools, though only few of them, that is 28.4%, had an opportunity to learn other Cameroonian languages.

4. Interpretation of Results

The results obtained from the learners showed that some languages such as Daba, Kanuri and Papemay suffer from endangerment, considering their lower representation. The threat may come because the number of speakers is declining rapidly, the younger generations are not learning to speak it, and the domain in which the language is used has been shrunk, so much that it is not used regularly in the language community (Batibo, 2005).

It is true that many languages survive even if they are not taught in schools. The school milieu alone cannot save a language. In India, for instance, the language is mostly used out of school than in the school premises (Marti and al., 2006: 166).

Oral competence in English was average to fair (51.4%) in most schools and only 28.7% of respondents considered themselves to have good to very good oral competence in English. With respect to the French language, 72.5% considered themselves to be good to very good in oral competence in French; the remaining percentage was average to below average.

It is likely that the higher competence in French could be attributed to the higher number of French students in the sample. The low competence in English is to the lower number of English students in those areas.

It therefore follows that although French and English are the official languages which have been used for years, most students of the French expression do not master the English language and vice versa, thus introducing a 3rd language or 4th language may be plagued with a lot of difficulties which might end up having a negative attitude on the learners' ability and desire to learn national languages. The students are not able to perform well in English or French which maybe because of its orthography and most students leave school because of French (especially in the university milieu and is mostly practiced by Anglophones and Francophones who understand nothing in English language or in French language). They are faced with problems during French orthography evaluation thus reducing their mark and average.

For the written competence, 22% were average in English language, while 88% were less than average. The Writing competence of French in French schools ranged from good to very good (67.7%), average (16.9%) and the remainder; less than average Oral and written competence of English by the English and French learners, and French language, by the English and French.

The difference between students of French and English expression in oral competence in English was statistically significant ($P < 0.01$). English students are good to very good in French (15.1+11.8=26.9%) and French students are also good to very good in English (9.7 + 15.4=25.1%). It can signify that if a 3rd language is introduced oral competence of the 3rd language may not be close to 25% in the secondary schools.

If the oral competences of students in official languages which have existed for years are similar, it means that we are not likely to have oral competence of another language above this. Then, in order to promote another language, we should look at the factors militating against those current official languages such as the teaching method. Although reading and writing skills are very important for assessment purposes and in determining the next grade, the learners are not being given sufficient reading and writing opportunities in the classroom. Learners are often given worksheets where they are required to fill in single words; the writing of paragraphs, creative writing and compositions are limited. Learners do not have enough opportunity to develop academic literacy through practice. The syllabus is huge and there are always time constraints there by shortening their writing and reading rather than increasing them (South African Journal of Communication Disorder, 2011).

Writing has a symbolic value which has great influence on the prestige of the language. Writing is perceived as a success to the informant when it is all about languages whose writing system has been developed; it is like a necessity in the case where it does not exist. Marti and al. (2006: 223) said :

> *L'usage écrit des langues en général, leur apporte du prestige et augmente leurs possibilités de transmission et de réalisation. L'usage écrit seulement est approprié, s'il est vécu par la communauté comme un enrichissement et non pas comme une menace ou une frustration.*

Besides, most of the students are eager to learn languages such as Basaa, Duala and Ewondo which they considered to be "beautiful" languages compared to theirs. If these languages should be chosen in future as languages for education or compulsory subjects for students in secondary education, they must depend on the advantage the users have, which is the case of most multilingual countries like Mozambique where Sena has been declared a national language. The interlocutor uses the languages in towns where he finds many languages and the community looks at the languages as languages respected by everybody. Besides, the idea of some languages being more beautiful than others should be corrected in the minds of the students because this might affect their attitude towards their own language.

5. Discussion

The potentials of national languages as an important tool in Cameroon Schools had been well established by many studies on the importance of national languages in education. This study investigated the competence and attitude of learners towards the teaching of national languages in Cameroon secondary schools. The results from the self- report revealed the following:

5.1. Learners' Competence

Competence in teaching is particularly important in the learning process because it affects the attitudes or brings out the attitude which affects the outcome of education. In recent years, the acquisition of competences has become a central issue in post-secondary education. The traditional emphasis on facts as such, does no longer meet the requirements of a changing skill. To apply this knowledge in an appropriate and productive way seems to be insufficient to start as a professional worker.

Competence focuses on one's actual performance in a situation. Regardless of the quantity and quality of teachers placed in the classroom, the key to how those tools are used is the teacher. Therefore, learners, teachers must have the competence and the right attitude towards the teaching of national languages in Cameroon secondary schools.

The results indicated that learners have high oral competence in official languages and are not competent in their mother tongue; talk less of another Cameroonian language. Furthermore, exploration of how learners gained their oral competence in national languages revealed that majority of the learners gained their competence through personal effort and 28% have had the opportunity to learn.

5.2. Learners' Attitudes

Attitude studies in this work, aided in identifying how people of one language group view a personal character and social status of speakers of another language and how they form associations about other languages. Results from a self-report used for this study revealed that learners had a positive attitude which is an important indicator of willingness and first step in effective national integration in Cameroon secondary education.

It was also noticed that the motivation of the students influenced their attitudes through their suggestions for better promotion such as:

- It increases their scope of communication;
- It increases their knowledge of other ethnic groups;
- It makes them know more about their language and culture.

Unmotivated learners however, stated that they should be allowed to choose which language to use. It wouldn't yield anything and besides, it reduces their average because of its high coefficient and it will be difficult to travel abroad. They also said it had a limited vocabulary compared to English language making learning difficult and they are not used in competitive exams.

Bitja'a Kody (2001) in "Attitudes et représentations linguistiques à Yaoundé" carried out an investigation where he found out that some people liked the teaching of local languages and were for the fact that they should be taught in schools though others were for the promotion of French and yet others were neither for nor against.

Regardless of the quantity and quality teachers placed in the classroom, their attitude is the major predictor of future teaching of national languages. Thus, there is the need to take care of the emotional needs of student teachers as far as attitude is concerned since it is the major predictor of the future of national languages. Thus, understanding learners' attitude is very important because attitude towards language has a great impact on speakers'choice and use of language, which also affects their competence.

5.3. Going Beyond Teaching: Promotion of National Languages

In Africa, particularly in Cameroon, education throughout the colonial era was essentially through the medium of foreign languages. English, French, Spanish and their existence as the world's lingua franca has contributed a lot as a major influence in education which has also stimulated politicians, the general public and even some scholars to develop negative attitudes towards the teaching of national languages in schools. Based on wrong assumptions, they later said national languages have no grammar and that they will polarize linguistic communities against each other, thus creating disunity.

To remedy such attitudes, effective sensitisation should be carried out. Promoters or communities should work hand in hand with community radio and other media for the promotion of national languages (Kouesso, 2013).

Other activities carried out can help in the promotion of national languages. For example, the celebration of mother tongue is a very important factor which enables learners to present poems, sketches, proverbs, songs, traditional dances, cultures and at the end best students and schools are awarded prizes thus helping us to know how rich and interesting it is to know our language, culture and our identity as a Cameroonian.

Often, lack of educational materials is advanced as one of the main problems related to quality instruction in literacy programs. Yes, one cannot deny the importance of reading materials for the acquisition of literacy skills. But we should move away from a primer-only reading approach to literacy approaches that use primers and influence the production of texts in the schools and communities. In Mali, for example, students are encouraged to become writers through the writing of "la mémoire de classe". These are short stories that children from first to six grades produce. They include stories about themselves, their families, their dreams and hopes, their communities, and also what they know about the outside world. Writing these stories is done as a process which teaches children all the various steps that are required for composing a text. This approach integrates holistically oral language development (story-telling, thinking before writing), and the development of writing and reading competence. More over speaking, writing and reading are language activities (Hassana Alidou, 2006).

To promote the development of a literate culture in Cameroon languages the government should create forums where authors who produced written literature (novels, short stories, drama, poetry, collection of tales, etc.) in the national languages are awarded national literature prizes.This will encourage individuals and parents to teach their children back more about their culture, language and tradition since motivation is one of the factors that stimulate people in our society.

Conclusion

Our purpose was to evaluate the learners' competence and attitude towards the teaching of national languages in Cameroon secondary schools. It comes out that students show high competence in official languages and low competence in writing national languages. This could be due to the fact that official languages have been the languages of instruction and they are frequently used at home with parents, friends and other people. The students' low writing competence in mother tongue and other Cameroonian languages could also be due to the fact that they are not up to expectation as regards reading newspapers and articles.This somehow contributes negatively to the prestige and vitality of languages.

Furthermore, 85.5% of the students showed a positive attitude through their suggestions for the better teaching of national languages in Cameroon secondary schools which show how much value are placed on national languages by learners. Competence and attitudes are some of the basic components of motivation in any given situation, language use included. It can therefore be concluded that the warmer the reception of a language, the higher the value thus a higher percentage of positive attitude and an increase in their competence.

References

Batibo, H. 2005. *Language Decline and Death in Africa: Causes, Consequences and Challenges,* Clevedon, Multilingual Matters Ltd.

Bitja'a Kody, Z. D. 2001. « Attitudes et représentations linguistiques à Yaoundé », in *African Journal of Applied Linguistics,* n° 2, 100-124.

Hassana, A. 2006. "Use of African Languages and Literacy: Conditions, Factors and Processes (Benin, Burkina Faso, Cameroon, Tanzania and Zambia)", in *Association for the Development of Education in Africa Biennale on Education in Africa* (Libreville, Gabon, March 27-31, 2006). [Online] http://62.161.52.48/adeaPortal/adea/biennial-2006/Alpha/vo/PDF/A3_3_hassana_en.pdf (23.08.2014).

Kathryn, S. 2008. Competence Literature Review. [Online] http://www.cc-institute.org/docs/default-document-library/2011/10/19/competence_lit_review.pdf23.08.2014).

Kouesso, J. R. 2013. « Revitalisation des langues nationales au Cameroun : quelle est la contribution des radios communautaires? », in *Annales de la Faculté des Arts, Lettres et des Sciences Humaines*, Université de Yaoundé 1, 124-135.

Marti, F.and al. 2006. *Un monde de paroles, paroles du monde : Étude sur les langues du monde.* Paris, L'Harmattan.

Petty, R. E. and al., 2003. "Persuasion and Attitude Change", in Millon Theodore and Lerner Melvin J. (eds.), *Handbook of Psychology: Personality and Social Psychology*, Vol. 5. New York, John Wiley & Sons, 353-382.

Appendix: Questionnaire

This questionnaire aims at collecting data for the evaluation of competence and attitude of learners' towards the teaching of national languages in Cameroon Secondary Schools.

1. Sex ________________
2. Age ________________
3. School ________________
4. Class ________________
5. What is your mother tongue? ________________
6. What other Cameroonian language(s) do you speak? ________________
7. What is your level of oral linguistic competence?

Levels of competence / Languages	Very good (14 to 20 points)	Good (11 to 13,99 points)	Average (9 to 10,99 points)	Fair (5 to 8,99 points)	Poor (4,99 points and less)
Mother tongue					
Other Cameroonian languages					
English					
French					

8. What is your level of writing linguistic competence?

Levels of competence / Languages	Very good (14 to 20 points)	Good (11 to 13,99 points)	Average (9 to 10,99 points)	Fair (5 to 8,99 points)	Poor (4,99 points and less)
Mother tongue					
Other Cameroonian languages					
English					
French					

9. Which language(s) do your parents generally use among themselves? _____
10. Which language(s) does your mother generally use with you? __________
11. Which language(s) does your father generally use with you? ___________
12. Which language(s) do you generally use with other people in school? ____
13. Which language(s) do you generally use with other people out of school? _______
14. Which language(s) do you generally use in school with your friends?____ __________your teachers? ____________adults? ___________________

15. Do you like the teaching of Cameroonian languages in your school?
    Yes ☐ or No ☐
16. If yes give 2 or 3 reasons
    a...
    b...
    c...
17. If no, give 2 or 3 reasons
    a...
    b...
    c...
18. What can you propose for the better teaching of Cameroonian languages in your school?
    a ....
    b ....
    c ....

CHAPITRE XVII

De la reconnaissance formelle de la nature endogène du français camerounais : une initiative pragmatique aux bénéfices avérés

Angeline Djoum Nkwescheu

Introduction

Cet article est le produit de l'analyse d'un large corpus de recherche et de textes (Barbier, 2010: 91 ; Lechevrel, 2010: 228) sur plusieurs domaines donnés, parmi lesquels la langue maternelle et la scolarisation, la langue et le développement, l'écologie du français au Cameroun (Calvet, 1999 ; Boyer, 2010) et l'évolution de langues de grandes civilisations. Le besoin de mener une telle analyse est né du constat par expérienciation (Robillard, 2007), d'une part, du degré (vu le nombre élevé de jeunes et de très jeunes oisifs, débrouillards ou apprentis de petits métiers, en période de classe, dans les quartiers, les rues, les marchés…) d'échec scolaire en milieu urbain au Cameroun, et d'autre part, de la difficulté pour les concepts de développement à y prendre racine et à produire les fruits supposés. L'hypothèse qui en a découlé est que la langue de transmission en serait la cause. Les investigations ont donné de dire de multiples fois que la scolarisation ne peut être vraiment efficace en langue non maternelle (Siegel, 1997; Thomas et Cullier, 1997; UNICEF, 1999 ; Moyse-Faurie, 2000; Banque Mondiale, 2001). Également, les projets de développement durable conçus dans une langue non assimilée par le public cible ne peuvent connaitre la réalisation attendue (Fasold, 1990; Loubier, 2008; Asselin de Beauville et Chardenet, 2008; Prah, 1995). Bien avant ces affirmations, au Cameroun en 1978, l'Université de Yaoundé avait mis sur pied le projet PROPELCA[1] dans l'optique de promouvoir les langues maternelles camerounaises par leur enseignement ; projet qui, en 1995, est approuvé lors des états généraux de l'Education en vue d'un projet de loi qui sera finalement voté et inséré dans la Constitution en 1996. Mais il faut noter que ce pays comporte 280[2] langues ethniques (la variété aux locuteurs natifs les plus nombreux ne concerne que 19.6% de la population et aucune autre variété n'atteint la moitié de ce pourcentage) et deux langues officielles, le français et l'anglais (Lewis, Gary et Fenning : 2014). En outre, les diverses recherches attestent que le français parlé au Cameroun est passé de sa nature exogène à une nature endogène. D'autres investigations ont découvert que plus de 30% des Camerounais des mégapoles de ce pays ont pour langue maternelle le français

[1] Programme de Recherche Opérationnelle pour l'Enseignement des Langues au Cameroun.
[2] 286 langues en fait, mais 6 d'entre elles sont mortes (Ethnologue, 2014).

(Onguene Essono, 1999 ; Bitjaa Kody, 2001 ; Biloa et Fonkoua, 2010). Il se dégage des résultats des travaux et textes passés en revue, cinq paramètres essentiels: a) la scolarisation ne peut être faite avec efficacité en langue non appropriée ; b) l'on ne peut réaliser à satisfaction des projets de développement dont on *n'incorpore* pas la langue de conception et /ou de transmission ; c) le français qui sert de langue véhiculaire sur 80% au moins[3] du territoire camerounais s'est développé une norme locale ; d) ce nouveau français est la langue maternelle de millions de jeunes ; e) la cohésion nationale nécessaire pour le développement réel d'un pays a besoin de langues d'intercompréhension, non pas seulement régionales, mais aussi territoriales. C'est ce qui, pour ce dernier cas aurait, entre autres, motivé la création des États-nations aux langues qui identifient en même temps le peuple qui les parle[4] (Auroux, 1998; Marcellesi, 2003 /2013; Boyer, 2001/2013; Robillard, 2007). L'analyse de tous ces éléments, ainsi que celle de l'histoire commune de l'évolution des langues de grandes civilisations d'aujourd'hui (Le Berne et le Dû, 1997 ; Loubier, 2008 ; Fagyal, 2013 ; Marcellesi, 2003/2013), démontrent la nécessité et la possibilité de changer officiellement le statut du français camerounais: de celui de langue véhiculaire à celui de langue nationale comme les autres langues du terroir.

Cet article a pour intention:

- D'amener à la conscience du changement radical de statut du français parlé au Cameroun ;

- De démontrer la nécessité d'intégrer statutairement cette nouvelle langue parmi les langues nationales camerounaises;

- De prouver la validité idéologique devant sous-tendre cette possible intégration.

1. Arrière-fond déterminant

La langue maternelle, on le sait, est la première langue à laquelle un être humain est exposé. C'est sa langue intime, sa langue d'affection; celle dans laquelle il exprime le mieux son être, son bien-être et son mal-être, son rapport avec la réalité extérieure. Celle dans laquelle il traduit le mieux sa façon de saisir la réalité, le monde ; ou plutôt celle qui le lui traduit le mieux. En effet, Fasold (1990: 53) déclare:

---

[3] Les Francophones sont installés dans au moins toutes les villes du Cameroun grâce à la politique administrative qui affecte le personnel de l'Etat à travers le pays sans considération de la langue officielle de l'intéressé.

[4] Situation qui a mis en état de dominées les autres langues du terroir et occasionné des frustrations chez leurs locuteurs natifs respectifs ; conséquences, sources de revendications plus ou moins virulentes aujourd'hui.

> *The "real world" is to a large extent unconsciously built up on the language habits of the group [...]. We see and hear and otherwise experience very largely as we do because the language habits of our community predispose certain choices of interpretation.*

Par ailleurs, la scolarisation d'un individu dans sa langue maternelle permet d'obtenir de meilleurs résultats. Selon un rapport de l'UNICEF (1999) repris par la Banque Mondiale dans *Sourcebook for Poverty Reduction Strategies* (2001)[5],

> *De nombreuses recherches montrent que les élèves apprennent plus vite à lire et à acquérir de nouvelles connaissances lorsqu'ils ont reçu un premier enseignement dans leur langue maternelle. Ils apprennent également plus rapidement une seconde langue que ceux qui ont d'abord appris à lire dans une langue qui ne leur était pas familière.*

À cet effet, le gouvernement camerounais s'est, depuis 1995, prononcé «en faveur de l'introduction des langues identitaires locales dans le système éducatif camerounais» (Biloa et Fonkoua, 2010: 320). Dans certaines zones rurales du Cameroun, la langue maternelle est même déjà utilisée comme medium d'enseignement au niveau du primaire (Rosendal, 2008). Mais tout laisse croire que le problème que pose la scolarisation de la jeunesse urbaine en langue non première n'est remarqué ni par les spécialistes de la langue, ni par les autorités compétentes. Pourtant c'est une difficulté surement à la base d'une bonne proportion de la déperdition scolaire prééminente dans les villes camerounaises.

Lors des diverses ré-inventories[6] des langues maternelles camerounaises, l'on continue à en oublier une et pas des moins importantes tant sur le plan de son nombre élevé de locuteurs natifs que du rôle qu'elle joue en société : le *franco-camerounais*[7]. Biloa et Fonkoua (ibid.) affirment que :

> *Plus de la moitié de [leur] population d'enquête a une pratique insuffisante, voire nulle de la langue ethnique (des langues identitaires locales). Dans les mégapoles telles Yaoundé et Douala, des enquêtes sociolinguistiques ont montré que 30% des enfants ont pour langue maternelle le français.*

Il y a une quinzaine d'années, une enquête avait fait découvrir que 32% de la population de Yaoundé âgée entre 10 et 17 ans avaient pour L1 le français (Bitjaa Kody, 2001). En outre, un rapport du PNUD[8] datant de 2003 révèle que 49,6% de la population camerounaise vivaient en zone urbaine et, Rosendal (2008: 44) a, quant à elle, constaté que dans les rues de Yaoundé, ''Le français domine de manière informelle'', tandis que Tsofack (2010: 254) affirme que :

[5] Cité par Asselin de Beauville (2008: 9).

[6] Les diverses éditions *d'Ethnologue* continuent de considérer le français comme une langue étrangère adoptée comme langue officielle.

[7] Cette dénomination tient lieu de proposition. Il ne serait pas possible de dire le « camerounais » puisqu'il y a nécessairement l'« anglo-camerounais» avec l'héritage colonial du Cameroun.

[8] Programme des Nations Unies pour le Développement.

Le français garde et conserve son statut véhiculaire en situation formelle dans la région de l'Ouest [Cameroun], et en même temps augmente le nombre de ses locuteurs du fait de l'urbanisation et de ses fonctions.

Le franco-camerounais est ce français-là qui a pris la couleur de son terroir et auquel des millions de petits Camerounais sont exposés dès le berceau, suite à l'urbanisation et son corollaire qu'est le brassage des populations. Tsofack (ibid.) continue en disant que le français parlé à l'Ouest-Cameroun « se modifie et sa forme actuelle est en quelque sorte le résultat progressif de la «mixité» ». Il a pris une vingtaine d'années à l'État camerounais pour introduire les langues maternelles dans les programmes scolaires, mais au moment où cela est enfin *acquis*, le nouveau statut du français parlé dans ce pays est encore *invisibilisé*. Cette *invisibilisation*est préjudiciable aux jeunes citadins qui, malgré eux, ont cette langue pour langue maternelle et qui n'est pas prise en considération pour l'enseignement. Lorsque le projet PROPELCA se concevait en 1978, le français n'était pas encore de façon sensible langue maternelle au Cameroun et donc ne pouvait être compté parmi les langues nationales. Le temps a passé avant que l'État camerounais ne s'approprie ses propositions[9], alors que beaucoup d'eau a coulé sous les ponts. Selon Fagyal (2013: 8-9), les linguistes sont :

Aveugles (ou plutôt sourds) à l'émergence de nouvelles « façons de parler » [...], un phénomène linguistique ou langagier a pu demeurer invisible, ou plutôt invisibilisé, jusqu'à ce que les conditions soient là pour qu'il soit perçu, puis désigné, puis nommé, au point de devenir une évidence.

Le caractère profondément camerounais du français parlé au Cameroun a bien été constaté, l'on l'a décrit dans presque toutes ses formes; cependant, il semble que personne n'a encore franchi le pas décisif pour démontrer sans ambages son indéniable nouveau statut qui le compte définitivement parmi les langues nationales[10] camerounaises. En effet,

Au Cameroun en général, il y a un français des linguistes (qui le décrivent sans cesse sans pour autant dire ce qu'il est véritablement), mais aussi un français des locuteurs qui n'est pas «un objet réel» qui s'imposerait à eux comme «une donnée», mais qui se construit sans cesse au gré des situations et des représentations (Tsofack, 2010: 256).

C'est pour cela peut-être que Calvet (2007: 67) peut se méprendre et affirmer que:

L'acclimatation de l'espagnol à Cuba ou en Argentine a entrainé des modifications à la fois de la phonologie, du lexique et de la syntaxe, au point que certains parlent aujourd'hui de l'espagnol de Cuba (ou d'Argentine, etc.). [Par contre l'on ne sait] pas si le français connaitra en Afrique une acclimatation ou s'il restera au stade de l'acclimatement avant de disparaitre.

---

9 « After more than twenty years of unilateral focus on two foreign excolonial languages, the constitution of 1996 recognized national languages; linguists have been arguing for [their] introduction into education and other domains for a period of thirty years» (Rosendhal, 2008: 44.)

10 "The term national languages is used to address Cameroonian languages other than English and French " (Rosendal, 2008: 45)

La promotion par l'État camerounais d'une ou deux langues vraiment territoriale(s)[11] (en plus des langues régionales) qui véhicule(nt) ses spécificités, lui ouvrira une des voies décisives de sortie du sous-développement. En effet, «une langue est bien plus qu'un instrument de communication, c'est aussi le vecteur d'une façon de penser, d'une culture; le dépositaire de l'histoire d'un peuple» (Asselin de Beauville et Chardenet, 2008: 6).

2. *L'endogénéité* du français camerounais

Moult investigations faites sur les français parlés hors de France, ou mieux, hors de l'Île-de-France, ont ressorti des dissemblances systématiques avec le français central. Les recherches sur le français parlé au Cameroun permettent d'affirmer que ce dernier s'est littéralement affranchi de la norme d'origine et en a forgé la sienne propre, endogène dans toute sa signification et cela sur tous les plans: phonématique et prosodématique (Djoum Nkwescheu, 2000, 2004, 2008, 2010, 2013), syntaxique (Biloa, 2003; Simo Souop, 2009; Ndé Mufoping, 2010), lexical et sémantique (Zang Zang, 1991, 1999; Biloa, 2003; Ndé Mufoping, 2010; Tsofack, 2010); morphosyntaxique (Biloa, 2003; Ndé Mufoping, 2010); stylistique (Biloa, 2003; Fosso, 2004; Ndé Mufoping, 2010), etc. Les journaux de la presse écrite et les œuvres littéraires sont essentiellement rédigés en français camerounais (Ndé Mufoping, 2010; Wamba et Noumsi, 2004), faisant ainsi jouer à l'écriture son rôle de fixatrice pour cette variété de langue. En effet,

> *grâce à l'écriture, les signes sonores qui errent d'une bouche à l'autre prennent forme, prennent corps, acquièrent une existence [...] palpable, font date [...], entrent dans l'histoire - dans l'histoire linguistique [...], dans l'histoire tout court.* (Ndé Mufoping, 2010: 82)

Certes, le français parlé au Cameroun est un héritage colonial, mais il s'est adapté, non pas par acclimatement, mais par acclimatation. Selon Calvet (2007: 66), « l'acclimatement est le fait pour une espèce déplacée de survivre» tout juste, tandis que « l'acclimatation est le fait pour les mêmes espèces déplacées, non seulement de survivre, mais aussi de se reproduire». Le français a pris racine au Cameroun en s'adaptant, en prenant les couleurs locales. Il est à noter que l'acclimatation « entraine des changements qui peuvent être d'ordre phonologique, lexical, [...] syntaxique » (Calvet, ibid.) et sémantique - faut-il ajouter - pour le cas du Cameroun où le français a connu de grands bouleversements sémantiques. En effet, le français dans ce pays est devenu,

> *Un stock de matériel linguistique [...], outil de production d'un sens endogène et le moyen d'expression d'un univers sémiotique original capable de répondre à des besoins expressifs et communicatifs locaux.* (Bavoux, 1996: 118)

Selon Ndé Mufoping (2010: 84), ce français, plus adapté, permet de dénoter et de connoter avec assurance « des réalias étrangères à la civilisation de

[11] Dans le sens de couverture d'envergure nationale.

l'Hexagone », mais aussi les autres *« réalias* du monde vues à travers le prisme de l'âme africaine. [Il] offre plus de confort, permet [au locuteur] de s'exprimer plus clairement, d'informer plus efficacement, [et au récepteur] de comprendre totalement et plus précisément».

Cette face sémantique du franco-camerounais est constituée en très grande partie de marques des langues d'héritage des populations locales (Fagyal, 2013: 22). Il y a effectivement, en filigrane, comme une sorte d'auto-imposition de la langue première dans la façon de saisir la réalité extérieure. Nzikou (2010: 89) affirme que cette variété de langue « ne saurait être dissociée de la langue maternelle [camerounaise], ni de la vision du monde qu'elle véhicule [mais au contraire], elle fonctionne comme un « palimpseste», une « réécriture d'une culture » que, pour comprendre, il faut être *initié,* parce que les mots qui l'enveloppent sont une « coque indéhiscente » (Serre, 1990: 12). D'après Tabi Manga (2000: 133):

> *La conscience de cette norme endogène a pour conséquence la défiance affichée à l'égard de la norme classique héritée de la colonisation. Au point qu'on assiste à une confrontation entre les deux approches normatives au seuil des institutions scolaires et universitaires. Le français parlé et écrit au Cameroun se transforme dans tous ses registres et paradigmes par une fantastique opération de subversion linguistique.*

L'on peut de ce fait affirmer que le français camerounais remplit, entre autres, les fonctions de conservateur et de transmetteur de l'héritage culturel camerounais, tout en étant le témoin de l'aspiration et de la satisfaction des populations à se libérer de la main mise linguistique de l'Hexagone.

L'étude des découvertes faites sur le français parlé au Cameroun révèle le degré énorme de l'appropriation du français par ce pays. Les interférences (phonologiques, lexicales, morphosyntaxiques, syntaxiques, sémantiques et culturelles) y sont légion, ainsi que des créations de toutes sortes. Les traductions littérales des expressions idiomatiques des langues locales sont présentes dans le français des Camerounais, toutes couches sociales confondues, au quotidien (dans les villes comme dans les villages francophones); pour ceux qui n'exercent pas dans le secteur formel, ces expressions sont retrouvées dans toutes leurs situations de communication. Mais pour ceux qui, pour les besoins de service, doivent surveiller la qualité de leurs productions linguistiques, on les retrouve essentiellement en contexte semi-formel ou informel. Le français ainsi apprivoisé en contexte plurilingue est devenu:

> *Une langue accessible à toutes les couches [qui] permet de traverser toutes les cloisons et d'atteindre toutes les couches facilement, directement, jusqu'à ses nuances connotatives. Grâce à ce langage, - le français camerounais -, la communication interactive devient plus efficiente [...], car tous partagent le même code linguistique, le français local que [tous] maitrisent mieux, par rapport au français central.* (Ndé Mufoping, 2010: 84-85)

Le franco-camerounais est une langue véhiculaire locale authentique, melting-pot d'expressions idiomatiques de dizaines de langues ethniques traduites quelque peu littéralement en français. Il est un facteur d'enrichissement mutuel et de révélation des traditions partagées ; ce qui fait de lui un creuset culturel camerounais, source de transculturalité [12] et d'interculturalité. L'interculturalité est entendue ici selon l'acception de Kerzil et Vinsonneau (2004: 46) avec ce que cela comporte de «psychique, de relationnel, de groupal [...] générés par les interactions de cultures dans un rapport d'échanges réciproques». En dessous du français camerounais effectivement, diverses composantes linguistiques et culturelles locales se laissent deviner. Cela permet de dire comme Nzikou (2010: 93) que cette variété de langue «fonctionne comme un feuilleté» ; toutes choses susceptibles de générer en ses locuteurs le sentiment de coappartenance nationale tout en éteignant celui du tribalisme si souvent décrié. En effet,

> *L'extrême morcellement des langues camerounaises [est] généralement évoqué comme facteur de division, comme obstacle possible à la réalisation de la cohésion nationale [...], un facteur favorable au tribalisme et au clanisme.* (Sol, 2010/2012: 335)

Il faut remarquer que la jeunesse urbaine qui a le *franco-camerounais* comme première langue ne devrait pas éprouver de rejet de l'autre sur des bases claniques; imprégnée qu'elle est de la culture nationale dans sa globalité. Cet état de choses conforte les propos de Calvet (2007: 63) selon lesquels « l'urbanisation [est] un facteur d'unification».

Étant donné « [qu'] une langue [est] le signe particulier d'une culture» (Burban, 2010/2012: 121), le français camerounais n'est plus que de loin tributaire de culture française. En effet, il propage à l'échelle nationale les diverses façons ethniques de saisir la réalité extérieure, au grand dam du français de référence dénué des éléments linguistiques, - ou plutôt culturels -, appropriés pour leur expression intrinsèque, fidèle, viscérale. Ce *franco-camerounais* est, sous l'angle sémantique,

> *Une tentative de traduction de la vision du monde véhiculée par la langue maternelle, [...] sous-couche sédimentaire réapparais[sant] en permanence (consciemment ou inconsciemment) sous forme de calques simples, de structures syntaxiques modifiées, de métaphores ou d'images inhabituelles* (Nzikou, 2010: 90) .

Le Cameroun s'est réellement approprié la langue française au sens Ploog et Rui (2005: 11) du terme, en la faisant «sienne», c'est-à-dire en l'adaptant après son acquisition. Et il agit à travers elle. Les Camerounais de toutes couches y construisent «leur identité individuelle et sociale». En effet, le français camerounais n'est pas un bloc unique; il comporte tous les types de variations d'une langue vivante: les variations diaphasique, diatopique, diachronique,

[12] Enrichissement mutuel *transethnique*.

sexuelle, diastratique, etc. En outre, d'après Fosso et Nzesse (2004 : 243) «on relève dans les actes d'appropriation quotidiens du français trois niveaux: basilectal, mésolectal et acrolectal». Il est à noter que la cloison entre ces divers niveaux est loin d'être étanche. Certaines des expressions présentées par ces chercheurs comme relevant du basilectal sont aujourd'hui plus qu'attestées dans les productions d'universitaires en situation relâchée. Par ailleurs, cette sorte de stratification ne semble pas appropriée hors du contexte guyanais pour lequel Bickerton (1973 : 647) l'avait conçue. Néanmoins, ces niveaux peuvent être apparentés aux niveaux «bas», «moyen» et «soutenu» de la langue française centrale. Le français camerounais est aussi composé de registres et de variétés régionales, au-dessus desquels il y a une variété *nationale* (Djoum Nkwescheu, 2000; Biloa, 2003; Tsofack, 2010; Ndé Mufoping, 2010).

Le français camerounais est une richesse linguistique et culturelle à normaliser, mais l'obstacle majeur pourrait en être son origine détestable et détestée. En effet, envisager la codification d'une langue dérivée de celle de *l'ancien* oppresseur pour en faire une langue territoriale, fût-elle totalement acclimatée, peut être une pilule difficile à avaler, car «les stigmates du passé restent encore vivaces dans la mémoire collective» (Sol, 2010/2012: 334). Mais avec la connaissance des faits présentés infra, ajoutés à ceux étalés jusqu'ici, il y a probabilité que l'on se ressaisisse pour regarder la réalité en face, faire contre mauvaise fortune bon cœur et faire « table rase du passé» (Sol, ibid.)[13]. Point n'est question ici de suggérer un quelconque *ethnocide linguistique* (Marcellesi, 2003/2013: 181). Le processus entamé de la promotion des langues locales camerounaises est une initiative salutaire (pour la scolarisation de jeunes ruraux et le développement régional, etc.) qui doit être résolument poursuivi, mais avec inclusion du français (et de l'anglais) [14] camerounais, par clairvoyance, par pragmatisme, par pro-action.

3. De l'intérêt à admettre statutairement le caractère local du français camerounais

3.1 De la nécessité de scolariser la jeunesse urbaine en sa L1

La démocratisation de l'éducation et l'assurance de sa réussite maximale sont la condition du développement et la garantie de préservation optimale des ressources. En effet, comme le disent Asselin de Beauville et Chardenet (2008, 9) :

> *La réussite à l'école conditionne les chances d'amélioration des conditions de vie d'enfants à travers le monde, car une alphabétisation réussie est leur meilleur atout pour ne pas être les laissés pour compte de la mondialisation. Sur le plan économique, elle leur ouvre les portes d'un développement maitrisé. Sur le plan de la*

[13] Il faut signaler que les propos de Sol Marie Désirée (ici empruntés) ne défendent pas la cause du franco-camerounais, mais plutôt celle du français standard.
[14] Il y aurait également un « Cameroon English ».

santé, elle contribue à donner accès aux médicaments et est un rempart contre la propagation de maladies comme le sida.

Il faut signaler que l'admission statutaire du franco-camerounais parmi les langues nationales du Cameroun ne justifie aucunement les mesures inhibitrices prises depuis le début de la colonisation française jusqu'à très récemment contre les langues nationales camerounaises; mesures « qui ont fait naitre et grandir dans l'esprit des uns et des autres un sentiment de rejet de la langue maternelle, un sentiment d'auto-odi[15], d'aliénation linguistique» (Marcellesi, 2003/2013: 185). Les jeunes citadins camerounais sont, - autant que les jeunes ruraux-, jusque-là victimes d'une scolarisation dont la langue de transmission, le français standard, est inappropriée. L'on a rapporté l'histoire de ce lycéen qui, dans son épreuve de rédaction dit: «Tamo monta sur le tamtam et pleura son corps[16] ». Cet élève, non seulement fut sanctionné par une mauvaise note, mais aussi fut tourné en ridicule devant ses camarades, alors que la faute revenait à l'inintelligibilité entre la langue d'évaluation, le français central, et la langue de rédaction, le français camerounais. Autant de choses qui contribuent à dégoûter tant de jeunes citadins de l'école et à les pousser à l'école buissonnière, à l'abandon des bancs scolaires. L'école est d'autant importante au développement d'une nation que, grâce à elle, la connaissance (savoir, savoir-faire et savoir-être) est inculquée au citoyen. Cette connaissance consiste en principe en un ensemble de concepts devant être bien appréhendés pour une quelconque prétention à de l'adhésion, fût-elle moyenne.

3.2. Du besoin impératif de transmettre les concepts de développement en langue incorporée

Les concepts, les valeurs et autres idées novatrices ne sauraient être saisis dans tout leur sens dans un code exogène, et donc ne pourraient être utilisées à bon escient. L'on cite de plus en plus les pays asiatiques en exemples d'émergence économique. Mais combien a-t-on remarqué et tenu compte du fait que ces pays-là ne réfléchissent pas dans une langue non acclimatée ? Prah, dans une interview accordée à Alicia Mitchell (16 mai 2013) déclare:

No country can make progress on the basis of a borrowed language, understood only by a minority [...]. Vietnam is one of the fastest growing economics in the world. They stopped using the language of their French colonizers [and] this is precisely why they are succeeding [...]. For as long as Europe used Latin as the language of authority and academia, knowledge was in the hands of monks, aristocrats and scholars. It is only the common languages - the languages of the street - that can lead to democratic progress.

---

[15] Selon Marcellesi, c'est un sentiment qui consiste à accepter ou justifier l'écrasement de sa propre langue.

[16] « Monter sur le tamtam » et «pleurer son corps » sont des expressions idiomatiques de langues locales camerounaises. La première connote le zèle pour la tâche, l'engagement corps et âme ; tandis que la seconde signifie se «délecter au plus haut point».

Dans le même ordre d'idées, le Nigeria vient de déclasser l'Afrique du Sud sur le plan du développement économique. Cela ne saurait surprendre si l'on sait que ce pays pratique la politique de multilinguisme stratégique, sorte de pragmatisme linguistique où l'État central adopte toute langue pouvant permettre d'avancer. Dans les divers États de ce pays, les affaires publiques sont traitées en langues locales respectives (haoussa, yoruba, igbo), en pidgin english et en anglais, selon la nécessité. Ce n'est qu'au niveau de l'État central que l'anglais est langue de l'administration écrite (Leclerc, 2010).

À quoi doit-on l'insatisfaction dans l'application de toutes ces mesures éprouvées (aux concepts venus d'ailleurs) prises au cours de ces dernières années pour la sortie du sous-développement? Ne serait-elle pas due à leur appréhension au prisme de langues non premières? Par exemple, les concepts tels que le «point d'achèvement», la «bonne gouvernance», etc. ont été accueillis avec énormément d'enthousiasme, mais leur application a chaque fois fini en « queue de poisson ». En cours, l'on a le «budget programme», les «projets structurants», «l'émergence économique», etc. et l'on pourrait ne pas s'empêcher de penser que, toutes choses étant égales par ailleurs, les mêmes causes produiront les mêmes effets. En réalité, qu'est-ce que *la biodiversité*, *le réchauffement climatique*, *les effets de serres*, *l'écosystème*, *la bonne gouvernance*, *le point d'achèvement*, *la gabegie*, *la déontologie*, *l'émergence*, etc. pour le Camerounais même le plus instruit ? Ce sont des concepts importés dans une norme non ingurgitée, et le sort qui leur est réservé jusqu'alors est conséquent. Est-ce que les gouvernants qui les prêchent sont eux-mêmes déjà, - malgré leur niveau intellectuel élevé et leur probable total dévouement à la cause -, à même de percevoir leur signification intrinsèque? Dans son assertion sus-citée, Prah affirme que: ''No country can make progress on the basis of a borrowed language, understood only by a minority'', assertion qu'il complète plus loin par la déclaration selon laquelle ceux qui constituent cette minorité ne sont en fait que des ''second-hand users of these cultures''. Ces affirmations confirment les résultats d'enquêtes menées par Sol (2010, 237) sur les représentations des universitaires de Yaoundé sur leurs pratiques individuelles du français central. Les résultats ont révélé que ces intellectuels vivent aussi un sentiment d'insécurité linguistique. Les propos ci-après de trois des enseignants interviewés (étiquetés: 1, 2, 3) se passent de tout commentaire : 1- «Avec le français, il suffit d'une petite lecture pour que tout ce qu'on sait, du moins une bonne partie de ce qu'on sait, soit remis en cause». 2- «J'estime que je n'ai pas la fluidité ou la richesse du vocabulaire qui peut permettre la bonne utilisation de la langue (française)». 3- «Je crois que même jusqu'à la fin de ma vie, je ne cesserai d'apprendre la langue française».

Le français utilisé dans le formel au Cameroun est une langue si éloignée de ses populations que sa compréhension serait parfois superficielle même pour les plus cultivés. Il leur est donc impossible, malgré la bonne volonté, de fournir l'adhésion attendue aux idéaux qu'il véhicule. À côté du quasi-échec de la mise en pratique des concepts importés de développement, il y a les conséquences parfois tragiques de l'inadéquation de la langue de la *connaissance* sur la vie des populations. L'exemple patent en est l'information des populations mondiales sur le SIDA, présenté comme «le Syndrome Immuno-Déficitaire Acquis». Ce renseignement suscita immédiatement chez ceux qui le recevaient dans leur langue nationale l'attitude responsable nécessaire pour s'en prémunir, alors qu'au Cameroun, même des professeurs d'université conservèrent leurs habitudes dissolues pendant de très nombreuses années. Il fallut les premières victimes évidentes, non dissimulables, de ce mal, pour convaincre les uns et les autres de l'existence de ce fléau devenu pandémie. Pourquoi a-t-on, au Cameroun, re-dénoté les sigles «SIDA» (Syndrome Immuno-Déficitaire Acquis) et AIDS (Acquired Immune Deficiency Syndrome) en «Syndrome Inventé pour Décourager les Amoureux» et ''American Idea for Defending Sex'', respectivement ? Ne faudrait-il pas y voir l'inaccessibilité de l'information contenue dans la première dénotation, parce qu'exprimée dans une langue non *incorporée* ? Prah, (1995: 50) martèle depuis environs vingt ans que:

> *The inherited colonial official languages, French and English, operate more as inhibiting than facilitating factors; [in fact] the language barrier is the culprit which prevents new ideas from taking root, [that is why] the projects fail [in]developing countries [for which] projects are conceived and technicians and money sent. [Erroneously] blame is put on the social and cultural practices of the people.*

La transmission des connaissances en langues non locales ne peut atteindre la cible de façon satisfaisante ; pourtant, ''knowledge is power'' (Prah, 2013). L'absence d'intercompréhension entre les 280 langues nationales et le brassage des populations a imposé cette langue d'intercompréhension à grande échelle, le *franco-camerounais,* qui ''domine informellement'' (Rosendal, 2008: 44) dans toutes les villes francophones du Cameroun. En effet:

> *Studies of language use in Cameroon show that French is gaining ground in urban areas since there is a lack of inter-generational transmission via national language. Accordingly, an accelerating urbanisation rate may affect the linguistic situation in Cameroon, as the role of Cameroonian French will be expanding.* (Rosendal, ibid.)

Cette expansion du *franco-camerounais* et son statut de langue première de millions de jeunes nés en ville francophone ou en ville de parents francophones font désormais de ce parler une langue incontournable au Cameroun. Alors, si la loi décidant de la promotion des langues locales du Cameroun, entre autres, pour déplanter l'ignorance, le sous-développement, les échecs scolaires causés par la barrière linguistique, n'y inclut pas le français camerounais, l'on pourrait très bientôt être tenu de revenir sur la question. Calvet (1998, 113) déclare fort à propos que :

> *Dans leurs laboratoires, des linguistes analysent les situations et les langues, les décrivent, font des hypothèses sur l'avenir des situations, des propositions pour régler*

les problèmes, puis les politiques étudient ces hypothèses et ces propositions, font des choix, les appliquent.

Les politiques camerounais, semble-t-il, devraient prendre certaines responsabilités ici. Aracil (1998 : 9) cité par Boyer (2001/2013 : 79) déclare que «la normalisation est une véritable macrodécision qui [...] vise à orienter le futur d'une communauté et suppose l'exercice d'un certain pouvoir».

4. Du caractère non marqué de l'existence des langues *de grandes civilisations* aux racines étrangères et/ou fruits de l'incursion étrangère

Si jamais le Cameroun adoptait le franco-camerounais comme langue nationale, cela ne créerait aucunement un précédent. Les langues aux origines étrangères et les créoles sont nombreux. C'est le cas des langues romanes dont le français, l'italien, l'espagnol, le roumain, le portugais et des langues germaniques que sont l'allemand et l'anglais[17], etc. Bien que la notion de mondialisation suscite plus que jamais en l'être humain la peur de la perte d'identité (Wolton, 2003), «le langage n'est pas un don. Il apparait avec sa nécessité» (Asselin de Beauville et Chardenet, 2008: 2), quoi que «tant de gens [soient] attachés avant tout à la pureté du sang familial et aussi bien à celle du lexique et de la syntaxe, sang et marque génétiques de la race» (Le Berne et Le Dû, 1997: 238). Cependant il faut aussi signaler que :

Compte tenu de l'accélération des échanges de toute sorte au niveau planétaire, les sociétés sont de plus en plus métissées, et l'individu est plus indépendant vis-à-vis de ses propres schémas culturels» (Burban, 2010/2012: 122).

En effet, l'être humain « [n'est] plus seulement le produit de ses appartenances, il en est aussi l'auteur, le producteur, l'acteur» (Abdallah-Pretceille, 2004: 16). L'origine créole des langues aussi prestigieuses que celles sus-citées n'est-elle pas la preuve par neuf que «la langue apparait avec sa nécessité» ? Marcellesi (2013: 176-177) nous révèle à propos que:

L'ancienne Gaule [connut] une situation linguistique complexe [...]. Il y eut substitution linguistique, non pas au profit du latin des lettrés ou de l'Église, mais au profit de variétés qui sont nées au contact entre latin et celtique (même si les mots gaulois y sont très peu nombreux eux-mêmes)».

La « belle langue française » dont les *admirateurs* défendent tant « la pureté » n'est pas d'origine pure[18], c'est-à-dire gauloise, sinon logiquement elle s'appellerait «le gaulois». Mais son nom est dérivé du mot «franc», désignation des Germaniques (ayant envahi la Gaule après l'invasion romaine). Ceux-ci avaient adopté le créole latin/gaulois trouvé sur place comme moyen de communication[19]. Le français central n'est que le produit de la codification. En

---

[17] Même le breton, langue régionale française, a une origine créole.

[18] Selon Sol Marie Désirée (2012/2010: 332), « le français apparait comme une belle langue. Elle tient notamment sa beauté de son purisme ».

[19] En Allemagne d'ailleurs, il existe un dialecte appelé le francique.

effet, affirme Gadet (Préface *Accents de banlieues*, 2013: 7 - 8), «[le français] n'est exceptionnel ni par son essence, ni par son destin». Selon cette auteure, il y eut beaucoup de théologisme autour de cette langue à tel point que même les linguistes, dont la spécialité est pourtant du domaine scientifique, donc de l'objectivité, se sont laissé entamer par l'affabulation. En fait, constate-t-elle:

> *Exceptionnel, [le français] ne l'est que par la façon dont cette histoire a été reconstruite puis racontée [...] : une langue dont il apparait à un tel point politiquement important de dissimuler les origines, pas particulièrement prestigieuses (c'est-à-dire tout d'abord dans la bouche du peuple, comme pour la plupart des langues), que les linguistes, se faisant sur ce point les complices du pouvoir dans les États-nations européens, ont fabriqué de toutes pièces des origines mythiques, mais qui leur apparaissaient plus glorieuses.*

Le français de France est en vérité le produit du réalisme gouvernemental et de l'aménagement linguistique qui s'en est suivi. Lodge (1997: 226) dit à propos que : « [selon certains], la langue française n'était qu'une construction (un château) qu'il fallait rendre symétrique et homogène [dans] l'optique du prescriptivisme qui suppose que l'on peut améliorer une langue». Il a fallu la volonté politique des gouvernants et l'adhésion des populations pour que des langues voient le jour et deviennent ce qu'elles sont. Leur «normalisation» (Loubier, 2008: 11) a changé leur écologie et a fait d'elles «des langues de culture, standardisées» (Auroux, 1994: 5). Le Berne et Le Dû (1997: 229 et 238) révèlent que le breton ecclésiastique a massivement puisé dans le vocabulaire des deux langues de culture que sont le latin et le français, que le slavon d'église à base de grec et de vieux bulgare est la source du russe littéraire, et que le latin et le français ont joué le même rôle dans la formation de l'anglais et de l'allemand littéraires.

Conclusion

Cet article a montré, par l'analyse d'un vaste corpus de recherche, que le français parlé au Cameroun est une langue de norme endogène comportant toutes les variétés sociales d'une langue vivante. De plus, il est langue maternelle du plus du tiers des jeunes citadins tout en étant langue véhiculaire dans plus de 80% du territoire, c'est-à-dire au-delà des régions francophones, à cause de l'absence d'intelligibilité entre les 280 langues nationales camerounaises. Ce travail de recherche en arrive à la conclusion que ce français pourrait être codifié au sens où l'entendent Kaplan et Baldauf (1997: 59-83) résumé par Loubier (2008: 25), c'est-à-dire qu'on devrait le soumettre au:

> *Language purification, language reform, language spread, language revival, language standardisation, language modernisation, stylistic simplification, language maintenance, terminological unification, interlingual communication...*

Cette éventuelle normalisation constituera un atout de développement durable en ce sens que, si cette langue, maternelle pour de millions de jeunes

Camerounais, est promue (en plus de *l'anglo-camerounais* et des autres langues véhiculaires régionales), ceux-ci y seront scolarisés avec de meilleurs résultats. Aussi, la connaissance pourra-t-elle y être directement conçue et/ou traduite, et sa divulgation à l'échelle nationale assurée. Indubitablement, il y aura ainsi atteinte des populations cibles et assurance probable de production des retombées escomptées, contrairement à ce qui est obtenu jusque-là avec le français central appréhendé superficiellement même par la crème intellectuelle locale.

En outre, cet article a montré que le franco-camerounais est une sorte d'archives culturelles qui jouent le rôle de transmetteur (aux jeunes générations) et de conservateur de l'héritage culturel camerounais dans son ensemble. Il est également un facteur de transculturalité et d'interculturalité (interethniques) et donc de tolérance réciproque. Il est par ailleurs la marque de la concrétisation de l'aspiration et de la satisfaction des populations à se défiler de l'emprise linguistique de l'Hexagone. Le franco-camerounais donne aussi à ses locuteurs d'exprimer leur être comme ils le feraient dans leurs langues maternelles respectives, à tous les niveaux sociaux, sans les blocages linguistiques ethniques habituels des près de trois cents langues qui meublent l'espace linguistique camerounais. Et aussi, bien que cela semble indigestible qu'une langue à la source étrangère et à l'origine oppressive soit adoptée comme langue territoriale, cette décision est bien celle que des autorités, avisées et pragmatiques, ont dû prendre pour que le jour puisse être donné à plusieurs des grandes langues de la civilisation moderne. C'est ainsi le cas de la langue française qui doit son origine, sa dénomination, celle du pays (la France) et de son peuple (les Français) aux invasions romaine et germanique successives.

Références Bibliographiques

Auroux, S. 1994. *La révolution technologique de la grammatisation.* Philosophie et Langage, Liège, Mardaga.

Asselin De Beauville, J.-P. Et Chardenet, P. 2008. « Diversité linguistique et connaissance », in *Sociétés* 1-12, mis en ligne le 17 février 2008.

Barbier, P. 2012/2010. « Corpus et idéologie linguistique en francophonie africaine : le cas de la Côte d'Ivoire », in Boyer (éd.), Limoges, Lambert-Lucas, 91-98.

Bickerton, 1973. « On the nature of a creole continuum », in *Language, vol. 49, 640-669.*

Biloa, E. 2003. *La langue française au Cameroun,* Bern, Peter Lang.

Biloa, E. et Fonkoua, P. 2010. « Imaginaires linguistiques ou représentations du français et des langues identitaires autochtones au Cameroun », in *Le français en Afrique*, 25, 309-323.

Boyer, H (éd.). 2012/2010. *Pour une épistémologie de la sociolinguistique*, Actes du colloque international de Montpellier, 10-12 décembre 2009, Limoges, Lambert-Lucas.

Boyer, H. 2013/2001. *Introduction à la sociolinguistique*, Paris, Dunod.

Burband, C. 2012/2010. « L'interculturalité, clé du dépassement du conflit linguistique: Références à partir du cas de la Catalogne », in Boyer (éd.), Limoges, Lambert Lucas. 117-124.

Calvet, J.-L. 1998. *La Sociolinguistique*, Que sais-je? Paris, PUF.

Calvet, J.-L. 2007. « Pour une linguistique du désordre et de la complexité », in *Un siècle après Le Cours de Saussure: La linguistique en question,* Carnets d'Atelier de Sociolinguistique 1, 13-78, Paris, L'Harmattan.

Djoum Nkwescheu, A. 2000. *Aspects prosodiques et phonématiques du français parlé au Cameroun,* Thèse de doctorat, UFR des Sciences du Langage, Université Stendhal, Grenoble III.

Djoum Nkwescheu, A. 2004. « La prosodie typiquement camerounaise du français parlé au Cameroun », in *Epasa Moto*, Bilingual Journal of Arts, Letters and Humanities 2 (1), 134-164.

Djoum Nkwescheu, A. 2008. « Les tendances fédératrices des déviations du français parlé au Cameroun », in *Le français en Afrique* 23, 167-198.

Djoum Nkwescheu, A. 2010. « La nasalisation dans le français camerounais: un processus marqué ? », in *Le Français en Afrique* 25, 361-374.

Djoum Nkwescheu, A. 2013. « La grammaticalisation de l'erreur dans le français camerounais: cas de l'accent d'insistance et des écarts dus aux discours coloniaux et royaux », in *Ecarts et apports des médias francophones: Lexique et grammaire*, in Abecassis Michaël et Ledegen Gudrun (éds), Bern, Peter Lang, 13-36.

Fagyal, Z. 2013. *Accents de Banlieue: Aspects prosodiques du français populaire en contact avec les langues de l'immigration*, Paris, L'Harmattan.

Fasold, R. 1990. *The Sociolinguistics of Language*, Blackwell, Massachusetts.

Fosso Et Nzesse, L. 2004. « La langue française en contexte multilingue, le cas du Cameroun: appropriation, glottopolitique et perspectives didactiques », in Fosso (éd.), Yaoundé, Presses Universitaires d'Afrique, 237-264.

Feussi, V. 2009. « Compte rendu de Ladislas Nzesse, 2009 », dans *Approches de la pluralité sociolinguistique,* Vers quelles convergences des pratiques de recherche et d'éducation ?, in Pierozak, Bulot et Blanchet (éds), Cahiers de sociolinguistique 15, Presses Universitaires de Rennes, 147-151.

Kaplan, R. B. and Baldauf, R. B. Jr. 1997. *Language Planning: From Practice to theory,* Clevedon/Philadelphia/Toronto/Sydney/Johannesburg, Multilingual Matters.

Kerzil, J. et Vinsonneau, G. 2004. *L'interculturel, principes et réalités à l'école,* Fontenay-sous-Bois, Sides.

Le Berne, Y. et Le Du, J. 1997. « Le standard dit 'breton de curé' est-il une langue de contact?, in *Études récentes en linguistique de contact,* Labrie Normand (éd), Bonn, Plurilingua, 226-239.

Lechevrel, N. 2012/2010. « De la Sociolinguistique à l'écologie des langues ? Pour une épistémologie de la sociolinguistique », in H. Boyer (éd.), Limoges, Lambert-Lucas, 225-232.

Leclerc, J. 2010. *L'aménagement linguistique dans le monde*, Québec: TLFQ, Université Laval.

Lewis, M., Gary, P. S. F. and Fenning, D. C. (eds.) 2014. *Ethnologue: Languages of the world*, 17th ed. Dallas Texas, SIL International.

Lodge, R. A.1997. *Le français. Histoire d'un dialecte devenu langue*, Traduit de l'anglais par Cyril Viken, Paris, Fayard.

Loubier, C. 2008. *Langues au pouvoir: politique et symbolique,* Collection Sociolinguistique, Paris, L'Harmattan.

Marcellesi, J.-B. 2013. *Sociolinguistique, épistémologie, langues régionales, polynomie,* Paris, L'Harmattan.

Moyse-Faurie, C. 2000. « Langues minoritaires et politiques linguistiques », in *Les langues en danger* 8: 58-79.

Nde Mufoping. 2010. « Le français d'Afrique: de l'oralité à l'écriture dans la presse camerounaise », in *Le Français en Afrique* 25, 73-88.

Nzikou, J. M. 2010. « Les écrits littéraires francophones africains: laboratoire de la créativité littéraire », in *Le Français en Afrique* 25, 89-98.

Onguene Essono, L. M. 1999. « Les statuts du français au Cameroun. Essai de description des situations réelles du français au Cameroun », *in* G. Mendo Ze (éd.), Paris, Publisud, 285-299.

Prah, K. K. 1995. *African Languages for the Mass Education of Africans,* Bonn, German Foundation for International Development.

Prah, K. K. 16 May 2013. "No country can make progress on the basis of a borrowed language", in *e-learning Africa News: Perspectives on ITC,*

Education and Development in Africa, interviewed by Alicia Mitchell (Online Journal).

Rosendal, T. 2008. *Multilingual Cameroon: Policy, Practice, Problems and Solutions,* Gothenburg African Informal Series 17, Gothenburg, University of Gothenburg.

Simo Nguenkam-Souop, A. L. 2009. *La variation du français au Cameroun. Approche sociolinguistique et syntaxique,* Thèse de doctorat, UFR des Sciences du Langage, Université d'Aix en Provence.

Sol, M. D. 2010. « Les Camerounais et la norme du français. Représentations et attitudes sociolinguistiques », dans *Le Français en Afrique* 25: 221-242.

Sol, M. D. 2012/2010. « La modélisation catalano-occitane de la diglossie face à la configuration linguistique camerounaise », *Pour une épistémologie de la sociolinguistique, in* H. Boyer (éd.), Limoges, Lambert Lucas. 329-338.

Tabi Manga, J. 2000. *Les politiques linguistiques du Cameroun,* Paris, Karthala.

Tsofack, J.-B. 2010. « Le français langue pluricentrique: des aspects dans quelques pratiques à l'Ouest-Cameroun », dans *Le Français en Afrique* 25: 243-258.

Wamba, R. S. et Noumsi, G.-M. 2004. « Le français au Cameroun contemporain: statuts, pratiques et problèmes sociolinguistiques », *in* Fosso (éd.), Yaoundé, Presses Universitaires d'Afrique, 35-66.

Wolton, D. 2003. *L'autre mondialisation,* Paris: Flammarion.

Zang Zang, P. 1991. *Le processus de dialectalisation du français en Afrique: le cas du Cameroun,* Thèse de Doctorat 3e cycle, Faculté des Arts, Lettres et Sciences Humaines, Université de Yaoundé.

Zang Zang, P. 1999. « Le phonétisme du français camerounais », in Mendo Ze (éd.), Paris, Publisud. 112-119.

Troisième partie

Littérature et société

CHAPITRE XVIII

De la quintessence de la parole dans *Solibo Magnifique* de Patrick Chamoiseau et de la vannerie, des coques de noix, des poils et des plumes dans *L'Art et l'artisanat africains* d'Engelbert Mveng

Edouard Mokwe

Introduction

En juillet 2014, l'Assemblée nationale camerounaise a voté le texte portant ratification de l'accord commercial de partenariat économique (APE) intérimaire entre le Cameroun et l'Union Européenne. Pour Emmanuel Nganou Djoumessi, ministre camerounais de l'économie, de la planification et de l'aménagement du territoire, ce partenariat contribuera à tonifier l'économie camerounaise en rendant les ressources plus visibles, plus commercialisées et plus lucratives. Aussi, dit-il, après le vote de la représentation nationale :

> *Nous sommes un grand pays, nous devons conquérir et consolider des parts de marché dans l'Union Européenne pour nos produits. Il faut aussi absolument protéger les milliers d'emplois générés par les investissements.*[1]

À travers l'expression « nos produits », le ministre évoque les ressources et les richesses du sol et du sous-sol du pays, qui sont, entre autres : l'aluminium, les bananes, le cacao, le café, etc., toutes choses qui relèvent du patrimoine matériel du poumon économique de l'Afrique centrale.

Mais dans cette étude, nous voulons suggérer que d'autres ressources, qui ressortissent au patrimoine culturel camerounais aussi riche, et surtout dépositaire d'identité, soient également intégrées dans ce paradigme et ce paquet de dispositions commerciales à travers lesquelles le Cameroun et certains autres pays, regroupés dans l'ensemble Afrique - Caraïbes - Pacifique, entendent « conquérir et consolider des parts de marché dans l'Union Européenne ». Nous voulons analyser ici, afin d'en faire visualiser la quintessence, quelques-uns de ces faits de civilisation qui consacrent la valeur immensément précieuse du patrimoine culturel camerounais et antillais en particulier, et celui des peuples noirs en général. Par patrimoine culturel, nous entendons, concrètement, l'ensemble des traditions issues de la culture populaire, et également, des œuvres artistiques qui nous viennent des siècles passés, et qui constituent une marque incontestable d'authenticité. Ces œuvres rapportent bien des devises.

---

[1] Journal *Le Jour*, édition numérique du 14 juillet 2014, consultée le 25 juillet 2014.

L'étude se focalisera donc particulièrement, d'un côté, sur la parole ancestrale dans *Solibo Magnifique* de Patrick Chamoiseau, et d'un autre côté, sur certains motifs de l'art et l'artisanat que constituent la vannerie, les coques de noix, les poils et les plumes, dans *L'Art et l'artisanat africains* d'Engelbert Mveng. Bien que les deux éléments du corpus appartiennent à des genres littéraires différents, nous y puisons en la circonstance en raison des faits de civilisation africaine dont ils recèlent en commun. Nous y analysons ces différentes facettes du fonds culturel négro-africain de sorte à les donner à voir au monde, parce qu'elles sont dépositaires de grâces et de beauté permettant d'être spirituellement bon, de connaissances, de savoir-faire et de savoir-être propres à la civilisation des peuples noirs.

L'ancrage théorique de l'analyse, d'inspiration afrocentrique, se base sur *L'Impératif afrocentrique* (2003*)* d'Ama Mazama et sur *L'Univers de la parole* (1983*)* de Théodore Mayi- Matip. Ces deux ouvrages d'études et de philosophie africaines, en faisant du continent africain un principe scientifique opérationnel, vulgarisent la prééminence fondamentale et incontournable de l'Afrique pour tout projet d'étude de la civilisation des peuples noirs. En quoi la parole ancestrale, la vannerie, les coques de noix, les poils et les plumes, trésors du patrimoine artistique camerounais et africain méritent-ils d'être offerts au marché culturel et commercial international ?

I. Du fondement théorique de l'étude et de l'aperçu du corpus

La présente articulation de l'étude en décline, d'une part, le fondement théorique afrocentrique, et d'autre part, le cachet d'authenticité africaine dont est nimbé le corpus. Orientation méthodologique conceptualisée par MolefiKeteAsante au cours des années 1980, l'afrocentrisme est une théorie du changement social, qui rehausse la centralité de l'expérience africaine pour l'Africain. De grandes lignes de ce mouvement d'importance fondamentale et incontournable pour tout projet d'étude des phénomènes africains sont exposées tour à tour dans *Afrocentricity : The Theory of social change* (1980) de MolefiKeteAsante, dans *L'Univers de la parole* (1983*)* de Théodore Mayi-Matip et aussi dans *L'Impératif afrocentrique* (2003) d'Ama Mazama. C'est précisément dans les deux derniers ouvrages indiqués supra que nous puiserons le matériau théorique de l'analyse.

Dans *L'Impératif afrocentrique*, Ama Mazama (une critique africaine d'origine guadeloupéenne qui enseigne à *Temple University* aux États-Unis d'Amérique) postule la promotion d'une véritable esthétique du texte africain. Elle y indique que le combat contre la dépossession qui piège l'Africain, et celui pour la défense et l'illustration de la civilisation des peuples noirs passe nécessairement par la valorisation identitaire. Ce livre articule et valorise, à l'échelle internationale, un discours destiné à transformer l'Africain en un sujet agissant déterminé à réévaluer et restructurer ses réponses aux réalités politiques, économiques et culturelles du monde. Et cette démarche sied bien au contexte sociopolitique, économique et culturel actuel, marqué par la question des accords de partenariat économique. De la ratification de ces derniers, qui apparaissent en vérité comme une coupe irrémédiable que les Africains se voient encore contraints de boire, les pays du continent se doivent de renvoyer sagement vers l'occident des images convaincantes des trésors culturels africains dignes d'intérêt.

En ce qui concerne *L'Univers de la parole*, c'est un essai écrit par un représentant de l'Afrique profonde, celle de la tradition authentique. Mayi-Matip y aborde diverses facettes de la parole de l'Afrique profonde, qui prennent en compte la parole audible, la parole sentie et la parole vue, autant d'éléments catalyseurs de rites comme celui de l'orientation du sexe de l'enfant à sa conception. Animateur culturel, informateur et éducateur dans ce livre, le patriarche basaa y témoigne et y lègue, aux jeunes générations, plusieurs arcanes hérités de l'Afrique traditionnelle qu'il a reçus à l'école de principales confréries initiatiques basaa.

S'agissant à présent du corpus, *Solibo Magnifique* (1988) de Patrick Chamoiseau en est le premier élément. La trame du roman se déroule comme une enquête criminelle menée par Bouaffesse, brigadier-chef et Evariste Pilon, inspecteur de police à Fort-de-France. Il cherche à déterminer les causes de la mort du conteur Solibo Magnifique, vénérable relique de la tradition ancestrale et gardien de la mémoire collective, dont le corps a été découvert inerte sous un tamarinier après une nuit de carnaval. Bouleversée par la disparition tragique de l'un des principaux animateurs du carnaval et d'autres fêtes populaires, la population de Fort-de-France se mobilise pour répondre aux interrogatoires de la police. Aussi, plusieurs témoins de la dernière prestation du conteur sont-ils sollicités, parmi lesquels un personnage appelé Bateau Français, dit Congo. Congo déclare que le conteur populaire est mort d'une « égorgette de la parole », autrement dit, il aurait été étranglé par les mots en prononçant l'expression « patat'sa ! ». Car pour Congo, la parole est une force extrêmement poignante et englobante, qu'il définit ainsi qu'il suit :

> *La parole du conteur, c'est le son de sa gorge, mais c'est aussi sa sueur, les roulades de ses yeux, son ventre, les dessins de ses mains, son odeur, celle de la compagnie, le son du ka, et tous les silences. Il faut y ajouter la nuit autour, la pluie s'il pleut, les vibrations silencieuses du monde. (Solibo* : 136)

En fin de compte, Solibo est ainsi présenté à la postérité : *« cet homme était la vibration d'un monde finissant, plein de douleur, qui n'aura pour réceptacle que les vents et les mémoires indifférentes.» (Solibo* : 212)

En ce qui concerne *L'Art et l'artisanat africains* d'Engelbert Mveng, c'est une monographie qui, en trois parties, étudie différentes facettes de l'art et l'artisanat dans le continent africain. Elle se focalise non seulement sur les arts et les métiers qui y sont associés, mais elle renferme en plus une analyse serrée de la fonction et de la signification de l'art dans la vie des peuples, de même que celle du statut de l'art africain. Cet ensemble synthétise en fait les « lentes et patientes recherches (p.7) » de l'Atelier Art Nègre de Yaoundé, où Mveng et ses apprentis se sont remis à l'école des traditions les plus riches du continent dès les années 1980. Ce livre est donné pour :

> *Une véritable encyclopédie populaire où se lisent la sagesse d'autrefois, les connaissances scientifiques, la conception du monde et de l'homme, la religion, la société, les travaux de tous les jours et les métiers, les jeux et les loisirs, et par-dessus tout, l'histoire du peuple créant sa pérennité à travers le temps. (L'Art :* quatrième de couverture).

À la vérité, ce livre soulève la question de l'art et de l'artisanat africains face à l'industrialisation. Il sied par conséquent d'analyser, à la lumière de *L'Impératif afrocentrique* et de *L'Univers de la parole,* dans quelle mesure des ressources artistiques de l'Afrique profonde méritent d'être offertes au marché international de la culture.

II. Des ressources de la parole de l'Afrique profonde

À l'heure où internet sature l'Afrique d'images occidentales et d'ailleurs, où le continent apparaît comme plongé dans une situation d'insécurité postcoloniale du fait d'une menace permanente de dépersonnalisation et de dépossession extrêmes, l'Afrique noire se doit d'organiser une véritable auto-défense et promotion culturelles face à la puissance envahissante des valeurs et antivaleurs occidentales. En tant que théorie intellectuelle, l'afrocentrisme étudie les idées et les événements du point de vue des Africains perçus comme agents plutôt que comme victimes. Dans ce domaine, des maîtres du savoir ancestral africain comme Amadou Hampâté Bâ du Mali, Dika Akwa et Mayi-Matip du Cameroun ont bien déblayé le champ de réflexion sur les facettes et le pouvoir de la parole de l'Afrique profonde. La visualisation de l'essence et le déploiement de cette parole, tels qu'ils ont été par ces patriarches cernés, peuvent attirer des touristes et même intéresser des chercheurs au sein de l'Union Européenne et ailleurs.

À en croire Mayi-Matip dans *L'Univers de la parole* (p.12-13), dans la tradition basaa, la parole est tout d'abord la faculté naturelle qu'a tout sujet non muet de parler, d'émettre le son de sa voix, c'est-à-dire d'exprimer un sentiment ou une pensée. Elle est ensuite investie d'un aspect mécanique, fait de signes et de signifiants qui ressortissent à la linguistique, la grammaire et la phonétique. Enfin, elle emporte un aspect plus hermétique, en tant qu'elle est de nature à donner pouvoir à l'homme de nommer son environnement, d'agir sur le monde et de transformer celui-ci, toutes choses qui rapprochent l'homme de Dieu. En ce qui concerne précisément ses facettes chez les Basaa, l'auteur en distingue trois essentielles : 1- la parole audible ; 2-la parole sentie ; 3- la parole vue[2]. Par ailleurs, un aspect sacré lui est associé, qui ressortit à la cosmogonie de la vieille Égypte pharaonique, où le dieu soleil Ra achève la création par le verbe. Cette dernière dimension la rapproche du Verbe biblique de l'Évangile de Jean, chapitre 1, verset 1. Dans le contexte de l'évangile, cette parole, première création de Dieu, est un esprit, le Fils Unique engendré de Dieu, alors principal Porte-parole de son Père, et par l'intermédiaire de qui toutes choses sont venues à l'existence.

En ce qui concerne les fonctions de la parole de l'Afrique profonde, Mayi-Matip les révèle, puis en réverbère le pouvoir créateur et transformateur dans *L'Univers de la parole*. Dans la même veine, et comme pour renforcer cette idée, Dika Akwa précise :

> *La parole en question, douée d'un pouvoir créateur, est liée au serment, à la prière, aux incantations. Elle véhicule l'ordre. Il suffit de penser à son effet dans les communications orales interpersonnelles, dans les danses et chants sacrés, à plus forte raison pendant le traitement des maladies par nos médecins issus de cercles initiatiques*[3].

Il y a une remarquable correspondance entre l'appréhension basaa de la parole évoquée plus haut et la considération que lui porte la culture antillaise. En effet, chez les Afro-Antillais, le verbe apparaît, d'un côté, intimement associé au mystère du tambour. Ainsi perçue, la parole réfère tour à tour au son envoûtant du tambour (qui impulse la danse au rythme trépidant lors des veillées de contes), et aux communications interpersonnelles. D'un autre côté, la parole renvoie à la voix du conteur traditionnel qui distille des propos enchanteurs. Dans ce domaine particulier, maître inégalé, Solibo Magnifique procède généralement par un exorde captivant lorsqu'il entame son conte, comme l'illustre l'extrait suivant qu'il énonce lors d'une nuit de carnaval à Fort-de-France :

> *Messieurs et dames, si je dis bonsoir, c'est parce qu'il ne fait pas jour et si je ne dis pas bonne nuit, c'est parce que la nuit sera blanche comme un cochon planche dans un mauvais samedi. E krii ??? (Solibo :* 217)

Ici, le fait de comparer « la nuit blanche » au « cochon planche » relève, d'une part, d'une tournure mélodieuse paronymique, qui flatte et égaie l'oreille. D'autre part, nimbée d'humour, la comparaison fait rire copieusement l'assistance, à qui s'offre ainsi une occasion de se départir du stress de la journée. En outre, le pouvoir créateur de la parole évoqué plus haut est aussi très prégnant dans *Solibo Magnifique*. Car elle y structure la vie et l'identité du groupe social en stimulant le lien communautaire, notamment lorsque le conteur

---

[2] La parole audible est véhiculée par les cris d'oiseaux, le son du tambour, etc. ; celle sentie concerne le monde des fluides, immatériel ; et celle vue se diffuse à partir des symboles, des masques, des signes divinatoires.
[3]Préface de *L'Univers de la parole*, pp.12-13.

évoque le passé et ses faits marquants. En clair, parole rime ici à la fois avec distraction, didactique et pédagogie. Concrètement, voici un rapport du narrateur au terme d'un rassemblement populaire durant lequel Solibo aura réussi à édifier de connaissances l'esprit de ses auditeurs, à les émoustiller de joie, offrant ainsi une distraction revigorante aux âmes bouleversées par les dures réalités du quotidien :

> *À terme dans Fort-de-France, il était devenu un Maître de la parole incontestable (...) par son goût du mot. Solibo parlait aux kermesses, il parlait au manège et plus encore aux fêtes. (...) C'est cela qui signale et consacre le maître : toute parole du vieux conteur, rare ces temps-ci, était bonne à entendre d'autant que Solibo Magnifique utilisait les quatre facettes de notre diglossie. (Solibo : 26-28,44)*

Ces propos montrent que le conteur occupe une place centrale dans la communauté. Surtout que sa parole, thérapeutique, soigne les esprits déstabilisés par l'esclavage et la colonisation. Ce qui fait dire à Raphaël Confiant (2010 : 11), compatriote de Patrick Chamoiseau, qu'héritière d'une Afrique à jamais perdue pour les Antillais d'aujourd'hui, la parole a le don d'apprivoiser la mort, et donc de la rendre quelque peu supportable.

En dehors des contes, des chansons et des veillées mortuaires qu'elle anime si bien, la même parole du conteur vise la didactique, lorsqu'elle déroule les mythes fondateurs ainsi que l'histoire du peuple antillais, toutes choses qui participent de la restructuration de la mémoire collective « raturée » et déstructurée par les apories de la domination coloniale. Ainsi, dans le premier chapitre de *Solibo Magnifique,* le protagoniste nommé Chamzibié, écrivain en quête d'identité, réussit à se réconcilier avec lui-même et avec l'histoire de la Martinique grâce à de précieuses informations qu'il a pu obtenir à la suite d'une entrevue avec Solibo. Finalement, l'écrivain décide de recourir à son magnétophone pour immortaliser la parole de son prestigieux interlocuteur. Voici le rapport qu'il fait de ce moment qu'il estime inoubliable, capital :

> *Solibo m'aborda un matin, puis il me parla de tout et de rien, de la parole et du reste, il me raconta l'origine du marché, dix-sept contes indéchiffrables. Il me parla de charbon, d'ignames, d'amour, de chansons oubliées et de mémoire, de mémoire. Cette énergie verbale me séduisit là même. Je ne le quittai plus durant cette saison : les conteurs étaient rares, j'en avais trouvé un. (Solibo :* 43-44)

D'un autre point de vue, remarquons que si Chamzibié et ses autres concitoyens restent subjugués et fascinés par Solibo Magnifique, c'est également en raison du magnétisme et du charisme que dégage le dépositaire du pouvoir traditionnel. En rendant sa personnalité charmante, ces qualités font de lui le parangon même du négro-africain équilibré et culturellement enraciné, dont le narrateur du texte fait ainsi l'éloge :

> *En fait, il (Solibo) était mieux inscrit que nous tous dans la vie d'ici, il ne poursuivait visiblement aucun mirage, ne se détournait pas de lui-même, mais explorait à fond ce que nous sommes. Donc il était présent partout, connu et apprécié, non plus comme conteur, mais comme bougre agréable.* (*Solibo* : 177-178)

Cette déclaration élogieuse du donateur du récit atteste de ce que c'est la parole dont il est un prestigieux magistère qui enrobe sa personnalité d'épaisseur, puisque le verbe qu'il manipule allègrement a le pouvoir fécondant suprême d'activer la force dont il participe. Voilà pourquoi ce constructif fait de civilisation mérite d'être valorisé et rehaussé dans ses multiples facettes dignes d'attirer l'attention bienveillante d'autrui. Alors, que ce soit le cinéma, que ce soit le théâtre, ou que ce soit la télévision, tous ces canaux forment autant de supports capables de mettre en relief ce trésor culturel. La parole de l'Afrique profonde apporte un supplément de sagesse et de bienfaits au patrimoine humain. Certains motifs de l'art et de l'artisanat africains peuvent également ouvrir de prestigieuses portes planétaires à la culture camerounaise en particulier, africaine et antillaise en général.

III. Des ressources de l'art et de l'artisanat africains

Parlant de la situation culturelle actuelle des Africains en général, Ama Mazama établit, au chapitre 6 de *L'Impératif afrocentrique,* que ceux-ci doivent se défaire de la « réduction ontologique » (p. 219) à laquelle les Occidentaux les soumettent. À en croire le professeur d'études africaines, cette « réduction » s'assortit insidieusement d'un projet de reconversion et d'assimilation, dont le but ultime est l'occidentalisation du monde. La critique guadeloupéenne postule, pour les peuples noirs, l'afrocentrisme comme projet par excellence qui vise à relocaliser les Africains, c'est-à-dire à les remettre au centre de leur propre réalité afin qu'ils retrouvent leur propre voie. La démarche afrocentrique s'articule en fait autour d'un ensemble de stratégies de l'Afrique qui s'affirme intellectuellement et psychologiquement, cassant les chaînes de la domination occidentale sur l'esprit des Africains, afin qu'ils puissent se libérer dans tous les domaines. En d'autres termes, le principe afrocentrique soutient que l'expérience africaine doit être première pour les Africains. Mazama précise, ainsi qu'il suit, le rôle qu'elle confère précisément à l'afrocentrisme :

> *Dans la mesure où il place les valeurs et les idéaux africains au cœur de l'existence africaine, l'afrocentrisme épouse la cosmologie, l'esthétique, l'axiologie, l'ontologie et l'épistémologie qui caractérisent la culture africaine. (L'Impératif*: 221)

Or, parmi les éléments structurants de la relocalisation, de la défense et de l'illustration de l'identité des peuples africains, Ama Mazama situe, en bonne place, l'art et l'artisanat africains. Éloquemment illustratif de cette veine, l'ouvrage éponyme d'Engelbert Mveng met à l'honneur la vannerie, les coques de noix, les poils d'animaux et les plumes d'oiseaux, autant de survivances du passé, qui méritent d'être sauvées,visualisées et vulgarisées, puisqu'elles représentent une dimension irremplaçable du génie africain, voire universel de l'humanité. Par art et artisanat, nous entendons concrètement et respectivement ici l'activité humaine qui aboutit à la création d'œuvres plastiques ainsi que l'ensemble de ces productions artisanales. Selon Engelbert Mveng, les premières pièces de l'art nègre remontent pour la plupart au 1er millénaire avant notre ère, et émanent de la civilisation de Nok au plateau du Nigéria (p.10).

L'Art et l'artisanat africains fait donc de la vannerie un véritable joyau à travers lequel se traduit l'ingéniosité des artisans dans le continent. En effet, remarquable à la fois par le côté naturel de la matière première utilisée, par la beauté des motifs du tressage et l'utilité des produits qui en résultent, la vannerie en question ici consiste en la confection d'objets tressés. Les vanniers font usage de tiges de roseau, de bambous de Chine, de rotins, de joncs sauvages, de bambous-raphia, de feuilles de palmier-raphia, de palmiers à huile, etc., directement tirés de la forêt ou de la savane. S'agissant du tissage, deux méthodes traditionnelles se recensent dans cette technique en Afrique : le tressage par croisement et le tressage par enroulement. Mveng en montre ainsi les spécificités :

Figure a. La fabrication de l'objet.

> *Le croisement est surtout employé pour les nattes et les superficies planes : il est simple quand il alterne un à un fils longitudinaux et fils transversaux ; il est composé quand le nombre de fils alternés varie de façon à former des dessins géométriques. L'enroulement (illustré par l'image associée) procède par spirales : à partir d'un point central, des spires enroulés de fils de différentes couleurs, une gamme inépuisable de motifs décoratifs. Cette méthode, très utilisée en Éthiopie, au Soudan et au Maghreb, se retrouve au Nigéria, en Uganda, au Cameroun et à Madagascar.*
>
> (*L'Art et l'artisanat :* 110-111)

À côté de la vannerie, les coques de noix peuvent être considérées comme d'autres objets d'art qui véhiculent éloquemment la sagesse millénaire africaine. Parmi les noix employées pour ces produits souvent traités en vue de rutiler de beauté, il y a, entre autres : **a**. La noix de coco, dont la coque sert à fabriquer des tasses à boire, des pots de fleurs, des pendentifs et des bracelets. **b**. La noix palmiste, dont la coque sert à fabriquer des bagues ou des pendentifs. **c**. La noix d'adjab, dont la coque sert de support aux merveilleux motifs Abbia. Ajoutons dans ce registre les poils et les peaux d'animaux, ainsi que les plumes d'oiseaux.

En Afrique, la production filamenteuse ainsi que le revêtement même du corps de certains animaux, reptiles et oiseaux jouent un rôle important dans le vêtement, la décoration et la parure. Concrètement, certaines peaux et certaines plumes sont particulièrement sollicitées en raison de la splendeur du pelage. C'est le cas de la peau de léopard, de zèbre ou des plumes du perroquet ou du toucan. Traditionnellement, les étapes de l'industrie des peaux dans le cadre de l'artisanat africain procèdent de la manière suivante : **a**. L'abattage de l'animal à la chasse ou au village. **b**. L'écorchage avec un couteau tranchant, en évitant de blesser la peau. **c**. L'épilage, qui peut aussi intervenir avant l'écorchage, et qui consiste à faire tomber les poils en versant de l'eau bouillante ou en utilisant un instrument tranchant. **d**. Le séchage, qui procède de l'exposition de la peau au soleil. **e**. Le tannage, qui traite la peau à l'aide de cendres ou de plantes pour la rendre souple et imputrescible. **f**. La décoration, qui consiste à teindre la peau avec des sucs végétaux ou des peintures chimiques. C'est à cette étape que l'artisan y grave des motifs décoratifs.**g**. La fabrication de l'objet.

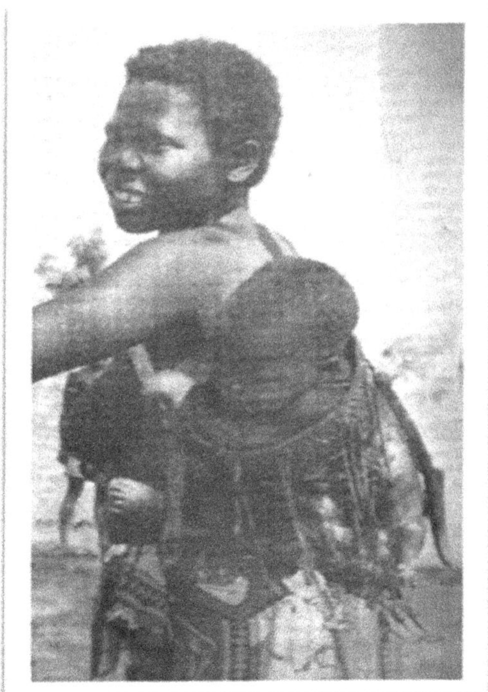

Figure b: porte-bébé en peau de bœuf

Tout compte fait, ces éléments de l'artisanat africain, dont nous n'avons à la vérité indiqué qu'un aperçu, donnent pouvoir à l'Africain de transformer son milieu pour améliorer ses conditions de vie, tandis que l'art, qui embellit la même vie, traduit aussi éloquemment son ingéniosité. C'est dire que le patrimoine culturel des peuples noirs est d'une grande valeur.

IV. De la valeur de la parole, de l'art et de l'artisanat africains

Le terme « valeur » réfère à la qualité ou au prix. À ce sujet, en concluant *L'Impératif afrocentrique,* Ama Mazama exhorte les Africains à avoir à cœur d'honorer leurs traditions ancestrales et de les rendre visibles. Ses interrogations suivantes interpellent donc chaque fils d'Afrique ou d'origine africaine :

> *Quel honneur y a-t-il à rejeter nos ancêtres, et cette terre, sans laquelle nous ne serions pas là aujourd'hui ? Quel honneur y a-t-il à vivre une vie faite de trahisons ? Si nous ne nous prenons pas nous-mêmes au sérieux, et ne nous respectons pas, comment pouvons-nous honnêtement espérer être respectés par les autres ? Nous finirons tout simplement par mériter le sort qui est le nôtre.* (*L'Impératif* : 263)

Ces questions suggèrent que les produits africains à proposer dans le cadre des accords de partenariat économique prennent tout particulièrement en compte le patrimoine immatériel africain grandement digne d'intérêt. Sous ce rapport, la parole de l'Afrique profonde s'avère une belle vitrine de l'ontologie et des traditions africaines, dès lors que l'Africain définit l'homme non par l'écriture, mais plutôt par la parole (Bouelet, 1990 :7). De ce fait, il divise son monde en deux catégories : celle des êtres qui parlent la parole et celle des êtres qui ne parlent pas la parole. De plus, dans le cadre de la cosmologie africaine, une grande importance se rattache à cette parole et à travers elle, à la tradition orale.

Car ici, le verbe, force vitale que ce soit chez les Basaa, les Duala ou les Dogon, a le pouvoir magique d'activer l'énergie dont il participe. Alors, qu'il soit le son du tambour ou la voix du conteur, « maître de la parole », il est en prise directe avec l'énergie créatrice. Dès lors, elle nomme le monde, agit sur lui, le transforme et édifie l'esprit humain ainsi que la mémoire collective. Ceci se produit à travers les communications orales interpersonnelles, les danses et les chants lors des festivals comme le « ngondo », le « ngouon »[4], etc. De plus, les engagements solennels, les séances de médication et certains rites se révèlent être d'autres occasions lors desquelles rayonne la valeur du verbe. Ces aspects de la civilisation africaine méritent d'être vulgarisés. Parlant de la mise en scène du conteur et de sa parole, par exemple, la veillée mortuaire de Man Gnam, le chapitre 3 de *Solibo Magnifique* offre à Solibo l'occasion de tenir

[4] Ce sont des festivals traditionnels, respectivement duala et bamoum, au Cameroun.

toute une foule en haleine par sa belle parole. De cette séquence, le narrateur élabore la description suivante :

> *Solibo Magnifique entra alors en scène. O parole maîtresse, mi! Sa voix tourbillonnait, ample puis grêle, cassée puis chaude, moelleuse puis cristalline ou criarde, et s'achevant sur des graves de caverne. Une voix de caresse, de larmes et d'enchantements, impériale et sanglotante, et qui raillait, et qui tremblait dans des murmures, qui creusait ou s'envolait dans les limites aphones. Il célébra Man Gnam là comme ça, de belle manière. (Solibo* : 147)

D'un autre point de vue, l'utilité de l'art et de l'artisanat africains se doit d'être largement diffusée actuellement. Car, la vannerie fournit les lits, les fauteuils, les paniers, etc., mobilier traditionnel à prendre en compte parmi les ressources à vendre par les Camerounais et les autres Africains à l'extérieur. De même, les bijoux, les pots de fleur, les pendentifs ou les bracelets, objets d'utilité faits à partir de la coque de noix de coco peuvent rapporter des devises inestimables. Quant aux poils, aux peaux d'animaux, et aux plumes d'oiseaux, qui jouent aussi un rôle prépondérant dans la décoration, ils ne sont évidemment guère d'une valeur moindre. Par exemple, les poils d'éléphant servent à fabriquer des colliers, les plumes de l'aigle et de perroquet certains vêtements d'apparat, des coiffures, etc. On le voit donc, le Cameroun en particulier, et l'Afrique en général, regorgent d'un patrimoine artistique de grande utilité, qui doit être offert sur le plateau du commerce extérieur.

En outre, à cette époque où les réseaux sociaux ont pignon sur rue dans le cadre des communications interpersonnelles, ces réseaux peuvent justement s'avérer un lieu de vulgarisation efficace de certains faits de civilisation. Rappelons qu'un réseau social ou site communautaire est un site internet qui permet à ses utilisateurs de partager des informations avec un groupe d'amis choisis. C'est donc un excellent moyen de rester en contact, et de vulgariser la connaissance et la culture, dès lors qu'on y poste des photos et des commentaires d'expériences vécues. De ce fait, Facebook, qui rassemble actuellement plus de 800 millions de membres (*Réveillez-vous*, février 2012 : 4), apparaît comme un cadre idoine pour la promotion de la tradition orale. En guise de photos, on peut y déployer par exemple la variété de tam-tams, de « mvet » ou de « hilun », tout comme des scènes des musiciens traditionnels entourés d'une assistance qui s'implique activement. Une focalisation sur l'accoutrement de ces acteurs peut aussi être digne d'intérêt. La plate-forme électronique s'offre par ailleurs comme une tribune idéale pour rapporter les évènements culturels qui rehaussent et rendent plus visible le patrimoine culturel africain et antillais. Dans ce domaine, en 2007 par exemple, le « ngondo » a donné lieu à une fête grandiose. À cette occasion,un message important des ancêtres au peuple sawa a résulté de l'immersion du vase sacré. Il a été décrypté par Jean Jacques Madiba Songue (Président en exercice de l'Assemblée traditionnelle cette année-là), puis, posté ainsi sur Google :

Selon les ancêtres, nous sommes dans une année pleine de bénédiction et d'excellents projets pour le bien de tout le peuple sawa. Seulement, les ancêtres mettent en garde tout fils sawa qui irait à l'encontre des idées de la communauté. Que la communauté soit d'une seule voix afin que le peuple sawa retrouve sa place d'antan parmi nos communautés.

L'exposition de ce message peut en inspirer d'autres, dans le même esprit. Surtout que nombre d'avantages s'y rattachent : premièrement, les Africains s'imprègnent eux-mêmes de leurs réalités tout en les faisant découvrir aux autres peuples. Deuxièmement, la rapidité des messages et l'étendue des réseaux n'en contribuent que plus encore à la notoriété des faits de civilisations. Sous ce rapport, rappelons que si Facebook était un pays, ce serait le troisième au monde en population derrière la Chine et l'Inde (*Réveillez-vous*, février 2012 : 4) Troisièmement, le dynamisme et la réactivité des internautes suscitent un flot de commentaires qui n'en rajoutent qu'à la notoriété du folklore et de certains rites. En conséquence, des touristes qui en entendront parler auront à cœur de programmer des voyages d'immersion en vue de puiser à pleines mains dans cette réalité virtuellement perçue à travers internet. Délicieuse et attractive, la matière de *Solibo Magnifique* de Patrick Chamoiseau et celle de *L'Art et l'artisanat africains* d'Engelbert Mveng peut être judicieusement mise à contribution pour servir une telle cause. Surtout que l'un et l'autre élément du corpus rayonne aussi d'une écriture enrichissante.

V. De l'écriture de Chamoiseau et de Mveng

Dans cette articulation, le terme « écriture » outrepasse son sens dénoté qui rappelle la représentation du langage au moyen de signes. Dans ce contexte précis, nous voulons surtout désigner le message adressé par les écrivains au monde, message construit sur la base de leur rapport avec la société antillaise et africaine. Autrement dit, il est question du choix et des engagements faits par ces auteurs, et également de leur langage littéraire rigoureusement déterminé par les particularités sociales, culturelles, historiques et géographiques. Sur le plan purement fonctionnel, cette « écriture » est à prendre et à comprendre comme une production où se dessine le passage des phénomènes sociaux, collectivement vécus, au plan esthétique, illustrant ainsi comment les faits [de la société antillaise et celle africaine] se transforment en œuvres de langage et d'imagination[5]. Concrètement, dans *Solibo Magnifique,* Chamoiseau se livre souvent à la créolisation du français. Cette créolisation du français, selon Édouard Glissant, consiste à fabriquer un langage qui utilise les poétiques opposées des langues créole et française[6]. C'est donc une manière de subversion de la langue, qui se caractérise par l'utilisation dans le texte des procédés

[5] Nous nous fondons ici sur la pensée de Jacques Dubois dans *« Pour une critique littéraire sociologique »*, in *Le Littéraire et le social*, Paris, Flammarion, 1970, p.56.

[6] Edouard Glissant, « L'Imaginaire des langues », in *Etudes Françaises (l'Amérique entre les langues)*, 28, 2/3, p.18.

alambiqués de répétition, de redoublement, de ressassement, d'accumulation, de mise en haleine, des pratiques de listes interminables qui essaient d'épuiser le réel. En fait, ce sont autant de procédés qui ne sont pas dans le génie de la langue française, ainsi qu'on peut le voir dans le rapport ci-dessus du narrateur à propos de la posture de Solibo lors de la veillée funèbre de Man Gnam.

Voici par exemple un tour de ressassement contourné au cours duquel, définissant les termes « parole » et « silence », le narrateur, loin de les opposer, en dégage plutôt l'interpénétration, au niveau de quelques fonctions majeures :

> *Toutes les dépositions furent les mêmes : un silence est une parole. On attendait à l'aise même, car de la parole tu bâtis le village, mais du silence ho ! C'est le monde que tu construis. En plus, il y a autant de silences dans la parole, que de paroles dans le silence (...) Le silence sonne et résonne, et signifie autant que la voix. (Solibo* : 137)

Dans cet extrait écrit, mais dont le rythme ressemble à celui du langage parlé, il y a, en filigrane, une volonté de domicilier l'écriture antillaise dans le champ naturel de son éclosion, qui consiste en l'oralité. Voilà une authentique entreprise de résistance culturelle et de désaliénation. De son côté, dans *L'Art et de l'artisanat africains*, Mveng n'en fait pas moins.

Son écriture se caractérise par l'alliage du concept et de l'image. Car, loin de se contenter seulement d'inventorier et de décrire la kyrielle des motifs artistiques du berceau de l'humanité, l'auteur a soin de représenter visuellement l'objet qu'il évoque. Par exemple, le tressage par enroulement et le porte-bébé en peau de bœuf intégrés dans la troisième partie ci-dessus de l'analyse proviennent du texte. À la vérité, en se livrant à un inventaire quasiment exhaustif des particularités du paysage artistique africain, et en juxtaposant l'image et la description, le savant camerounais cherche à réconcilier l'Africain avec sa culture, son histoire, sa géographie physique, mentale et affective, bref, sa civilisation. D'ailleurs, à la conclusion de son encyclopédie, il indique, comme suit, le bien-fondé de sa stratégie d'écriture conçue avec un souci didactique :

> *À l'heure où naissent les ensembles économiques africains, nos peuples doivent envisager avec audace la possibilité de promouvoir leurs industries propres. Dans tous les cas, voici notre propos : la technologie traditionnelle doit être prise au sérieux, car loin d'être un obstacle à notre saut dans l'ère technologique moderne, elle peut nous apporter d'irremplaçables atouts. (L'Art : 156).*

On le voit, dans *Solibo Magnifique* et dans *L'Art et l'artisanat africains,* une des stratégies d'écriture de Chamoiseau et de Mveng vise, pour le premier cité, à inséminer la parole dans l'écrit neuf, et pour le second, à nouer un lien vivant entre le passé et le présent à travers le recours à l'image expressive. Ce style et cette variété de figures, tout antillais et africains qu'ils soient, enrichissent bien la culture mondiale.

Conclusion

Tout compte fait, sous le prisme de *L'Impératif afrocentrique* et de *L'Univers de la parole*, deux textes fondateurs qui érigent l'Afrique en principe scientifique opérationnel, la parole de l'Afrique profonde, la vannerie, les coques de noix, les poils et les plumes apparaissent comme autant de richesses et de ressources précieuses et prestigieuses qui irradient la fonctionnalité de la civilisation des peuples noirs. S'agissant spécifiquement de la parole ancestrale, sa quintessence est ainsi rendue par le personnage de Mbenda, porte-parole occasionnel de son créateur Francis Bebey dans *Le Fils d'Agatha Moudio* (1967) : « La parole signifie la vie, la vie qui continue, et que l'homme doit respecter à tout moment parce qu'elle est la seule chose d'ici-bas qui ne passe guère »[7]. Quant aux motifs de l'art et de l'artisanat résultant de la vannerie, des coques de noix, des poils et des plumes, émanation des sociétés traditionnelles de l'Égypte pharaonique, de l'Ouest, du Nord-Ouest, du Nord ou du Littoral camerounais, etc., ils expriment l'esprit créateur et imaginatif d'artisans qui veulent contribuer à la régénération de certaines valeurs en déperdition. En même temps, ils joignent l'utile à l'agréable en faisant lucratives leurs productions.

Alors, promues et commercialisées à l'étranger, au même titre que l'aluminium, le pétrole, le cacao ou le café dans le cadre des accords de partenariat économique, ces ressources qui embellissent la vie génèrent un double gain : elles rapportent des devises utiles au développement du continent et véhiculent les valeurs, l'éducation et la civilisation des peuples noirs. Par conséquent, pour leur perpétuation, nous estimons qu'il serait judicieux d'ouvrir en Afrique plus d'écoles d'art, d'approfondir l'exploration des structures et des messages de cet art, de le rendre plus visible urbi et orbi, de manière que ce patrimoine soit inscrit, à jamais, sur les précieuses pages du livre de la destinée humaine et des échanges interculturels.

Référencesbibliographiques

Asante, M. 1980. *Afrocentricity: the theory of social change*, Temple, Africa World Press.

Asante, M. 1988. *Afrocentricity,* Temple, Africa World Press.

Asante, M. 1990. *Kemet, Afrocentricity and knowledge,* Temple, Africa World Press.

Bebey, F. 1967. *Le fils d'Agatha Moudio,* Yaoundé, Clé.

Bouelet, R-S. 1990. *Littérature orale et avenir*, Yaoundé, Clé.

---

[7] Francis Bebey, *Le Fils d'Agatha Moudio*, p.25.

Chamoiseau, P. 1988. *Solibo Magnifique*, Paris, Gallimard.

Confiant, R. 2010. *La jarre d'or,* Paris, Mercvre de France.

Escarpit, R.1970. *Le littéraire et le social*, Paris, Flammarion.

Essomba, J –M. 1985. *L'Art africain et son message,* Yaoundé, Clé.

Gauvin, L. et Jonassant, J. 1992. *Revue d'études françaises.* Montréal, 28, 2/3.

Joubert, J-L. 1992. *Anthologie-Littérature francophone,* Paris, Nathan / ACCT.

Le Jour, édition du 14 juillet 2014, consultée sur le net le 27 juillet 2014.

Mayi-Matip, T. 1983. *L'Univers de la parole,* Yaoundé, Clé.

Mazama, A. 2003. *L'Impératif afrocentrique,* Bonneuil, Menaibuc.

Mveng, E. 1980. *L'Art et l'artisanat africains,*Yaoundé, Clé.

Pepin, E. 1996. *Tambour-Babel,* Paris, Gallimard.

CHAPITRE XIX

Immigration et différences : le choc culturel dans *L'Impasse* de Daniel Biyaoula et *La Maîtresse noire de* Louis-Charles Royer

Joseph Ako Nyenty

Introduction

Les contacts humains posent nécessairement les problèmes de connaissance de soi, de compréhension d'autrui et même de la culture de l'Autre. Un immigré acquiert consciemment ou inconsciemment les rouages d'une autre culture qu'il rencontre, et peut-être réussit-il à partager sa propre culture. Toujours est-il que dans un univers où des cultures se rencontrent, il y a compétition, partage, voire prétention de dominance d'une culture par rapport à une autre. Il ne s'agit pas d'un fait purement social : les écrivains aujourd'hui l'abordent en littérature et décrivent des personnages qui favorisent le clash des cultures via leur migration. De là naît le choc culturel qui nous intéresse dans cette analyse. La culture de l'autre peut être mise en scène directement par un auteur, ou alors peinte selon une vision d'ensemble stéréotypée caractérisant des personnes venues d'ailleurs. Il est évident que la question du clash des cultures – française et africaine – se trouve au centre de l'univers diégétique que peignent Louis-Charles Royer dans *La Maîtresse noire* et Daniel Biyaoula dans *L'Impasse*. La culture peut désigner

> *l'ensemble des usages, des coutumes, des manifestations artistiques, religieuses, intellectuelles qui définissent et distinguent un groupe, une société, les convictions partagées, des manières de voir et de faire qui orientent plus ou moins consciemment le comportement d'un individu, d'un groupe.*"[1]

Le choc culturel qu'a connu l'Afrique a laissé supposer aux Africains l'inutilité de leur culture. Ne pense-t-il pas une domination totale de la culture africaine par celle du colon lorsqu'il dit qu'il voit "[...] des cultures piétinées, des religions assassinées, de magnificences artistiques anéanties"[2] ? Christiane Albert rejoint cette idée vue qu'elle relève "l'aliénation culturelle et sociale qui menace les intellectuels colonisés, fascinés par la culture et la civilisation occidentale."[3] Daniel Biyaoula et Louis-Charles Royer pensent tout à fait différemment et osent placer l'Africain au centre de la perte de certaines valeurs culturelles qui lui sont propres, un potentiel culturel envié par l'Autre qui le regarde. Les Africains n'ont-ils pas consciemment participé à l'apostasie de

---

[1] Jacob, Burckhardt, (1967), *La Civilisation de la renaissance en Italie*, Paris, Bordas, p.13.
[2] Fanon, Frantz, (1955), *Discours sur le colonialisme*, Paris, Présence Africaine, p.19.
[3] Christiane, Albert, (2005), L'Immigration dans le roman francophone contemporain, Paris, Karthala, p.34.

leurs valeurs culturelles ? Comment la culture africaine réussit-elle à être revalorisée par ces romanciers situés l'un au début et l'autre à la fin du XXe siècle ? Pour mener à bien notre analyse, nous nous inspirons de la littérature comparée et de la sociocritique. La première est "une perspective d'étude de la littérature [...] une démarche intellectuelle visant à étudier tout objet dit, ou pouvant être dit littéraire, en le mettant en relation avec d'autres éléments constitutifs d'une culture."[4] Et la seconde permet, selon Pierre Barbéris ''la lecture du social, de l'idéologique, du culturel dans cette configuration étrange qu'est le texte''[5].

Les deux ouvrages nous permettront de lire dans un double sens l'impact du clash des cultures sur les personnages : il est question de présenter le phénomène migratoire dans *La Maîtresse noire*de Louis-Charles Royer et *L'Impasse* de Daniel Biyaoula comme origine principale du choc des cultures ; puis de décrire les différentes constrictions que vivent les personnages à cause des rouages de leur culture, avant d'aborder le clash des cultures. En plus de l'acculturation qu'il cause, des dérapages archétypaux qu'il forge, nous nous attardons sur des valeurs culturelles africaines apostasiées.

1- De la peinture de ''l'Ici initial'' des personnages migrants

L'ici initial du personnage migrant est insatisfaisant et caractérisé par l'indigence. Le phénomène migratoire dans notre corpus concerne deux grandes zones géographiques précises, l'Europe et l'Afrique. Alors que *La Maîtresse noire* de Louis-Charles Royer décrit la France comme pays d'origine, *L'Impasse* de Daniel Biyaoula peint le Congo-Brazzaville postcolonial. Il est question de décrire les problèmes de la sphère que quitte le personnage, de brosser la situation sociale de ce dernier, et de souligner les caractéristiques du contexte sociopolitique qui pourraient le pousser à émigrer.

En effet, *La Maîtresse noire* de Louis-Charles Royer décrit l'échec de la Civilisation européenne en Afrique. Le regard qui nous conduit dans cet ouvrage est celui de l'Européen en général et du Français en particulier. Le Français qui rencontre le Noir est comme attiré par le fait culturel qui caractérise ce dernier. Venus pourtant civiliser le Nègre, les Français se sont retrouvés charmés et " *décivilisés*"[6] à la fois par les Africaines, par leur mode de vie, et par leur culture qu'ils côtoient. Le Comte Robert de Coussan et bien des Français de classes sociales élevées, sont devenus des parias, mis au ban par l'administration coloniale qui pour la raison ci-dessus évoquée, les condamne devant l'opinion publique. *L'Impasse* de Daniel Biyaoula retrace la double

[4] Yves, Chevrel, (1989), *La Littérature comparée*, Paris, P.U.F coll. « Que sais-je ? », p.7.

[5] Pierre, Barbéris, (1990), « La Sociocritique » in Daniel Bergez (sous la direction de), *Introduction aux méthodes critiques pour l'analyse littéraire,* Paris, Bordas, p. 123.

[6] Louis-Charles Royer désigne par ce terme, tous les Européens qui se sont assimilés à la culture africaine dans *La Maitresse noire.*

perception du héros africain qui soupèse la culture africaine et la culture française. Après quelques années passées en France, il a du mal à retrouver ses marques culturelles dans les deux sociétés. L'auteur congolais insiste aussi sur l'assimilation occidentale et l'apostasie des coutumes ancestrales, voire la perte des valeurs considérées comme propres à la culture africaine. Même si nos héros ont un penchant pour cet ailleurs qu'ils préfèrent, il existe certaines divergences dues aux différentes sphères historiques et socioculturelles des œuvres. Chez Louis-Charles Royer c'est la période coloniale, c'est l'Afrique avec ses jolies négresses et sa culture simpliste alors que chez Daniel Biyaoula, c'est plutôt la période postcoloniale, la France avec ses banlieusards et le chômage, l'Afrique noire avec ses superstitions, ses croyances mythiques.

Louis-Charles Royer et Daniel Biyaoula procèdent par insertion de séquences dialogales qui trahissent des spéculations, des états d'âme, des conditions de vie mornes. La caractérisation, les descriptions des personnages et des aspects du terroir d'origine participent à la structuration de l'indigence liée à l'Ici initial du personnage migrant. Le terroir d'origine dans nos textes présente entre les différentes classes sociales un déséquilibre qui connote la misère du bas peuple. La description du pays d'origine se voulant réaliste Yves Reuter pense que "les lieux peuvent ancrer le récit dans le réel... par des descriptions détaillées, et des éléments typiques renvoyant à un savoir culturel repérable en dehors du roman."[7]Ainsi, la France chez Louis-Charles Royer est un univers où règne la culture du jeu de hasard, source d'endettement et de ruine du personnage. Le PMU, Pari Mutuel Urbain est un groupement d'intérêt économique français chargé d'organiser, de promouvoir et de commercialiser des paris d'argent sur des courses de chevaux. Il est placé sous la tutelle des ministères de l'Agriculture et du Budget et dépend d'un contrôleur d'État. L'espace de jeux dont il est question en France dans *La Maîtresse noire* c'est Longchamp. Le comte Robert de Coussan ne peut s'empêcher d'y aller, il est un féru de cette activité qui ne lui est pourtant d'aucune utilité. C'est un personnage pas nanti financièrement, qui plonge, se ruine, et constamment s'endette pour jouer. Dans une « séquence dialogale »[8] où le comte de Coussan a pour interlocutrice sa compagne, le romancier français nous brosse un peu la situation :

- Et les trois cents francs que je t'avais donnés ?

- ... hélas, tu iras les réclamer au Mutuel, avec les miens.

- Tu as tout perdu ?

- Tout ! [...]

- Tu pourras me rendre mes trois cents francs ? Tu sais que je suis serrée ce mois-ci.

---

[7] Yves, Reuter, *L'Analyse du roman,* Paris, Dunod, 1997, p.34

[8] Yves Reuter dans *L'Analyse du récit* (p. 80), convoque l'expression « *séquence dialogale* » pour parler d'un enchaînement de répliques sous forme d'assertions ou de questions réponses.

- Pas aujourd'hui, Vonvon, en tout cas.[9]

Les interventions de Robert de Coussan sont des phrases simples qui semblent exprimer la quiétude. Ce n'est qu'un boniment pour soigner son paraître : il est en réalité gêné par la présence de Walter, ce créancier qu'Yvonne, sa petite amie, ne doit pas, selon lui, rencontrer. Il en formule le vœu avant son arrivée et nous pouvons l'entendre le dire : "pourvu ...que j'en ai fini avec Walter avant que Vonvon n'arrive"[10]. Il fait du jeu de hasard son passe-temps favori comme nous pouvons le constater dans les propos qui suivent: « L'après-midi, on avait plus de chances de le rencontrer aux courses qu'aux Travaux publics. Ses nuits, il les partageait entre le poker et le lit de Mlle Yvonne Robin... »[11]. Même s'il est attaché au cabinet du ministre des Travaux publics, le texte nous rapporte que c'est un travail « dont les avantages pécuniaires sont maigres. »[12] Ce qui veut dire que l'espace français est dominé par le capitalisme et connait une stratification sociale dont le sommet est occupé par des personnages pécuniairement nantis, et au bas de l'échelle, se retrouvent ceux-là qui ne gagnent pas grand-chose. Louis-Charles Royer peint un personnage démuni dans une capitale où le régime favorise l'exploitation du travailleur et des initiatives individuelles. Par ce que le comte Robert de Coussan n'a pas suffisamment d'argent pour vivre et qu'il se met constamment au jeu du hasard où ses pertes sont récurrentes, nous comprenons sa misère et l'ampleur de son endettement : « [...Robert de Coussan] s'endettait de plus en plus. Il avait des notes chez le tailleur, chez le chemisier, chez le bottier, chez les usuriers, et chez les bookmakers... »[13]

La question chez Daniel Biyaoula est généralisée et se rapporte à toute la communauté. Il peint surtout la misère matérielle de toute une contrée. « Brazza »[14] par exemple est un espace africain décrit dans *L'Impasse* avec ses bars, ses églises, sa pauvreté, ses odeurs, son obscurité la nuit, bref, c'est une ville du tiers-monde que cet espace représente. La dégénérescence du pays qui continue de régresser au lieu de se développer est relevée par François. Ce personnage qui explique la situation au héros retourné chez lui pour quelques jours de vacances, annonce l'avenir cauchemardesque de son pays. Il nous laisse découvrir un espace où toute émergence semble impossible. La peinture qu'il en fait frôle l'hécatombe :

> *Vois-tu, Joseph, le pays où tu es arrivé, c'est plus le même que tu as quitté il y a quelques années. On est tous foutus ici ! Les gens, ils croient qu'on a encore de l'espoir, qu'on peut encore rêver, que ce sera mieux dans quelque temps. Mais, je te*

[9]Louis-Charles, Royer, *La Maîtresse noire*, Paris, Complexe, 1928, pp.296-297
[10] Idem., p.294
[11] Idem., p. 294
[12] Idem., p.293
[13] Idem., p.294
[14] Diminutif de Brazzaville dans *L'Impasse* de Daniel Biyaoula. Il s'agit de la capitale politique du Congo.

le dis, ce n'est pas vrai ! On ne se raconte que des menteries. On vit dans un monde de menteries ! Ah ! Oui ![15]

Il se sert de deux subordonnées relatives pour étayer l'écart, pour souligner la régression du Congo-Brazzaville. Il y a un oxymore dans les subordonnées relatives "le pays *où tu es arrivé... que tu as quitté*". Elle nous permet de voir la distanciation, le changement négatif que soutient bien la négation dans l'expression "*n'est plus le même*". Il faut comprendre la différence qu'on veut établir dans cette description du pays avant le départ de Joseph Gakatuka et durant le moment de l'énonciation. Pour lui, les compatriotes semblent se leurrer, ils vivent dans l'illusion de lendemains meilleurs alors qu'ils sont ruinés. La conjonction de coordination « *mais* » a valeur d'opposition et souligne le contraste qu'il perçoit entre leur pensée et la réalité qui les attend : ceux qui croient qu'il y aura une amélioration des conditions de vie se trompent. Les deux subordonnées relatives contenues dans cette allocution désignent clairement le pays dont ils parlent. Il s'agit du pays d'origine de Joseph Gakatuka, le Congo-Brazzaville. La misère a un impact négatif sur la population et sur l'avenir de Brazza qui, pour François, est devenu un "un grand cimetière"[16]. Ce groupe nominal connote le dépérissement et rapproche Brazza à un espace chtonien essentiellement dysphorique. C'est ce que trahit le qualificatif "grand" se rapportant à la métaphore du cimetière et caractérisant Brazza. Les sèmes qui s'en décèlent sont la mort, l'immobilité, le pourrissement et peut-être même l'abandon. Peut-être veut-il souligner l'aide dont a besoin cet espace qui se meurt à travers plusieurs maux. Ainsi, une petite balade dans les rues de Brazza leur permet de se rendre compte de la décrépitude qui s'étend jusqu'au niveau humain. Il est question pour Daniel Biyaoula de souligner la gravité de l'indigence au Congo. Les maux que sont le chômage, le vieillissement accéléré de la population et l'insalubrité que nous pouvons lire par cette voix intradiégétique, sévissent à Brazza :

> *Nous croisons beaucoup de gens que j'avais connus dans le temps. Des vieillards, qu'ils sont devenus. Des gars ou des filles qui n'ont même pas quarante ans, qui ont l'air d'en avoir quinze ou vingt de plus. Tous maigres, tous pas heureux, tous sans travail. Et tout le long des rues, ce n'est que des masures branlantes, grises, des bouges, qui ressemblent aux gens, même pas dissimulés par des arbres. Il n'y en a presque nulle part, des arbres. Les dirigeants ont décidé de les faire couper, qu'il dit, François. C'est pour faire la lumière, pour éclairer la nuit qui règne à Brazza. Et les ordures, il y en a plein les rues. Et il y a plein d'épouvantables odeurs qui infectent l'air qu'on respire. Des tonnes à rendre un éléphant malade.*[17]

L'adjectivation dans ce passage et le vocabulaire purement péjoratif, décrivent l'hécatombe à Brazza. François, qui n'est qu'un exemple parmi tant d'autres, nous présente sa bicoque :

---

[15] Daniel, Biyaoula, *L'Impasse*, Paris, Présence Africaine, 1996, p.70
[16] Idem., p.72
[17] Idem., pp. 72- 73

Elle est juste vieillie. Un moisi épais que ça sent dedans.

- Tu vois, mon cher ! Je suis toujours là-dedans ! Pas moyen que ça change ! Ou plutôt c'est plus pourri qu'avant ! Je dors toujours avec la pluie, les puces, les punaises, les cafards et les rats. [18]

Dans cette perception purement pessimiste, il souligne la détérioration de son logis. C'est dans la même demeure qu'il a toujours vécu, seulement, elle est fortement dégradée : implicitement, nous comprenons qu'il vit en pleine nature, car c'est une maison qui a des ouvertures sur le toit, peut-être même dans les murs, puisqu'il vit à la merci de la pluie. La préposition "*avec*" indique ici un rapport d'accompagnement : la pluie l'accompagne dans son sommeil. L'adverbe dans l'expression " je dors toujours avec la pluie" précise que c'est un compagnon inexorable. À l'instar de ses compatriotes de Brazza, François n'a jamais changé de logement : il souligne un peu la stagnation, sinon le manque d'activités lucratives dans cet ici initial. Si chez Louis-Charles Royer il existe tout de même des avantages pécuniaires maigres et un travail peu rémunérateur, chez Daniel Biyaoula, c'est le chômage général, l'absence de travail chez les jeunes.

La vie à Brazza n'est donc que misère, et Daniel Biyaoula peint des personnages qui vivent avec des parasites, pour Louis-Charles Royer, le personnage est un peu responsable de sa misère dans l'espace parisien, et que Daniel Biyaoula incrimine le gouvernement qu'il semble accuser du génocide de l'espace initial congolais.

2- La Culture, un facteur de constrictions

Dans « culture », nous voyons l'instruction, l'éducation, leur résultat sur l'esprit, le cœur et la volonté. La culture, c'est aussi une expérience de la vie, indépendamment des connaissances précises ou des manières de penser et d'agir que l'on a apprises. À ce titre, elle favorise le "développement du jugement, du goût, de la sensibilité, de l'aptitude à la vie sociale et à l'art de vivre" [19]. Elle est à la fois lucidité, adoucissement, éducation de caractère, "manière d'agir ou d'être qui distingue un individu ou un groupe, les façons de parler ou d'agir d'une personne [ou d'un groupe] selon son âge, ses passions, sa condition sociale, son sexe, sa nation." [20]

Le rejet de l'autre en tant que personnage, prochain par rapport à soi, peut provenir du désir de conserver une certaine homogénéité culturelle. L'hostilité systématique à l'égard de l'étranger ou à l'égard de ce qui en vient préoccupe fortement Louis-Charles Royer et Daniel Biyaoula. Ils s'appuient sur des personnages nationaux qui sont conservateurs d'une éthique le plus souvent traditionnelle et qui, face à l'étranger, la défendent fermement. Ils font donc

---

[18] Idem., pp.91-92
[19] Idem., p.108
[20] Idem., p.56

recours à chaque fois à des attitudes particulières qui trahissent, le plus souvent ouvertement une identité cultuelle que les personnages veulent préserver et qui développe consciemment ou inconsciemment la xénophobie.

La femme du colonel Richen expose ouvertement son aversion pour les femmes noires. Elle ne comprend pas ce qui arrive à ses compatriotes masculins pour qu'ils soient si friands des négresses. Elle se demande par exemple "comment un homme bien élevé, qui a vécu en France, peut-il s'acoquiner avec ces affreuses créatures et qui sentent... pouah !"[21]Elle exprime là son inimitié, voire une opposition ferme vis-à-vis des amours mixtes entre blancs et noires. On peut constater qu'il ne s'agit pas d'une simple jalousie : l'interjection isolée qui clôt son allocution traduit le dégoût qu'elle éprouve simplement à en parler, et justifie que pour elle, c'est tout simplement inconcevable, disons inadmissible que pareille relation existe. Elle justifie son comportement lorsque Robert lui répond que les négresses sont douces :

> *Douce, obéissante ? Ah ! [...] Au début, oui, craintives, tremblantes devant le maître, mais bien vite, elles prenaient sur lui tout empire. C'étaient-elles, mon cher, qui finissaient par diriger le poste. Et naturellement à leur profit et à celui de leur famille. Voilà ce que cette Aïssatou fera de Lignières : une chiffe, sans volonté, sans morale, sans rien.*[22]

Nous découvrons les motivations de la colonelle : elle défend une identité, celle des Français qui doivent rester français au sens pur et physique du terme, c'est-à-dire maîtres impérialistes dans cette colonie. Pour ce personnage, ils ne doivent aucunement se laisser diriger par la négresse. Tacitement, elle relève le pouvoir de la noire à envoûter naturellement le blanc avec qui elle vit, au point de le démunir de tous ses biens, de devenir en quelque sorte maître du maître. Il faut croire que c'est le personnage féminin de ce type chez Louis-Charles Royer qui est soucieux de l'identité nationale française. Vue comme une mère protectrice, la femme blanche à l'instar de la colonelle est protectrice de l'avenir culturel de la France en Afrique. Le problème ne peut être compris en simple rapport de pouvoir entre Blancs et Noires, mais on pourrait y voir une sensibilité face à la dégénérescence du Blanc. La négresse, selon son explication, métamorphose culturellement le blanc qui vit avec elle, fait de lui une chiffe avide, sans volonté et sans morale. C'est ce qui fait d'elle une maîtresse noire, un personnage à haïr, d'où la xénophobie dont elle est victime de la part des blanches qui pensent ou qui partagent l'avis de la colonelle. Chez Daniel Biyaoula aussi, il se perçoit une question de tradition, une problématique liée aux coutumes et aux habitudes disparates. Même si la famille de Joseph ne maîtrise pas les blanches, le simple fait d'en voir dans leur environnement, d'entendre de petites histoires à leur sujet, a amené la famille à construire un imaginaire archétypal de ces personnages-là. Pour Samuel par exemple, il est

---

[21] Louis-Charles, Royer, op.cit., p.342

[22] Idem., p.351

impensable que son jeune frère prenne pour épouse une Française. Il ne les aime pas, car selon lui, "elles n'aiment personne !"[23] Et comme Joseph s'entête à défendre les blanches à cause de Sabine, sa petite amie, il s'engage alors une discussion amère qui trahit la xénophobie de Samuel et des siens qui approuvent ce qu'il dit :

> *- Elle n'est pas blanche, ta Sabine ? Ecoute Joseph. C'est la vérité que je te dis. Ça a une autre manière de penser, les blancs. Ils ne réfléchissent pas comme nous. Rien que ça, eh bien, ça suffit pour ne pas en épouser une !*
>
> *- Et nous, comment on réfléchit ? Est-ce qu'on pense tous la même chose ? Si c'est le cas, pourquoi y a-t-il des problèmes dans le mariage ?*
>
> *- De toute façon, que tu le veuilles ou non, les choses se passent comme ça ! Et pour ce qui est de se marier avec une blanche, eh bien, je trouve que c'est une belle c... !... Tu ne vas pas nous ramener une étrangère quand même.*[24]

La culture congolaise est représentée par le héros biyaoulien. Le romancier fonde la xénophobie de cette dernière sur l'identité culturelle qu'elle doit préserver. Ce qui est latent, c'est cet instinct de rejet qui repose sur la différence. Leur raisonnement concessif peint en même temps la peur et le refus de l'autre. Il se décèle l'impossibilité de construire un ménage mixte tout simplement parce que l'alter vient de l'ailleurs et par conséquent, est différent dans tous ses aspects. Voilà pourquoi des rapprochements sont établis par ce locuteur qui relève prioritairement des divergences au niveau de la réflexion et de l'origine. C'est ce qui l'amène à blâmer, via l'utilisation du groupe conjonctionnel " quand même". Le mariage entre une blanche et un noir n'est pas accepté dans cette famille. La raison soulevée par Samuel est l'ensemble de différences culturelles et même comportementales qui créent un écart entre Sabine qui est Française et Joseph, Africain de Brazza. Son intonation montante montre qu'il est courroucé, simplement à l'idée que son frère pourrait prendre une blanche pour épouse. Il est encore plus regardant sur les qualités de la femme dont ils ont besoin : s'il ne faut pas qu'elle soit étrangère, c'est que la femme blanche leur est inconnue et les Africains ne savent rien d'elle. Il y a des questions d'adaptation au contexte africain : en fait deux sociétés sont présentées, une moderne, riche et très développée, l'autre traditionnelle et très pauvre. La véritable difficulté repose sur les stéréotypes développés à l'endroit des blanches. Dans une série de questionnement, l'oncle Titémo développe sa pensée et veut démontrer quelles sont les limites d'une pareille union. Écoutons son discours, une intervention qui puise son fondement sur la condition qui l'introduit :

> *Si tu ramènes une telle femme, qui viendra encore te rendre visite ? Ça ne veut voir personne, une femme comme ça ! Est-ce que c'est elle qui s'occuperait de ton père, de ta mère ? Est-ce qu'elle leur ferait à manger tant qu'ils voudraient ? Est-ce qu'elle*

---

[23] Daniel, Biyaoula, op.cit., p.57
[24] Idem., p.58

les accueillerait chez toi s'ils tombaient malades ? Est-ce qu'elle se consacrerait à eux comme une femme de chez nous ?[25]

Nous découvrons là, des paramètres qui ne font que confirmer l'idée de différences qui fait que les Africains développent cette xénophobie vis-à-vis des femmes blanches. Pour eux, la notion de famille n'est pas la même, le mariage concerne toute la famille, les parents souffrants doivent se rendre chez l'épouse de leur fils pour qu'elle s'occupe d'eux. Or il s'agit d'une culture qui échappera à coup sûr à la compréhension d'une Française. Dans cette série de questions rhétoriques, le conditionnel suppose l'hypothétique. Ce qui veut dire que rien de tout ce qui se dit des Françaises n'a été vérifié, mais découle des craintes de ce qui pourrait arriver, vu les différences qui meublent les deux cultures dont il est question. S'ils vont jusqu'à la chosifier en la désignant par « ça », c'est par ce qu' ils n'en veulent vraiment pas. Si Joseph veut une femme, elle doit convenir à toute la famille qui veut préserver ce versant de sa tradition : on n'épouse pas une femme pour soi-même, il y a certaines règles à respecter qui excluent prioritairement les étrangères, notamment les blanches.

3- Du clash des cultures : le paradoxe cooptation déculturation

Jacques Chevrier s'interroge sur "la perte des repères identitaires qu'entraîne un séjour [dans un Ailleurs], et sur l'appartenance à une double culture qui installe l'immigré dans « l'hybride »"[26]. L'immigré, perçu comme étranger, se cristallise dans la représentation. Il est le fruit d'un imaginaire de l'autre, un imaginaire nourri aux sources d'une histoire esclavagiste, colonialiste et même impérialiste. Chaque pays a un patrimoine et il doit sauvegarder sa culture, sa tradition et la transmettre de génération en génération, mais ne doit pas cependant se renfermer à sa seule culture.

Les migrants qui quittent leur terroir d'origine pour un ailleurs quelconque se déplacent dans la plupart des cas avec quelques éléments de leur culture, au moins ceux qui sont innés et qui se traduisent, à l'instar de la coutume, dans les manières de voir, de faire et de penser. Il y a confrontation entre leur culture et celle du pays d'accueil. Les immigrés peuvent, de ce fait, être déchirés entre leur attachement pour la culture d'origine et leur fascination pour la culture étrangère. On peut justement se demander si au lieu d'opérer un choix, l'immigré ne peut opter pour l'élaboration d'une synthèse de cultures. Ainsi, ceux qui se déplacent pour un ailleurs sont inévitablement face à deux ou plusieurs cultures distinctes sur plusieurs points. Or comme l'a démontré Jacques Chevrier[27], l'une des cultures pourrait se vouloir dominante et

---

[25] Idem., P.59

[26] Jacques, Chevrier, *Anthologie africaine I,* volume 1 : Le roman et la nouvelle, Paris, Hatier, 1981, P.238

[27] Son analyse de *Bleu Blanc Rouge* d'Alain Mabankou dans *Anthologie africaine I : Roman, nouvelle* montre que le clash des cultures se solde par une culture dominante que l'immigré se plaît à exhiber.

engendrer des rivalités, d'où le choc culturel dont parlent Louis-Charles Royer et Daniel Biyaoula dans leurs ouvrages. Si "les cultures peuvent se mélanger presque sans limites [...] se développer [et] se perpétuer"[28], c'est un tableau de cultures nettement opposées que peignent ces romanciers.

Les coloniaux qui arrivent en Afrique dans *La Maîtresse noire* de Louis-Charles Royer sont confrontés aux coutumes soudanaises. Certains s'adaptent non seulement au style de vie des indigènes, mais on peut également remarquer qu'ils sont facilement cooptés et qu'il y a comme une apostasie de la culture occidentale. Le choc des cultures oblige les personnages royériens à s'assimiler. C'est la raison pour laquelle chacun possède une négresse afin de pouvoir intégrer dans un premier temps le fait linguistique. L'un des faits culturels majeurs dans le clash des cultures renvoie à l'aspect culinaire. En matière de gastronomie, les coloniaux se sentent comme bercés par le talent culinaire des noires. Du simple "thé maure"[29] qu'adore le gouverneur, au véritable festin indigène auquel assiste le secrétaire, les blancs s'y mettent avec grande délectation. Nous pouvons comprendre que *La Maîtresse noire* veuille aussi signifier une grande maîtrise de certaines connaissances des noires dans le domaine culinaire. Le héros est enchanté lorsque Lignières l'invite à dîner et le narrateur hétérodiégétique rapporte :

> *Ce fut un festin rigoureusement indigène : le meshoui - mouton rôti dans la cour et qu'on mange avec les doigts - le koussou-koussou et ces tripes de mouton roulées comme des andouillettes, arrosées d'une sauce aux piments, qu'on appelle djinanas.*
>
> *Le homard à l'américaine, le jus follement épicé n'avait jamais aussi violemment excité le palais de l'ancien habitué des boîtes de nuit parisiennes.*[30]

Dire qu'il est un ancien habitué des boîtes de nuit parisiennes, c'est forger sa qualité du goût : c'est un personnage qui sait juger, qui sait apprécier un mets ou alors du vin à sa juste valeur. Le *meshoui* indigène semble être plus intéressant que tout ce qu'il a auparavant goûté comme mets, et l'excitation violente de son palais ne peut renvoyer qu'au jugement mélioratif qu'il porte à cet aliment. Tout comme ce fut le cas pour le thé africain consommé chez le gouverneur, le personnage semble, de par la narration faite, apprécier le talent culinaire des Africaines qui, dans leur culture, ont des mets arrosés de sauces au goût incomparable. Ainsi, on en dénombre d'autres dans le groupe européen qui optent pour un revirement culturel : la première idée à cet instant est de se sentir nègre comme Pacouda, Provost et Lignières, idée de laquelle découle une autre plus frappante, il faut épouser une négresse. Dans les normes, on a l'obligation de se mettre dans la peau de l'autre chez qui on vient chercher épouse, c'est-à-dire de comprendre et d'admettre sa culture, le plus souvent aux dépens de la culture d'origine. Chez le père Pacouda comme chez plusieurs

---

[28] Albert, Christiane, op.cit., p.157
[29] Louis-Charles, Royer, op.cit., p.328
[30] Idem., p.344

autres missionnaires, la question religieuse est abandonnée au profit de la vie animiste des noirs. C'est le personnage *royerien* qui est décrit dans le texte comme étant "*un ancien père blanc*"[31], le premier des personnages à se déclarer nègre. L'adjectif antéposé nous permet de comprendre que sa mission ecclésiastique a cessé d'être dans le présent et qu'il y a comme une reconversion en autre chose. C'est tout simplement parce que le choc culturel l'a obligé à une sorte de revirement. Il est l'un des rares coloniaux qui maîtrisent la culture soudanaise et qui peuvent l'expliquer aux nouveaux adeptes comme le secrétaire du gouverneur. Robert de Coussan est amené chez lui pour une édification vis-à-vis de la culture des noirs en ce qui concerne le mariage. Pacouda lui apporte des éclaircissements. Le mariage peut être apparenté à un troc si nous partons de la description qu'il en fait. Si nous avons évoqué le troc, c'est tout simplement parce que Robert de Coussan le pense après la négociation. Pacouda s'y connaît bien, car marié à une négresse avec plusieurs concubines. Lisons la concision avec laquelle il transmet sa réponse à la question de savoir comment on se marie à Tombouctou :

> *Eh bien ! Monsieur le secrétaire, pas tout à fait comme à Paris. Le jeune homme ayant choisi sa future femme, ses parents envoient à ceux de la fille des noix de kola. Si le futur est agréé, le père de la jeune personne retourne quelques-unes des noix de kola. On discute ensuite le montant de la dot.*[32]

En trois phrases, il a résumé le processus d'acquisition d'une femme chez les noirs. Une culture qui parait simple et reposant sur trois étapes principales : le choix opéré par le prétendant, l'envoi et la réception des kolas, le montant de la dot. Son exclamation du départ relève du contexte de l'oralité et traduit en plus de son africanité, la confiance qu'il se fait, la détention d'une certaine sagesse qui peut lui permettre de parler très consciemment à ceux qui sollicitent son aide ou ses conseils. Il commence par opposer la conception du mariage dans les deux sphères que sont Paris et Tombouctou tout en précisant que c'est très différent. La culture africaine, qui est synonyme de coutume dans ce cas, veut que le mariage se joue aussi entre les parents qui doivent donner leur approbation dans une sorte de négociation à valeur traditionnelle et qui repose sur le jeu de kola envoyée et renvoyée. Il faut noter que l'opinion de la mère n'est pas considérée. D'ailleurs, elle est absente des négociations, cas de la mère de Mouk qui ne sortit même pas pour dire au revoir à sa fille dont Robert de Coussan venait de demander la main. Tous les secrets de la culture africaine sont connus de Pacouda. Ce qu'il explique au héros royerien est une sorte d'initiation qui le prépare à son propre mariage. Il lui révèle via une question rhétorique qu'en Afrique, il n y a pas d'âge pour le mariage : ",mais vous savez que certains épousent des enfants de six ou sept ans ? "[33] Il ne s'agit pas de

---

[31] Idem., p.345
[32] Idem., p. 348
[33] Ibidem

détournement de mineures comme certaines cultures le prétendraient, mais de mariages traditionnels régis et normalisés depuis la nuit des temps. Nous devions peut-être souligner que la société que décrit *La Maîtresse noire* est d'abord musulmane. Sa culture voudrait que ceux qui épousent les enfants attendent que la fille ait un certain âge avant d'être conduite chez eux. Un autre versant de cette culture est explicité pour mieux étayer la différence culturelle avec la France. Les grossesses et les naissances ne se passent pas dans les mêmes conditions qu'en hexagone. Un simple rite qui repose d'ailleurs sur des superstitions remplace les visites médicales. Si en France une attention particulière est accordée à la femme enceinte et au nouveau-né dans un hôpital, ce n'est pas le cas à Tombouctou.

> *Lorsque le mari apprend qu'il va être père, il doit chaque jour ôter régulièrement son pantalon dès le coucher du soleil. À son entrée dans le monde, Le nouveau-né n'a pas, comme en France, des mains attentives pour le recevoir. Il tombe sur une épaisse couche de sable qu'on a préparé pour lui : Floc !* [34]

La culture tombouctienne est primitive alors que celle de la France connait une évolution assez considérable en ce qui concerne les soins de santé. Le choc culturel auquel font face les personnages principaux de l'ouvrage royerien divise les coloniaux en deux grands groupes hétérogènes. Ceux dits "décivilisés", sans pour autant avoir complètement oublié la culture occidentale, ont choisi de s'identifier par rapport à la culture africaine. Voilà pourquoi Pacouda par exemple sait tout de cette culture : les rites sépulcraux, l'excision et la circoncision, les fiançailles et le mariage, les habitudes de vie, et encore bien d'éléments de cette culture qu'il a faite désormais sienne.

Il y a également choc culturel entre les pratiques religieuses : l'Islam est confronté au catholicisme. Les prêtres blancs font la chasse dans un terrain auparavant conquis par les musulmans. Nous avons ci-dessus évoqué l'ancien père blanc sans toutefois nous attarder sur son cas. Il faut dire que plusieurs personnages appartenant au clergé présentent cette démission, peut-être d'une part à cause des difficultés rencontrées sur le terrain, mais assurément de l'autre, à cause de la culture soudanaise que Bresse trouve facile à vivre. Pour réussir dans leur mission, les prêtres doivent pouvoir communiquer dans la langue locale, ce qui veut dire qu'eux aussi intègrent déjà ce fait culturel propre aux Soudanais. Malgré cela, le Père Doume est confronté à un problème culturel : il lui est presque impossible de reconvertir les musulmans. Ceci nous rappelle *La Chanson de Roland* où chrétiens et païens se livrent bataille pour cette question religieuse. Ici, il ne s'agit pas de la geste, mais plutôt d'un fait culturel et social que le romancier traduit dans son ouvrage. La bataille médiévale demeure cependant sous une autre forme et le missionnaire comprend l'abîme qui existe entre les deux cultures religieuses. Il pense que les fétichistes et les coloniaux

---

[34] Ibidem.

sont prédisposés à recevoir la bonne nouvelle. À la question de savoir s'il les convertit au moins, il répond :

> *Ceux qui sont déjà musulmans, il n'y a pas grand-chose à faire. Le fatalisme de Mohamet s'accorde trop bien avec leur paresse congénitale [...] Mais, les fétichistes, oui, nous réussissons. Les femmes surtout, plus intelligentes, plus travailleuses - par force, car vous savez que ce sont les bêtes de somme de leurs maris - accueillent la voix de Dieu comme une libération, comme une réhabilitation, comme une résurrection. [...] et puis, il n'y a pas que les nègres, il y a vous, les fils de France [...] peut-être avez-vous encore plus besoin de nous que les noirs.*[35]

Les trois groupes culturels que nous avons mentionnés sont justement évoqués. On a donc un choc culturel qui met en présence trois cultures appartenant à trois groupes religieux différents. Il faut comprendre que le groupe qui vient provoquer le clash est celui des missionnaires catholiques dont la mission est de convertir les deux autres au christianisme. L'impossibilité de réussir à imposer le catholicisme chez les musulmans est réelle. Le missionnaire semble accuser leur prophète et leur paresse héréditaire. On peut comprendre que le catholicisme ne domine pas dans ce contexte parce que les enfants naissent musulmans et grandissent avec les principes de l'islam. D'ailleurs, l'ouvrage ne mentionne aucune autre culture religieuse pour ces derniers. C'est le même problème qu'il rencontre chez les hommes fétichistes. Nous pouvons dire qu'il y a un double échec : d'abord chez les musulmans et ensuite chez la gent masculine en ce qui concerne les fétichistes. Pour les seconds, c'est tout à fait normal qu'il y ait échec, car, ils sont présentés comme étant des paresseux qui exploitent leurs femmes. C'est pourquoi elles sont considérées comme leurs bêtes de somme, comme pour dire qu'elles portent le poids familial à la place de l'époux. Il y a une fuite de responsabilités qui risque de disparaître si le christianisme est proprement accepté par ceux-ci. Par contre, les seuls personnages disposés à recevoir la culture catholique restent les femmes. Les raisons sont évidentes dans la réponse du Père Doume. Il les situe à trois niveaux : elles sont esclaves, elles n'ont pas de droits, elles sont fortement dominées par les maris. Voilà pourquoi il estime que la voix de Dieu est une source de consolation, de réhabilitation et de retour à l'existence pour ces dernières. Le choc culturel dans cet ouvrage ne devrait pas concerner le blanc. Mais si Louis-Charles Royer l'y inclut par la voix de ce missionnaire, c'est tout juste parce que l'Européen s'est détourné de sa culture initiale pour embrasser celle du pays d'accueil.

Contrairement à *La Maîtresse noire*, *L'Impasse* de Biyaoula s'apparente à un ouvrage d'anthropologie culturelle."[36] Le regard qui nous conduit nous situe à cheval entre l'Afrique et la métropole dans le seul but de mieux étayer le choc culturel tel que vécu par les immigrés d'abord et par les Congolais puisque le

---

[35] Idem., P. 333.
[36] Ambroise, Kom, op.cit., p.52.

clash des cultures ne se perçoit pas seulement dans l'ailleurs comme c'est le cas chez Louis-Charles Royer, il se manifeste aussi dans le pays d'origine de l'immigré. Les Congolais eux-mêmes, sans exception, ont le regard rivé vers l'étranger. Il ne faut pas y voir une apostasie totale de la culture congolaise, mais plutôt, il faut y voir un désir d'analogie et de similitude en l'immigré qui souhaite ressembler le plus près possible au blanc. Tout en gardant, au lieu de la totalité de sa culture, quelques éléments fragmentaires de cette dernière, les Congolais copient, très consciemment d'ailleurs, la culture française : langage, habitudes comportementales, vestimentaires et culinaires. Ce désir profond d'être différent de l'Africain d'Afrique, se lit chez l'immigré. Il doit être "le Parisien"[37] au Congo, voilà pourquoi il faut s'habiller comme on le fait à Paris, c'est-à-dire en costume, en manteau en cuir, en laine ou en fourrure, même si on se trouve dans une zone tropicale chaude où la température excède les dix-huit degrés. Dès la France, Joseph Gakatuka se rend compte qu'il est un outsider et que tous ses compatriotes s'arriment au style vestimentaire français. Un autre constat est effectif : tous les Africains qui rentrent chez eux sont des blancs d'un autre genre, c'est-à-dire qu'ils ont dû subir une sorte de métamorphose. Leur peau a dû subir quelques modifications, ou alors ils se sont *démélaninés* pour l'avoir comme elle est. Il ne s'agit que d'un effort fourni en vue de ressembler le plus près possible au blanc. Or, lui qui est non seulement très noir, mais en plus, simplement habillé fait l'objet de moqueries :"Hé !...Hé ! Voyez-moi celui-là !...Là en face de moi ! Regardez comme il est habillé ! C'est des gens comme ça qui font honte à l'Afrique."[38] Il y a là un contexte qui relève de l'oralité et qui, de par les deux interjections isolées en initial, manifeste une certaine malice ou alors de la moquerie. On perçoit une prédominance de la culture française qui devient chez ces Africains comme un archétype culturel à respecter absolument. Les multiples exclamations traduisent ainsi l'étonnement du locuteur qui semble ne pas pouvoir expliquer pourquoi un personnage immigré résidant en France peut être si pauvrement vêtu. Par ailleurs, il ovationne, certainement inconsciemment, la France en relevant que le héros *biyaoulien* est le type d'immigré qui fait honte à l'Afrique. Ne pouvons-nous pas concevoir par-là qu'il faille copier la culture occidentale pour faire honneur au continent noir ? En réalité, on peut voir en cette réaction une adhésion implicite au groupe français ou alors la volonté de se vouloir Français. Or ce n'est pas du tout simple d'intégrer cette communauté, comme nous l'avons précédemment analysé : elle a ses principes, sa culture et en plus elle est xénophobe. Nous y voyons un faux-semblant qui nous permet de dire que le choc culturel n'implique pas tous les immigrés dans l'ouvrage du romancier congolais. Il y a ainsi deux camps : d'une part, celui de ceux qui sont complètement obnubilés par le clash des cultures, et de l'autre celui de ceux qui

---

[37] Daniel, Biyaoula, op.cit., p.39.
[38] Idem., p.14.

semblent insensibles à cette guerre. La population qui vient les accueillir à l'aéroport et la majorité des habitants de Brazza sont du premier groupe, voilà ce qui explique qu'ils vocifèrent lorsque Joseph Gakatuka sort de l'avion.

La famille du héros est la représentation même de la communauté victime du choc des cultures. Si elle n'a pas été en France, elle a au moins une perception que la télévision, et les immigrés revenus pour des vacances l'ont aidée à construire. Il faut se rendre compte que c'est effectivement cette vision qu'elle a de la culture française qui condamne le personnage dans la première constriction. En même temps qu'il lui est demandé de jouer au Parisien, il lui est formellement interdit de prendre une blanche pour épouse. La différence culturelle est relevée et les mariages mixtes vus comme "une catastrophe, des unions anormales, contre nature."[39] Du contraste qui s'en relève naît une autre problématique. Nous nous demandons comment on peut arriver à aimer les habitudes, les coutumes d'une communauté en la détestant elle-même. Il peut certes arriver qu'on choisisse certains éléments quand il y a choc des cultures, mais le héros *biyaoulien* est ainsi contraint de comparer les deux sociétés et se rendre compte "de la grande liberté dont bénéficie l'individu en occident."[40] En Afrique, il doit s'habiller comme le souhaite la famille, il ne doit pas émettre son point de vue ni tenir tête aux anciens sur une question qui le concerne - c'est considéré comme un manque de respect aux aînées et aux anciens[41] - il doit faire honneur à la famille. Pourtant en France, "on est un anonyme qu'on ne juge pas sur son apparence. [Il trouve que] c'est l'une des grandes trouvailles des Blancs, exister comme une pierre. C'est l'une des différences entre eux et nous, cette liberté qu'ils ont..." [42] Justement nous pouvons citer la liberté d'expression qui lui manque au Congo, l'absence d'une intimité, et toutes les obligations qu'il a vis-à-vis de la famille.

Le choc des cultures transforme en même temps l'immigré assimilé et le Congolais qui se veulent proches de la culture occidentale. Si Karl et Laustel quand ils sont à Brazza" se pavanent, parlent comme les blancs, disent des phrases captieuses, regardent tout le monde de haut"[43], Samuel joue "un bout de la Marseillaise avec [le] klaxon"[44] de sa voiture. On peut de toute façon penser que tout cela découle du fait colonial. S'il faut accorder de l'importance à cette hypothèse, le pourcentage de vérifiabilité serait insignifiant, puisque la sphère que peint le romancier se situe longtemps après les indépendances. En dépit de cela, on peut le constater, la France demeure une mère patrie pour ce peuple qui

---

[39] Idem., p.56.
[40] Ambroise, Kom, op.cit., p.52
[41] Suite à la question sur les mariages mixtes, il a été longuement rappelé au personnage central biyaoulien que son entêtement à expliquer sa position est un manque de respect.
[42] Daniel, Biyaoula, op.cit. p. 96
[43] Idem., p. 97
[44] Idem., p. 95

ne se réfère qu'à elle lorsqu'il faut parler de l'étranger ou alors s'il faut s'expatrier. Le choc culturel dans ce cas chez Daniel *Biyaoula* aurait des origines lointaines : le Congo a été une colonie française. C'est peut-être la raison pour laquelle la France est la principale référence, disons mieux qu'elle est l'unique destination aussi bien pour l'immigré que pour le migrant congolais. Le fait que Samuel arrive à chanter la Marseillaise avec le klaxon de sa voiture traduit justement ce fait et trahit aussi la joie d'avoir un "Parisien" dans la famille.

Conclusion

En définitive, le phénomène migratoire naît de l'insatisfaction totale du personnage dans un « Ici initial ». D'une part on a un système capitaliste spoliateur, et de l'autre une coterie avare et conservatrice qui le plongent dans la misère totale. La recherche d'un espace édénique commande le déplacement du personnage qui entraîne avec lui sa culture. Un paradoxe s'en décèle dans notre corpus : alors que le Blanc justifie les bienfaits de la culture soudanaise dans *La Maîtresse noire*, les Congolais s'assimilent dans *L'Impasse.* A juste titre, on peut se permettre de regarder autrement cette question liée au clash des cultures chez Louis-Charles Royer et Daniel *Biyaoula.* Loin de penser à un universalisme culturel, il est question de savoir revaloriser une culture qu'en tout début de siècle, les personnages royériens dit « décivilisés » ont apprécié. On comprend pourquoi Daniel Biyaoula atteste "qu'on ne l'a pas encore dépassé, l'époque de l'exaltation de la beauté noire, de la glorification de nos cultures, et que le fin du fin c'est qu'à présent, on le fait sans y croire, qu'on crache sur ce qu'on loue, qu'on s'engoue de ce qui nous a déchirés, ce qu'on fait semblant de ne pas voir, dont on feint de se prémunir , d'être détachés, ce à quoi on aspire, qu'on déifie."[45]C'est donc à juste titre que les Occidentaux l'ont compris dans *La Maîtresse noire.* Ce n'est pas un fait gratuit pour ces coloniaux qui ont su voir et apprécier ce que l'Africain devrait glorifier en lui-même.

Références bibliographiques

Barbéris, P. 1990, « La Sociocritique » in Daniel Bergez (sous la direction de), *Introduction aux méthodes critiques pour l'analyse littéraire,* Paris, Bordas.

Biyaoula, D. 1996. *L'Impasse*, Paris, Présence Africaine.

Burckhardt, J. 1967. *La Civilisation de la renaissance en Italie*, Paris, Bordas.

Césaire, A. 1955. *Discours sur le colonialisme*, Paris, Présence Africaine.

[45] Daniel, Biyaoula, op.cit, p.184.

Chevrel, Y. 1989. *La Littérature comparée*, Paris, P.U.F coll. « Que sais-je ? ».

Chevrier, J. 1981. *Anthologieafricaine I, volume 1 : Le roman et la nouvelle*, Paris, Hatier.

Christiane, A. 2005. *L'Immigration dans le roman francophone contemporain*, Paris, Karthala.

Kom, A. 1999, 2000. *Pays, «* exil et précarité chez Mongo Béti, Calixthe Beyala et Daniel Biyaoula *»*, in *Revue des littératures du sud.*

Reuter, Y. 1997. *L'analyse du roman*, Paris, Dunod.

Royer, L-C.1928. *La Maîtresse noire*, Paris, Complexe.

Warnier, J-P. 2007. *La Mondialisation de la culture*, Paris, La Découverte.

CHAPITRE XX

Thirteen Cents by K. Sello Duiker: A Hard-Hitting Critique of the Street Child Phenomenon in Postracial South Africa

Mamadou Abdou Babou Ngom

K. Sello Duiker is a post-apartheid novelist. He was born in 1974. After the fashion of Zakes Mda, Phaswane Mpe, Mark Behr - to name but a few - he ploughs his own furrow in the fictionalization of the societal scourges and travails plaguing democratic era South Africa. Much as his fictional writing bears the hallmarks of postliberation South African Literature, K. Sello Duiker sort of breaks the mould in that he broaches taboo issues that next to no novelist dared grapple with beforehand, on account of their sensitivity: homosexuality, graphic depiction of sex scenes, the phenomenon of street kids and the like. Short though his life was - he died young as he committed suicide back in 2005 in a bout of depression- his artistic creativity shines through two novels which pack a punch in terms of subject matter and felicity of style amongst literary circles: *Thirteen Cents and The Quiet Violence of Dreams*. Both novels earned him literary prizes.

The first book of Duiker's fictional opus is, as it turns out, *Thirteen Cents* on which this research paper is based; it came out in 2001. The story is recounted in the first person by a child - narrator, named Azure so called because of his "blue eyes" (TC, 1). He is portrayed as a gritty survivalist in the South African city of Cape Town, going all out to walk a tightrope between pandering to the demands of hard-nosed gangsters and indulging the lustful whims of philandering white folks who use him for oral and anal sex in return for money. Needless to say that Azure is a street boy who makes no bones about dropping out of school upon the cold-blooded assassination of his parents: "*I came back to our shack only to find them* [the mother and the father] *in a pool of blood. That was three years ago. That was the last time I went to school.*" (TC, 2). This twin demise represents a gruesome game changer in Azure's life as he falls prey to sexual exploitation and abuse of any ilk, wanton violence, breach of trust - you name it. The downbeat, nay apocalyptic note on which the novel ends buttresses our surmise that Sello Duiker does not feel sanguine about the successful addressing of the fate of street children in South Africa.

The travails besetting street children worldwide are so upsetting, not to mention multifarious, that there is a handsome body of literature on the life of those "nobody's children"[1]. The business of getting into the specifics of that literature would not only be arduous but, more importantly, would be irrelevant to the purpose of this paper. Still, with a view to putting things into perspective, we cannot help but go through a set of definitions as to what is meant by "street children". Back in 1983, the Inter - NGO Program for Street Children and Street Youth attempted to describe "street youths" as follows:

> *Street children are those for whom the street (in the widest sense of the word: i.e., unoccupied dwellings, wasteland, etc….) more than their family has become their real home, a situation in which there is protection, supervision or direction from responsible adults.*[2]

The United Nations Organization recast, as it was, the above definition by defining a street child as

> *any boy or girl…for whom the street in the widest sense of the word…has become his or her habitual abode and /or source of livelihood and who is inadequately protected, supervised, or directed by responsible adults.*[3]

Come to think of it, both definitions have a commonality, namely that a street kid lives and sleeps in the rough besides being left at the mercies of cut-throat adults. Another feature that the UN's and Inter-NGO's descriptions of "street children" share is the fact that they eke out their living from the street. As regards, J.G. Cosgrave, he seemingly downplays several drivers that factor into the phenomenon of street youth and elects to emphasize their estrangement from social norms. He defines a street child as

> *any individual under the age of majority whose behavior is predominantly at variance with community norms, and whose primary support for his/her development needs is not a family or a family substitute.*[4]

Arguably, there is more to 'street youth' than sheer deviance. It stands to reason, indeed, that such elements as parental neglect, economic necessity, unfriendly family setting go a long way towards accounting for an underage boy's ill-advised choice to run away from home. Either way, a terse study of the literature about street children brings to light the fact that defining in a clear-cut way what a street child means, is not a cinch by any stretch of the imagination.

---

[1] In *Abandoned Children*, an informative book co-written with Malcom T. Smith, Catherine Panter-Brick bemoans in her introduction the utter rejection that street children are faced with. In her estimation, "*They* [street kids] *appear to be 'nobody's children: in limbo, denied their proper place in the family or society, children deprived of a proper childhood.*" Cambridge, UK: Cambridge University Press, 2000, p.1.

[2] Definition taken from "A Study on Street Children In Zimbabwe." Retrieve on the seventh of March 2014 from http:/www.unicef.org/evaldatabase/files/ZIM_01-805.pdf

[3] Panter-Brick, C. "Street Children, Human Rights and Public Health: A Critique and Future Directions. In Child, Youth and Environment, Vol.13, No.1, (Spring 2003), p.149.

[4] Cosgrave, J.G. "Towards a Working Definition of Street Children." In *International Social Network*, Vol. 33, p.192.

The hassles standing in the way of a consensual description may be due, according to University of Pretoria teacher J. Le Roux, to the fact that

> *The street child phenomenon presents a complex issue resulting from a diversity of integrated factors.*"[5] If anything, as Lewis Aptekar cogently points out "*Street children do not form a homogeneous group, nor do their life circumstances remain constant.*[6]

Street children are as diverse as their individual experiences. Behind every street child there is a traumatic ordeal to tell. The intricate and convoluted nature of the street kid phenomenon as well as the diversity in their individual experiences serve to substantiate the different street lifestyles of these drifters. Actually, children do not enter street life on the same grounds. It was in the spirit of having a better grasp of the street kid phenomenon that UNICEF, in a document dated 1986, carried out a classification of street children: 'children on the streets' and 'children of the streets'. "The distinction", explains Catherine Panter-Brick,

> *is between children of the street – who have a family accessible to them but who make the street their home – and children on the streets – who return at night to their families.*[7]

Nevertheless, that typology was found wanting on the ground that "children defied these generalizations."[8] As part of the continuing drive amongst psychologists and child welfare pundits to make sense of the ins and outs of the street child phenomenon, L.E Homer devised new "typological systems of runaways"[9] and broke them down into two classes: the "running from" and "running to" trends. According to J. Le Roux,

> *"Running from" refers to children who are essentially escaping from unresolved and /or family problems, while the "running to" class is motivated by pleasure-seeking and an urge for independence and adventure.*[10]

For all the classifications mapped out to have a corrective as to the upsetting and disorderly street youth phenomenon, the results remain dim. Street children live, to all intents and purposes, in a world of their own. Understanding its workings will require more than a mere set of typologies. As a matter of fact, the intricacies of street life and its multifarious drivers don't pander easily to classifications.

---

[5] Le Roux, J. « Street children: "Running from " or "running to"? In *Koers*, 62 (3), p.346.
[6] Aptekar, Lewis. "Methodological Implications of Contextual Diversity in Research on Street Children." In *Children, Youth and Environments*, Vol.13, (1) retrieved 26 March 2014 from http://www.colorado.edu/journals/cye/13_1/Vol13_1Articles/CYE_Current_Issue_ArticleMethodologicalImplications_Aptekar_Heinomen.htm
[7] Panter-Brick, C. "Street Children, Human Rights and Public Health", op.cit., p.150.
[8] Ibid., p.150.
[9] Quoted by J. Le Roux in "Street Children : « Running from » or « running to?", op.cit., p.347.
[10] Ibid., p.347.

A flick through the body of literature about the issue of street children has lifted the lid a little on the complexity of the phenomenon and, more significantly, on the multifaceted hardships facing street youths. Nowhere are the life and times of street youngsters more excruciatingly and despondently exposed than in the fictive world of *Thirteen Cents*. There, the novelist, with a consummate bent for informative description, takes us into the underworld that epitomizes a family and home of sorts for children cast adrift by society. Even though it is the lead character, Azure, who bears the brunt of harrowing maltreatment at the hands of adult ringleaders, the fact remains that his fellows also have their taste of what it feels like to be a street kid in South African cities. From the early pages, we learn that Azure's parents' assassination marks the ground zero for his entry into street life. He eschews school and runs away from the family seat. As result, the street becomes his abode. To get a glimpse into the beginnings of his new life as street youth, let's hear the child-narrator:

> *I walk a lot. My feet are tough and rough underneath. But I'm clean. Every morning I take a bath at the beach. I wash with seawater. Sometimes I use a sponge or If I can't find one I use an old rag. It's just as good. Then I rinse off the seawater at the tap. It's not that bad washing with cold water. It's like anything – you get used to it.* (TC, 2)

Surprisingly, Azure takes the new twist in his life in stride. He has not hitherto gnashed his teeth about his new situation. Seemingly, he has it in mind to make a departure from the traditional paradigm of street youth life. He is mentally prepared to live up to the challenges attendant upon his job as a traffic warden of sorts:

> *...So during the day I help car park in Cape Town. It's not easy work. You have to get there early. Sometimes you have to fight for your spot. The older ones leave us alone, they get all the choice parking spots in the centre of town. It's like that. I don't ask questions.* (TC, 3)

A measure of Azure's gutsy intention to put himself out of harm's way and steer clear of the underworld shows in his move to "sleep in Sea Point near the swimming pool because it's the safest place to be at night. In town there are too many pimps and gangsters" (TC, 3). By the same token, he is equally minded to earn his keep with dignity and genuineness: "I don't want to make my money like them [the pimps and gangsters]" (TC, 3). The sobriety that he displays regarding his new plight and his strait-laced attitude reflect a youngster's desire to be a child 'on the street' as opposed to a child 'of the street'. The nasty stock-in-trades associated with street life are anathema to Azure. He, for example, does not have any qualms about preaching at his friend, Bafana; and, when push comes to shove, about physically disciplining him in order to help him keep on the straight and narrow:

> *My friend Bafana can't believe that I saw my dead parents and didn't freak out....And he is naughty. He has a home to go back to in Langa but he chooses to roam the streets. He likes sniffing glue and smoking buttons when he has money. I don't like that stuff, it makes my head sore....So whenever I see him smoking that stuff I beat*

> *him. I once beat him so badly he had to go to Groote Schuur to get stitched. I don't like that stuff. It does terrible things to your body.* (TC, 3)

Azure is on moral high ground. However, that does not conceal the fact that as he finds his feet and settles into his new street lifestyle, Azure's initial mindset alters for the worse. The paucity of gainful jobs coupled with the individualistic environment he lives, compels him to climb on the bandwagon of earning easy money. The child-narrator recounts his first encounter with a white man and the alacrity with which he joins him in his flat. Azure is not caught off guard by the white man's lustful intention. He goes through the motions of turning over in his mind what is in store for him once he is alone with the white man:

> *Soon, I'm walking back with a white man to his flat. When we get inside the lift he tells me to take off my shoes. I know the routine. Once inside his flat he will expect me to strip off at the door. We go in and I begin to take off my clothes at the kitchen door.* (TC, 8)

Once he and his partner are alone inside the flat, the child-narrator recounts brazenly the bedroom scenes:

> *... He takes off his clothes and his piel bounces in front. I shudder to look at it and wait for him to lead me into the shower....He rubs the soap quickly between his hands and slides his hands on my back and bum. I'm forced to smile. Grown-ups, I know their games. I smile. He slides his hands around my waist and touches my belly.* (TC, 8)

K. Sello Duiker deftly encapsulates in Azure's sudden and dismal change his theory that street life is a most treacherous vortex. Once you get embroiled into it, there no doing things by numbers. The nature of street life is not commensurate with moral considerations and self-righteous articles of faith. Two academics from the University of Pretoria who have worked at length on street child phenomenon, to wit, Johann Le Roux and Cheryl Sylvia Smith, debunk the belief that the street is a hotbed of crime and that no street kid can escape the unflattering fate of being a criminal. Notwithstanding, they emphasize that a long spell spent on the street as a tramp has the potential for making the child pick bad habits with unintended consequences:

> *The longer children spend on the streets, the more likely it is that they will become involved in criminal activities, but the popular beliefs that the streets are "schools of crime" and that all children inevitably become criminals are not true. However, they are often guilty of anti-social or self-destructive behavior. This self-destructive behavior frequently results from a lack of knowledge, rather than from negative and fatalistic attitudes.*[11]

Over and above the dearth of knowledge, the aforementioned self-destructive behavior can stem from the reality on the ground, from pragmatism.

---

[11] Le Roux, J, & Smith, Cheryl Sylvia. "Causes and characteristics of the street child phenomenon: a global perspective." In *Adolescence*, Vol.33, No.131, p.684.

Another aspect that factors into the occurrence of self-destructive behavior of street children is their impressionable age. Most of them have not attended their majority; so, they can be easily swayed towards wrongdoing.

Harking back to Azure's transformation, there are psychologists and child development experts who look down the arrival of a child into street life as being studded with processes. Harriot Beazley, for one, underscores socialization as being instrumental in the child's construction of a new identity: "...once on the street, children engage in specific social processes that socialize them to street life."[12] Beazley views street life as a 'subculture' and "the socialization to the subculture as a 'career' that can be understood as a solution to a child's personal troubles."[13] Similarly, in L. Visano's estimation, the intention to steer clear of any deviance goes with the territory of being a new street child: "...initially, newcomers experience considerable hardship in trying to fit into the street environment. They exist on the border of conventional and deviant worlds."[14] The full measure of Azure's halting steps towards a full-blown street child is only grasped against the backdrop of the set of phases that stagger their acceptance into the mould. Even his change of name from Azure to Blue is in sync with kind of the prerequisites for inclusion into the street child outfit. According to Harriot Beazley, "Almost all street boys are given nicknames by other children, which they accept as part of their inclusion into the social group, even if they do not especially like their nickname." Either way, the harshness of street life and the dangers to which children living on the streets are exposed make it a necessity for them to dance to an adult's tune in return for protection. As it happens, Azure has found in Allen, a guy who "works as a pimp", a guardian, a shield against harm. He stands in awe of Allen in that he "know [s] his temper" and, more significantly, "he's killed someone before and I saw the whole thing happen" (TC, 13). Speaking to an aunt of his, Azure says how lucky he is to make Allen's acquaintance: "Knowing him has helped me a lot on the streets. I can't say that we are friends. But if I'm ever in trouble I just have to say that I know Allen and I'm usually left alone." (TC, 13). But being under the protective wing of so supercilious and haughty a man as Allen comes with a huge price. The "protection money" that he pays to Allen is hard-earned. Yet by his own admission, he can't help it: "... I have to do it. It's the only way I can be safe on the streets. There are too many monsters out there" (TC, 16).

---

[12] Beazley, Harriot. "The Construction and Protection of Individual and Collective Identities by Street Children and Youth in Indonesia." In Children, Youth and Environments, Vol. 13, No.1. (Spring 2003). Retrieved 30 March, 2014 from
http://www.colorado.edu/journals/cye/13_1/Vol13_1Articles/CYE_CurrentIssue_Article_ChildrenYouthIndonesia_Beazley.htm

[13] Ibid.

[14] Quoted by Harriot Beazley, op.cit.

Azure has gone gay overnight out of the masterly necessity to stay alive in an excruciatingly ruthless environment. The proceeds that he gets from his first sexual activity are divided in three parts: one for his protector, one for himself and finally what he keeps for a rainy day, i.e. that which he entrusts with auntie Joyce. Having learned from Allen that "money is everything…because you can get a house and call the shots" (TC, 16), Azure is on a slippery slope towards anal and oral sex at full throttle. Even if what one of his clients pays him falls far short of his expectations, he wisely knows better than to vent his disappointment:

> *With a wallet in his hand we go to the kitchen.*
>
> *"You did good," he says and hands me a twenty-rand note. Peanuts. I've earned fifty bucks from a single trick. But I know not to get greedy. He could become a regular. I get dressed quickly and let myself out.* (TC, 10)

Scarcely is he done with that client when "another white man looks at me with come-to-bed eyes" (TC, 10). The harshness of living on the streets, whose hallmarks among other things, are sleep and money deprivation to say nothing of dilapidated wear, compels kids to go down the path of prostitution, theft, homosexual practices, and what not. Be that as it may, they are said, by all accounts, to be conspicuously riveting when it comes to devising survival game plans. The case can even be made that in the world of *Thirteen Cents* all children living on the streets do their level best to adapt themselves to their environment. The crux of the matter is that they are not spoilt for choice. Indeed, failure or inability to contrive coping strategies is a recipe for disappearance because "the streets, they are not safe. They are roads to hell, made of tar. Black tar"(TC, 66). All this goes to show why street youths answer aptly to the description of "alloplastic" and "autoplastic" adaptation models. Actually, psychoanalyst Heinz Hatmann contends that adaptation stemming from "the capacity to cope appropriately and advantageously with one's environment to meet his needs is called 'alloplastic'[15]. He goes on to say: "When, however, the individual modifies himself in response to the environment, the adaptation is called 'autoplastic.'"[16] It's no exaggeration to take the view that street life calls for once 'alloplastic' and 'autoplastic' adaptations. Azure is a perfect epitome of that double adaptation. "I'll do anything for fifty bucks" (TC, 20) is Azure's opening gambit to tout a client! The reader can't help being astounded by the amount of brazenness and prurience that tinges his haggling with a client:

> *"I'll do anything for fifty bucks," I whisper to him.*
>
> *"Anything?"*
>
> *"Anything that I can do."*

---

[15] Akhtar, Salman. *A Comprehensive Dictionary to Psychoanalysis*. London: Karnac Books, 2009, p.11.
[16] Ibid., p.11.

"And what is it that you do?" he said softly in a mocking voice.

"Depends on what I'm asked."

"What if I wanted to fuck you?"

"I can do that."

"You mean I can do that."

"Ja, you can do that if you want for fifty bucks." (TC, 29)

Azure may get paid beyond his wildest dreams for his nefarious sexual activity, but he's embarked upon a self-destructive path. At the rate of his sexual practices, he is riding for a fall from both a health and human point of view. Witness his comment after being paid for sex: "My face lights up even though my asshole is sore" (TC, 30). Life on the streets is pretty much a dog eat dog world that allows no room for the expression of humanity. Oftentimes, humanness is smothered on the altar of self-serving ends from adults who stop at nothing to ride roughshod over kids. The end point of the raw deal meted out to street boys, not least Azure, by the likes of Gerald, is to break them down psychologically and physically. Little wonder the most important bugbear in the world of *Thirteen Cents* that children have to live with is fear. Unsurprisingly, at one point in the narrative Azure admits with glaring gravitas:

> *I know what fear is. I know what it means to be scared, to be always on the lookout. I know what it means to hear your own heartbeat. It means you are on your own....I know what it feels like to bite the insides of your mouth to control the fear. I know what it feels like to bite your nails till your fingertips are raw and sensitive to everything you touch. I know fear. And I hate it. I live with it every day.* (TC, 66)

That fear is embodied by Gerald and his henchmen, a gang of trigger happy folks who makes no bones about doing away with whoever is so foolhardy as to be in their boss's face. The police are privy to their criminal scams but prefer to turn a blind eye. Gerald, for instance, is charged with killing a prominent family and get away with it because: "He did them [police] a favour. He took out a powerful drug lord." (TC, 59). The police's connivance at the underworld's shenanigans provides K. Sello Duiker with a platform to bring to light the scourges that cripple the job of South African police: bribery, corruption, graft, homosexuality. Azure's one-on-one with his friend Vincent not only encapsulates Duiker's disappointment and bitterness about the police but, more significantly, the long way they have to go to spruce up their image:

> *"... Which planet are you living in? This is South Africa. The police were also in it. Times are shit. They also want a slice of the action...."*
>
> *"so the police are also in it."*
>
> *"Of course".* Ba Batla Boroto [in italics in the novel; so, it is I who underline *"They want to eat well. Streets are hard, hey. We give those assholes a rough time. Half of them are fucked on crack and buttons when they go to work".*
>
> *"So that's why I saw Gerald talking to the cops."*

He has to. He can blow their whole cover. So they give him breathing space under the bridge. That's his castle. (TC, 59)

The image of the police as a corrupt institution is a reproach to South African powers that be. Also, it is a drag on the fight against the child street phenomenon. The fact that Gerald and his number are allowed free rein to wreak havoc unfazed makes a mockery of the sanctimonious discourse on the driving necessity to grittily address the plight of 'homeless' children. The collusion between the underworld leaders and the police lengthens, to be sure, the odds on successfully getting to grips with the eye sore that represents the sight of children in rags, with runny nose, panhandling all day long on the street of the new South Africa. At one point in their one-on-one, Azure expresses to Vincent his bafflement as to the total impunity with which the likes of Gerald trample underfoot people's rights in a country whose article of faith is the rejection of human rights violation. In a manner that shows admirable bluntness and outspokenness, Vincent makes a point of disabusing him of the sanctity that he seems to view democratic South Africa:

Azure, this isn't hard, man. Shit, you think life is 1+1=2. Well, it's not. People have been doing this shit for ages. Let me tell you something. If you've got enough foetsek [in italics in the book; so, it is I who underline] *in you and you know the right people, with a bit of money you can do anything. And that's what Gerald did. He's T-rex. He's fucking destruction. And the police know it.* (TC, 63)

The sheer evocation of Gerald's name sends shivers down residents' spine. He rejoices in the name of T-rex, a nickname which he didn't pluck out the air. In fact, it stems from one of the dinosaurs playing in a move called *Jurassic Park*. Those dinosaurs "were monsters as big as the Cape Sun that used to eat each other" and "one of them was called T-rex." (TC, 60). If the residents speak of him with awe, it is as a result of the fear and terror that he's stricken into them. Either way, Azure is justified in giving a wide berth to Gerald. The fear that he harbours vis-à-vis T-rex is what is termed in Freudian psychoanalysis "real fear".[17] "The external danger", as far Azure is concerned, is represented by

---

[17] In the twenty fifth lesson of *A General Introduction to Psychoanalysis*, the prime mover of Psychoanalysis deals with Anxiety and Fear. Oftentimes used confusedly, the words anxiety, fear and fright are explained at length by Sigmund Freud. Speaking of anxiety he says: "*I think that anxiety is used in connection with a condition regardless of any objective.*" Addressing the notion of fear (on which he elaborated the most) Freud starts by saying that "*it is certain that the problem of fear is the meeting point of many important questions, an enigma whose complete solution would cast a flood of light in psychic life.*" (p.340) He describes it as being "*essentially directed towards an object.*" When it comes to fright the renowned psychoanalyst contends that "*it seems really to possess a special meaning, which emphasizes the effects of a danger which is precipitated without any expectance or readiness of fear.*" (p.342). More significant is the fact that Freud, in his analysis, came up with a typology of basically two three types of fear: "*real fear, neurotic and moral fear.*" In his estimation, "*real fear seems quite rational and comprehensible to us. We may testify that it is a reaction to the perception of an external danger, viz., harm that is expected and foreseen. It is related to the flight reflex and may be regarded as an expression of the instinct of self-preservation.*" (p.340). As regards neurotic fear Freud asserts

Gerald: "I think of Gerald and my heart begins to race. How will I ever face him? Death would be easier. He frightens me" (TC, 66). He wraps up learning the hard way what it means to fall foul of so cut-throat a ringleader as Gerald when he, on one of his 'friends' suggestion, makes the misbegotten call to sort of beard the lion in his den in the spirit of asking for mercy. Not only did he get emotionally broken down by Gerald, but he got manhandled no end by the latter's henchmen. During a long and psychologically painful one - on - one with Azure, Gerald drops a bombshell on him: "I brought you here. I stole you from your parents. I killed them." (TC, 68). Additionally, he goes out of his way to have Azure buy into the fallacy that "[...] You feared that [your mother] would say no to anything you did. You did everything to please her. Your father hated you for that. He was going to kill you." A measure of Azure's sorrow upon these preposterous disclosures show in this direct interior monologue:

> *Why do I feel sad? I ask myself. Because my mother didn't love me. Gerald is cruel. That is the ugliest thing anyone has ever said to me. It is more than having a bus crush you. I think of my mother and feel confused. No. She loved me, I tell myself. And I loved her, no matter what Gerald says. He is just like Allen. He wants to control me.* (TC, 90)

Gerald has a bee about his bonnet: make Azure draw a line under anything that connects him to his late parents. His aim is to enjoy full-scale dominance over Azure and his fellows. By taking Azure's parents' name in vain, Gerald is spot-on. It would not be something of an exaggeration to make the contention that Sello Duiker criticizes parental neglect through Gerald's derogatory words for Azure. Actually, the backbone of renowned psychoanalyst and psychiatrist John Bowlby's attachment theory is the paramount of mother-child relationship. The mental health of both child and mother are pegged to their interwoven, intimate relationship, with father acting as a supporting role. Above all, in Bowlby's estimation, the personality and psychological development of the child require foolproof maternal care. Children who are not lucky enough to bask in the joys of maternal care may develop psychological disorder in their adulthood:

> *Just as the baby needs to feel that he belongs to his mother, the mother needs to feel that she belongs to her child and it is only when she has the satisfaction of this feeling that it is easy for her to devote herself to him. The provision of constant attention night and day, seven days a week and 365 days in a year, is possible only for a woman who derives profound satisfaction from seeing her child grow from baby hood,*

---

that it is "*psychologically more circumscribed and bound up with certain objects or situations. It is the fear of the manifold and frequently very peculiar phobias...: darkness, open air, open squares, cats, spiders, caterpillars, snakes, mice, thunderstorms, crowd, passing over a bridge.*" (p.344). To recap, S. Freud feels that "*the development of fear is the ego's reaction to danger, the signal for preparation for flight, and from this we are led to believe that in neurotic fear the ego attempts to escape the claims of its libido, and treats this inner danger as though it came from without.*" (p.350). *A General Introduction to Psychoanalysis*. Translated by G. Stanley. London: Boni and Liveright, 1925.

through the many phases of childhood, to become an independent man or woman, and knows that it is her care which made this possible.[18]

On that score, the mother is everything to her child and vice versa. Thus, when Gerald remarks on Azure's lack of maternal love, he is at pains to highlight the mainspring of his plight. As if recognizing parental neglect in street life phenomenon, Duiker, through the child-narrator's reminiscence, exhorts parents not to play fast and loose with their kid's upbringing. In a telling moment in the narrative, Azure remembers burning unwittingly his parents own bed, that which he shared with them: "I was playing with matches and somehow the bed caught on fire. I tried to put it out…but the fire had its own mind" (TC, 47). With the benefit of hindsight, he can't seem to know why his parents failed to make him face the music:

> *My mother cried that day. She sat outside the shack and cried while my father tried to put out the flames. I think she cried because I was a naughty child. I remember how we had to sleep on the floor because I burned the bed. Not once did they hit me. Not once."* (TC, 47)

This revealing flashback begs the question whether a child can be raised successfully without, from now and then, resorting to physical discipline. It is not for nothing that the child-narrator has expressed many times during the storyline his astonishment at getting scot-free from burning his parents' unique bed. This thinly veiled reproach to his parents is all the more mind-boggling since it happens at a time during the narrative when Azure goes through a very bad patch, teetering on the brink of snapping. As part of the fallout from his tussle with Gerald, he is put on solitary confinement, constantly feeling the pangs of hunger. Food is, indeed, rationed out to him:

> *When it dark and the moon is out Richard opens the door and gives me a loaf of white bread wrapped in newspaper and a pint of milk. I eat half a loaf and drink half of the milk. I save the rest for the morning. About an hour later my stomach starts grumbling like something is cooking and boiling inside me.* (TC, 50)

What's more, he "walk [s] with a cast" as a result of him being severely manhandled by way of retribution. When he is taken to a physician for medical attention, Richard, whom Gerald has tasked with physically disciplining him, gives a slanted version of the origin of Azure's injuries. This in an endeavor to frame him:

> *Richard follows me into the white room where the doctor is and closes the door behind him.*
>
> *"What happened?" the white doctor asks.*

---

[18] Bowlby, J. *Maternal Care and Mental Health*. A report prepared on behalf of the World Health Organization as a contribution to the United Nations programme for the welfare of homeless children. Geneva: World Health Organization, 1951, p.417.

"They caught him stealing at a shop. The manager fucked him...I mean beat him up. We watched the whole thing happening so we brought him here. He's lucky that we were there. He nearly killed him. He was about to get his gun. (TC, 42)

Arthur Schopenhauer is decidedly spot-on when he says: "Right in itself is powerless; in nature it is Might that rules."[19] Anyway, gullible by design and necessity, the doctor sees eye to eye with Richard: "Trouble with these kids is that you don't know what to do with them."(TC, 42). And in a move that flies in the face of medical ethics and devoid of humaneness, the doctor "injects something near my eye" after making it clear that "With the trouble he's been causing I have a good mind not to use a local anesthetic" (TC, 43). The poor sanitary conditions in which Azure is attended to, speaks volumes about how far he, as a street kid, is rejected, scorned. Let's face it, street children are viewed by society not as part and parcel of the citizenry, but as a bunch of waifs and strays who stymie its drive towards well-being. In hospitals they are treated like dirt; on the streets they are on the receiving end of jibes as well as disparaging comment on their plight. They are not considered as victims of family breakdown or the ravages of individualism for that matter. Rather, they are regarded as a liability to society in that they bring nothing to the party. To buttress the rationale for society's gruff, not to mention, supercilious attitude to street youths, people point to their means of livelihood which is said to be nothing short of demeaning. One hospital worker sums up aptly society's mindset as regards children on the street:

...Problem with these kids is that they want everything now. They won't wait for anything. Have you seen how they harass you in town begging you for money after they nearly make you crash into the car you're supposed to park behind? I don't trust them. And I never give them money. What for? So that they buy drugs. (TC, 43)

Sex, sodomy, violence, theft, crime are, in popular imagination, the staple diet of street kids: "Ja, they are just problems. People talk about crime. These kids are crime," asserts Richard, unmindful that there are children on the streets who are genuine breadwinners. There is, at bottom, more to the life of street boys than meets the eye: "On the streets, boys my age support their families. They give their mothers money so that they can buy drugs and feed them nothing" (TC, 142), says Azure. Although the latter's gut-feeling needs qualifying, due to the fact that loads of street children "break into cars and steal small change from dashboards so that they can needles to inject themselves with poison", it still remains that they are the butt of animus even from their own families. Here's how Sello Duiker intimates, through the technique of direct interior monologue, Azure's despondency and grief at being sort of cast adrift by his own flesh and blood:

---

[19] Schopenhauer, Arthur. *On Human Nature: Essays in Ethics and Politics*. London: Swan Sonnenchein & CO., LIM., 1902, p.50.

What's there to think about? My mother died. My father died. I hiked to Cape Town with Mandla, Vincent. And now I'm here. There is nothing much to say. There is nothing much to think about. I can't write. I can't phone my relatives. They don't care about me anyway. And I don't miss them. I don't miss them because they never gave me anything. And that's all right, at least they didn't give me bullshit like Cape Town grown-ups. I feel better when I say this. You see sea Point. I'm getting stronger. (TC, 90)

Unsurprisingly, street children use drugs as a form of escapism. Caught between the rock of family breakdown and the hard place of street life, they need a safe valve for the miseries of their existence. Talking about Azure's lack of family connection, or rather the pains that he suffers from being ditched by his relatives, it is an offshoot of his experience of parental death during childhood. Interestingly, his mantra all through the storyline is "My mother has died. My father has died," and then he adds this rider: "I say to myself. I say it over and over like a song, a chant" (TC, 154). As Yvonne Stikkelbroek & al rightly pointed out the loss of a parent during childhood "is in itself a tragic, disrupting and irreversible event which leaves the child with an ongoing bereavement process as he or she develops into adulthood."[20] To be sure, Azure does not recollect the passing of his parents every step of the way perfunctorily. The grisly demise of his parents is, indeed, his undoing. What compounds his predicament in the world of *Thirteen Cents* is his so-called 'auntie' Joyce. Astoundingly, the woman whom he looks down as a confidant of his has done the dirty on him. Actually, Joyce lived a lie by intimating to Azure that "she ordered a banking place for [him] at First National bank and that all [his] money is going to be safe" (TC, 12). When it comes to the crunch, Azure pops over to Joyce to retrieve the money that he has saved up. (He's sustained serious injuries subsequent to the raw deal he got from Gerald and his fellow gangsters.) Against all expectations, Joyce shows herself in her true colours– she is a confidence trickster. Azure suffers, indeed, a fate worse than death: not only are his savings withheld from him but, would you believe it, he gets physically manhandled:

Joyce, I need my money. I'm in trouble," I tell her.

"Hey, don't call me that," she says and slaps across the face. "I'm old enough to be your grandmother." I look at her with surprise.

"Auntie, please can you call the bank? I need my money."

"Your money? After all I did for you? You can't get that money. The bank won't give it to you," she says with cold eyes. (TC, 75)

The much-touted bank account turns out to be a fake. The point is worthwhile making, though, that the breach of trust, albeit unwarrantable and treacherous, underscores the perception of street children as mere ciphers, but also Azure's lack of schooling. It must, indeed, be emphasized that his dropping

[20] Stikkelbroek, Yvonne & al. "Parental death during childhood and psychopathology in adulthood." In *Psychiatry Res*, Vol.198, (3), p.516.

out of school at the age of thirteen comes home to roost. What happened to him was not quite unexpected as, from the outset, he showed unquestioning trust in Joyce while confessing ironically to his own shortcomings when it comes to education: "Joyce understands banks and how they work. Me, I have forgotten even how to hold a pen, so how can I go to the bank myself" (TC, 11). Joyce cashes in on the misery of a tramp who deserves pitying rather than swindling. In the face of human misery, says sophisticated nineteenth-century German thinker Arthur Schopenhauer, we "may be affected in two ways, and we may be in one of two opposites moods in regard to it."[21] In other words, we may be left to tilt either towards envy or sympathy. Joyce is affected by the first mood. No wonder she regards "any prosperity [she] may in others with envy, and any suffering with no sympathy."[22] Arthur Schopenhauer extols the second mood and elaborates on it as follows:

> *In the opposite mood human misery is present to us only as a fact of knowledge, that is to say, indirectly. We are mainly engaged in looking at the suffering of others and our attention is withdrawn from our own. It is in their person that we become aware of human misery; we are filled with sympathy; and the result of this mood is in general benevolence, philanthropy. All envy vanishes..., we are rejoiced when we see one of our fellow-creatures experience any pleasure or relief.*[23]

That second mood fits in with the empathetic attitude that a second-hand clothes dealer shows to Azure. After welcoming warmly and courteously Azure, she allows him time to shop around. Then, 'Blue', as he is also known, walks up to the till to get the shoes he's buying rung up (TC, 32). The moment the operation is over, Azure makes for the exit. The shop owner is gripped with sympathy and calls him out:

> *I take off my strops and put them in my jacket. I put on the shoes anxiously. She watches me.*
>
> *"Here," she says.*
>
> *I stand up. A pair of socks is on the table.*
>
> *"I don't have money."*
>
> *"I know. Take them," she says.* (TC, 32-3)

This humane act of kindness and love acts a foil to the treacherous gesture of Joyce to Azure. It is, indeed, a beacon of hope in an ocean of suffering.

When all is said and done, the life of a street kid is once squalid and harrowing. As it happens, the unsparing and blow by blow portrayal of street boys' existential distress, not least the lead character's, is meant by Sello Duiker as a gruesome reminder that post-racial South Africa has reneged on its promise ofsocial equality and regard for human rights. In Duiker's estimation, children sleeping and living in the rough are robbed of the joys of childhood. The worst

---

[21] *On Human Nature: Essays in Ethics and Politics*, op.cit., p.120.
[22] Ibid., p.120.
[23] Ibid., p.121.

of it is that their future is regrettably bleak as the grim phenomenon of street kid seems to get short shrift from South African powers that be. *Thirteen Cents* also showcases parental neglect and childhood bereavement of parental death as well as disregard for schooling as the most salient drivers of the street youth phenomenon.

References

Panta-Brick, Catherine and Malcom T. Smith. 2000. *Abandoned Children.* Cambridge, UK: Cambridge University Press.

"A Study on Street Children In Zimbabwe." Retrieved on the seventh of March 2014 from http:/www.unicef.org/evaldatabase/files/ZIM_01-805.pdf

Panter-Brick, C. "Street Children, Human Rights and Public Health: A Critique and Future Directions. In *Child, Youth and Environment*, Vol.13, No.1, pp.147-171.

Cosgrave, J.G. 1990. "Towards a Working Definition of Street Children." In *International Social Work*, Vol. 33, pp.185-192.

Le Roux, J. 1997. « Street children: "Running from " or "running to"? In *Koers*, 62 (3):345-353.

Aptekar, Lewis. 2003. "Methodological Implications of Contextual Diversity in Research on Street Children." In *Children, Youth and Environments*, Vol.13, No.1 (Spring 2003) retrieved 26th 2014 from http://www.colorado.edu/journals/cye/13_1/Vol13_1Articles/CYE_Current_Issue_ArticleMethodologicalImplications_Aptekar_Heinomen.htm

Le Roux, J, & Cheryl Sylvia Smith. "Causes and characteristics of the street child phenomenon: a global perspective." In *Adolescence*, Vol.33, No.131, pp.683-688.

Beazley, Harriot.2003. "The Construction and Protection of Individual and Collective Identities by Street Children and Youth in Indonesia.", in *Children, Youth and Environments*, Vol. 13, No.1, (Spring 2003) Retrieved on the thirtieth of March, 2014 from http://www.colorado.edu/journals/cye/13_1/Vol13_1Articles/CYE_CurrentIssue_Article_ChildrenYouthIndonesia_Beazley.htm

Akhtar, Salman. 2009. *A Comprehensive Dictionary to Psychoanalysis.* London: Karnac Books Ltd.

Freud, Sigmund. 1925. *A General Introduction to Psychoanalysis.* Translated by G. Stanley. New York: Boni and Liveright,

Bowlby, J. 1951. *Maternal Care and Mental Health.* A report prepared on behalf of the World Health Organization as a contribution to the United Nations program for the welfare of homeless children. Geneva: World Health Organization.

Schopenhauer, Arthur. 1902. *On Human Nature: Essays in Ethics and Politics.* London: Swan Sonnenchein & CO., LIM..

Stikkelbroek, Yvonne & al. “Parental death during childhood and psychopathology in adulthood.” In *Psychiatry Res,* Vol.198 (3): 516-520.

CHAPITRE XXI

Singuliers Destins de Prosper Talom ou la mystique des couleurs et chiffres pour une symbolisation sociétale édénique : lecture sémiotique

Claude Fingoué

Introduction

Parce qu'elle peut être orientée par plusieurs grilles d'approche, la lecture d'une œuvre est toujours plurielle et diversifiée. Nous abordons le roman de Prosper Talom : *Singuliers Destins*[1] selon le principe de l'immanence du texte et dans le prisme de la démarche sémiotique. S'agissant de l'œuvre littéraire en particulier, Ezra Pound a écrit que *la littérature, c'est tout simplement du langage chargé au suprême degré de signification*[2].

Cette conception de la littérature est adoptée par Léon Thoorens qui écrit à son tour :

> *Les Lettres, Les Belles Lettres, Les Œuvres littéraires. Ces noms ne conviennent pas à tous les ouvrages que l'esprit humain crée au moyen de la parole ou de la plume, mais à ceux-là seuls qui se distinguent par l'ordre, la forme et l'élégance de l'expression verbale*[3].

Le roman de P. Talom suggère plus qu'il ne dénomme et la significativité profonde de cette œuvre peut être appréhendée, comme nous le soulignions, par le principe de l'immanence et le prisme de la sémiotique.

Par le principe d'immanence, le texte s'offre au chercheur comme un produit fini résultant de la combinaison et de l'enchevêtrement des sons ou des lettres, des mots, des phrases, des images et même des couleurs. Le chercheur prend donc appui sur le texte lui-même et uniquement sur lui, car il lui donne tout ce dont il a besoin pour mener ses investigations. Jean Dubois écrit dans ce sens :

> *[Le principe d'immanence] conduit le linguiste à limiter volontairement son objet à l'étude des énoncés réalisés dont il définit la structure par l'architecture, l'interdépendance des éléments internes [...]*[4]

L'énoncé se matérialise grâce au signe qui associe toujours un signifiant (le visible, le matériel) et un signifié (le sens littéral, les sens seconds ou connotés). Un signe se pose - de par ses sèmes internes, propres affirmant son

---

[1] Talom, P., *Singuliers Destins*, Paris : L'Harmattan
[2] Pound, E., cité par Léon Thoorens in *Encyclopédie universelle*, p.11
[3] Léon Thoorens, L., *Encyclopédie universelle*, p.11
[4] Dubois, J., *Grammaire structurale du français* ..., p.6

individuation - en s'opposant aux autres puisqu'il leur est distinct (eux qui ont eux aussi de leurs côtés leurs spécificités propres), mais, au final comme structure, tous se juxtaposent pour façonner un tissage textuel. Le principe de l'immanence découle ainsi de l'analyse structurale qui se veut une approche privilégiant l'étude des fonctions et des combinaisons des éléments d'un texte.

À partir et en plus de ces réalisés observables, l'on est conduit conséquemment à une significativité qu'aide à découvrir la sémiologie que F. de Saussure définit comme *une science qui étudie la vie des signes au sein de la vie sociale.*[5] La prise en compte de *la vie sociale* autorise à situer un pan de cette signification dans une sphère extralinguistique, car l'analyse du texte doit dresser une fonction de symbolisation. Denis Bertrand écrit ce qui suit :

> *La sémiotique ou sémiologie considère la signification comme un objet propre, transversal aux différents langages qui lui donnent forme et en assurent l'efficience.*[6]

Ainsi le chercheur doit prioritairement observer les données textuelles, les décrire ensuite, cerner leurs fonctionnalités textuelles ; il doit également se livrer à leurs interprétations afin de décoder leurs significations, car le texte se comprend lorsqu'il est situé dans un contexte.

Basée sur ces deux préalables, notre attention se focalise sur les couleurs et les chiffres dont le décodage situe au cœur de cette aventure littéraire qui donne plaisir à l'heuristisme du sens profond et voilé de l'énoncé. Nous observerons d'abord la première de couverture - porte d'entrée de l'œuvre - pour y relever, décrire et interpréter les couleurs ; ensuite, nous procéderons à une analyse des chiffres récurrents dans la texture de l'œuvre, dont quelques-uns s'illustrent déjà sur cette même 1ère de couverture et enfin, la vue synoptique de ces couleurs et de ces chiffres nous conduira à exposer la vision du monde de l'auteur de notre corpus dans la perspective envisagée par Léo Spitzer[7].

I. La première de couverture: des couleurs significatives

L'entrée du roman de Prosper Talom est constituée de deux types d'actants (en tant que ce sont des éléments participatifs à la trame du discours) que sont les *couleurs et les êtres.*

En effet, en plus du titre *Singuliers Destins* qui a une encre *rouge clair*, nous apercevons sur cette page trois jeunes garçons - dont les vêtements sont de couleurs *blanche* et *rouge* pour celui à droite, de couleur *grise* pour celui au

---

[5] De Saussure, F., cité par G Mounin *in Dictionnaire de la linguistique* - P.296

[6] Bertrand, D., *Précis de sémiotique littéraire* P.7

[7] Spitzer, L., cité par P. Guiraud in *La Stylistique.* Théoricien de la stylistique génétique, il spécifie sa théorie en ces quelques points entre autres : la critique est immanente à l'œuvre ; l'œuvre seule doit fournir aux chercheurs le matériau dont il a besoin pour conduire ses investigations ; toute œuvre est un tout au centre du quel se trouve l'esprit de son créateur qui constitue le principe de cohésion interne, **l'étymon spirituel**.

centre et de couleur *orange* pour celui à gauche - qui avancent sur une route *grise* bordée des deux côtés d'un paysage *vert clair* pour se diriger vers trois bâtiments religieux distincts qui sont une mosquée à droite, une synagogue au centre et une église à gauche, trois bâtiments de couleurs *grise* et *noire*. Au - dessus de tous ces éléments trône le firmament de couleur *bleu ciel*.

Nous avons au total 7 couleurs différentes (*noir-gris- orange - vert - rouge-bleu- blanc*) qui se présentent littérairement et a priori, comme des symbolismes forts de certaines valeurs que l'auteur véhicule dans son roman. Et dans un ordre croissant de luminosité, nous dirons ce qui suit de ces couleurs.

I-1. Le noir

C'est une couleur diamétralement opposée au *blanc*, et comme lui, il est valeur absolue. Couleur de la nuit, on l'assigne aussi aux ténèbres primordiales et il devient symbole du deuil, de la tristesse. Associé au Mal et à l'Inconscience, il impressionne par son apaisement, son opacité, sa lourdeur.

Le *noir* qui se voit surtout au niveau des bâtiments religieux symbolise ici des valeurs négatives, déshumanisantes que l'homme se donne et se tire par conséquent malheureusement vers le bas; ce sont des valeurs nocives qui font que *l'homme veuille demeurer un loup pour l'homme.*

Un peu moins *noir*, mais pas très éloigné est le *gris*.

I.2. Le gris

C'est la couleur qui occupe une large proportion sur l'image de cette couverture (route +bâtiments + vêtement du juif). Faite à partie égale de *noir* et de *blanc*, cette couleur est assez symbolique pour les chrétiens. Si chez certains, il désigne la résurrection des morts, dans la Bible, il est la couleur des cendres dont les Hébreux se couvraient pour exprimer une intense douleur. Ce *gris cendre* est donc symbole de demi-deuil, mais également couleur du brouillard. Le *grisâtre* de certains temps brumeux donne une impression de tristesse, de mélancolie, d'ennui; d'ailleurs, le poète français Charles Baudelaire peint son « spleen» au travers de cette couleur. Temps d'un clair encore obscur, le *gris* laisse « entrevoir ». Voici ce que nous pouvons en lire:

> *Quant aux rêves qui apparaissent dans une sorte de brume grisâtre, ils se situent dans les couches reculées de l'Inconscient, qui demandent à être éclairées et clarifiées par la prise de conscience.*[8]

Ains*i*, le *gris* éclaire un peu comparativement au *noir*. Plus clair encore est l'*orange*.

---

[8] Chevalier, J., Gheerbrant, A., *Dictionnaire des symboles* P.487

I.3. L'orange

C'est une couleur à mi-chemin du *jaune* et du *rouge* et *il symbolise le point d'équilibre de l'esprit et de la libido; et quand ce point tend vers l'un ou l'autre, il devient la révélation d'un amour divin ou l'emblème de la luxure.*[9]

L'*orange* est généralement utilisé pour peindre le soleil au crépuscule. Temps doux et adoucissant, il est préféré des Amoureux pour leurs balades vespérales.

Cette couleur est *minimement* représentée ici, car elle est manifestée uniquement par le vêtement du garçon qui est d'obédience chrétienne. Avec cet *orange*, la semi-obscurité du *gris* disparaît progressivement, mais ce n'est toujours pas encore la clarté du jour levant.

Plus voyant encore est le *vert* des paysages des deux côtés de la rue.

I.4. Le vert

Couleur entre le *bleu* et le *jaune*, le *vert* est une valeur médiane, rassurante, rafraîchissante et humaine (contrairement au *bleu* qui est surhumain) ; c'est la couleur de l'espérance avec l'image de cette terre qui redevient nourricière au printemps après le léthargique et mortel hiver. C'est la couleur du *vert végétal* se réaffirmant, de la nature qui s'éveille à nouveau à la vie.

Le *vert* est diversement apprécié selon les cultures: pour les musulmans, il est l'emblème du salut; pour les peintres du Moyen Âge, il était l'instrument de la régénération du genre humain; pour les écologistes aujourd'hui, il est le symbole de la «belle nature» qu'il faut protéger et sauvegarder. Dans l'optique de cette diversité, l'on peut lire:

> *Le vert garde un caractère étrange et complexe qui tient de sa double polarité : le vert du bourgeon et le vert de la moisissure, la vie et la mort.*[10]

Le *vert* du paysage sur les deux bords de la rue semble redonner à l'imaginaire l'espérance d'une vie qui redeviendra belle malgré les faits *noirs* et *gris* de cette rue (et des bâtiments).

Quand bien même le *vert* serait associé à la mort, il reste toujours couleur de la vie, car même cette « mort» n'est qu'un passage pour une nouvelle vie; aussi entendons-nous chanter dans un cantique :

> *Si le grain de blé tombé en terre refusait de mourir,*
> *La moisson de l'espoir des hommes ne pourrait jamais fleurir*[11].

---

[9] Idem P. 708

[10] Idem P. 1007

[11] Inédit : passage d'un cantique chrétien extrait d'une parabole de Jésus Christ annonçant sa mort.

La vie régénérée symbolisée par le *vert* doit être ardemment recherchée par l'Homme, ardeur à laquelle convie la couleur *rouge*.

I.5. Le rouge

Cette couleur est le symbole fondamental du principe de VIE avec sa force, sa puissance et son éclat. Le *rouge* de notre corpus est un *rouge clair* au niveau du titre de l'œuvre et du turban du garçon musulman, *rouge clair* qui incite à l'action en jetant son éclat sur toute chose. C'est une image d'ardeur et de beauté, de force, de santé, de richesse.

Si le *rouge* évoque la mort (le *rouge sombre*), il symbolise par ailleurs la vie en tant que couleur du sang. Le *rouge clair* de notre corpus est l'illustration d'une force revigorante, vivifiante qui invite l'Homme à se mouvoir pour «tuer» les éléments *noirs* de son rabaissement.

Et la clarté, le beau temps, reviendra avec le *bleu* du ciel d'abord - couleur encore marquée - ensuite avec le *blanc* - couleur immaculée-.

1.6. Le bleu ciel

C'est la couleur de l'atmosphère dégagée, du beau temps contraire au ciel *gris* qui assombrit le temps. Cette couleur symbolise la conscience éclairée qui ranime effectivement la morosité de la vie jusque-là amorphe et traînée vers le bas, sur le plan de l'échelle des valeurs *humanisantes*. C'est une couleur de transparence qui allège les formes, les œuvres, les défait; il invite à la rêverie et suggère une idée d'éternité tranquille, hautaine, impermutable comme si tout était au-dessus de toute volonté humaine.

Ce beau temps, ce *bleu* du ciel - couleur du firmament - au-dessus de toute chose dans notre corpus est une technique imagée que l'écrivain a choisie pour suggérer *cet Eldorado* qu'il appelle de tous ses vœux dans son roman.

Et enfin, la clarté immaculée symbolisée par le *blanc*.

1.7. Le blanc

C'est la couleur majeure du vêtement du garçon musulman. Couleur immaculée, primitive, car il peut signifier tantôt l'absence de couleur, tantôt la somme de toutes les couleurs ; il peut donc se placer soit au départ soit à l'aboutissement de la vie diurne et du monde manifesté puisque tout ici est visible.

Même s'il peut être une évocation de la mort (exemple le linceul mortuaire), le *blanc* est surtout la couleur de la pureté, du neutre, de la paix - à l'image de cette **colombe** *blanche* que Noé envoya après le déluge vérifier que la terre avait séché et qui revint avec la bonne nouvelle, contrairement au **corbeau** *noir* qui avait été envoyé avant et qui ne revint plus-. Au degré suprême; c'est la couleur de la *transfiguration* à travers le **vêtement** de **Jésus-Christ** transfiguré lors de sa prière sur la montagne à Gethsémani.

Bref; en tant que matrice de tout; le *blanc* est symbole à la fois de la vie et de la mort.

Les sept couleurs significatives de cette couverture sont assez symboliques de l'ambivalence de l'Homme tiraillé entre les faits *noirs* et les actions *rouges*. Pour l'auteur, en plaçant le *bleu ciel* au-dessus de tout, il suggère la vision d'une **nouvelle Jérusalem** (= terre de salut.) que nous entrevoyons par ailleurs à travers la récurrence de certains chiffres éparpillés de part et d'autre du roman.

II – Des chiffres gnomiques pour un ancrage mythique de l'énoncé

En plus du chiffre **7** (les **7** couleurs), nous notons aussi sur la 1re de couverture plus haut abordée, le chiffre **3** (**3** garçons, **3** bâtiments religieux). Ces deux chiffres clairsement le récit. Nous en ajouterons d'autres aussi symboliques, afin que cette deuxième articulation soit aussi parlante que possible.

II.1. Le chiffre 3

Les occurrences de ce chiffre sont nombreuses dans le texte, et nous citerons seulement quelques-unes à titre d'illustration:

a) L'œuvre a **3** parties

b) L'œuvre a 15 chapitres (15 = **3** x5)

c) Le prénom du héros a **3** mots: Jean- de- Dieu

d) Le héros s'appelle Jean de Dieu- Kamdem - Sopgu: **3** «noms» dont 1 prénom et 2 noms

e) Le héros perd son père à **3** mois (p.13)

f) Il existe entre Hilaire et sa femme Julienne **3** sentiments = estime + respect + amour

g) Mouchipou - ami d'Hilaire - a arrêté ses études en classe de **3**^e^ (p. 14)

g) Hilaire ± Mouchipou ± Nounamo = **3** amis

h) Hi lai re - Mou chi pou - Nou na mo= **3** syllabes pour chaque nom

i) Mme Ngono demande à Julienne de lui préparer le Nkui **3** fois par semaine (p.26) et pour manger ce Nkui, il faut tourner le couscous au moins **3** fois avant de le porter à la bouche. (p. 26)

j) **3** qualités ont permis qu'Hilaire soit remarqué dans sa paroisse: ferveur religieuse - disponibilité - dynamisme. (p. 22)

l) Après son opération du cancer, Julienne sort d'anesthésie après **3** heures (p.30)

m) Jean de Dieu finit par rencontrer le ministre de la fonction publique à la **3**e tentative. (p. 177)

n) Julienne dit à Eliakim qu'elle avait fait attendre Hilaire, son mari, **3** ans avant de lui donner son accord pour le mariage. (p. 188)

p) Hilaire, après son hospitalisation, abandonne son fauteuil roulant le **3**èmemois de sa rééducation (p. 203)

q) Julienne démissionne de son service après 15 ans de travail (15=**3**x5) (p. 36)

r) Jean de Dieu # Joshua # Widaad = **3** amis

s) Eliakim, la femme du héros, a 2 frères = **3** enfants

t) Jean de Dieu # Yitzhak # Mère d'Yitzhak = **3** amis

u) L'école est un triangle: parents+élèves + instituteurs = **3** composantes

v) On voit Joseph qui gambadait dans la cour **3** ans après sa naissance. (p. 21).

Le chiffre 3, conformément au dogme de la religion chrétienne, est le symbole de l'unité: ne parle-t-on pas de la «Sainte Trinité », c'est - à - dire Dieu, révélé en **3** dimensions : le Père, le Fils et le Saint- Esprit.

Le deuxième chiffre marquant est le **6**.

II.2. Le chiffre 6

Ce chiffre est l'un des multiples de **3** et l'on peut relever entre autres occurrences ces quelques cas :

a) Jean de Dieu sait parler l'hébreu après **6** mois (p. 95)

b) Hilaire sort du coma **6** heures après le passage du Docteur (p. 198)

c) Eliakim, la femme du héros, arrive au Cameroun **6** mois après le départ de Jean-de-Dieu (p. 187)

d) Le projet d'Elikiam prend forme **6** mois après (p. 191)

e) **6** mois après qu'il a abandonné son fauteuil roulant, Hilaire se rend à un supermarché (p. 203)

Nous avons ensuite le chiffre 7.

II.3. Le chiffre 7

Quelques cas pour la représentativité de ce chiffre :

a) Julienne est enceinte **7** ans après qu'elle a adopté Jean-de-Dieu (p.21)

b) Julienne accouche d'un garçon **17** ans après (p. 21)

c) Julienne demande qu'il lui soit préparé le Nkwem 3 jours sur 7 (p. 23)

d) Au centre touristique de Dschang, le devenir des études de Jean-de-Dieu est discuté le 7ème jour des vacances (p. 23)

e) La famille d'Hilaire quitte ce centre à **7** heures (p. 61)

f) Ousmane finit d'apprendre l'italien après **7** mois (p.91)

g) La dédicace du roman a **7** thèmes essentiels: paix - tolérance - amour - amitié - altruisme - pardon - réconciliation (p. 5).

h) **7** éléments du domaine culinaire sont mentionnés dans la trame: macabo râpé - feuille de bananier - arachides - viande de brousse - nkui - Nkwen - feu de bois.

i) Hilaire tombe malade une semaine = **7** jours après le mariage de Jean de Dieu d'avec Eliakim (p. 193).

Sept est le chiffre de l'accomplissement: Dieu créa le monde en 6 jours et le 7ème, il se reposa. Au bout donc de **7** jours, tout est accompli.

L'autre chiffre qui retiendra notre attention est un autre multiple de 3, le **9.**

II.4. Le chiffre 9

9 est, comme le 6, un des multiples de 3 (**9**=3 x 3) et en voici quelques illustrations:

a) Joseph, petit-frère de Jean-de-Dieu, nait au bout de **9** mois (p. 21)

b) L'heure du vol pour le retour au Cameroun du héros est fixée à **9** heures (p. 160)

c) Les personnes remerciées sont au nombre de **9**, (André Ntomb, Andrew Njocha, Cedric Kamto Talom, Clarisse Mboua, David Njanjo, Emmanuel Kamdem Talom, Jean Pierre Kamissi, Michel Kamani, Micheline Dongmo).

Le chiffre **10** n'est pas en reste.

II.5. Le chiffre 10 (temps pour la cabale) :

Ce chiffre a plus d'une occurrence dans le texte, et nous relevons entre autres:

a) Hilaire a été Président du conseil paroissial **10** ans durant (p. 22)

b) Les Ngono sont en région bamiléké depuis **10** ans (p. 25)

c) Père Carlos est Principal du collège Saint Thomas depuis **10** ans (p. 43)

d) C'est vers **10** heures qu'Hilaire reçoit un coup de fil l'informant que son fils est boursier (p. 58)

e) La famille d'Hilaire, après avoir quitté le centre touristique de Dschang à 7 heures, arrive chez elle à **10** heures. (p. 69)

f) Les tombes des parents géniteurs de Jean-de-Dieu seront fleuries à **10** heures (p. 205), etc.

Et que dire du chiffre 40 qui est un multiple de **10** L (40 = **10** x 4)

II.6. Le chiffre 40 (temps pour l'épuration) :

a)Yitzhak, ami de Jean-de-Dieu, a **40** ans. (p. 69)

b)Abraham Ben Baruch, qui accueille Jean Dieu à l'Université, a **40** ans (p. 77)

c)À l'école catholique Sainte Anne, il y a **40** élèves par classe (contrairement à 70 ou 80 élèves dans les écoles publiques) (p. 33), etc.

Ces quelques chiffres assez récurrents dans l'œuvre doivent conduire les uns et les autres à se poser des questions, car cela ne saurait être le fruit du hasard. Prosper Talom, par ce côté, se révèle aussi comme un mystique des chiffres que nous lisons dans une optique chrétienne[12], tant il est vrai qu'ils sont l'expression d'une forme de plénitude. Ainsi en est- il pour:

•le **3** : chiffre de la Trinité,

•le **7** : chiffre de la création de l'univers,

•le **40** : chiffre de la purification

1- le déluge dura 40 jours et 40 nuits,

2- le peuple d'Israël passa 40 ans au désert à sa sortie d'Égypte,

2- c'est le nombre de jours que passa Elie qui allait à la recherche de Dieu en fuyant ses agresseurs,

4- c'est le temps en jours que passa Jésus-Christ au désert pour découvrir sa Destinée. (12)

En définitive, l'analyse des chiffres présents dans le roman conduit à classer cet énoncé dans la lignée des œuvres «chrétiennes».

Après la présentation descriptive et fonctionnelle des actants **couleurs** et **chiffres**, le contrat énonciatif nous conduit à situer les phases opérationnelles suivantes, en prenant appui sur le personnage principal Hilaire. Dans le programme narratif de cette étude, nous établissons comme :

Sujet manipulateur : le « désir » d'Hilaire à vouloir établir la paix entre les différentes composantes de la société : «Je me suis retrouvé devant une situation où ma conscience était fortement interpellée.» (p. 16).

Sujet opérateur : Hilaire qui veut que ça change autour de lui, que les uns et les autres aient un comportement plus altruiste ;

Objet – valeur : la réconciliation, la PAIX ;

Destinataire : Hilaire et les autres personnages qui se meuvent dans cette société textuelle.

En situation initiale, l'objet-valeur PAIX est en *disjonction* avec Hilaire ainsi que les principaux protagonistes dans l'œuvre :

- Hilaire est à couteaux tirés avec Léonard - père géniteur de JD Dieu suite à un litige foncier. (P. 13)
- Les amis d'Hilaire : Mouchipou et Nounamo ne comprennent pas pourquoi Hilaire a adopté le fils de son belliqueux voisin (P. 16) ;
- C'est un perpétuel conflit entre Juifs et Palestiniens ;
- Ce sont les chrétiens qui s'entre-déchirent en Grande-Bretagne ;
- Cesont deux équipes de football : Espérance de Tel-Aviv et Colombe de Gaza qui s'affrontent pour s'accepter un vainqueur et un vaincu ; etc.

Donc, à ce stade initial, il est clair que les divers tiraillements illustrent une *disjonction* des protagonistes d'avec la paix. Mais Hilaire fera tout ce qui sera en sa possibilité pour que les uns et les autres rentrent en *conjonction* avec cet objet-valeur.

La phase de la manipulation

Hilaire est son propre manipulateur puisque c'est lui qui laisse naître et grandir en lui le désir d'une réconciliation, d'une harmonie, bref de la paix entre les autres personnages et lui. Le manipulateur dans le cadre présent est le propre désir d'Hilaire.

La phase de la compétence

Puisqu'il est son propre manipulateur, Hilaire a en lui toutes les modalités pour réussir : le vouloir être + le devoir être + le savoir être + le pouvoir être ; donc son « être » ou son état est disposé à agir, et il sait qu'il peut réussir ; voilà pourquoi à cet « être », il conjugue les modalités du '' faire'' : vouloir faire + devoir faire + savoir-faire + pouvoir faire.

Donc une phase très puissante de l'action qui connaîtra sa réalisation dans la phase effective qu'est la performance.

La phase de la performance

Hilaire agit contre vents et marées pour que les uns et les autres soient en *conjonction* avec l'objet valeur :

- Il adopte l'enfant de son belliqueux voisin ;
- Il donne des explications sur cette adoption à ses amis Mouchipou et Nounamo qui finissent par être compréhensifs ;
- Il installe une atmosphère d'aimable complicité dans son foyer, entre son fils Jeande Dieu et ses pairs ;
- Il soutient son fils Jean de Dieu dans ses différents desseins ; etc.

Bref, il dessine aux yeux des uns et des autres les avantages qu'il y a à avoir présente cette paix.

La phase de la sanction

Au final, la paix règne entre les différents protagonistes malgré quelques écueils ou soubresauts :

- Léonard apparait en rêve à son fils Jean-de-Dieu et lui parle de réconciliation, même posthume. (P. 82) ;
- Hilaire raconte que, lorsqu'il était dans le coma, il a eu en rêve la visite de Léonard qui l'a appelé « frère » (P. 200) et a regretté de n'avoir pas su plutôt *que la seule chose qui méritait d'être au centre des préoccupations des hommes devait être l'amour.* (P. 201)
- Les tombes des parents biologiques de Jean de Dieu seront fleuries nouvellement par Hilaire.

Tout compte fait, la réconciliation est revenue entre les uns et les autres et la joie qui les habite désormais autorise à affirmer que la sanction est positive.

Et en situation finale, Hilaire et tous les autres protagonistes, vivants et morts, sont en *conjonction* avec la paix (objet valeur).

Conclusion

Arrivé au terme de notre analyse, nous pouvons dire que *le langage des symboles n'est pas fait pour fermer les portes, mais pour les ouvrir à la réflexion*[12]. Le roman de Prosper Talom est une invite à une prise de conscience, à la recherche d'une éclaircie dans un monde plein d'inconvénients (à l'image de la «Douce colombe» dans le poème en épigraphe), à l'amour, à la fraternisation comme nous pouvons le lire dans la dédicace. Les couleurs présentes sur la 1re de couverture surmontées par le bleu ciel, les chiffres assez symboliques traduisent le rêve de cet auteur pour une vraie *Terre des hommes*[13]; ce dernier se situe dans la logique de ce personnage qui affirmait :

> *Il y a des hommes qui voient les choses telles qu'elles sont et ils se demandent « Pourquoi» ? Et il y a des hommes qui rêvent des choses telles qu'elles n'ont jamais été et qui se disent: «Pourquoi pas ?»: j'essayerai d'appartenir à cette seconde catégorie*[14].

Singuliers Destins est un destin singulier, extraordinairement particulier autour de la vie du héros, symbole de réconciliation et d'amour : réconciliation actuelle des ennemis d'hier, admiration pour les ennemis d'hier réconciliés, participation active pour une reconstruction obstinée, volontaire refusant toute

---

[12] Chevalier, J. … -op.cit. p.10
[13] Titre de roman d'Antoine De Saint – Exupéry
[14] Paroles du Président américain assassiné dans le film *I comme Icare.*

démission, toute résignation en vue du rayonnement de l'entente, de la paix: Hilaire et Léonard (père adoptif et père géniteur du héros) réconciliés, Juif et Palestinien (2 peuples chrétiens) réconciliés par « l'accord du vendredi saint en Irlande » ; bref, un Destin où le chant est à la Fraternisation, où le Vainqueur et le Vaincu sont inconnus - à l'exemple de ce match opposant Esperance de Tel-Aviv à Colombe de Gaza! - L'unique victoire pour l'Homme doit être les relations humaines et l'Homme en est capable: *[A partir de tout ce qui précède], je peux tout simplement dire que l'homme est capable du meilleur comme du pire*[15]ou encore ces mots de Hilaire répondant à ses amis Mouchipou et Nounamo :

> *Même dans la nuit la plus noire, on a besoin d'une seule étoile pour être rassuré. Cette étoile est le signe que d'autres étoiles pourraient se montrer dans le ciel obscur.*[16]

Et c'est dans ce sens qu'Antoine de Saint- Exupéry écrit:

> *La grandeur d'un métier est peut-être, avant tout, d'unir les hommes: il n'est qu'un luxe véritable, et c'est celui des relations humaines.*[17]

Relevons aussi ces mots du narrateur à la page 51 :

> *Certains... au-delà du succès, célébraient l'amitié, la tolérance, seules sources selon eux de tout progrès dans cette société humaine minée par des replis identitaires et paranoïaques.*[18]

En privilégiant le rêve, le possible, la *Terre* peut vraiment devenir une terre humaine, car « Seul l'Esprit, s'il souffle sur la glaise, peut créer l'homme[19]», et ainsi mettre fin à ***Homo homini lupus***[20].

Références bibliographiques

Bertrand, D. 2000. *Précis de sémiotique littéraire,* Paris, Nathan.

Chevalier, J., Gheerbrant, A. 1982. *Dictionnaire des symboles,* Paris : Éditions Robert Laffont S.A et Editions Jupiter.

Dubois, J. 1969. *Grammaire structurale du français, - la phrase et ses transformations*- Paris, Larousse.

Encyclopédie universelle 7, 1963. Verviers, Editions Gérard et Cie.

Guiraud, P. 1979. *La Stylistique,* Paris, PUF.

[15] Mots du narrateur lors de la cérémonie de félicitation des lauréats in *Singuliers Destins* P. 51
[16] Talom, P. *Singuliers Destins* P. 18
[17] Saint-Exupéry, A. (de) - *Terre des hommes* p.35
[18] Talom, P. Op. Cit P. 51
[19] Saint-Exepery, A. (de), idem P. 182
[20] Phrase de Plaute (Asinaria II, 4, 88), reprise et illustrée pas Bacon et Hobbes in *Le Petit Larousse 2003* P. 1093

La Bible TOB. 1971. Traduction œcuménique de la Bible, Paris, Société Biblique Française et Éditions du Cerf.

Le Petit Larousse 2003. 2002. Paris, Larousse.

Mounin, G.1974. *Dictionnaire de lalinguistique,* Paris, PUF.

Saint- Exupéry, A. (de). 1939. *Terre des hommes*, Paris, Gallimard.

Autre source

I comme Icare. Titre d'un film sur l'assassinat du Président américain J.F. Kennedy

CHAPITRE XXII

De la construction nationale dans les récits de Gabriel Kuitche Fonkou, écrivain camerounais

Tsoualla Blaise

Introduction

Nous entendons souligner la contribution d'un auteur comme Gabriel Kuitche Fonkou au développement du Cameroun, son œuvre étant traversée et travaillée par des idées généreuses ainsi que d'éclatants exemples de réussite qui, bien valorisés, peuvent contribuer à l'amélioration de la situation de ses congénères. Les contre-exemples et les maux dénoncés dans les textes de référence participent de la même logique de construction : il faut, à terme, expurger la société de tout ce qui peut œuvrer à sa déstructuration. Prendre la plume pour cet auteur camerounais peut aussi se lire comme un acte citoyen de la part d'un patriote tant il développe une dynamique vision anthropocentrique ou humaniste de la société. Le Cameroun, dans l'univers fictif qu'il propose au lecteur, se donne à voir sous la métaphore d'un vaste chantier où chacun - et lui en premier - a vocation à apporter sa pierre à l'édifice.

Tel est du moins l'un des fils d'Ariane reliant ses trois récits que nous considérons dans la présente étude, qu'il s'agisse de *Moi taximan*, des *Vins aigres* ou d'*Au pays de(s) intégré(s)*[1]. Au niveau thématique, il est également évident que l'auteur y excelle par sa forte propension à exalter la vertu et à stigmatiser le vice, lui qui semble assigner à ses mots la fonction de dénonciation des maux. C'est qu'il tient à être des bâtisseurs d'une nation camerounaise où le bonheur est possible. Voilà qui conduit à quelques interrogations : à quels indices peut-on reconnaître le Cameroun sous la plume de Kuitche Fonkou ? Sous quelles formes concrètes apporte-t-il sa contribution pour le progrès à l'heure où le discours politique en Afrique en général, et au Cameroun en particulier, se mesure à l'aune de l'« émergence » ? Comment situer cet écrivain au regard de sa pratique scripturale? Ces questions et bien d'autres vont servir d'orientation d'ensemble à l'analyse.

---

[1] - Voici les références complètes de ces œuvres : *Moi taximan* (Paris, L'Harmattan, 2001) ; *Les Vins aigres* (Yaoundé, CLÉ, 2008) ; *Au pays de(s) intégré(s)* (Yaoundé, CLÉ, 2010). Dans la suite du texte, ces titres apparaitront sous les codes ci-après : *MT* pour le premier, *VA* pour le second et *API* pour le troisième. Chaque fois, ces différents codes seront suivis de la page de référence de laquelle ils seront séparés par une virgule.

I. Le Cameroun, cadre spatio-temporel des textes de référence

L'objectif dans ce premier volet de l'étude est d'identifier l'univers de référence de *Moi taximan*, des *Vins aigres* et d'*Au pays de(s) intégré(s)*. De nombreux éléments sur divers plans conduisent à conclure qu'il s'agit du Cameroun, tel qu'on le connaît dans ses institutions et ses réalités modernes. Mais d'abord comment expliquer pareille inscription de la réalité dans l'imaginaire ?

I.1 Du théorique jeu de médiation entre œuvre littéraire et réel

On pourrait peut-être s'étonner de ce qu'on veuille trouver un espace réel comme le Cameroun dans des univers fictifs que constituent les œuvres littéraires. Qu'on ne s'y trompe pas : l'art - c'est un lieu commun que de l'affirmer aujourd'hui - est non une création ex nihilo, mais une mise en forme du matériau préexistant. Le parallèle si souvent tracé entre l'art et la vie ou entre la fiction et la réalité est là pour rappeler à juste titre l'étroite articulation entre « le littéraire et le social » selon le titre bien connu d'Escarpit (1970 : 9). Du coup, dit Madelénat (1989 : 124), «on pourrait appliquer à la littérature la fameuse boutade de Jacques Prévert : « Le cinéma est toujours documentaire ». Dans le cas de la littérature particulièrement, Escarpit (1970 : 16) et, avec lui, les sociologues du domaine, insistent sur l'homologie qu'il y a entre les structures sociales et les structures textuelles.

Toutefois, il convient de se garder de la théorie du reflet qui veut que l'écrivain copie servilement la réalité sociale : « son œil, sa psyché, son bras « médiatisent » et métamorphosent le lot commun, la matérialité objective », à en croire Madelénat (1989 : 106). Mais vu « l'importance des médiations qui jouent entre l'œuvre et le réel », Pernot (2010 : 652) « invite à considérer de pair l'inscription du réel dans le texte et l'inscription du texte dans le réel ». À ses yeux, « la relation au réel n'est pas moins effective si elle est davantage médiatisée », le texte littéraire ayant fatalement un référent.

Comment les auteurs s'y prennent-ils dans le traitement de la réalité afin que leurs œuvres fassent justement référence? Pernot (2010 : 651 - 652) indique leur mode opératoire en ces termes : « Les écrivains qui prétendent peindre le réel privilégient les genres les moins reconnus et les moins soumis à de fortes contraintes rhétoriques (le roman, la nouvelle…) ». C'est justement le cas avec Kuitche Fonkou dont *Moi taximan* et *Au pays de(s) intégré(s)* relèvent du roman et *Les Vins aigres* de la nouvelle.

I.2 Pratique : quelques marqueurs du contexte camerounais

À parcourir les trois textes, de nombreux indices y donnent à voir le Cameroun comme cadre spatio-temporel de l'action. On peut le constater aux données onomastiques dans leur double entrée toponymique et anthroponymique, aux aspects temporels, historiques, linguistiques ou culturels.

Ainsi, l'action de *Moi taximan* se déroule pour l'essentiel dans une métropole africaine au statut administratif de «capitale» (*MT*, 153). Il s'agit d'une ville dont les différents micro-cadres structurent le macro-cadre de Yaoundé ; Jo, taximan et personnage central de ce roman, dit d'ailleurs « [avoir] grandi à Nkongsamba » (*MT*, 57), une cité de la région du littoral au Cameroun. On peut le suivre dans les rues de Yaoundé que l'on reconnaîtra à « la Place Piptec » « en direction de Nourrice Bar » (*MT*, 17), deux toponymes visiblement inspirés des noms des lieux-dits « Carrefour IPTEC » et « Hôtel Nourrice » au quartier Nkoldongo dans la capitale camerounaise. Ailleurs, un article de journal évoque un «verdict du tribunal de Grande Instance du Mfoundi » (*MT*, 71), le Mfoundi étant le département qui abrite Yaoundé. Le même article situe les faits rapportés « au carrefour Warda à Yaoundé », à Fougerolle, Tsinga ou Bastos, d'autres quartiers de la même ville.

Le héros de la nouvelle « L'héritier » part de Baré (ville de la région camerounaise du littoral) pour « le village Mungoum », appellation locale de l'arrondissement de Bafoussam III ou Bamougoum dans la région de l'Ouest (*VA*, 57). « Capitale économique », la grande métropole de Douala fascine bien de jeunes des campagnes (*VA*, 180). La «République de Mécarénésie» (*API*, 7) qui sert de cadre à *Au pays de(s) intégré(s)* s'offre comme un substitut du Cameroun. Dans les multiples démembrements spatiaux de ce roman, il y a en effet « la province orientale » pourvoyeuse de « bois » (p. 123) et correspondant à la région camerounaise de l'est ; elle se reconnaît comme tel à ses paysages de « forêt dense », aux voyages aux allures de safari qui s'y font avec ces arbres géants qui se couchent souvent en travers des routes (*API*, 44-45, 56), à la localité de Mbang (*VA*, 113) qu'on peut y situer, etc.

Par les consonances de leurs patronymes, les personnages des trois textes appartiennent à l'anthropologie et à la sociologie du Cameroun. Sur une carte de ce pays, des noms comme Alhadji Baba Ibrahim, Fantouma (*MT*, 61, 186), Fatimatou, Yaya (*VA*, 57) Salifou ou Yissoufa Garba (*API*, 9/64) peuvent se localiser dans les trois régions du grand Nord que sont l'Adamaoua, le Nord et l'Extrême-Nord. Le narrateur d'*Au pays de(s) intégré(s)* évoque d'ailleurs « la nordique et lointaine province d'origine » de l'instituteur Salifou (p. 10). Dans l'ensemble, les zones de forêt que sont principalement le centre, l'est et le sud transparaissent à travers les personnages tels qu'Azoo, Essono, Mveng Bomba, Ebalé dans *Moi taximan*, Zal Moundjoa, Aloukous, Minkoas, Mfou'ou Mfou'ou, Belinga, Angoand ou bien encore Zambo dans *Au pays de(s) intégré(s)*. À la région du « Littoral » (*API*, 29), correspondent des noms qui lui sont typiques : Ekwalla, Dissake, Ntamag Ndombol, Bakoubeck, etc. Eu égard au caractère transrégional de certains groupes ethniques, un élève comme Njume Enonguene peut appartenir à la même région du Littoral tout comme à celle du Sud-ouest (*API*, 64-65). Quant au « Nord-Ouest » (*API*, 127), il est représenté par la figure de Forsung, un chauffeur dans *Moi taximan*. Il reste l'Ouest qui est de loin la région dont on a le plus de noms : Mami Ngou, Matsigang, Ngueping dans *Moi taximan*, Dubong, Ngàn Ndò, Magni, Ndzotché, Fondop, Naoussi, Nguifo, Kankho dans *Les Vins aigres,* mais aussi Chònet, Mforchive ou Ngoufack dans *Au pays de(s) intégré(s)*, etc.

On retrouvera également le Cameroun dans l'univers du romancier à travers les langues nationales dans lesquelles s'expriment certains personnages : le « maka » (*API*, 38) propre à l'Est du pays, le « nguèmba » que certains groupements de l'Ouest ont en partage (*API*, 74). Bien plus, ainsi que nous l'avons d'ailleurs démontré ailleurs (Tsoualla, 2013), le français même de Kuitche Fonkou relève de la vision socio-écolinguistique par laquelle ilinscrit son projet scriptural dans la double perspective d'adaptation et d'appropriation de cette langue étrangère, qu'il a hâte de plier à l'identité culturelle camerounaise.

Voilà quelques indices des plus marquants qui investissent le Cameroun comme société de référence dans *Moi taximan*, *Les Vins aigres* et *Au pays de(s) intégré(s)*. Comment l'auteur se positionne-t-il par rapport à cette nation ? Quelles stratégies se donne-t-il dans son ambition pour son pays?

II. Des personnages bâtisseurs et serviteurs de leur nation

Si l'on se réfère à la perspective sociologique de Madelénat (1989 : 125), il est évident que « l'artiste agit sur le développement social (ne fût-ce qu'en révélant ses contradictions, comme le voyait Marx) ; gladiateur- selon le mot de Flaubert -, sa plume est une épée qui fait advenir les valeurs ». Justement, Kuitche Fonkou se situe vis-à-vis du Cameroun comme un bâtisseur et un serviteur, lui qui fait de « la construction nationale » (*API*, 133) son cheval de bataille. Dans sa plus simple expression, cette « construction nationale » se ramène au « rêve d'une transformation positive des conditions individuelle et collective » (*MT*, 192).

II.1. Idéal du vivre ensemble

Comme Camus, l'auteur de *Moi taximan* pourrait dire :

> *Mon rôle, je le reconnais, n'est pas de transformer le monde, ni l'homme : je n'ai pas assez de vertus, ni de lumière pour cela. Mais il est, peut-être, de servir à ma place, les quelques valeurs sans lesquelles un monde, même transformé, ne vaut pas la peine d'être vécu, sans lesquelles un homme, même nouveau, ne vaudra pas d'être respecté. (Cité par Sindjoun-Pokam, 1987 : 7)*

La passion et le zèle pour son propre pays semblent dévorer Kuitche Fonkou. La joie de servir la terre nourricière l'amène à en avoir le plus grand souci. Tout part d'un idéal qu'il appelle à se réaliser de tous ses vœux, celui de la convivialité par rapport auquel les dirigeants ont à réussir le tour de force de faire coexister harmonieusement de nombreux groupes humains aux cultures différentes, voire antagonistes. Conscient de cette situation potentiellement génératrice de conflits, l'État, dès sa fondation, n'a rien ménagé pour promouvoir «la culture de l'idée d'appartenance au même pays, à la même nation, à la même patrie, malgré la diversité des origines » (*API*, 49).

L'application concrète d'un tel principe conduit au brassage des futurs cadres que sont les meilleurs élèves du pays en les éduquant tous dans un célèbre établissement scolaire du nom de Grand Lycée de la Capitale (G.L.C.). Le même brassage est d'ailleurs de mise dans tous les établissements « des autres villes cosmopolites de la République », tout comme dans les institutions de formation sanitaire (*API*, 50). Par-delà les savoirs et les savoir-faire qu'ils ont à faire acquérir à leurs recrues, de tels cadres doivent surtout leur inculquer un savoir-être fondé sur l'esprit civique, donc tourné vers le service national. En effet, il est question pour ces recrues qui y vivent en communauté d'« apprendre à connaître d'autres réalités humaines, sociales, économiques, culturelles, écologiques » pour mieux découvrir leur pays, faire corps avec lui, l'aimer, le servir et le défendre (*API*, 50). Par leur fonction de socialisation, les institutions de formation deviennent des lieux tout indiqués pour inculquer les valeurs citoyennes constituant la trame de soutien du vivre-ensemble.

II.2. La trame de soutien du vivre-ensemble

Sur quel socle doit reposer le Cameroun envisagé comme un havre où il fait bon vivre ensemble ? La question ainsi posée renvoie aux modalités devant permettre de traduire l'idéal de convivialité dans les faits.

II.2.1. Entre « conscience nationale » et « lutte pour la vie »

On l'a vu avec les institutions de formation scolaire et de santé : le vivre-ensemble part de la conscience nationale à cultiver chez ceux qui sont admis dans de telles structures. Il s'agit de travailler à neutraliser l'instinct grégaire primaire acquis au repli identitaire. Il est donc impératif d'élargir le regard et le centre d'intérêt pour les porter sur la macrostructure à l'échelle nationale. Le proviseur du Grand Lycée de la Capitale de Mécarénésie par exemple tient, à l'endroit des apprenants dont il a la charge, un discours qui en dit long : « Le G. L. C. est, leur déclare-t-il, comme toute autre école, une seconde famille, mais plus encore, un creuset, un moule spécial où se forge la conscience nationale. Vous entrez ici étant de tribus diverses, vous repartirez […] transformés en Mécarénésiens » (*API*, 68).

Dans cet esprit, on soulignera surtout le sens de l'intérêt général qui anime les personnages chez qui la conscience professionnelle le dispute à la qualité du service, à la générosité ou à l'empathie. Au nombre de ceux-ci, il y a l'instituteur Salifou, le médecin Naoussi Chonet, l'inspecteur pédagogique de la province orientale, le proviseur du G.L.C. dans *Au pays de(s) intégré(s)*, la fille-médecin de Fondop dans *Les Vins aigres*, le taximan Jo et son épouse Justine, etc. Ce que l'éditeur de *Moi taximan* écrit à propos de Jo peut se transposer à certains personnages d'autres récits. À l'en croire, « un sens aigu de la responsabilité caractérise Jo, le couple qu'il forme avec Justine, les femmes chauffeurs qu'ils engagent. Dans ce roman (*Moi taximan*) résolument optimiste, tout le monde se livre à une lutte âpre pour la vie » (4e de couverture).

Les autres valeurs qui sous-tendent la construction nationale tournent autour de la sauvegarde des coutumes s'arrimant à la modernité, de la prise de risque qui fait oser, de la promotion de la femme dont l'énergie reste à capitaliser. Voilà quelques clés du progrès, dont la mise en œuvre implique la conception des projets réalistes, le sens de la planification et de l'organisation en vue de l'atteinte des objectifs.

II.2.2. Sens de l'entreprenariat et du devoir bien rempli

Dans le secteur privé, Jo et Justine s'illustrent comme deux figures acquises à l'idéal du self-made man. Ils se donnent un objectif beaucoup plus spécifique qui consiste à mettre sur pied une agence de transport. Pour ce projet, ils s'inspirent d'un modèle pour le moins insolite, mais suffisamment édifiant pour être copié. Le héros de *Moi taximan* rapporte cette légende : « Il se dit dans mon village que dans la poche d'un vieux célibataire décédé, on trouva les plans d'une « grande case » (*MT*, 189). Voici l'interprétation qu'il en donne :

> *La grande case, très artistiquement faite, est en principe l'apanage des notables de très haut rang qui, entre autres signes de grandeur, ont épousé de nombreuses femmes. Les plans trouvés dans la poche du vieux célibataire traduisent l'ambition qu'il a nourrie toute sa vie de devenir un grand notable, époux de nombreuses femmes et propriétaire d'une grande case. Justine et moi avions des ambitions. Tant pis si elles s'avéraient à la fin semblables à celles du vieux célibataire* (*MT*, 189-190).

À la différence du célibataire qu'il imite malgré tout, le réaliste et pragmatique Jo, aidé par son épouse et des collaborateurs enthousiastes, atteint son objectif. Au moment où le roman se ferme, il a effectivement créé une agence de transport (*MT*, 191-192).

Au niveau national, il aura surtout œuvré à la cohésion du tissu social, non par la langue de bois du discours politique souvent à l'envers, mais par des actes tangibles. Les quatre personnages employés dans son entreprise sont d'origines différentes : Azoo du centre, Fantouma du nord, Forsung du Nord-Ouest et lui-même de l'ouest. Écoutons-le commenter la physionomie de cette entreprise :

> *Les manifestations spontanées de solidarité de la part des chauffeurs, ajoutées à l'harmonie qui semblait déjà régner au sein de l'équipe, m'apparaissaient comme une petite image de l'intégration nationale. Mon microcosme professionnel regroupait quatre tribus différentes qui coexistaient pacifiquement, solidairement. Il me semblait dès lors que l'intégration de fait au niveau du macrocosme national pourrait se réaliser toute seule, à coups de situations concrètes.* (*MT*, 192).

Voilà bien une agence de voyages qui a une dimension nationale de par la composition sociologique de son personnel. La contribution de Jo comme bâtisseur de la nation est également significative sur le plan social à travers la lutte contre le chômage. En dehors des trois chauffeurs qu'il emploie, il « [met] en apprentissage quatre jeunes désœuvrés » (MT, 190) pour qu'ils se forment en mécanique auto. En perspective, il entend ouvrir des commerces dont « l'un tournerait avec la participation au capital de tous les membres de l'équipe » (*MT*, 190). De telles initiatives montrent bien qu'il y a chez le personnage de Jo un souci réel d'entreprendre et de mutualiser les efforts.

La fonction publique n'est pas en reste dans la proposition des modèles de conscience professionnelle, de probité et de zèle au vu de la qualité des services rendus par certains commis de l'État. On pense ici au docteur Naoussi Chonet, médecin-chef de l'hôpital de la Cité Jaune dans *Au pays de(s) intégré(s)*. En donnant l'exemple, ce jeune médecin intègre amène ses collaborateurs à tirer de leur travail « des satisfactions individuelles et collectives insoupçonnées » (*API*, 137). Comme adjuvants, il a le sens de l'humilité, de la tolérance voire du pardon, traits de caractère qui fonctionnent en synergie avec sa détermination de toujours rassembler son personnel autour de l'objectif prioritaire en milieu hospitalier : combattre la maladie. La fille de Fondop est un autre personnage de la profession médicale à la notoriété connue et reconnue de tout le village pour des qualités analogues avec, en sus, un ingénieux sens d'adaptation au milieu social ; ce qui fait d'elle un vrai médecin de campagne (*VA*, 97). Des exemples comme ceux des deux médecins ci-dessus présentés se recrutent aussi dans le milieu éducatif. La plupart des enseignants, forts de leur savoir, encadrent et accompagnent les parents ignorants des démarches administratives à entreprendre dans le suivi de leur progéniture. À l'instar de M. Salifou, certains de ces enseignants n'hésitent pas à consentir des sacrifices financiers devant des cas désespérés où les parents sans ressource n'ont pas les moyens de faire face aux besoins de leurs enfants sur le plan scolaire (*API*, 13).

II.2.3. L'indispensable promotion de la femme

Les relations mixtes entre les personnages de Kuitche Fonkou sont gérées avec une lucidité qui n'a d'égale que l'équilibre et l'harmonie sur lesquels elles débouchent. Par conséquent, il ne serait pas faux de penser qu'on est avec cet écrivain dans un cas d'école particulièrement fécond de féminisme raisonné au masculin. Dès la dédicace de *Moi taximan*, l'auteur saisit l'homme et la femme comme des « jumeaux ». Miroirs et alter ego, ils se situent à équidistance du pouvoir, le romancier les élevant tous à la dignité de « roi et [de]reine selon notre culture », la culture bamiléké en arrière-plan du texte dédicatoire ici visé. Roi et reine devant la culture de l'écrivain, l'homme et la femme apparaissent ainsi comme des êtres supérieurs appelés à se respecter mutuellement. Dans cette dynamique du respect mutuel, la peinture que l'auteur d'*Au pays de(s) intégré(s)* fait de la femme est plutôt celle d'un être ingénieux et énergique qui a sa pierre à apporter à l'édifice national. Malgré l'environnement machiste du Cameroun et de l'Afrique modernes, l'image qui transparaît du personnage féminin dans les trois œuvres étudiées est celle d'un vis-à-vis dont l'avis compte. De surcroît, la femme tire bien son épingle du jeu quand elle se trouve à égalité de chance avec l'autre, son répondant masculin.

Voilà qui explique que la tendance soit plus au partenariat homme-femme qu'à la traditionnelle relation dominant/dominée entre les genres dans *Moi taximan, Les Vins aigres* ou *Au pays de(s) intégré(s)*. Dans le couple et en dehors, les personnages masculin et féminin de ces ouvrages sont souvent des partenaires ou des collaborateurs dont l'action se régule aux objectifs qu'ils se fixent dans le cadre des projets communs. Jo n'est-il pas d'ailleurs convaincu qu' « il vaut mieux une épouse avec qui on discute qu'une qui ne dit jamais rien » ? (*MT*, 148) Ainsi, il dialogue et négocie avec son épouse Justine pour aboutir à des consensus sur différents sujets (*MT*, 135-139). Le couple a bien compris, ainsi que le postule Saint-Exupéry (1978 : 171-172), qu'« aimer ce n'est point nous regarder l'un l'autre, mais regarder ensemble dans la même direction ».

L'entreprise de transport que Jo met sur pied est une idée insufflée par Justine qui y contribue à hauteur de « deux tiers » du rappel de son propre salaire (*MT*, 167). La femme est donc capable de concevoir un plan génial pour le progrès du couple et de consentir au sacrifice nécessaire à la réalisation dudit plan. Plusieurs autres couples fonctionnent sur les mêmes principes de dialogue et de négociation ; ce qui conduit aux mêmes résultats en termes de consensus, d'équilibre, d'harmonie, de projets communs, de réalisation et de réussite. Il reste que le personnage féminin se réalise aussi bien en dehors du cadre conjugal. La cadette de Jo ou la fille de Fondop dans *Les Vins aigres* le confirment: toutes deux deviennent médecins à la faveur de leur génie, du travail acharné et du soutien financier de leurs frères.

De tels exemples de réussite au féminin illustrent cette vérité primordiale : l'édification d'une nation solide passe par la mise en valeur du potentiel de tous ses enfants, hommes et/ou femmes. L'auteur semble suggérer que dans la bataille pour le développement, le Cameroun ne peut plus se payer le luxe de marginaliser les plus de 51% de sa population que constitue la gent féminine. Pareille perte d'énergie porte fatalement à conséquence. Il s'ensuit la nécessité de rétablir l'équilibre entre les genres. Dans les récits de Kuitche Fonkou, la femme n'est ni derrière ni devant l'homme dans une quelconque logique de hiérarchisation ; elle se situe latéralement à lui sur l'axe horizontal dans une logique de partenariat qui veut que les efforts soient mutualisés dans la quête du bien-être commun. C'est « avec Justine à mes côtés », ainsi que le reconnaît Jo à l'heure du bilan positif qu'il fait de son parcours à la fin de *Moi taximan* (p. 192).

L'idéal du vivre-ensemble et les piliers qui le sous-tendent sont autant de facteurs positifs qui, bien combinés, peuvent contribuer au succès sur le double plan individuel et collectif. Une fois qu'on s'en écarte, il ne reste plus que des fléaux sociaux qui, évidemment, plombent la construction nationale.

II.3. Contre les fléaux sociaux

Comme un chevalier Kuitche Fonkou va en croisade contre les tares qui constituent autant d'écueils pour une société où l'âge d'or, semble-t-il, n'est pas pour demain. Si Mongo Béti, l'un des premiers écrivains camerounais, s'est imposé définitivement aux yeux de la critique comme un « prophète de l'exil » selon Kom (1989: 129), on peut, à partir du lieu de résidence et d'écriture, des problématiques sociopolitiques abordées d'un point de vue anticonformiste ou de la tonalité polémique adoptée, voir en Kuitche Fonkou plutôt un prophète de l'intérieur.

II.3.1. Kuitche Fonkou, prophète de l'intérieur

Entre jérémiades et lamentations d'un Jérémie indigné et révolté face à un pays qui a maille à partir avec des contradictions mettant à mal sa cohésion et son développement, la fulgurance de la vision culmine chez Kuitche Fonkou sur la véhémence d'un Jean Baptiste courroucé et déchaîné. En fait, il se montre intransigeant vis-à-vis des comportements éhontés et scandaleux, quitte à ce que sa tête soit mise à prix de la part des puissants d'Ici-bas. Chacune de ses œuvres fonctionne comme un phare braqué sur les dysfonctionnements des structures sociales dévoyées à cause des turpitudes des personnages pour le moins antipathiques.

Moi taximan, par exemple, se focalise sur le parcours du combattant des chauffeurs de taxi dont l'activité se voit entravée au quotidien par les tracasseries de l'administration des transports ou par les forces de l'ordre, deux instances de régulation hautement corrompues.L'éditeur des *Vins aigres* est sans concession. Pour lui, « les seize textes de ce recueil relatent des situations de la vie urbaine ou rurale, moderne ou traditionnelle, dont le principal trait commun est d'être désagréables » (4e de couverture). Quant à *Au pays de(s) intégré(s)*, il met en scène l'éclatement d'une nation dont le tissu social va en lambeaux ; la folie de ses personnages hantés par le démon de la tartufferie leur fait tenir un discours officiel sur l'intégration nationale cependant qu'ils instrumentalisent insidieusement le tribalisme.

Moi taximan, Les Vins aigres et *Au pays de(s) intégré(s)* forment alors un continuum narratif aux allures d'une longue enfilade de maux sur le mode de l'accumulation hyperbolique. Le tableau présente divers tons qui, plus sombres les uns que les autres,vont des préjugés à la désintégration sociale en passant par la discrimination, la corruption, l'abus de pouvoir, les traditions rétrogrades, la tyrannie, la tricherie, la culture de la jouissance, l'intolérance, l'orgueil, la paresse, l'escroquerie, l'exode rural, l'abandon des zones rurales à elles-mêmes, la prostitution, l'insécurité, l'avarice, l'absence de sécurité sociale, l'usurpation de titre, la pratique dévoyée du lévirat, la sorcellerie ou magie noire, l'hypocrisie, la peur, la résignation, la stigmatisation de l'Autre, etc. L'écrivain camerounais condamne tous ces travers avec la dernière énergie.

II.3.2. Haro sur le tribalisme

S'il est une pierre d'achoppement à l'idéal d'unité et d'intégration dont rêvent les créatures de Kuitche Fonkou, c'est bien le tribalisme et son instrumentalisation par les idéologues du pouvoir. Jo est catégorique : « L'obstacle, c'était les slogans politiques contraires et poltrons, tirant machiavéliquement sur la corde sensible amour-propre tribal, pour opposer les uns aux autres dans des tiraillements profitables non à des tribus, mais à des individus mesquins » (*MT*, 192). La pratique du tribalisme est alors le reflet de la vacuité des êtres veules qui y recourent comme par une sorte de raccourci argumentatif privilégiant le stéréotype qu'on se contente de ressasser, soit par mauvaise foi, soit par paresse intellectuelle.

Théorisé et appliqué au sommet de l'État, le discours de la discrimination tribale infeste et infecte toutes les couches de la société. Hommes, femmes et enfants, personne n'y échappe. Tous s'y adonnent comme à un sport favori. S'il prend la forme subtile de la discrimination dans *Les Vins aigres* avec une nouvelle comme « Vision d'outre-tombe » (p.77), le tribalisme se veut plus ouvert dans *Moi taximan*. Le héros Jo le vit au quotidien au volant de sa voiture. Qu'on en juge par cette violence verbale d'un policier à son égard : « Espèce de Bami [– Bamiléké s'entend]. Je retiens tout ton dossier sans même te donner une convocation. Va te plaindre où tu veux. C'est nous qui avons le pays. Je m'appelle Mveng Bomba dit Sangsue » (MT, 24). On le voit bien : l'homme en tenue triomphe de ses « bonnes » origines tribales qui se reconnaissent aux consonances d'un nom qu'il scande fièrement : Mveng Bomba. Par ricochet, sa victime subit le poids de ses « mauvaises » origines tribales, le policier l'ayant reconnu comme étant « Bami ».

Avec *Au pays de(s) intégré(s)*, le tribalisme devient un thème vedette. À force de l'explorer, les protagonistes de ce roman en constituent un objet de laboratoire qui, envisagé sous l'angle anthropologique, fait ressortir le paradoxe d'un pays où la pratique est exactement aux antipodes de l'idéologie officielle. La vision de la coexistence pacifique et harmonieuse s'immole à l'autel de la discrimination tribale. À la faveur de sa charge connotative très suggestive, le titre de l'ouvrage se ressent de la tension entre convivialité et dislocation ou entre unité et balkanisation. Au fond, le tribalisme imprègne les structures mentales des Mécarénésiens qu'on voit évoluer dans *Au pays de(s) intégré(s)*. Il forme chez eux une sorte de prisme déformant. C'est sous ce prisme qu'ils perçoivent la réalité ou règlent leurs rapports à la société et aux individus. Ainsi, un certain Ndefo Belinga a longtemps souffert du statut d'enfant naturel parce que « les parents de [s]a mère, des montagnards, ne voulaient pas d'un gendre''nkwa'', de surcroît mangeur d'escargot et de chenilles » (*API*, 72). Les faits et gestes conduisent à la désillusion quant à l'implémentation de la politique d'intégration ; d'où ce constat amer d'un personnage:

> *Il me semble qu'il n'y a jamais eu dans ce pays autant de désintégration que depuis qu'on parle d'intégration. Alors que vaut le mot ? Juste un mot. Un slogan désubstancialisé. Un paravent verbal derrière lequel se danse avec frénésie la danse de l'émiettement. Alors la réalité ? Un leurre. La conscience aiguë que dire n'implique pas toujours faire. La volonté sardonique d'entretenir en permanence le divorce entre la parole et les actes* (*API*, 154).

Les ravages du tribalisme sont tels qu'il prend les proportions « d'une leucémie » métastasée (*API*, 155) à la source de la plupart d'autres fléaux sociaux.

II.3.3. Haro sur l'abus de pouvoir et la violation des droits de l'Homme

Dans *Moi taximan*, l'abus de pouvoir s'observe avec les agents de police et les fonctionnaires du service des transports qui, devant le refus des chauffeurs de se faire racketter, chargent ces chauffeurs des torts qu'ils n'ont pas commis, l'intention étant de leur nuire en les accablant d'amendes (*MT*, 21 et 44-45). Des policiers peuvent même se permettre de confisquer les papiers des véhicules qu'ils contrôlent et de les détenir par-devers eux plutôt que de les déposer au bureau des amendes où les propriétaires les cherchent en vain. Voilà qui relève de la brimade et de l'arbitraire, exactement comme en pleine colonisation.

Plusieurs textes du recueil *Les Vins aigres* développent la même problématique de l'abus du pouvoir. La nouvelle « Retournements » peint un rétrograde du nom de Fondop qui, pour sceller son amitié avec le chef, use du « droit paternel de décision » (*VA*, 95) et oblige sa fille, à peine pubère, au mariage forcé et précoce avec le prince. La nouvelle, « Le monarque », elle, illustre un constat amer : « Le peuple depuis soixante ans subissait le joug d'un monarque maintenant plus que centenaire » (*VA*, 131). Fort de son statut d' « animal sur qui on ne tire pas ([le lion]) » (*VA*, 138) dans la cosmogonie négro-africaine qui fait de lui un être sacré, le roi se rend coupable du détournement des fonds destinés à la réalisation des projets communautaires. Il lui faut trouver les moyens d'entretenir sa propre cour, toujours plus nombreuse. Dansla nouvelle « Le banni », « on ne s'oppose pas à la volonté du chef. Le citoyen propose et le chef dispose » (*VA*, 143). Voilà qui rappelle l'Ancien Régime où le roi, un vrai potentat, a le droit de vie et de mort sur ses sujets.

Du haut de son autorité paternelle, Pepa (Papa) Moundjoa fait feu de tout bois pour séparer sa fille Mpot de l'infirmier Jules Chonet bien que les deux jeunes gens soient en train de filer le parfait amour et déterminés à se marier dans *Au pays de(s) intégré(s)*. Parce qu'il ne trouve pas Chonet à son propre goût, Pepa Moundjoa lui livre une chasse à l'homme des plus acharnées, le « [poursuivant] sur une bonne distance, machette en main, imprécations sur les lèvres » (*API*, 29). Le soupirant n'aura la vie sauve que grâce à l'agilité de ses jambes.

II.3.4. Haro sur la corruption

La corruption fait partie des gangrènes qui passent d'un récit à l'autre sous la plume de Kuitche Fonkou. C'est ce fléau qui explique les tracasseries dont les usagers sont souvent victimes de la part des agents de l'État, qui s'attendent pour la plupart à se voir graisser la patte, avant de rendre service. À cet effet, on se rapportera à un échange que Jo a avec un agent de police lors d'un contrôle : « - [...] Tu ne veux pas parler ? (proposer de l'argent pour arrêter la procédure). - Je ne vois pas pourquoi je devais parler, Chef ». Devant le refus de soudoyer, le policier confisquera le dossier du taxi en déclarant à l'honnête chauffeur: « Ça t'apprendra à jouer au dur et à avoir la main collée à ton corps » (*MT*, 24). Tous les conducteurs sont systématiquement victimes de l'arnaque de la part des forces de l'ordre. Seul l'argent gouverne les rapports entre les deux corps, ainsi qu'on peut s'en rendre compte à l'analyse des termes « café », « bière » ou « dédouanements » dans les instructions qu'un chauffeur déjà expérimenté donne à Jo au début de sa carrière :

> *Au premier passage le matin devant le poste de contrôle, lui dit-il, tu donnes* <u>*le café*</u> *et te voilà quitte pour travailler en paix jusqu'au changement d'équipe autour de treize heures. Au premier passage devant la nouvelle équipe, tu donnes* <u>*la bière*</u>, *et tu gagnes la tranquillité pour le reste de la journée. L'intéressant, c'est qu'une fois opérés* <u>*ces dédouanements*</u>, *les yeux des mange-mille ([policiers]) se ferment sur tous tes péchés* (*MT*, 12-13. Nous soulignons).

C'est que la mentalité propre aux policiers et aux gendarmes est de « menacer, multiplier et agrandir les fautes imaginées ou réelles pour faire monter les enchères, pour vous mettre en position d'infériorité, celle qui vous obligerait, ''dans votre propre intérêt '', à préférer l'arrangement avec eux plutôt que d'aller payer le prix fort dans les structures propres à alimenter les caisses de l'État » (*MT*, 22). En tout état de cause, « les mange-mille et d'autres agents de l'État [se confortent] dans leur vice chéri, le rançonnement » (*MT*, 46). Dans ces conditions, « le civisme fiscal devient un délit » et on croit revisiter « l'aventure d'un certain Ibrahima Dieng qui constate la même chose de l'honnêteté » (MT, 23) dans *Le Mandat* du Sénégalais Sembene Ousmane.

Une nouvelle comme « La bourse » dans *Les Vins aigres* met à nu un réseau de corruption installé au ministère de l'Éducation. Les membres de la commission d'attribution des bourses y foulent au pied le mérite qui est pourtant le critère officiel de sélection des postulants. Ce qui compte à leurs yeux, ce sont les pots-de-vin qui doivent leur parvenir de la part des candidats aux différentes bourses. Pour ne l'avoir pas compris, Ngan Do, élève méritant et personnage central de cette nouvelle, se voit frustrer.

Du reste, les fléaux sociaux abondent dans les récits de Kuitche Fonkou. L'écrivain les expose afin que le lecteur prenne conscience de leurs méfaits, les perçoive sous un jour odieux, les condamne et les rejette. Comment comprendre et caractériser une telle vision de l'art ?

III. Tel qu'en littérature didactique

Tel qu'il est conçu et exécuté, le projet scriptural de Kuitche Fonkou privilégie la dimension sociopolitique, socio-anthropologique et socioculturelle de l'art perçu comme une activité fonctionnelle avant tout.

III.1. Au service de l'élévation morale

Joignant l'utile à l'agréable, l'écrivain camerounais met sa plume au service du progrès. L'encyclopédie en arrière-plan de *Moi taximan*, *Les Vins aigres* et *Au pays de (s) intégré(s)* laisse clairement transparaitre des filiations et des affiliations littéraires conduisant aux sources des classiques, des moralistes et de la sagesse traditionnelle africaine. De nombreux indices mènent à Socrate, Agrippa d'Aubigné, Pascal, La Fontaine, Sartre, Richard Wright, Ferdinand Oyono, Sembène Ousmane et d'autres auteurs dans les trois textes. De même, proverbes bamiléké, rites du terroir et schèmes de l'art oral y abondent. Pareilcadrage intertextuel sous-tend une orientation idéologique à portée axiologique par l'ensemble des valeurs exaltées ou d'antivaleurs pourfendues, tel qu'on peut le voir avec toute littérature didactique. L'impératif est d'œuvrer à l'élévation morale d'une société qui va à la dérive faute de repère. Sartre (1948 :78) ne postule-t-il pas que « chaque livre propose une libération concrète à partir d'une aliénation particulière » ?

De ce point de vue, l'écriture de Kuitche Fonkou se veut aussi réaliste tant il est vrai, écrit Suleiman (1983 : 29), « [qu'] un des éléments de l'impulsion réaliste, c'est le désir de faire voir, de faire comprendre quelque chose au lecteur à propos de lui-même, ou de la société ou du monde où il vit ». Déjà, le héros de *Moi taximan* se démarque « par sa grande sensibilité face aux injustices et aux travers divers de notre société » (*MT*, 41).Ce faisant, l'auteur d'*Au pays de(s) intégré(s)* semble aller à la littérature comme sous le drapeau, ainsi que l'ont fait les premiers écrivains africains devant les abus de la colonisation ou des dictatures d'après les indépendances. Pour Mongo Beti (1983, 91), par exemple,

> *L'écriture n'est plus en Europe que le prétexte de l'inutilité sophistiquée, du scabreux gratuit, quand chez nous, elle peut ruiner des tyrans, sauver les enfants des massacres, arracher une race à un esclavage millénaire, en un mot servir. Oui, pour nous, l'écriture peut servir à quelque chose, donc doit servir à quelque chose.*

Voilà qui nous rapproche aussi de l'engagement de l'écrivain fatalement « en situation », tel que théorisé par Sartre (1948 : 197). Fanon (1985 : 68) parlerait de la « prise de responsabilité » de l'homme de culture.

III.2. Trouver sa voie à partir des repères du terroir

Au niveau socio-anthropologique et socioculturel, il est évident que les trois récits ici analysés s'offrent comme un lieu d'évaluation des valeurs du terroir auxquelles ils servent aussi de conservatoire. Mœurs, images du terroir, us et coutumes y sont passés en revue et fonctionnent comme des repères pour l'accomplissement du destin individuel ou collectif. On remarquera à cet effet que le succès de Jo dans *Moi taximan* tient aussi, sur le plan cosmogonique, de la promptitude du personnage à mener une vie conforme à certaines prescriptions spirituelles et progressistes de la culture bamiléké dont il est le produit. L'outil de production, le taxi qu'il s'achète, est protégé de tout accident et de tout mauvais œil par la bénédiction traditionnelle du grand-père qui officie à l'occasion en tant que patriarche de la famille (*MT*, 93-95). Au-delà de leur dimension anthropologique, « les noces traditionnelles tout à fait à l'ancienne » (*MT*, 153) sont surtout l'occasion pour Jo et Justine de recevoir d'autres bénédictions de la part des parents, ce qui assure à leur couple stabilité et prospérité.

La solidarité si prégnante dans l'univers fictif de Kuitche Fonkou procède d'abord de la tradition africaine marquée par un fort élan d'humanisme dans un contexte où il n'y a pas de sécurité sociale à l'occidentale. Les multiples réunions communautaires dans *Moi taximan* et dans une nouvelle comme « In memoriam » (*Les Vins aigres*), tout comme le soutien dont Naoussi Chonet bénéficie de la part de sa famille étendue dans *Au pays de(s) intégré(s)* en attestent. Dans *Moi taximan*, il est dit que « le vieux Forsung était le vieux bambou nécessaire dans une clôture renouvelée » (*MT*, 186). En fait, ce personnage est le seul chauffeur de taxi adulte que Jo intègre dans l'agence de transport qu'il vient de mettre sur pied. La métaphore du « vieux bambou » par laquelle il est désigné renvoie à l'expérience et à la sagesse qu'il symbolise ; ce qui le qualifie pour encadrer les jeunes collègues. Pareille image, tirée tout droit de la tradition orale,procède de l'observation de la vie dans les campagnes africaines et du raisonnement par analogie caractéristique de ladite tradition. On a là un mode opératoire pour mieux comprendre et appréhender le réel.

III.3. L'écrit, toile de fixation pour l'oral

Par ailleurs, l'écrit se met au service de l'oral en tant que toile ou support chez Kuitche Fonkou. En effet, des traditions sont minutieusement décrites comme par souci de les préserver des cendres de la mort du vieillard qui en est le dépositaire. C'est le cas par exemple avec le rituel de bénédiction traditionnelle à l'occasion de la présentation du taxi de Jo à sa famille,de la cérémonie d'accompagnement de Justine dans sa belle-famille ou de la visite du bébé dans *Moi taximan*. Le « la'akam » ou initiation royale dans *Les Vins aigres*, le rite qui consiste à « écraser le mvèt » pour effacer la malédiction au profit de la réconciliation dans la même œuvre, la cérémonie de « sortie » des jumeaux dans *Au pays de(s) intégré(s)* ainsi que les danses folkloriques qui se déploient si richement dans les trois textes participent de la même logique de conservation et de survie des richesses culturelles africaines. En les décrivant avec force minutie, les yeux des personnages observateurs en donnent des sortes d'instantanés, les sortent de l'ordre de l'oral diachronique et fugace pour les inscrire dans l'espace de l'écrit synchronique et stable. Sous cet angle, la description vaut moins par sa fonction décorative première que par son côté documentaire. Elle érige l'œuvre où elle s'insère en source d'information par son côté ethnologique qui l'inscrit dans le patrimoine national. Il faudrait peut-être rappeler que les us et coutumes pris en charge tout comme les images et divers artifices littéraires empruntés à la tradition orale sont un legs des ancêtres communs. Les décrire à l'écrit comme le font les figures de Kuitche Fonkou, c'est surtout les transcrire pour leur faire entrer dans l'éternité.

Le patrimoine traditionnel oral ainsi sauvegardé par l'écrit devient une source susceptible d'être consultée à travers les âges. Il peut aider à l'enracinement des citoyens du Sud à l'instar de ceux du Cameroun dans leurs propres cultures. Alors et alors seulement, ils pourront faire face aux avatars d'une mondialisation dont l'universel proclamé cache mal l'ethnocentrisme du Nord. Pour Defarges (2008 : 46), « l'individu [de la périphérie] mondialisé est un déraciné ». Sous cet angle, l'appropriation du français dont Kuitche Fonkou fait montre dans les trois ouvrages étudiés s'éclaire d'un jour nouveau. Il s'agit, pour ce fils du terroir, de plier « les secrets de la [belle] langue de Vaugelas » (*VA*, 114) aux contours de la personnalité camerounaise, quitte à affubler ces secrets qu'on sait policés des masques surréalistes de l'art bamiléké pour mieux exprimer les réalités du pays.

Conclusion

Véritables bouteilles jetées à la mer, *Moi taximan*, *Les Vins aigres* et *Au pays de(s) intégré(s)* s'imposent au final comme une contribution à la connaissance du Cameroun qu'ils offrent au monde dans leur aventure. Le positionnement de Gabriel Kuitche Fonkou par rapport à sa société de référence est celui d'un auteur qui écrit à l'encre de la morale, du pragmatisme et de l'action. Loin de tout exotisme, il reprend deux préoccupations majeures ayant servi d'idéologies aux deux régimes politiques qui se sont succédé à la tête du pays depuis l'indépendance : l'unité nationale, pour le premier, et l'intégration nationale pour le second. L'auteur exalte les valeurs qui peuvent permettre de construire le vivre-ensemble, de parvenir à l'élévation morale tout comme à l'amélioration des conditions de vie. Mais en vigile, il embouche la trompette de la stigmatisation contre le tribalisme et ses corollaires : ce sont autant de facteurs de désintégration. On a alors affaire à une littérature didactique, donc au service du développement. Sur le plan esthétique, pareille vision du monde fait l'objet d'un traitement réaliste pris en charge par des artifices littéraires inspirés non seulement des classiques occidentaux et africains, mais aussi du patrimoine oral traditionnel que Kuitche Fonkou conserve et promeut par l'écrit. Il en résulte un art au limon du terroir, l'écriture revêtant ici noblement la tunique du milieu camerounais, au sens géo-écologique de l'image.

Références bibliographiques

Escarpit, R. 1970. *Le Littéraire et le social*, Paris, Flammarion.

Fanon F. 1985. *Les Damnés de la terre*, Paris, La Découverte.

Kom, A. 1989. « Un prophète de l'exil. Le cas Mongo Beti », *Notre librairie*, n°99, pp. 129-134.

Kuitche Fonkou, G. 2001. *Moi taximan*, Paris, L'Harmattan.

Kuitche Fonkou, G. 2008. *Les Vins aigres*, Yaoundé, CLÉ.

Kuitche Fonkou, G. 2010. *Au pays de(s) intégré(s)*, Yaoundé, CLÉ.

Le Coadic, Y-F. 2006. *La Science de l'information*, Paris, PUF (Que sais-je ?).

Madelénat, D. 1997. *Précis de littérature comparée*, Paris, PUF. (Brunel P. et Chevreuil Y., éd.) Chapitre IV : « Littérature et société » pp. 105-131.

Mongo Beti, 1979. « Choses vues au festival des arts africains de Berlin-Ouest » in *Peuples noirs peuples africains*, n° 11, pp. 54-91.

Pernot, D. 2010. *Le Dictionnaire du littéraire*. (Aron Paul et al., éd.) Paris : PUF. Entrée : « Réel » pp. 651-652.

Sartre, J.P., 1948. *Qu'est-ce que la littérature ?* Paris : Gallimard.

Sindjoun-Pokam, 1987. *La Philosophie politique trahie : le monofascisme*. Paris : Silex.

Suleiman, S. R. 1983. *Le Roman à thèse ou l'autorité fictive*. Paris : PUF.

Tsoualla, B. 2013. *La Création littéraire de Gabriel Kuitche Fonkou*. (Pangop A. C. & Dili Palaï C., éd.) Yaoundé : CLÉ. Chapitre VI : « De la texture oralisée de l'écrit : enjeux techniques et culturels du tissage de texte sous la plume de Gabriel Kuitche Fonkou », pp. 91-109.

CHAPITRE XXIII

Mythoform: The misovire consciousness and the gender conceptual renewal strategy in Werewere Liking's *Elle sera de jaspe et de corail*

Eunice Fonyuy Fombele

Introduction

The impact of myths has been tremendous on the consciousness of the Western and African worlds, but mythic imagination structures human thought and actions and shapes lives and values more profoundly in Africa. African myths are, to a large extent, paradigms that explain the reasons for the status quo and explicate the origin of certain actions, values, or social patterns. Myths have come down from history with fixed co-ordinates and have already defined and accepted meaning. As socializing phenomena, the strong influence of *mythoforms* or myth structures validate and authenticate certain ideas about women and gender. African literature, philosophy, religion and arts incorporate myths of gender that have tremendous influence on women's self-esteem. Given that African literature has drawn upon myth to imply authority, resonance, importance, character, tone, quality, reverberation, and significance; myth becomes a tool for enforcing certain epistemological values and it is easy to graft gender fallacies into many areas of life and entrench gender bias, moral codes and behavior in order to normalize men's visibility on the power platform. Since gender construction derives largely from mythic transmission, myth becomes a basic source of socialization, identity construction, role sharing and self-perception. Then, myths of gender and femininity combine to shape gender roles, attitudes, identities and responsibilities through imbibing of certain concepts. That is why some feminist theorists have seen myth and mythology as regressive and oppressive, an inhospitable terrain for women writers. They explain that the archetypes in myths have helped to oppress women in their personal and social lives and have forced them to accept identities which actually are not theirs. According this school of thought, it is thanks to myth that women believe that woman must be either angel or monster (de Beauvoir, 1970; Kristeva, 1980; Jasper, 2006; Lavine, 2010). In this regard, Mugambi (1994: 51) has observed that African myths of origin subvert women's positive roles and have become explanations for patriarchal domination. Kolawole (1997: 54) in that same light also foregrounds the many ways mythoform impacts on African women's space in a very pragmatic manner and how myth provides the raison d'être for male domination of the power structure. According to these African critics, the African patriarchal structure has largely manipulated myths to vindicate women's disempowerment in vital public spheres and women themselves have internalized myths that ingrain negative self-image and foster self-negation as opposed to self-realization. But other feminist writers, theorists and critics like Rich, 1975; Ostriker, 1982; Cixous, 1991; Atwood, 2006; Chandran, 2013) break away from the male-oriented myths and interpretations so as to rewrite female experience via rewriting and re-visioning of myths. Werewere Liking's *Elle sera de jaspe et de corail* projects a peculiar politics, that of the gender myth conceptual renewal and her position in the discourse of mythic consciousness and feminist revisions is the motivating factor behind this paper

With this motivation, this paper aims to demonstrate that Werewere Liking in *Elle sera de jaspe et de corail* has chosen to challenge well established myth structures by not only appropriating the productive force of myth for other purposes, but by inventing new plausible gender myth structures that help her recreate reality in her own terms and provide alternative visions for the future. This act of appropriation and invention, mediated by the creative process, does not reproduce the original mythic structures, but nevertheless does produce through fiction kinds of new mythoforms, with the power to expose, modify, and even to subvert preexisting myths and the reality they project. This paper therefore seeks to grapple with the following questions: How self-conscious and successful is Werewere Liking in incorporating myth structures in *Elle sera de jaspe et de corail?* What creative process does Liking adopt in order to recreate plausible gender myths that can enhance the current quest for positive female assertion and human development? How does Liking's tapping from the recesses of mythic consciousness reveal in powerful fashion what Pieterse (1998: 75) has termed a moment of conceptual renewal and momentum of newness? To answer these questions, this paper projects a main objective which is to analyze Liking's *Elle sera de jaspe et de corail* in order to see how she appropriates the productive force of myths through the misovire consciousness and ritual structure for structural and thematic purposes. Given this objective the paper then defends the thesis that Liking in *Elle sera de jaspe et decorail*, through mythoforms and ritual structures, combines and fuses traditional and modern aesthetics, thematic and structural elements that she uses to deconstruct social and gender relations, to unfold the past, explicate the present and chart new directions for the future of gender relations and human development. The contention is that, in (re)negotiating plausible gender relations for men and women in Africa, Liking's story and structure incorporates the cleansing, cathartic effect of Bassa ritual performance into the narrative. The result is that she demonstrates how ritual is necessary for cleansing and restoration, not only of gender balance through new gender myths, but of cleansing and restoring contemporary Africa, the way ritual reasserted the spiritual sense of community in the African past, hence the culture of human development.

This paper is guided by the tenets of the feminist deconstructionist and the gender relations frameworks. According to Culler (1997: 127):

> *To deconstruct an opposition is to show that it is not natural and inevitable but a construction, produced by discourse that rely on it, and to show that it is a construction in a work of deconstruction that seeks to dismantle it - that is, not destroy it but give it a different structure and functioning.*

I will use deconstruction to demonstrate how through the misovire consciousness - Liking's type of African feminist consciousness - she appropriates myth and ritual and uses them to deconstruct mythic structures that project gender hierarchies and binaries, and how through the creative process, Liking reconstructs relations of gender that are complimentary in a co-harmonious and accommodating existence. The theory of gender relations looks at the social relationships between men as a sex and women as a sex. Gender relations, according to March (1999: 18) are simultaneously relations of cooperation, connection, and mutual support, and of conflict, separation, and competition, of difference and inequality. The gender theory helps demonstrate howthe Misovire Consciousness appropriates mythic structures and elements to propel a narrative process and language structures that conceptualise and revalue new gender relations of complementarity, connection, networking, corporation, mutual support, co-harmonious existence, negotiation and renegotiation. At the same time, Liking's creative process deconstructs relations of hierarchy, antagonism, gaze, disconnection, rape, penetration, exploitation, oppression and suppression. To understand the feminist deconstructionist or revisionist tendencies and mythic consciousness which help lay bare the manner in which Liking's creative process begets new myths which would celebrate not only female identity, but gender complementary roles and responsibilities, ethical values, the culture of human development and national consciousness; it is important to conceptualize mythic consciousness and feminist revisionist tendencies.

Conceptualizing Mythic Consciousness and Feminist Revisions

In feminist studies, myth is a concept that spurs ambiguities as the indicators of women's empowerment and disempowerment have been heavily mediated by myth. This means that myth has a functional structure as critics of mythic discourse rightly delineate. Although many Greek and European critics emphasize myth as non-truths, pure fiction, fables, or unrealistic and illusory tales, others like Jung (1968) foreground the ritual basis of myth as he relates myth to the collective unconscious, explaining the similarity in the myths of different people. Yet, others like Levis-Straus (1969), Frye (1976) and Barthes (1972) explain myth in terms of structures of culture and their view is of interest to this paper. Frye (1976) particularly relates myths to culture and defines it as a broad cultural concept that relates to social values. He states that, "A mythology is … a cultural model, expressing the way in which man wants to shape and reshape the civilization that he himself has made." (1976: 21). In this statement the productive force of myth can be discerned. In *Mythologies*, Barthes (1972) uses the term myth as indicative of any made up, illusory thing, the false representations and invalid beliefs prevalent in the society which we accept as natural. According to Barthes (1972), the role of the mythologist is to prove that what appears to be natural is in fact artificial constructs which support existing power structures and construct a world for us and decide our place in it. What Barthes (1972) terms as myth is in fact the manner in which a culture signifies and grants meaning to the world around it. Barthes (1972) suggests that myths not only reflect and explain perceived reality but also convey powerful messages about how this reality should be and how people should behave. In this respect myth can be seen as a functional structure that serves many functions in a given society. That is why Asante (1987: 98) has observed that for African and African American societies, myth constitutes "a productive force ... myth becomes an explanation for the human condition and an answer to the problem of psychological existence in a recent society". It is this productive force of myth that Patriarchy has largely drawn from as the most powerful tools to subordinate women in the use of language and in social relations. Feminists have observed that myths have always been a source of collective male fantasy that attributes to women a gender identity built on the binary logic and a sexual identity submerged within the phallic system. Many contemporary women writers have chosen to challenge well-established myth structures, by engaging in what Rich (1975) has termed re-vision. Myth is a complex form of language and women writers must become what Ostriker (1982) has termed, "the thieves of language" in which they are humiliated before they can refashion it to tell their story. Re-vision of the myths therefore is a re-appropriation of male space for female ends.

As a feminist strategy of subverting patriarchal values, revision can be are-interpretation of the endocentric myths as writers and critics redefine women and mythic structures that define them from the feminist perspective. They review the image of women which patriarchy has popularized, asserting that myths are originally ideological narratives of patriarchy that are utilized to justify and perpetuate the gender roles established by this ideology. In the light of the real experiences of women, feminists challenge the patriarchal construction of female identity. Revision is therefore a fertile ground for reinterpretation. It is an attempt to retrieve female identity from the oppressivephallocentric language. Re-visioning, in Ostrieker's (1982) view, is like filling an old vessel with a new wine. According to her, myth is a free form capable of alternate possibilities at the beginning, end and at every pause. This means that the art of re-vision has multiple purposes as Ostriker (1982) has remarked in "The Thieves of Language" that old stories are changed utterly by female knowledge of female experience, so that they can no longer stand as foundations of collective male fantasy. Rather, they are corrections and representations of retrieved images of what woman have collectively and historically suffered and in some cases they are instructions for survival. It is in this regard that Rich (1975: 90) observes that revision which is the act of looking back, of seeing with fresh eyes; of entering an old text form a new critical direction is for women more than a chapter in cultural history. It is an act of survival. These writers place themselves in the world, remembering through an elaboration of mythic constructs which privilege female agency. Sankovitch (1988: 146) cogently elucidates the *transgressive* implications and the generative function of the feminist revisionary mythopoetic enterprise:

> *The mythopoetic process is [...] a process of recovery and re-formation, as the 'old' myths are spirited away from their dead, oppressive contexts, and rejuvenated by reinterpretation, rereading, rewriting, all performed in newly found female contexts.*

Using Werewere Liking's novel, *Elle sera de jaspe et de corail,* I foreground the way she uses the misovire consciousness as the mythopoetic process that transforms, transgresses and reforms gender relations and ethical values for human development. I intend to see how Liking deconstructs myth structures that project gender binaries, and how she revalues and reconstructs through the misovire consciousness, new gender myths that redefine gender relations, celebrate what she calls women's 'cosmic force' and how through ritual cleansing, she reinvents a new language of beauty and a new race of Jasper and Coral.

The Misovire and Plausible Gender Myth Structures

Liking's plausible gender conceptual renewal myth structures arise from a creative process that assumes three dimensions. The first facet is the invention of the language structure through the concept of the misovire. The second element demonstrates that misovire has a double function as a concept that is both a social construct and as a device used to construct poetics that begets a new race through the "mot force" (1983: 8) [word force], incorporating the cleansing, cathartic effect of Bassa ritual. Then, the third is the revision of the myth of origin to tell her own story, one that suites her terms. Liking wrests language from the existing structure Ostriker (1986: 211) has described as "the sanctuaries of existing language, the treasuries where our meanings for male and female are themselves preserved". These treasuries and sanctuaries are largely constructed through attributing to women a gender identity built on the binary logic and a sexual identity submerged within the phallic system. For this reason I choose to read mythoforms in Liking's *Elle sera de jaspe et de corail* in the light of this complex form of language use. I see in Liking's invention of the misovire concept; the specific definition she accords that concept and the gender complementary consciousness raised through that concept, Liking's act of what Ostriker (1986) has termed "stealing the language" in which women are humiliated. I contend that Liking is able to refashion this language to tell her story in arrestingly significant ways.

Liking's re-appropriation of male space for her ends through the invention of the misovire concept transgresses the patriarchal ideology of myth which is hardly visible due to its *defamilarizing* capacity. In inventing the mythic figure who is at the same time a character, narrator, creator, critic, author, diarist and observer, in the world of the chant-novel, Liking mediates a female perspective that can unravel the phallocentric nature of myths and challenge their androcentric structure. Liking as a writer cum critic coined the term misovire – literally translated as man-hater – to better capture and foreground the issues she wants debated and played out in her Chant-novel. Her ingenuity as a creator is seen in this concept, a much more complex term that moves beyond the literal definition manhater. The concept is grounded in Liking's specific understanding of what gender relations between men and women have been and what they ought to be. Liking does not create this word because she wants women to hate men, but out of her dissatisfaction with so many men and women who cannot complement each other. What she advocates through the concept is for men and women to confront that which makes them contemptible beings and then reinvent themselves. In this regard, Cixous (1991: 875) remarks that it is by writing, from and toward and by taking up the challenge of speech which has been governed by the phallus, that women will confirm women in a place other than silence. I see in the very act of invention itself a primal importance as Liking engenders a new language, more adept at describing her reality, more attuned to her sensitivity for conceiving new gender myths and more consonant with her ideological stance. Her invention is all the more important as the creation of the word also creates the function, and the possibility of another reality. Her invention is the genesis of a language fashioned by women to bring into being, as they would a child, that which does not exist or a new reality. I observe that Liking's invention deconstructs the structures that have had the power of naming stolen from women. This type of creative process, I may add, makes her exist humanly; for to exist humanly is to name the self, the world, God and words which, materially speaking, are identical with the old becoming new in a semantic context that arises from qualitatively new experience. The misovire stands as a role-reversing discourse that contrives at once to deflate centuries of male aesthetic pretentiousness and to assert the identity of female sexuality and female creativity.Liking's identification and creation of an active, aggressive woman with truth, as she does the misovire, is to defy a very long tradition that identifies strong females with deception and virtuous females, including muses, with gentle inactivity.

The invention of the term misovire also functions to fill a void. As stated above, a major theme in feminist theory on both sides of the Atlantic for the past decade has been the demand that women writers be, in Herrmann's (1979) phrase, *voleuses de langue* (thieves of language), female Pro-metheuses. Though the language we speak and write has been an encoding of male privilege, what Rich (1975) calls an oppressor's language inadequate to describe or express women's experience, Liking has it in her power to seize speech, to wring the encoded language from it treasuries and sanctuaries, and to make it redefine experience. The French language includes the words *misanthrope* -denoting a person who does not like human beings in general and *mysogyne* – designating a person who does not like women; but no word exists to refer to a person who does not like men. Werewere Liking's invention is critical in that it shows how gender ideology pervades all spheres of human endeavour, including linguistic constructions. The arrogance of the dominant discourse is obvious here. Starting with language, with terminology, it extends to behavior. Liking *(1983: 150)* stresses this arrogance in the following excerpt:

> *A-t-on jamais vu un mâle se juger indigne d'un morceau de roi? Le plus laid le plus vulgaire et le plus démuni stupide ne s'inquiète pas de faire des avances à la meilleure des femmes à la déesse elle-même et ne se demande jamais ce qu'il peut proposer apporter dans ce dialogue. Sans doute parce que les hommes s'imaginent que leur phallus suffit à tout compenser." [Have you ever seen a male think he is unworthy of a prize fit for the King? The ugliest the most vulgar the most impoverished stupid has no qualms about making advances to the best of women to the goddess herself and he never worries about what he can bring to the dialogue. Probably because men believe that their phallus alone is enough to compensate for everything.]*

It is precisely to counter these forms of dominant patriarchal ideologies that liking, who is adept at mixing categories, combines Greek and Latin components to invent *misovire.* Liking's invention is all the more important as the creation of the word also creates the function, and the possibility of another reality. Yet, disregarding the literal etymological meaning of *misovire* as "man-hater, Liking (1985: 21) offers a very different definition for her neologism in "A la rencontre de": "une femme qui n'arrive pas à trouver un homme admirable" [A woman who cannot find an admirable man]. Liking's definition is refreshingly ambiguous. First, it deconstructs mainstream separatist feminism whose opinion would necessarily be that there is no point looking for an admirable man. The phrase could variously be interpreted as "I cannot believe an admirable man exists" or "an admirable does exists, but I have not yet found him" or "a woman who has not yet found an admirable man". Despite the ambiguous nature of her definition, what remains clear is that Liking does not advocate separation by gender, and it is perhaps appropriate to use a linguistics metaphor and say that Liking would rather see women and men in a syntagmatic relationship. What distinguishes Liking's creative ability, I suppose, is not the shared, exclusive *langage des femmes* desired by Irigaray (Burke: 1981), but her vigorous and *transgressive* invasion of sanctuaries and treasuries of existing meaning and language.

Indeed, Liking's stance does not limit itself to an *antimale* rhetoric, but stresses instead a balance between demand and persuasion. So Liking exerts that force by the act of inventing the term *misovire,* yet moderates that force with a certain subtlety through the special definition she gives the word. This is the balancing act that remains at the heart of how women negotiate their demands, indeed their positions, within African societies. With the redefinition of woman as *misovire*, Liking emphasizes men's shortcomings in contemporary society, reminding them of a lack of dignity, of a lost sense of values that cause women to move away from them in her article "A la rencontre de":

> *Elle (la femme) se sent entourée par des 'larves' uniquement preoccupées par leurs ventres et leurs bas-ventres et incapables d'une aspiration plus haute que leurs têtes, incapables de lui inspirer des grands sentiments qui se développent, alors, elle devient misovire [She (the woman) feels that she is surrounded by "larvae" solely preoccupied with their bellies and their loins and unable to aspire to something that reaches higher than their heads, unable to inspire her with feelings that can uplift her, so, she becomes a misovire](1985: 21).*

Liking's remarks are not intended to alienate men from women, but to make them think about gender relationships. It is therefore important to restate that the invention of *misovire* does not constitute a gratuitous act; it is done for a regressive purpose, for besides filling the linguistic void, the word aims at destabilizing the status quo, and it shows the extent to which social reality and literary expression are inextricably intertwined. It is in that sense that she dreams of a new race that will be "of jasper and coral" and can only be born:

> *Quand l'homme ne jouera plus au porc*
>
> *Quand la femme ne sera plus chienne en chaleur*
>
> *Quand je ne serai plus misovire et qu'il n'y aura plus de misogynes....*
>
> *[When man will no longer be a pig*
>
> *When woman will no longer be a bitch in heat*
>
> *When I will no longer be a misovire and when men will no longer be misogynists....*]
>
> (1983: 153)

Liking's stance is both appealing and inspiring, for I interpret her redefinition of *misovire* as a willingness to make a decisive departure from conventional meaning. In this context, Werewere Liking's position reveals an interest not so much in feminism as in a new form of humanism – not a humanism that was distorted by the West at a certain point in history and served as a tool to exclude the "other," but a humanism that tolerates no exclusion, a humanism capable of transforming society as a whole.

The acts of rethinking, recasting, conceptualizing again, and redefining by Liking lead to a reformulation of the concept of *misovire* with a double function as a concept that is both a social construct and as a device used to construct poetics. The people of Lunaï have, upon colonial contact, turned their back on the positive aspects of traditional knowledge and wisdom and have adopted corrupt, individualistic and materialist attitudes that have destroyed their society and have disconnected their contact with the "cosmic force". To save this society from total decay, they need to rethink themselves and fall back to purification rituals, those positive aspects of tradition that they have forgotten. It is this urge to revalue that informs Liking's style as she incorporates the cleansing cathartic effect of Bassa ritual into the story and structure of the chant-novel. This style is executed through the diarist who is herself reclaiming the "cosmic force" through her narrative, in her style of writing; it is poetic, theatrical, *transgressive*, exalting, cathartic, because it is infused with initiation into many participatory and collective cleansing rituals. Right from the beginning the *misovire* as a diarist cum narrator invites everyone to think along with her, to ponder the issues at stake, and together find solutions, as would, in any ritual performance.

Liking herself submits that *Elle sera de jaspe et de corail* is a mixture of poetry, drama, in short, a "texte-jeu". Women and men, as characters and as readers are seen as spectators and participants in this same "texte-jeu," whose ritual experience becomes paramount to the rejuvenation process proposed in the chant-novel. Women can play an especially important role in this ritual process as the author/*misovire*/diarist/narrator/observer/ who acts as a *meneur de rite*, props the readers to take part in this ritual cleansing process, along with the people of Lunaï. Thus the reader is guided by the critical observations, the "mot force" of the woman/*misovire* in her quest for a new race of jasper and coral. This new race, I might add, will not come into being out of a neofascist ideology that fosters racial or ethnic cleansing. It will be made up of people who have looked into the depths of their own fractured souls and questioned the disconnections and decadence defining their lives. The text demonstrates with emphasis that, "Et l'Homme de la prochaine Race se présentera dans un corps sain plus fort et plus harmonieux avec des Emotions plus riches plus stables et plus affinées" (emphasis in the original, 1983: 22) [And Man of the next Race will appear in a healthy body stronger and more harmonious with richer more stable and more refined Emotions]. The positive energies acquired from this ritual experience are constructive, creative energies as Liking further concurs, "Sa pensée sera plus rigoureuse et plus créatrice sa volonté plus ferme et mieux orientée sa conscience plus ouverte ... (Liking's ellipses, 1983: 22) [His thinking will be more rigorous and more creative his will stronger and better guided his consciousness more open-minded ...]. Women and men with stronger creative energies and a new reconnection with the cosmic force will cease to redefine themselves in the patriarchal binary ways of thinking that are represented in the text by the characters Grozi and Babou. The text reconstructs a new race of misogynists and *misovires* that will exist only to complement each other, "Il naîtra une Nouvelle Race d'hommes / De souffle humain et de feux divins/ Et la misovire que je suis rencontrera un misogyne" (1983: 9) [There will be born a New Race of men/Of human breath and divine fires/And the *misovire* that I am will meet a misogynist]. I think that this new direction of re-inscribing women's voices and experience in the creative process, as proposed by Liking, is a way of introducing what Lincoln (2000) has described as new directions and *mythemes* of resistance and cultural recuperation that can innovatively and radically change postcolonial discourse on gender.

To further give voice to women who have been oppressed by the male-defined myths for centuries, Liking has executed a revision of the creation myth. This rethinking is in line with Asante's (1987: 95) contention that "certain myths refuse to die long after the needs which created them have passed away". Liking recreates the myth of origin that redefines African gender relations and provokes human development in multiple ways. According to Liking's myth, the gods had, many times in the past, given mankind knowledge, but each time, man abused it, degraded it and used it as a destabilizing force. Horrified at man's choice to always glide back into the idle animal world of slumber and short-lived pleasure where there exists no accountability, the gods unanimously condemned them to vegetate in the animal world, ruminating on their fate. But *Um*, one of the gods' civilizing masks who had fallen in love with man, stole a bit of knowledge and tried to make contacts with men. *Um* was unsuccessful because no man was interested in or would have thought to go to the heart of the earth in search of anything, let alone knowledge. Soo, a woman who went to the river to fish for love, came into contact, not only with love, but with knowledge, wisdom and the most powerful forces of the universe, which *Um* begged her to bear and regenerate. But she got so scared of mothering such enormous knowledge and power alone, and invited men who later usurped and totally dispossessed her of the powers.

This exploration of myth is particularly seen in Liking's simultaneous deconstruction of the prior myth of origin and reconstruction of a new one which includes, instead of excluding, herself as woman. The conceptual renewal in Liking's narrative process maintains that in spite of men's selfishness woman remains the only being who masters this force:

> *Mais Soo peut garder la sensation de la chaleur de ce premier contact des feux dieux et des homes ainsi que le souvenir de cette voix d'Amour et de Connaissance qu'elle avait été la seule à entendre et qu'elle n'oublierait jamais.*
>
> *Et à partir de ce jour les femmes eurent le pouvoir de reconnaitre la puissance, la beauté et la sincérité au premier contact à la nuance de la voix. (Liking: 80)*
>
> *[But Soo did retain the sensation of the warmth of this first contact with the fires of the gods and of men as well as the memory of this voice of Love and of Knowledge that she had been the only one to hear and that she would never forget.*
>
> *And from that day on women had the power to recognize strength, beauty and genuineness on contact from the voice's nuance.]*

The gender conceptual renewal through myth-making here is purposefully and consciously mediated to convey the message that women were originally either the power bearers or just as powerful as men, until men, in their greed and refusal to share power, usurped what was rightfully women's. I contend that

Liking is not making a case for matriarchy here, but that she uses myth as a discursive strategy that functions as a radical consciousness raising tool. Women are through this creative process reminded that they had/have a role to play in their loss of power. Liking revalues this source of positive energy through the initiation rite between Soo and *Um*, through which Soo emerges empowered. Her contact with the ultimate cosmic force, *Um*, leaves Soo and women – who never totally gave up that original contact – with the strength to recognize and define power, sexuality and gender in complex, non-linear ways to which men have to access. Rich (1975) insists that until women and men can understand the assumptions in which they are drenched they cannot know themselves. And this drive to self-knowledge, for woman, is more than a search for identity: it is part of her refusal of the self-destructiveness of male-dominated society. Liking's narrative process provokes women into taking responsibility, reclaiming the full complexity of their womanhood and creating a new world. The woman diarist pronounces the "mot force", "Je suis femme des hommes et des femmes qui viennent de la femme" (1983: 93) [I am woman of men and of women who come from woman]. Women most reclaim this word force, the power and knowledge that the mask *Um* offers and represents: the spiritual, supernatural embodiment of the powerful forces of divinities that inspire and guide the collective consciousness of a community towards connection, networking, empowerment, cooperation, negotiation and goodness.

To conclude, I have tried to demonstrate that Liking's *Elle sera de jaspe et de corail* invents and revises *mythemes* and *mythoi*, wresting language from it sanctuaries and treasuries of meaning, to recreate new meanings that suite her convictions as a *misovire*. Therefore, her chant-novel is a radical critique of conventional meanings of gender, African feminist in its impulse. The invention and revision of *mythoform* strategy employed by Liking is wrought in the chant-novel first of all as a clue to how women live, how women have been living, how women have been led to imagine themselves, how women's language has trapped as well as liberated women; and how they can begin to see and therefore live-afresh. The result is that a change in the concept of sexual identity is essential if women are not going to see the old political order re-assert itself in every new revolution. I have demonstrated in this paper that through myth-making as invention and revision in *Elle sera de jaspse et corail,* there is need to know the writing of the past, and know it differently than we have ever done; not to pass on a tradition but to break its hold over gender roles and identity. It is in this respect that literature can be seen as a tool that can be used for the promotion of the culture of human development.

References

Atwood. M. 2006. *The Penelopiad.*", Don H. Olive and Michael E. Arrington (Eds.), *Carson-Newman Studies* 11.1., 57-66.

Barthes, R.1972. *Mythologies*, Annette Lavers (Trans.), New York, Hill and Wang.

Beauvoir, S. 1970. "Dreams, Fears, Idols," in *The Second Sex*, trans. H. M. Parshley, New York, Bantam Books, 157-223.

Chandran, A. 2013. "A Present Voice from the Past: Revisionist Mythmaking in Pratibha Ray'sYajnaseni*.", The Criterion, An International Journal in English* Vol. IV. Issue II April.

Cixous, H. 1991. "The Laugh of the Medusa.", *Feminisms: An Anthology of Literary.*

Culler, J. 1989. *On Deconstruction*, London, Routledge.

Frye, N. 1976. *Spiritus Mundi, Essays on Literature, Myth and Society,* Bloomington, Indiana U. P.

Herrmann, C. 1979. *Les Voleuses de langue*, Paris, Des Femmes.

Jasper, A. 2006. "Feminism and Religion", Sarah Gamble (Ed), *The Routledge Companion to Feminism and Postfeminism,* London, Routledge. 125-32.

Jung, C.G. 1968. *The Archetypes and the Collective Unconscious,* New York, Princeton.

Kolawole, M. M. 1997. *Womanism and African Consciousness,* Trenton, African World Press.

Kristeva, J. 1980. "Woman Can Never Be Defined.", Elaine Marks and Isabelle de Courtivron (Eds), *New French Feminisms: An Anthology*, Amherst, Massachusetts, 137- 144.

Lavine, A. J. 2010. "Settling at Beer-lahai-roi.", Yazbeck Haddad, J. and. Esposito, J. L. (Eds), *Daughters of Abraham: Feminist Thought in Judaism, Christianity, and Islam,* Florida, Florida Press, 12-34.

Levi-Strauss, C. 1969. *The Elementary Structures of Kinship*, Hade Belle, J. von Sturmer, J. R. and Needham, R. (Trans.), Boston, Beacon.

Liking, W. 1985. "À la rencontre de... Wererwere Liking", Interview by Bernard Magnier, *Notre Librairie 79. 17- 21.*

----------- 1983. *Elle sera de jaspe et de corail,* Paris, L'Harmattan.

Lincoln, B. 2000. *Theorizing Myth: Narrative, Ideology, and Scholarship*, Chicago, U. C. P.

March, C. 1999. *A Guide to Gender Analysis Framework*, Oxfam, Oxfam Print.

Mugambi, H. 1994. "Intersections: Gender, Orality, text, and Female Space in Contemporary Kiganda Radio Songs.", *Research in African Literature,* Vol., 25, No. 3. 42- 61.

Ostriker, A. S.1986. *Stealing the Language*, Boston, Beacon Press.

----------- 1982. "The Thieves of Language: Women Poets and Revisionist Mythmaking", *Signs*, Vol. 8, No. 1. 68-90. Stable, The University of Chicago Press, http://www.jstor.org/stable/3173482, Accessed: 15/12/2013.

Pieterse, J. N. 1998. "Hybrid Modernities: Mélange Modernities in Asia", *Sociological Analysis* 1, 3.

Rich, A. 1975. "When we Dead Awaken: Writing as Re-vision", Barbara Charlesworth Gelpi and Albert Gelpi (Eds), *Adrienne Rich's poetry and Prose: Poems Prose and Criticism*, Newyork, Norton.

Sankovitch, T. A. 1988. *French Women Writers and the Book: Myths of Access and Desire*, Syracuse, Syracuse University Press.

L'Afrique aux éditions L'Harmattan

Dernières parutions

ETHNIES, NATIONS ET DÉVELOPPEMENT EN AFRIQUE : QUELLE GOUVERNANCE ?
Actes du colloque de Brazzaville (Congo), du 26 au 28 mai 2014
Sous la direction de Hugues Mouckaga, Scholastique Dianzinga, Jean-François Owaye
En 1962, quelques années seulement après que la parenthèse coloniale eut commencé à se fermer, un agronome français, René Dumont, osa ce pronostic : « l'Afrique noire est mal partie ». Que de protestations ! Pourtant, plus de 50 ans après les indépendances, le continent africain est à la peine et patine. L'explication : la mal gouvernance. Du fait de ses ethnies, l'Afrique fait face à un épouvantable écueil ! Elle n'arrive pas à se constituer en nations ! Il importait donc d'agir, de réfléchir autour de cette problématique.
(Coll. Études africaines, 55.00 euros, 704 p.)
ISBN : 978-2-343-05785-9, ISBN EBOOK : 978-2-336-37944-9

ÉLECTIONS, VOTE ET REPRÉSENTATION POLITIQUE DES AFRICAINS DE L'ÉTRANGER
Suivi du *Guide des opérations électorales en dehors des frontières nationales*
Wongo Ahanda Antoine
Quels sont aujourd'hui les types d'élections, les mécanismes et les procédures du vote à l'extérieur adoptés par les pays africains ? Dans cet ouvrage, qui fait la synthèse des connaissances et des pratiques du vote à l'extérieur et de la représentation politique des Africains de l'étranger, l'auteur entend apporter une contribution pédagogique au processus d'appropriation de la citoyenneté externe par les États africains. Un ouvrage qui intéressera les leaders africains, les migrants africains et tous ceux qui sont impliqués dans le processus de vote à distance à travers l'Afrique et les pays d'immigration.
(Coll. Études africaines, 21.00 euros, 202 p.)
ISBN : 978-2-343-02009-9, ISBN EBOOK : 978-2-336-38129-9

MANUELS SCOLAIRES, ENVIRONNEMENT INFORMATIF ET NUMÉRIQUE AU SERVICE DE LA LECTURE
Enjeux nouveaux pour une école émergente
Thioune Birahim - Préface de Michèle Verdelhan Bourgade
Aujourd'hui, l'environnement socioculturel s'est complexifié du fait de l'émergence de technologies nouvelles qui ont envahi l'univers des apprenants et qui se révèlent, dans les espaces d'éducation et de formation, à la fois comme des promesses d'enrichissement et des menaces. Ce livre fixe quelques contours de l'utilisation des TIC (Technologies de l'Information et de la Communication) et des limites à observer dans leur application, sous peine de mettre en péril tout un patrimoine pédagogique.
(16.50 euros, 164 p.)
ISBN : 978-2-343-06236-5, ISBN EBOOK : 978-2-336-37731-5

L'ÉCOLE, GAGE DU DÉVELOPPEMENT DE L'AFRIQUE

Zénith Laurent - Préface de Mathias Eric Owona Nguini

Si plusieurs facteurs et secteurs sont à considérer pour sortir rapidement l'Afrique de son retard, le domaine scolaire revêt une importance capitale. Malheureusement, ce levier du développement qu'est l'école regorge de nombreuses tares dans la quasi-totalité des pays subsahariens. Un système académique bien pensé participerait fortement à l'essor de l'Afrique. À partir de propos, témoignages et de cas vécus, l'auteur met à nu tous les manquements qui handicapent l'émergence de ces pays.

(Harmattan Cameroun, 16.50 euros, 158 p.)

ISBN : 978-2-343-06203-7, ISBN EBOOK : 978-2-336-38133-6

LE CAMÉLÉON ET LA MORT EN AFRIQUE

Eschenlohr Nicole

La question de la mort hante nos esprits rationnels. Pour mieux maîtriser cette angoisse existentielle, les civilisations traditionnelles ont détourné le problème en attribuant une origine à cette mort : pourquoi et comment est-elle apparue ? En réponse à ses interrogations, la mythologie africaine, riche de liens tissés entre les hommes et les animaux, a désigné un responsable qu'elle a placé au cœur de ses récits et légendes : le caméléon. Accusé de lenteur, sa défense repose sur l'inéluctabilité de la mort...

(Coll. Ethnographiques, 14.00 euros, 132 p.,)

ISBN : 978-2-343-05818-4, ISBN EBOOK : 978-2-336-37485-7

APPROCHE CRITIQUE DU DÉVELOPPEMENT EN AFRIQUE SUBSAHARIENNE

Zagre Ambroise

Le sous-développement de l'Afrique subsaharienne constitue une préoccupation majeure pour les pays concernés, la communauté internationale, les milieux intellectuels et la société civile. Cet ouvrage interroge la notion de développement et envisage l'avenir de ce sous-continent vers un nouveau paradigme de développement : l'»auto-développement humain», capacité des sociétés à se développer en comptant d'abord sur leurs forces intérieures, leur capacité de création et leurs potentialités matérielles et spirituelles.

(Coll. Politique et dynamiques religieuses en Afrique, 27.00 euros, 260 p.,)

ISBN : 978-2-343-05939-6, ISBN EBOOK : 978-2-336-37427-7

LA PRÉCARITÉ QUOTIDIENNE EN AFRIQUE DE L'OUEST

Culture et développement

Ernoux Jules - Préface de Michaël Singleton

Cet ouvrage propose des tranches de vie prises sur le vif dans la population, plutôt urbaine, de Côte d'Ivoire, de Guinée et du Niger. À l'issue de 33 séjours riches de rencontres collectives et individuelles, l'auteur s'interroge : comment vivre au jour le jour dans le manque permanent, seulement soucieux de manger à sa faim, de sauvegarder une santé précaire, de confier ses enfants à des écoles surpeuplées, de vivre dans l'insécurité d'un pays où l'État de droit n'est qu'une illusion ?

(Coll. Écrire l'Afrique, 15.50 euros, 154 p.)

ISBN : 978-2-343-05748-4, ISBN EBOOK : 978-2-336-37417-8

LE MARKETING DE RUE EN AFRIQUE

Mouandjo Lewis Pierre

Cet ouvrage, abondamment illustré d'exemples, se veut un outil pédagogique pour faciliter la compréhension de ce «Marketing de rue» tant développé par ses acteurs en Afrique. Son but est de mettre à la disposition des étudiants et responsables d'entreprises un manuel leur permettant de saisir les opportunités qui leur sont offertes par ce nouveau marché que représente la rue et où se déroulent des pratiques commerciales «agressives» et une concurrence farouche entre les entrepreneurs individuels, les grandes sociétés et les Petites et Moyennes Industries.

(Coll. Études africaines, 44.00 euros, 512 p., Illustré)

ISBN : 978-2-343-05770-5, ISBN EBOOK : 978-2-336-37547-2

L'AGENCE SPATIALE AFRICAINE
Vecteur de développement
Ouedraogo Sékou - Préface de Jean-Loup Chrétien
L'Algérie est en train de finaliser la conception de son premier satellite national ALSAT2B qui devrait être entièrement conçu par ses ingénieurs. Le Nigéria veut envoyer un astronaute dans l'espace avant la fin 2015. Qui peut le croire ? Et pourtant, l'Afrique possède des agences spatiales nationales crédibles et des organisations panafricaines qui travaillent sur le sujet. Pour utiliser efficacement ces applications spatiales au service du développement, l'auteur défend la création d'une Agence Spatiale Africaine.
(Coll. Diplomatie et stratégie, 18.50 euros, 188 p.)
ISBN : 978-2-343-05942-6, ISBN EBOOK : 978-2-336-37375-1

UN CHEF-D'ŒUVRE DES ARTS D'AFRIQUE
La plateau de Fa (golfe du Bénin), collection Christoph Weickmann Ulm, 1659
Biton Marlène-Michèle
Dans cet ouvrage, l'auteur a tenté de mener une enquête sur un plateau de divination provenant des côtes de Guinée, importé il y a 350 ans à destination du cabinet de curiosités d'un marchand d'Ulm, Christoph Weickmann. Il s'agit d'abord de replacer cet objet dans son contexte historique et culturel et de retrouver les conditions de son arrivée en Europe. L'auteur entreprend également une analyse plastique précise ouvrant des perspectives sur les modalités de représentations utilisées et l'accès à une mythologie foisonnante.
(Coll. Ethnoesthétique, 30.00 euros, 290 p.)
ISBN : 978-2-343-04282-4, ISBN EBOOK : 978-2-336-37491-8

DE LA CEAO À L'UEMOA
Ou la genèse d'une intégration sous-régionale réussie
Sawadogo Fatimata - Préface de Cheikhe Hadjibou Soumaré
Cet ouvrage est un solide argumentaire de la trajectoire de l'intégration ouest-africaine. Cette analyse historique sur les principales organisations qui ont précédé la CEAO (Communauté économique de l'Afrique de l'Ouest), se concentre sur les acquis et les insuccès de cette dernière. L'auteur analyse le passage de la CEAO à l'UEMOA (Union économique et monétaire ouest-africaine) pour mieux démontrer les grandes avancées sur le difficile chemin de l'intégration sous-régionale. Elle insiste sur le bilan positif de l'UEMOA eu égard aux nombreuses actions concrètes dans tous les secteurs de la vie socio-économique au profit des populations.
(15.50 euros, 152 p.,)
ISBN : 978-2-343-05985-3, ISBN EBOOK : 978-2-336-37437-6

CHEIKH HAMAHOULLAH
Homme de foi et résistant
L'Islam face à la colonisation française en Afrique de l'ouest
Traoré Alioune
Cheikh Hamahoullah fut l'un des principaux propagateurs du tijânisme en Afrique occidentale. Il mena un combat inlassable pour la liberté et la dignité des peuples d'Afrique pendant la période coloniale. En s'appuyant sur des documents d'archives, la tradition orale africaine et des manuscrits conservés par les fidèles et les adversaires du Cheikh, l'auteur rejette l'image d'un Hamahoullah agitateur sans culture et sans foi, que répandaient complaisamment les rapports des administrateurs coloniaux.
(34.00 euros, 404 p.)
ISBN : 978-2-343-04694-5, ISBN EBOOK : 978-2-336-37070-5

QUELLE AFRIQUE POUR LES JEUNES ?
Lettre ouverte
Barry David
Ce livre est une lettre ouverte d'un panafricaniste convaincu. Il s'adresse aux jeunes, car ce sont eux qui peuvent encore nourrir de grands rêves et qui ont encore la capacité de s'indigner. Le panafricanisme est pour l'auteur la seule voie royale qui permettra aux jeunes de retrouver une

certaine cohérence, un sens et surtout de reprendre l'initiative. Cette lettre ne comporte pas de recettes mais propose une démarche en fournissant des repères.
(Harmattan Burkina Faso, Coll. L'Harmattan International Burkina Faso, 16.50 euros, 166 p.,)
ISBN : 978-2-343-06009-5, ISBN EBOOK : 978-2-336-37484-0

DYNAMIQUES DES GUERRES CIVILES EN AFRIQUE
Sous la direction d'Arsène Brice Bado
Cet ouvrage offre un essai de typologie des nombreuses hypothèses concurrentes dans l'analyse des causes des guerres civiles en Afrique. Il distingue 3 éléments dans la chaîne causale de leur émergence : les facteurs structurels, les éléments amplificateurs et les facteurs déclencheurs. Si les causes peuvent être similaires pour certains conflits, il restitue à chacun sa complexité selon les acteurs en présence, l'histoire sociopolitique particulière des sociétés et les conditions matérielles.
(Coll. Études africaines, 21.00 euros, 212 p.)
ISBN : 978-2-343-05586-2, ISBN EBOOK : 978-2-336-37590-8

LES MENACES ÉMERGENTES À LA PAIX ET À LA SÉCURITÉ EN AFRIQUE DE L'OUEST ET DU CENTRE : DE 1990 À NOS JOURS
Bamba Mamadou - Préface du Pr Ismaïla Madior Fall
Cet ouvrage apporte des éléments de réponse aux questions que soulève la problématique de la paix et de la sécurité dans ces deux sous-régions du Continent, si différentes et si proches l'une de l'autre par la géographie, les similitudes socio-historiques et le caractère transnational des défis qui émergeront sur l'un des territoires communautaires et qui ne manqueraient d'atteindre l'autre.
(Coll. Études africaines, 24.00 euros, 242 p.)
ISBN : 978-2-343-06163-4, ISBN EBOOK : 978-2-336-37576-2

VIOLENCES ET CONFLITS EN AFRIQUE DES GRANDS LACS
Polémologie et géo-systémisme
Mashimango Abou-Bakr Abelard - Préface de Daniel Derivois
Ce livre esquisse les diverses recompositions géopolitiques et stratégiques de la région des Grands Lacs et appréhende la problématique de la conflictualité sous l'angle de la polémologie. Il propose une réflexion transversale sur la bellicité en Afrique des Grands Lacs et analyse les facteurs qui se rapportent au «phénomène de guerre», à savoir les «complexes belligènes» et les causes du déclenchement des hostilités, de l'éclatement de la guerre, principalement en RDC et au Rwanda.
(Coll. Études africaines, 20.00 euros, 198 p.)
ISBN : 978-2-343-03586-4, ISBN EBOOK : 978-2-336-37473-4

LE PAGNE AFRICAIN ET SA SYMBOLIQUE
Femmes et féminité au travers de motifs d'un objet majeur de la culture africaine
Mukundila Kembo Dieudonné - Préface de Masiala ma Solo
Ce livre explore la manière dont le signe de la femme est utilisé dans les illustrations des pagnes africains. Il montre le caractère sexué du pagne en relation avec les fonctions sociales de la femme, lesquelles contribuent à la structuration de la société. L'objet n'est pas seulement artistique, il est culturel et social et se trouve à la fondation des croyances, des institutions, des structures sociales. Il cesse d'être uniquement un vêtement et devient un lieu de savoir et de culture, un reflet de la société africaine. (illustrations en couleur)
(Coll. Culture Africaine, 20.00 euros, 174 p.)
ISBN : 978-2-343-04531-3, ISBN EBOOK : 978-2-336-37124-5

L'HARMATTAN ITALIA
Via Degli Artisti 15; 10124 Torino
harmattan.italia@gmail.com

L'HARMATTAN HONGRIE
Könyvesbolt ; Kossuth L. u. 14-16
1053 Budapest

L'HARMATTAN KINSHASA
185, avenue Nyangwe
Commune de Lingwala
Kinshasa, R.D. Congo
(00243) 998697603 ou (00243) 999229662

L'HARMATTAN CONGO
67, av. E. P. Lumumba
Bât. – Congo Pharmacie (Bib. Nat.)
BP2874 Brazzaville
harmattan.congo@yahoo.fr

L'HARMATTAN GUINÉE
Almamya Rue KA 028, en face
du restaurant Le Cèdre
OKB agency BP 3470 Conakry
(00224) 657 20 85 08 / 664 28 91 96
harmattanguinee@yahoo.fr

L'HARMATTAN MALI
Rue 73, Porte 536, Niamakoro,
Cité Unicef, Bamako
Tél. 00 (223) 20205724 / +(223) 76378082
poudiougopaul@yahoo.fr
pp.harmattan@gmail.com

L'HARMATTAN CAMEROUN
BP 11486
Face à la SNI, immeuble Don Bosco
Yaoundé
(00237) 99 76 61 66
harmattancam@yahoo.fr

L'HARMATTAN CÔTE D'IVOIRE
Résidence Karl / cité des arts
Abidjan-Cocody 03 BP 1588 Abidjan 03
(00225) 05 77 87 31
etien_nda@yahoo.fr

L'HARMATTAN BURKINA
Penou Achille Some
Ouagadougou
(+226) 70 26 88 27

L'HARMATTAN SÉNÉGAL
10 VDN en face Mermoz, après le pont de Fann
BP 45034 Dakar Fann
33 825 98 58 / 33 860 9858
senharmattan@gmail.com / senlibraire@gmail.com
www.harmattansenegal.com

L'HARMATTAN BÉNIN
ISOR-BENIN
01 BP 359 COTONOU-RP
Quartier Gbèdjromèdé,
Rue Agbélenco, Lot 1247 I
Tél : 00 229 21 32 53 79
christian_dablaka123@yahoo.fr

Achevé d'imprimer par Corlet Numérique - 14110 Condé-sur-Noireau
N° d'Imprimeur : 133298 - Dépôt légal : novembre 2016 - *Imprimé en France*

www.ingramcontent.com/pod-product-compliance
Lightning Source LLC
LaVergne TN
LVHW011146061026
849535LV00003B/626
9782343092140